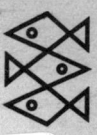

W0012364

Über dieses Buch

In diesem dreibändigen Werk wird ein Überblick über die großen Mythen aller Zeiten und aller Regionen gegeben. Jahrhunderte hindurch wurden die Mythen der Griechen und Römer als ein nahezu beispielloses Phänomen angesehen; alle anderen Mythenkreise betrachtete man mehr oder weniger als exotische Kuriositäten. Der Herausgeber Pierre Grimal hat in Zusammenarbeit mit namhaften Völkerkundlern und Sprachforschern auch die uns nicht ›gegenwärtigen‹ Mythen aus ihrer Isolierung erlöst und sie als Ausprägung einer universalen Denkweise erkannt. Der Leser wird zu einer Reise aufgefordert, die von den entferntesten Epochen der Menschheit bis zur Gegenwart und bis zu jenen Völkern führt, bei denen der Mythos noch heute seine aktive Rolle bewahrt hat.

Der vorliegende Band enthält die Mythen derjenigen Kulturkreise, aus denen direkt oder indirekt das »klassische« Denken und die »klassische« Kultur hervorgegangen sind: Sumer mit seinen Ausläufern (Akkad, Babylonien), das auf das ganze frühe Asien einwirkte, Ägypten, dessen Kultur die griechischen Philosophen große Bewunderung zollten, und schließlich die Mythen der Griechen und Römer.

Der Herausgeber

Pierre Grimal wurde 1912 in Paris geboren; 1935 Agrégé des Lettres; 1935-37 Mitglied der École Française in Rom; 1941–45 Professor an der Universität Caen, von 1945–52 an der Universität Bordeaux; seit 1952 lehrt er Lateinische Literatur und Römische Kultur an der Sorbonne, Paris. Professor Grimal ist seit 1964 Ritter der Ehrenlegion und Inhaber anderer hoher Auszeichnungen. Er ist Autor zahlreicher wissenschaftlicher und populärer Bücher über römische und griechische Kultur; sein Hauptwerk, ›La Civilisation Romaine‹, erschien 1960 in französischer, 1961 in deutscher Sprache.

Mythen der Völker

Ausgabe in 3 Bänden

Herausgegeben von
Pierre Grimal

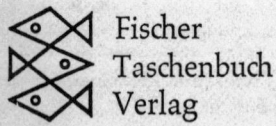 Fischer
Taschenbuch
Verlag

Mythen der Völker
Band 1

Ägypter - Sumerer - Babylonier - Hethiter
Westsemiten - Griechen - Römer

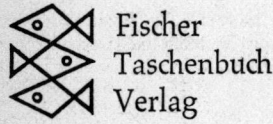

Fischer
Taschenbuch
Verlag

Das Vorwort und die Kapitel ›Der Mensch und der Mythos‹, ›Das Problem der vorgeschichtlichen Religionen‹ übersetzte *Hermann Stiehl*, die Kapitel ›Die Mythologie der Ägypter‹, ›Die Mythologie der Sumerer, Babylonier und Hethiter‹, ›Die Mythologie der Westsemiten‹ *Leopold Völker*, die Kapitel ›Die Mythologie der Griechen‹, ›Die Mythologie der Römer‹ *Dr. Emi Ehm.*

Fischer Taschenbuch Verlag
  1.—22. Tausend: Mai 1967
23.—32. Tausend: August 1968
33.—42. Tausend: Mai 1977

Ungekürzte Ausgabe

Umschlagentwurf: Jan Buchholz/Reni Hinsch
unter Verwendung eines Ausschnittes aus einem ägyptischen Gemälde
(›Wiegen der Seele‹), Musée du Louvre. Foto: Giraudon, Paris

Titel der Originalausgabe: Mythologies

Fischer Taschenbuch Verlag GmbH, Frankfurt am Main
Lizenzausgabe mit freundlicher Genehmigung
der Librairie Larousse, Paris
© 1963 Augé, Gillon Hollier-Larousse, Moreau & Cie, Librairie Larousse, Paris
© 1967 Fischer Bücherei GmbH, Frankfurt am Main und Hamburg
Gesamtherstellung: Hanseatische Druckanstalt GmbH, Hamburg
Printed in Germany
6332-780-ISBN-3-436-02474-0

Inhalt

Vorwort 9

P. GRIMAL, Der Mensch und der Mythos 12

A. VARAGNAC, Das Problem der vorgeschichtlichen
Religionen 28

B. VAN DE WALLE, Die Mythologie der Ägypter 35
Ursprung und Entwicklung der religiösen Institutionen
in Ägypten 37
Die Götterfamilien und die Mythen 41
Die Theologie Thebens 49

M. VIEYRA, Die Mythologie der Sumerer, Babylonier
und Hethiter 84
Die Sumerer 85
Die Babylonier 98
Hurriter und Hethiter 111

A. CAQUOT, Die Mythologie der Westsemiten 132

P. GRIMAL, Die Mythologie der Griechen 150
Die Theogonien 158
Der Sagenkreis um die Großen Götter 181
Die Heldenzyklen 226
Die Herkunft des Herakles 227
Die großen literarischen Sagas 259

P. GRIMAL, Die Mythologie der Römer 297

Bibliographie 313

Vorwort

Vor dreißig Jahren erschien die ›Mythologie Générale‹, die von Félix Guirand angeregt und herausgegeben und durch seine Mitwirkung bei der Gestaltung der einzelnen Kapitel wesentlich gefördert wurde. Das jetzt von mir vorgelegte Werk folgt in Thema und Aufbau seinem Vorgänger und bemüht sich, seinem Geist treu zu bleiben. Die in beiden Werken angewandte Methode ist nahezu die gleiche: Die großen Mythen, die sich die Menschen geschaffen haben, und zwar zu allen Zeiten und in allen Ländern, werden nach geographischen und ethnographischen Bereichen geordnet, dargestellt und betrachtet. Mit der gleichen Entschiedenheit wie Félix Guirand haben wir es uns versagt, den Stoff unter thematischen Gesichtspunkten zu gruppieren, weil wir der Ansicht sind, daß die Mythen ein gesellschaftliches Phänomen sind und nicht ohne Schaden von der Volksgruppe losgelöst werden dürfen, aus der heraus sie geboren und für die sie bestimmt sind. So ist denn auch der Aufbau des vorliegenden Buches mit dem des früheren Werkes fast identisch: Zeiten und Länder sind nebeneinandergestellt, und der Leser wird zu einer Reise von den entferntesten Epochen der Menschheit bis in die Gegenwart eingeladen, bis zu jenen Gesellschaften, bei denen der Mythos auch heute noch, wie der Volkskundler beobachten kann, lebendige Realität ist und seine aktive Rolle bewahrt hat.

Hat uns somit Félix Guirands ›Mythologie Générale‹ auch den Weg gewiesen, so ist doch unser Wissen von den Mythologien seit der Veröffentlichung des Werkes durch zahlreiche Studien, Forschungen und Entdeckungen sehr bereichert worden; und sogar unsere Vorstellung von dem, was Mythologie ist, wurde recht verändert. Darum schien es uns nach dem Ablauf eines Vierteljahrhunderts angebracht, eine neue Bilanz unserer Kenntnisse auf diesem Gebiet zu ziehen — oder vielmehr, da sich die Forschungsarbeiten gerade in den letzten Jahren bis ins Endlose verzweigt haben, eine größere Zahl von Fachleuten zu bitten, diese Bilanz auf ihrem jeweiligen Gebiet für uns zu ziehen.

Viele der jüngsten Forschungsergebnisse sind noch nicht Allgemeingut geworden, sondern bis heute in Einzelabhandlungen verstreut. Und wenn sich auch die großen Sagenkreise Griechenlands und Roms ohne allzu große Schwierigkeit zu einer in sich geschlossenen Gesamtdarstellung zusammenfassen lassen, so gilt das doch nicht für die zeitlich und räumlich entlegeneren Gebiete, in denen sich nur der sehr kundige Experte auf sicheren Pfaden bewegen kann. Wir hoffen, das das nun vorgelegte neue Werk, in dem jeder Mitarbeiter sein ganzes Wissen zur Verfügung gestellt und sich bemüht hat — bisweilen unter erheblichem Kräfteeinsatz —, innerhalb der ihm gezogenen engen Grenzen zu einer originalen und gänzlich neuen Synthese zu gelangen, den Anforderungen unserer Zeit entspricht, indem es sichere, genaue und neue Information bietet und andererseits ehrlich auf die Lücken unseres Wissens hinweist.

Bei der Lektüre wird man feststellen, daß sich die verschiedenen Abhandlungen unterschiedlicher Methoden bedienen; das rührt daher, daß die Verfasser bei der Erforschung der Mythen nicht alle vom gleichen Ausgangspunkt ausgehen. Die einen sind in erster Linie Volkskundler, andere Sprachforscher, und es ist nur natürlich, daß der Mythos je nach der Art seiner Betrachtung einen anderen Aspekt erhält. Diese Verschiedenheit haben wir nicht zu verdecken versucht, sie schien uns vielmehr bezeichnend: der Mythos kann sowohl Gegenstand der Sprachwissenschaft als auch der Gesellschaftswissenschaften sein. Er läßt sich hier wie dort erfassen, und er würde verstümmelt, wenn man alle Abhandlungen in ein und dieselbe Form gezwungen hätte. Unsere Betrachtungsweise läßt, so hoffen wir, den Reichtum und die Vielgestaltigkeit der mythischen Welt sowie die Vielzahl und die Bedeutungen, die der Mythos annehmen kann, besser erkennen — aber auch die vielfältigen wissenschaftlichen Wege, auf denen er sich erfassen läßt.

Der vorliegende Band enthält die Sagen derjenigen Kulturkreise, aus denen direkt oder indirekt das »klassische« Denken und die »klassische« Kultur hervorgegangen sind: Sumer mit seinen Ausläufern (Akkad, Babylonien), das über das ganze frühe Asien ausstrahlt, Ägypten, dessen Kultur von den griechischen Philosophen so große Bewunderung gezollt wurde, Kulturkreise aus der indo-iranischen Gruppe, die sich, wie etwa der Hellenismus, aus dem arischen Stamm entwickelten und im Laufe ihrer Geschichte auch weiterhin Berührung mit ihm hielten.

Als die geistigen Erben der klassischen Tradition denken wir bei dem Wort Mythos in erster Linie an die Sagen Griechenlands und Roms, und es mag deshalb erstaunen, daß die vorliegende Ausgabe diesen Sagen einen weniger breiten Raum zuweist als die frühere. Nun ist es nicht etwa so, daß die Mythen, von denen sich seit den Zeiten Homers die Dichter und Künstler inspirieren ließen und die zum kostbarsten Vermächtnis der abendländischen Kultur gehören, an Interesse eingebüßt hätten und ein wenig aus der Mode gekommen wären. Es ist vielmehr so, daß diese klassische Mythologie Jahrhunderte hindurch als ein nahezu einmaliges Phänomen angesehen wurde und man alle anderen Sagenkreise, in die man Einblick zu gewinnen begann, lediglich als exotische Monstrositäten oder Kuriositäten betrachtete. Heute hingegen erkennen wir deutlicher als früher, daß die Märchen, die unsere Kindheit begleiteten — die Kindheit des ganzen Abendlandes —, keineswegs etwas Außergewöhnliches sind (abgesehen von dem Nutzen, den die hellenische Kultur daraus gezogen hat), sondern nur eines von vielen Beispielen einer universellen, das heißt auch unter uns heute noch alltäglichen Denkweise. Eine exaktere Einschätzung der fernen afrikanischen und präkolumbianischen Kulturkreise bringt uns die Tatsache stärker zum Bewußtsein, daß sich die dem Mythos innewohnende Kraft nicht allein unter dem Himmel von Hellas entfaltete. Kurz: das »griechische Wunder« rückt aus seiner Isoliertheit im Wunderbaren heraus. Das Zusammenrücken der verschiedenen Kreise des mythischen Denkens bedeutet jedoch in keiner Weise ein Sakrileg, sondern kann uns nur um so besser die einzigartige Bedeutung dieses Wunders vor Augen führen, das sich schließlich doch nur ein einziges Mal ereignet hat.

Pierre Grimal

Der Mensch und der Mythos

Zu Beginn unseres Jahrhunderts behauptete man gern (und nicht ohne eine gewisse Herablassung), der »Mythos« entspreche einem ganz bestimmten Zustand des »primitiven« menschlichen Denkens. Der für die Vernunft noch unempfängliche menschliche Geist, so sagte man, stellte sich die Welt als Schauplatz eines Dramas vor, in dem sich launenhafte Willenskräfte gegenüberstanden; und man erhob zum Dogma, daß jede menschliche Gesellschaft im Lauf ihrer geschichtlichen Entwicklung zwangsläufig eine »prälogische« Periode durchgemacht habe, in der der Mythos die normale Denkweise war. Wenn dieses Stadium einmal überwunden war, kam »die Zeit der Philosophen«, der als Krönung die Zeit der Gelehrten und Entdecker der rationalen und objektiven Wahrheiten folgte.

Das war die übliche, offizielle Lehrmeinung, die aus dem Positivismus und im weiteren Sinne aus der »Aufklärungsbewegung« und dem Frankreich des 18. Jahrhunderts hervorgegangen war. Die Mythen erforschen, das hieß für Auguste Comte wie für Fontenelle und Voltaire: die Irrtümer und Torheiten der Menschen Revue passieren lassen — eine oft amüsante, oft aber auch melancholische Beschäftigung wie das Blättern in einem Album mit Bildern aus einer längst vergangenen Zeit.

Seit ein, zwei Generationen begnügen sich die Historiker des menschlichen Denkens nicht mehr mit diesem Schema. Der Mythos erscheint heute nicht mehr als eine den »primitiven« Gesellschaften vorbehaltene Denkweise. Wenn wir uns heute ehrlich prüfen, müssen wir eingestehen, daß der Mythos unserem alltäglichen Denken keineswegs fremd ist, ja, daß er seinem Wesen nach nicht einmal zum wissenschaftlichen Denken in Widerspruch steht.

Der Mythos erhebt gleich der Wissenschaft den Anspruch, die Welt zu erklären, ihre Phänomene verständlich zu machen.

Gleich der Wissenschaft möchte er dem Menschen ein Mittel an die Hand geben, mit dem er, der Mensch, auf das Universum einwirken und es sich zu seinem geistigen und materiellen Besitz machen kann. Angesichts eines Universums voller Ungewißheiten und Rätsel schaltet sich der Mythos ein, um die Dinge zu vermenschlichen: die Wolken des Himmels, das Licht der Sonne, die Stürme des Meeres, all dieses Außermenschliche büßt ein Gutteil seines Schreckens ein, wenn man darin eine Absicht, ein Empfindungsvermögen, eine Motivierung solcher Art zu erkennen glaubt, wie sie jedes Individuum tagtäglich erfährt. Es ließe sich einwenden, diese »Erklärungen« seien kindlich und falsch. Wenn aber der Mythos ein Irrtum ist, sind dann nicht auch die »wissenschaftlichen« Wahrheiten Irrtümer, die doch dazu verurteilt sind, ständig von neuen Wahrheiten überholt zu werden? Mythos und provisorische »Wahrheiten« der Wissenschaft sind nur verschiedenartige Formen der Annäherung an die »Wahrheit«, an jenes Geheimnis der Welt, das uns nach so vielen Mühen und Entdeckungen noch immer verborgen bleibt. Wenn es zutrifft, daß die Fortschritte der Wissenschaft ein Weg sind, der die Gelehrten von Irrtum zu Irrtum geführt hat, so besteht der Natur nach kein Unterschied zwischen den »primitiven« mythischen Erklärungen und den modernsten Theorien, von denen wir jetzt wissen, daß sie nur Arbeitshypothesen sind, die man eines Tages aufgeben wird. In gewissem Sinn war die Vorstellung, die sich die Gelehrten zu Anfang des 20. Jahrhunderts vom Atom machten, ein »Mythos«, der sich aber dennoch als fruchtbar erwiesen hat, als er über sich selbst hinausführte.

Der Mythos entspricht einem grundlegenden Bedürfnis des menschlichen Geistes, und um das zu erkennen, braucht man sich nicht künstlich ein »primitives« Denken aufzuzwingen; es genügt, wenn man sich seiner Kindheitseindrücke erinnert — schließlich spielt die wissenschaftliche »Wahrheit« nur eine sehr bescheidene Rolle in unserem persönlichsten Alltagsleben, und das, was wir verstandesmäßig *wissen* oder *kennen*, ist recht wenig, verglichen mit dem, was wir *glauben* oder uns vorstellen. Alles, was in uns nicht vom rationalen Wissen erleuchtet ist, gehört dem Mythos an, der nichts anderes ist als die spontane Abwehrreaktion des menschlichen Geistes gegenüber einer unverständlichen oder feindseligen Welt. Im geschlossenen Zimmer, das nicht mehr durch die Gegenwart einer Mutter verteidigt wird, nimmt das Universum wieder seinen drohenden Charakter an; das Licht des Mondes, das Brausen des Windes lassen unheilvolle Wesen erstehen; wenn man sie sich vorstellt, ihnen Namen gibt, sie Feen oder Engel nennt, stimmt man sie sich schon günstig, wirkt man auf sie ein, indem man sie dem Bereich des Menschlichen annähert. Selbst in diesem Elementarstadium ist der Mythos, so wie er spontan in der Kindesseele entsteht, nicht religiös bestimmt: die »Geister« der Wälder, des Lichts, des Wassers sind keine Gottheiten, sondern nur Wesenheiten, die in Bezirken tätig zu werden vermögen, die sich unserem Zugriff entziehen. Die Verwandtschaft mit uns selbst, die wir ihnen beilegen, gestattet es uns, auf sie einzuwirken durch Überredung, das Gebet, den magischen Zwang, und so unseren Einfluß auf die Welt zu vermehren, unseren Arm zu verlängern. Nur sehr selten ist der Mythos bloße Träumerei; seinem Wesen nach ist er eher eine Arbeitshypothese, ein Versuch, aus der Ohnmacht, die unser Los ist, herauszukommen.

Die Mythen, die man »Gebetsmythen« nennen könnte, sind in allen Gebieten recht zahlreich. Sie erscheinen besonders in den Riten der römischen Religion. Die Person des Jupiter Elicius (»dessen, der anzieht«) zum Beispiel ist zunächst nicht von dem Gebet zu trennen, welches das Feuer des Himmels unter Vorsichtsmaßnahmen zur Erde herableiten soll, so daß sich die Gewitterwolken gefahrlos ihres Zorns entledigen. Die Erfindung des Mythos beginnt in dem Augenblick, wenn jemand (mit Hilfe einer richtigen »wissenschaftlichen Hypothese«) die Existenz eines Jupiter voraussetzt, der dem Zwang eines Ritus gehorcht. Dieser ersten Hypothese gesellen sich dann einzelne Episoden und Details hinzu. Man erzählt sich etwa die Geschichte von einem »verfehlten Ritus«, vom Mißgeschick des Königs, der den Zorn des Gottes auf sich lenkte und vom Blitz erschlagen wurde, weil er gewisse heilige Gebote nicht einhielt. Wenn man Römer ist und danach strebt, das Universum den

Kategorien des Rechts zu unterwerfen, malt man sich auch eine ganze Kasuistik des Blitzes aus; man stellt den »König« Jupiter inmitten seiner Ratgeber dar, zeigt ihn, wie er sich mit Hilfe der *dii consentes* (der »ratgebenden Götter«) darüber klarzuwerden versucht, ob er mit dem himmlischen Feuer diesen oder lieber jenen Ort treffen soll, auf diese oder lieber auf jene Art. Und diese, zu einem zusammenhängenden Komplex angewachsene, durch eine ganze heilige Literatur konsolidierte mythische Darstellung kann sich von nun an der Prüfung durch die Tatsachen unterwerfen, genau wie zu anderen Zeiten die wissenschaftlichen Hypothesen. Natürlich wird es skeptische Gemüter geben, aber andere, und zwar die meisten, werden das Risiko der Ungläubigkeit nicht auf sich nehmen, und der Mythos wird dann weiter seine Rolle spielen — seine wahre Rolle —, die darin besteht, daß er der Seele die Last einer erdrückenden Sorge abnimmt und den Geist für andere Aufgaben freimacht, indem er ihn der Hilfe einer Wahrheit versichert.

Allmählich beherrscht das mythische Universum das ganze Leben. Es gibt menschliche Gesellschaften, für die der Mythos die Realität selber ist, wirklicher als das »objektive« Universum. Es fällt uns schwer, eine solche Einstellung zu begreifen, die etwas Pathologisches zu haben scheint — oder etwas, was wir so nennen — und die im äußersten Falle oft nur eine Verschlimmerung des Normalen ist. Wenn ein einzelner Mensch derart vom Mythos überwältigt ist, sagen wir gern, er sei »krank«. Handelt es sich um ganze Gesellschaften, so neigen wir gleich den Philosophen von einst dazu, die Achsel zu zucken und von »prälogischer Mentalität« zu sprechen. Diese »Unterwerfung unter den Mythos« ist jedoch eine durchaus anwendbare Methode; sehr viele Menschen lösen dank der Macht des Mythos die tausenderlei Probleme des Alltags und gelangen dabei zu einem seelischen Gleichgewicht oder sogar zur Weisheit. Die »absurden« Riten und Glaubensansichten der römischen Religion haben das Volk, das sich ihnen hingab, nicht daran gehindert, das größte Reich der Welt zu schaffen — und Plato, der sehr viel für die Mythen übrig hatte, war dennoch einer der größten der richtungweisenden Philosophen aller Zeiten.

Wenn man in Dahomey die Zukunft erkunden will, um seine Handlungsweise danach auszurichten, geht man zu einem Zauberer, der »das Fa zieht«. Das Fa ist zugleich ein Gott, und sogar der größte Gott, der Vater der tausend Vaudou-Dämonen, der persönliche Geist des Ratsuchenden, und ein Spiel, in dem sich die Allwissenheit des Gottes offenbart. Um »das Fa zu ziehen«, wirft man eine Kette auf einen Tisch, die aus Dattel- und anderen Fruchtkernen besteht, von denen einige auf ihrer konvexen, andere auf ihrer konkaven Seite liegen bleiben. Jeder Lage entspricht eine Zahl, und man erhält so auch eine Gesamtzahl; dank einer Konkordanztafel weiß man dann, welcher Dämon sich als der »kleinere« manifestiert; ihm ist dann bei der Lösung des speziellen Problems, das den Gang zum Zauberer erforderlich machte, die gebührende Beachtung zu widmen. Nun entspricht jedem Gott ein Mythos. Der Zusammenhang des so beschworenen Mythos mit der realen Situation ist oft nur sehr locker. Doch bei einigem Nachdenken wird eine Verbindung sichtbar, und gleichzeitig zeichnet sich ein Rat ab, den der Mythos andeutet: dieser bewirkt so bei dem Ratsuchenden einen Gemütszustand, eine innere »Wahrheit«, die der Ungewißheit ein Ende macht und das Handeln gestattet. Die detaillierte Kenntnis der Mythen und ihrer Bedeutungen ist dem Zauberer vorbehalten, der sie im Verlauf sehr langer Studien erwirbt. Diese Studien, die auf richtigen, recht exklusiven »Schulen« absolviert werden, sollen ihm die übernatürliche Hälfte des Realen offenbaren, und der Mythos wird damit zur Magie.[1]

Es geht nicht um die Frage, ob dieses »übernatürliche« Universum wahr ist oder nicht: dieses Problem stellt sich nicht; die Fragestellung ist ebenso sinnlos wie etwa für einen »rationalistischen« Wissenschaftler die nach der materiellen Darstellung des Atoms oder Moleküls: das System von Gesetzen und Hypothesen, das sein Denken bestimmt, zwingt ihn einfach dazu, ihre Existenz anzunehmen. Wie die (in unseren Augen) orthodoxeste Wissenschaft rechtfertigt auch die Magie des Zauberers von Dahomey ihre Wahrheit durch ihre Wirksamkeit. Wirksam ist sie

[1] Vgl. René Trautmann, La Division à la Côte des Esclaves et a Madagascar, Paris 1939.

oder erscheint sie; mehr braucht es nicht, um der mythischen Welt ihre Wahrheit zuzuerkennen — und sie beansprucht sie auch.

Diesen für den modernen Menschen etwas verwirrenden, aber fundamentalen Charakter des mythischen Denkens erhellte Karl Kerényi recht deutlich in seinem Buch ›Die antike Religion‹. Er berichtet dort unter anderem von der Erfahrung, die der Engländer Sir George Grey im vergangenen Jahrhundert als Gouverneur von Neuseeland machen mußte. Im Jahre 1845 mit der Verwaltung dieses Gebiets beauftragt, stellte er schon sehr bald fest, daß es ihm unmöglich war, mit dem Denken »der Untertanen Ihrer Majestät« Kontakt zu finden. Dieses Denken schien sich auf einer Ebene zu bewegen, zu der weder er selbst noch seine Dolmetscher Zugang fanden. Diese Ebene war die des mythischen Denkens, die dem Realen andere Strukturen auferlegt als die, die dem Gouverneur vertraut waren. »Ich entdeckte«, erklärt Sir George, »daß die Häuptlinge in Wort und Schrift zur Darstellung ihrer Ansichten und Absichten Bruchstücke alter Gedichte und Sprichwörter zitierten oder Anspielungen machten, die sich auf ein altes mythologisches System gründeten, und obwohl die wichtigsten Partien ihrer Mitteilungen in diese Bilderform gekleidet waren, scheiterten die Dolmetscher daran, und nur selten konnten sie die Gedichte übersetzen oder die Anspielungen erläutern.« Um die ihm übertragene Mission ausführen zu können, sah sich Sir George veranlaßt, diese Mythen zu sammeln und sie 1855 unter dem Titel ›Polynesische Mythologie und alte traditionelle Geschichte des Volkes von Neuseeland‹ zu veröffentlichen. Was Sir George entdeckt hatte, war eine »lebende« Mythologie, die noch ihre Rolle als Mittlerin zwischen Vergangenheit und Gegenwart spielte und aus der Vergangenheit die geistigen Elemente bezog, die geeignet waren, die Gegenwart zu »strukturieren« und damit verständlich zu machen und die somit die Betätigung im Gegenwärtigen erst möglich machten.

Denn der Mythos — und auch dies ist eine seiner grundlegenden Eigenarten — ist ein Band zwischen Vergangenheit und Zukunft. Malinowski schrieb im Jahre 1926: »Der Mythos, wie er in einer primitiven Gemeinschaft existiert, das heißt in seiner lebendigen und spontanen Form, ist nicht nur Geschichte, sondern erlebte Wirklichkeit. Er gehört nicht in die Kategorie der Fiktion wie die Romane unserer Tage, sondern ist eine lebendige Realität, von der man glaubt, daß sie einst in der Urzeit geschehen ist, und die seitdem auf die Welt und das Schicksal der Menschen einwirkt... Diese Geschichten verdanken ihre Erhaltung nicht einem willkürlichen Interesse; sie werden auch nicht als erfundene Märchen betrachtet, ja nicht einmal als authentische Erzählungen; denn sie stellen für den Eingeborenen einfach den Ausdruck einer ursprünglichen, überlegenen, wichtigeren Realität dar, die das Leben der Gegenwart bestimmt, das Schicksal und das Tun und Lassen der Menschheit, und deren Kenntnis dem Menschen das Motiv zu seinen rituellen oder moralischen Handlungen liefert und ihm gleichzeitig Hinweise auf die dazu nötigen Mittel gibt.«[1]

Es fällt nicht schwer, Malinowskis Behauptungen am Beispiel zu illustrieren. Meistens berichtet der Mythos von einer lange zurückliegenden denkwürdigen Tat, die entweder einem Gott oder einem Helden, das heißt einem gewöhnlichen Sterblichen, zugeschrieben wird, deren Folgen aber weiterhin Gültigkeit haben. In der einfachsten Form ist es zum Beispiel die vom Schwert Rolands ins Gebirge geschlagene Bresche, ist es der Hügel, der das Grab eines Riesen deckt: die Landschaft bewahrt in ihrer Stabilität solche Ereignisse, die zur Schaffung der Weltordnung beigetragen haben. Es gibt aber auch subtilere Mythen, die von einem *wiederholbaren* schöpferischen Akt berichten und es durch einen Ritus möglich machen, in der Gegenwart einen Teil der Schöpfung neu zu vollziehen. Geht man zum Beispiel davon aus, daß die Befruchtung der Erde in der Urzeit durch den Regen bewirkt wurde, durch die Vereinigung eines Gottes mit einer Göttin, dann besteht der Ritus darin, alljährlich oder im Wechsel der Jahreszeiten diese Vereinigung »mimisch« zu wiederholen. Ein Priester und eine Priesterin, die dann zu dem Gott und der Göttin werden, deren Gewänder und Zeichen sie tragen, ahmen deren Tun nach und vereinigen sich feierlich vor dem ganzen Volk oder in der Abgeschiedenheit des Heiligtums, »da-

1 Myth in Primitive Psychology, London, 1926, S. 21 f.

mit die Schöpfung Dauer hat«. Oder wenn zwei polynesische Volksgruppen ein Bündnis schließen, erleben zwei Männer, die die beiden Gruppen darstellen, im Verlauf einer Art Tanz eine Neugeburt, die sie zu Brüdern werden läßt: Der Ritus ist dann nicht nur ein dramatisches Symbol des abstrakten Begriffs der Bruderschaft, er ist der Wiederbeginn einer Schöpfung analog der, die der Mythos postuliert. Der Zelebrant stellt sich in das mythische Universum hinein, und dieses gebietet schließlich über das wirkliche Universum. Aus dieser Quelle rühren bei vielen Gemeinschaften Feste, Theater und Literatur her, alles, was das Leben der Städte ausmacht und die Einordnung der einzelnen Menschen in die kollektiven Empfindungen ermöglicht und ihnen Zugang zu den Werten der Stadt, zur Moral wie auch zu den schönen Künsten verschafft.

Um diese spirituelle Eigenschaft des Mythos zu definieren, führt Karl Kerényi einen Ausdruck an, dessen sich Thomas Mann in bezug auf die Lehre Freuds bedient hat: »Der Sprache der Zitate entspricht ein ›Leben in Zitaten‹.«[1] Für den, der so lebt, ist der Mythos Inspiration und Schutz zugleich; er ist ein Modell für das Handeln in der Gegenwart und dessen Rechtfertigung — aber die Worte, die wir gebrauchen müssen, um diese fundamentale Erfahrung des »Lebens nach dem Mythos« zu beschreiben, die sowohl dort angesiedelt ist, wo das klare Bewußtsein gerade auftaucht, als auch in jener dunklen Zone, die ihm vorausgeht, sind gefährlich und gleisnerisch. Was den Mythos dazu geeignet macht, das Handeln zu bestimmen, ist nicht eine intellektuelle Überlegung, sondern eine instinktive Entscheidung, die sich einfach aufzwingt, und zwar in einer Hingabe des ganzen Wesens — eher ein Glauben denn ein in der Vernunft wurzelndes Wissen. Der Mythos gehört zu den wesentlichen Elementen des Bewußtseins; er ist eine Realität des Kollektivbewußtseins, die sich im individuellen Bewußtsein spiegelt, nicht anders als etwa die Sprache. Jeder Beteiligte hat das Gefühl, am Mythos wirklich teilzuhaben, ihn nachzuerleben — vor allem bei feierlichen Festen — und den Ablauf des Mythos in der eigenen Gegenwart zu erkennen.

1 Th. Mann, Freud und die Zukunft, Wien 1936, S. 53.

Der Umstand, daß der Mythos am Ursprungsort des Denkens selbst angesiedelt ist, und zwar dort, wo das Denken zunächst nicht mehr leistet, als einen ersten Handlungsplan zu entwerfen, gibt die Erklärung dafür, daß ausnahmslos alle Völker eine Mythologie besessen haben — weil nämlich ohne Mythos jedes Handeln unmöglich wäre. Das erklärt auch, weshalb sogar die modernen, höchstentwickelten und »aufgeklärtesten« Völker nicht ohne ihren Mythos sind. Natürlich gibt es auch heutzutage wie zu allen Zeiten politische Mythen, die zur »objektiven« historischen Realität nur ein sehr lockeres Verhältnis haben: Welcher Historiker des heutigen Frankreich hätte nicht schon einem Mythos wie dem der Bastille seinen Tribut gezollt? Das Bildnis von Epinal hat Mythengestalt. Der Eid vom Ballhaus und der Scheiterhaufen des Herkules sind zwei Mythen, deren Wirkung keineswegs von der (zufälligen) Tatsache abhängt, daß das Ereignis stattgefunden hat oder auch nicht. Wie das Licht, das uns den Tag schenkt, und die Luft, die wir atmen, läßt sich der Mythos nicht unmittelbar wahrnehmen, und man muß sich schon etwas anstrengen, um sein Vorhandensein im Schoße des eigenen Denkens zu entdecken. Ebenso erfüllt der Mythos unser Bewußtsein und mehr noch unser Unterbewußtsein; er ist *unsere* Wahrheit, eine Wahrheit, die in Frage zu stellen ein Sakrileg mit manchmal tödlichen Folgen darstellt. Und das gilt für alle Gebiete des persönlichen Lebens, denn es gibt keines, das von Mythen frei wäre, vor allem in dem Augenblick, in dem entscheidende Entschlüsse zu fassen sind. Die Helden, die man bewundert, bringen spontan Mythen hervor, und man weiß, daß Alexander ohne Achilles, ohne die ›Ilias‹ zweifellos nicht zur Eroberung des Orients aufgebrochen wäre. Zu allen Zeiten hat sich die Jugend ihre Mythen geschaffen, die zu verwirklichen manchmal erst das reife Alter den Mut besaß.

Und was für den einzelnen gilt, gilt auch für die Gemeinschaften. Es gibt eine »homerische Gesellschaft«, deren Lebenskraft, durch die Heldengedichte verlängert, ein gut Teil der Seele des Menschen der Antike bewegt. Daß der Troianische Krieg vielleicht gar nicht stattgefunden hat, ist völlig unwichtig.

Aber wie alles Menschliche, wie die Sprache, wie die Gesetze, nutzen sich auch die Mythen ab und büßen dann an Kraft ein. Mit der Zeit hängen ihnen die Menschen immer weniger an: es kommt der Augenblick der »toten Götter«. Die Mythen verschwinden deshalb aber nicht, sie wandeln sich nur. Indem sie sich allmählich vom Bewußtsein lösen und es nicht mehr ausfüllen, erlangen sie eine objektive Wirklichkeit, die sie wahrnehmbar macht und der Kritik aussetzt.

Meistens findet sich dann ein Forscher, der sie sammelt, klassifiziert und gar eine Mythologie zusammenstellt. So hat es sich in Griechenland vom 6. Jahrhundert v. Chr. ab und zweifellos schon früher abgespielt, und in dieser oder jener Form in allen Ländern ebenso: Dichter faßten die Mythen zu Sagas oder Heldengedichten zusammen, und Priester ließen die Substanz der Mythen in »Heilige Bücher« einfließen, um der Religion Nahrung zu geben. Andernorts wurde der Mythos, auf bescheidenere Weise, zum Märchen auf den Lippen der Alten, um in degenerierter Form in die Folklore einzugehen.

Wenn dies geschieht, wenn die Mythologie ihr lebendiges Dasein aufgibt, umhüllt sie sich mit dem Schleier des Geheimnisvollen; ihre innere Wahrheit, ihre Wirksamkeit dringen nicht mehr nach außen, und man beginnt nach ihrer Bedeutung zu fragen — was während ihrer Lebenszeit undenkbar gewesen wäre. Auch die griechische Mythologie ist diesem Gesetz nicht entronnen. In dem Augenblick, in dem wir sie erfassen, ist sie den Griechen selber schon geheimnisvoll. Die Philosophen, vor ein Rätsel gestellt durch etwas, was für sie nur ein Gespinst von Absurditäten war, fragten nach ihrer Bedeutung, und die damals von ihnen aufgestellten Theorien beherrschen sogar noch die Vorstellungen, die wir Menschen der Neuzeit uns vom Mythos machen.

Darauf bedacht, nichts von der Überlieferung der Vergangenheit zu verlieren, stellten sich die griechischen Philosophen vor, unter dem kindlichen Äußeren der Mythen verberge sich eine geheime Kunde, die zu enträtseln ihrem Scharfblick aufgegeben sei. Doch konnten sie sich über Sinn und Zweck dieser Lehre nicht einigen. Die einen versicherten, die Legenden seien nur

Entstellungen der Geschichte, und diese Theorie ist oft auch von Menschen der Neuzeit wieder aufgegriffen worden. Man erinnere sich hier nur an die berühmte und so oft wiederholte Formel: »Das Epos ist die Form, die die primitiven Völker ihrer Geschichte geben«! So wurden zum Beispiel die »Heldentaten« des Herkules so erklärt, daß man behauptete, hinter ihnen verbärgen sich die Taten eines mächtigen Königs, eines großen Überwinders von Ungeheuern und eines Wohltäters der Menschheit. So wurde jede einzelne Episode folgerichtig menschlichen Proportionen angepaßt; die Ungeheuer, so sagte man, waren in Wirklichkeit Naturphänomene, über die Herkules mit Mitteln triumphierte, die gar nichts Geheimnisvolles an sich hatten. So war die Hydra von Lerna nur ein Sumpf mit ständig aufbrechenden Quellen. Herkules hatte die Köpfe des Ungeheuers abgeschlagen, das heißt, er hatte die Bäche umgeleitet, die das Sumpfgebiet speisten. Und so erging es allen Legenden — sie bekamen eine »historische« Interpretation. — Diese Theorie trägt den Namen Euhemerismus, nach ihrem Erfinder, dem Philosophen Euhemeros. Sie fand erstaunlichen Anklang bei allen »vernünftigen« Leuten (die dies, wie ihre Einstellung beweist, gar nicht waren), trotz der Schwierigkeiten, die sie mit sich bringt. Doch hatte sie eben den Vorteil, beruhigend zu sein und den engstirnigsten »gesunden Menschenverstand« zu befriedigen; vielleicht enthält sie auch tatsächlich ein Quentchen Wahrheit, insofern nämlich, als sich die Mythen bisweilen offensichtlich auf historische Ereignisse stützen, denen sie einen hervorragenden und exemplarischen Wert verleihen.

Andere, weniger nüchterne Philosophen meinten, die Mythen seien so etwas wie die »volkstümliche« Umkleidung einer göttlichen Offenbarung. Wenn man nur ihre Botschaft zu entziffern wüßte, vermöchte man das Geheimnis der Welt zu verstehen. Vor allem in ägyptischen oder ägyptisch eingestellten Kreisen fand diese Lehre Anhänger. Die Denker von Alexandrien vereinigten Mythen jeglicher Herkunft zu einer Synthese und machten daraus ein komplexes System und stellten es unter das Patronat des Gottes des Wissens, des Hermes, des dreimal Größten (Hermes Trismegistos), weshalb man es auch Hermetismus nennt. Für diese Richtung ist zum Beispiel der Mythos der Isis die Odyssee der Schöpfung, und sie leitet daraus eine physische und metaphysische Lehrmeinung über das Wesen des Universums ab.

Auch die Moderne hat diesen Weg eingeschlagen und oft dem grundlegenden Postulat des Hermetismus beigepflichtet, nämlich der Idee, daß der Mythos eine Art Symbol sei, eine Maske, die einer abstrakten Wahrheit übergestreift ist und die herunterzureißen zur Aufgabe des Exegeten gehöre. So hat man lange Zeit den Zyklus des Herkules als einen »Sonnenmythos« erklärt: die »Erfinder der Legende« hätten dieses Mittel zur Verschleierung der Ergebnisse ihrer astronomischen Beobachtungen erfunden, um »dem Volk« eine schöne Geschichte zu erzählen, den Eingeweihten aber eine physikalische Doktrin vorzulegen.

So sagte man zum Beispiel, die zwölf Arbeiten des Helden beschrieben in bildhafter Form die Bahn, die die Sonne durch die Bereiche der zwölf Tierkreiszeichen zurücklegt. Nimmt man aber an, daß Herkules ein Sonnenheld war (was gar nicht zutrifft), so genügt diese Tatsache an sich noch nicht, um den Mythos zu erklären, und erschöpft seine Bedeutung auch keineswegs. Immer noch müßte man das Wesentliche erklären, nämlich den Grund dafür finden, daß diese astronomische »Wahrheit« eine so eigenartige Verkleidung angenommen hat. In Wirklichkeit aber, das erkennen wir jetzt immer deutlicher, geht es dem Mythos, wo und wann auch immer, nur sehr selten darum, eine physikalische oder astronomische Theorie zu formulieren, er ist und war niemals eine *willkürlich* gesetzte physikalische Theorie. Seine Gebiete sind vielmehr die geistigen und moralischen Realitäten, das innere Universum. Worauf es ankommt, das ist der Umstand, daß Herkules stark, geduldig, heldenhaft und dennoch dem Schicksal unterworfen war, auch daß er in liturgische Dramen verwickelt war, die im Bewußtsein und Handeln der Menschen ihren Nachhall finden. Aus diesem Grund sind die Versuche Max Müllers und seiner Schule, die sich im Geiste des Naturalismus bemühten, aus den Namen der griechischen und indischen Gottheiten den Beweis für deren

Symbolgehalt herauszulesen, von vornherein zum Scheitern verurteilt.

Die Mythologien, wie sie sich uns heute darbieten, sind Zeugnisse oder, wenn man so will, mehr oder weniger verstümmelte Spuren eines ehemaligen Zustandes. Sie sind die geistige Vorgeschichte einer menschlichen Gesellschaft. In dieser Hinsicht ähneln sie den Sprachen: auch diese stellen, wenn wir sie, gesprochen oder in literarischen Texten fixiert, zu erfassen vermögen, Dokumente aus einer sehr alten Vergangenheit dar. Nun haben die Linguisten entdeckt, daß sich sehr bald Verwandtschaftsbeziehungen erkennen lassen, wenn man so weit wie möglich in die Vergangenheit der einzelnen Sprachen zurückgeht; und ebenso wie sich im vergangenen Jahrhundert eine »vergleichende Sprachwissenschaft« herausgebildet hat, so ist es, wenn auch erst später, zu einer »vergleichenden Mythologie« gekommen.

Dieser Name ist recht alt, was uns aber nicht beirren darf. Zunächst bezeichnete er etwas ganz anderes als die »Genetik der Mythen«, die wir hier meinen und die eine noch junge Wissenschaft ist. Früher wurde er nämlich für das gebraucht, was man bisweilen die »ethnographische Methode« nennt, die auf ganz anderen Postulaten beruht. Seit der Mitte des 19. Jahrhunderts stellten die Mythenforscher immer wieder frappierende Ähnlichkeiten zwischen Mythen aus völlig verschiedenen Zeiten und Räumen fest. Vor allem fanden die Ethnologen bei den »primitiven« Völkern Mythen, die denen der klassischen Mythologie entsprachen, die, da sie besser bekannt war, in gewisser Beziehung als Maß diente: Sintflut, Aufeinanderfolge von Göttergenerationen, Zeugung des Menschengeschlechts aus der Erde, usw., all das führte zu mythischen Erklärungen, die nach einem ähnlichen Schema aufgebaut waren.

Man sah sich also veranlaßt, hinsichtlich dieser formalen Ähnlichkeiten systematische Vergleiche anzustellen und die Möglichkeit in Betracht zu ziehen, daß es eine universale mythische Sprache gab und die zwischen den einzelnen Regionen festgestellten Unterschiede nur von zufälligen Umständen oder vom unterschiedlichen Abnutzungs- oder Entwicklungsgrad der einzelnen Mythologien herrührten. So wurde es üblich, einen Mythos aus dem alten Rom durch einen Brauch in Surinam zu erklären oder eine griechische Legende durch einen polynesischen oder afrikanischen Ritus.

Diese Methode brachte so bedeutende Werke wie den ›Goldenen Zweig‹ von George Frazer hervor, in dem bestimmte mythische Schemata untersucht wurden, die man als grundlegend betrachtete und von denen man deshalb annehmen konnte, daß sie auch an den entferntesten Plätzen der Erde in Erscheinung getreten seien. Es entstand auf diese Weise eine Mythologie des Königtums, eine Mythologie von der Unsterblichkeit der Seele, ein Zyklus über die Pflanzenwelt, über den Tod usw. Aber mit der Zeit merkte man, daß diese Methode einen großen Nachteil hatte: sie führte dazu, daß man das vernachlässigte, was das innerste Wesen des Mythos ausmacht, nämlich seinen für eine bestimmte Gruppe spezifischen Charakter einer gesellschaftlichen Realität. Man hielt also schließlich Nebeneinanderstellungen nicht mehr für angebracht, die nicht durch historische oder geographische Gegebenheiten gerechtfertigt waren. Schließlich mußte man sich sagen, daß formale Ähnlichkeiten, so erstaunlich sie auch sein mochten, nicht zu einer völligen Assimilation von Mythen und Glaubensansichten führen durften, deren Bereiche durch Jahrhunderte oder durch Tausende von Meilen voneinander getrennt waren.

Um dieser von der Methode her bedingten Forderung zu entsprechen, hat sich das herausgebildet, was man die »neue« vergleichende Mythologie nennen kann: ein Wissenschaftszweig, der seit kaum fünfzig Jahren besteht. Diese Wissenschaft setzt sich die Aufdeckung der historisch nachprüfbaren Beziehungen zwischen gegebenen mythologischen Systemen zum Ziel. Wie es den Linguisten durch die Erforschung der einzelnen bekannten Sprachen und ihre vergleichende Betrachtung gelungen ist, Sprachfamilien zu erkennen und frühere linguistische Zustände zu rekonstruieren, aus denen die belegten Sprachen hervorgegangen sind, so schien es möglich zu sein, ein indo-europäisches Legendarium, eine »proto-semitische« Mythologie usw. zu erkennen. Es ist kein Zufall, daß die Linguisten den Mythologen das Beispiel gegeben haben: vergleichende Sprachwissenschaft und vergleichende Mythologie gehen nebeneinander her, was durchaus berechtigt ist, da die Sprache ja die Stütze des Mythos ist (die Mythen sind schließlich Geschichten, die man »erzählt«) und umgekehrt die Sprache durch den Mythos »informiert« wird, der ihr tausend traditionelle Weisen der Weltbetrachtung aufzeigt.

Und ebenso wie die Sprachwissenschaft nicht den Zweck verfolgt, den Ursprung der Sprache zu entdecken (ein Problem, das für so unlösbar gilt wie die Quadratur des Kreises), erhebt die vergleichende Mythologie nicht den Anspruch, den Ursprung der Mythen zu erklären. Sie will nur ihre Entwicklung verfolgen, womöglich über eine lange Zeit hin, will die Wandlungen herausfinden, die sie im Lauf ihrer Existenz mitgemacht haben, ehe sie sich in derjenigen Form niederschlugen, in der wir sie heute kennen. Auf diese Weise wird es, so hofft man, gelingen, unter der besonderen mythischen Form sehr alte Denkschemata wieder sichtbar werden zu lassen, sozusagen die »instinktiven« Pläne, nach denen sich das Denken einer Gesellschaft formt.

In Frankreich haben die Arbeiten von Georges Dumézil[1] viel zum Fortschritt und zum Ansehen solcher Forschungen beigetragen, die mit äußerster Behutsamkeit vorgehen. Sie haben einwandfrei gezeigt, daß Formen mythischen Denkens, wie man sie beispielsweise in Rom findet, deutlich erkennbar in den Heldengedichten der indo-iranischen Welt, der germanischen Sagas und der keltischen Märchen erscheinen, das heißt, im gesamten Bereich der »indo-europäischen« Welt. Bleibt noch die griechische Mythologie, bei der die Ergebnisse weniger deutlich ausfallen — was darauf hindeutet, daß sie vielleicht vieles aus den orientalischen, semitischen und »präsemitischen« Bereichen entlehnt hat und aus einer komplexen Synthese hervorgegangen ist.

So stehen wir denn vor dem Entwurf eines Freskogemäldes, auf dem sich schon die Vorgeschichte des »arischen« Denkens erkennen läßt; man entdeckt die geheimen Gesetze und Postulate,

1 Die Bibliographie der Werke von Georges Dumézil bis zum heutigen Tage ist in dem Buch *Hommages à Georges Dumézil*, Brüssel 1960, enthalten.

die es beherrschen. Unter diesen hat Georges Dumézil die überragende Bedeutung bestimmter Konzeptionen hervorgehoben, vor allem das sehr bedeutsame Gesetz der Dreigliederung herausgestellt. Es gibt eine ganze Reihe von Mythen, welche eine Gesellschaftsform voraussetzen, die aus drei Gruppen besteht, deren Funktionen sich ergänzen: der Priester-, Krieger- und Bauernklasse, und es erweist sich nunmehr als möglich, die Wandlungen zu verfolgen, die dieser Aufbau in der Zeit der Wanderungen erfahren hat, als nämlich die einzelnen Zweige der arischen »Rasse« sich voneinander trennten und unterschiedlichen Lebensbedingungen unterworfen wurden. Von dieser Zeit an sind die Mythen nicht mehr so willkürlich, wie sie zunächst erschienen; ganz offensichtlich unterliegen sie einer verborgenen Logik; kurz: die vergleichende Methode schafft, von ihren modernen Meistern angewandt, Ordnung, wo bis dahin anscheinend völliges Durcheinander herrschte.

Natürlich kann das hier vorgelegte Werk über die Forschungen der vergleichenden Mythologie nicht erschöpfend informieren; es versucht jedoch, einige ihrer wichtigsten Ergebnisse zusammenfassend darzustellen, mit deren Hilfe sich hoffentlich ein genaueres Bild von dem ergibt, was historisch gesehen das mythische Denken in den meisten großen menschlichen Gesellschaften war. Und bei der Lektüre wird man vielleicht feststellen, daß dieses Denken äußerst vielgestaltig ist, ja, daß die Unterschiede vielleicht sogar deutlicher sichtbar sind als die Ähnlichkeiten. Es war jedoch erforderlich, zu Anfang dieses Buches hervorzuheben, daß die Mythen nicht das beklagenswerte Produkt menschlicher Torheit sind und auch nicht die notwendige Stufe, die überall dem rationalen Denken vorausgeht. Sie sind vielmehr vom Denken jedweder Art nicht zu trennen, also ein wesentliches und entscheidendes Element des Denkens überhaupt. Ohne sie wäre das menschliche Bewußtsein verstümmelt, zu Tode getroffen. Zu versuchen, sie besser kennenzulernen, heißt tiefer in das Denken der Menschen eindringen, heißt nicht nur dem (im übrigen durchaus berechtigten) Vergnügen nachgeben, eine Sammlung schöner Geschichten zu lesen.

Das Problem der vorgeschichtlichen Religionen

Die in Frankreich geborene Vorgeschichtswissenschaft hat zwei große revolutionierende Tatsachen offenbart: das erstaunlich hohe Alter des Menschengeschlechts und die Existenz einer prähistorischen Kunst, die zahlreiche Werke hervorgebracht hat, welche an Schönheit denen der historischen Kulturen gleichkommen.

Lascaux, von Abbé Breuil sofort nach der Entdeckung in seiner Bedeutung erkannt, gilt heute als einer der Höhepunkte der Kunst aller Zeiten. Aber handelt es sich bei Lascaux nur um eine gigantische ästhetische Schöpfung? Das ist kaum wahrscheinlich. Und jeder stellt sich die Frage: Haben wir hier das Zeugnis einer Religion vor uns? Oder hatten diese packenden Bilder nur einen magischen Wert? Wollten die, die sie malten, den Jägern Hilfe leisten? Oder erstrebten sie schon die Schönheit um ihrer selbst willen?

Diese Fragen stellen heißt einen unbekannten Kontinent ansteuern. Wir werden uns vor allem davor hüten müssen, unsere eigenen Ideen, unsere eigenen Philosophien auf diese überaus ferne Welt zu projizieren, in der unsere Vorstellungen nichts zu suchen haben. Es ist deshalb ratsam, von dem auszugehen, was die Vorgeschichte selbst uns darbietet; allerdings ist sie sehr geizig mit Mitteilungen, die unser Thema berühren.

Eine erste Tatsache ist jedoch sicher. Schichten der Moustérien-Zeit bergen unbestreitbar Spuren von Bestattungen. Sie sind der dritten der vier Rassen zuzuschreiben, die im Stammbaum der Menschen aufeinander folgen: dem Neandertaler (zwischen 140 000 und 40 000 vor unserer Zeitrechnung). Diese Wesen, deren Gesicht uns tierischer erscheinen würde als das irgendeines Urmenschen von heute, begruben einige ihrer Toten. Also hatten sie eine Vorstellung von einem Jenseits und einem Weiterleben nach dem Tode, die eine der psychologischen Voraussetzungen der Religion ist.

Die andere grundlegende Voraussetzung aber ist der Begriff des Göttlichen. Existierte er schon? Wir besitzen dafür kein direktes Zeugnis und müssen deshalb verschiedene Anzeichen daraufhin prüfen. Diese Anzeichen finden wir, wenn wir die materiellen Lebensbedingungen erforschen, die im Schoße dieser Gemeinschaften und einiger ihrer Einrichtungen bestanden, und daraus werden sich wohl gewisse Schlüsse auf das geistige Leben ziehen lassen.

Die Untersuchung der Knochenreste zahlreicher Fundschichten beweist, daß die durchschnittliche Lebensdauer damals sehr kurz war. Die Kindersterblichkeit war sehr hoch. Wenn man sich weiter vorstellt, daß es an Hungersnöten und Seuchen nicht gefehlt haben kann, muß man zu dem Schluß gelangen, daß für diese kleine Menschengruppe die ungebrochene Gebärfähigkeit ihrer Frauen die Hauptchance für ihr Überleben darstellte. Also ist es durchaus möglich, daß die größtenteils weiblichen Statuetten, die uns aus den Kulturen des Périgordien und des Gravettien Eurasiens (zwischen 27 000 und 20 000 v. Chr.) überkommen sind, zu einem Fruchtbarkeitskult gehören; denn oft zeigen sie eine starke Betonung der Geschlechtsmerkmale. Die ersten Prähistoriker sahen in ihnen Miniaturnachbildungen und zogen daher entsprechende Schlüsse hinsichtlich der anthropologischen Merkmale der damaligen Menschen. Aber oft weisen die Figuren ästhetisch ausgearbeitete Deformationen auf (z. B. die Frau von Lespugue, die Statuetten von Menton), was ihren künstlerisch-schöpferischen Charakter bezeugt. Nichts hindert uns also an der Annahme, daß sie eine göttliche Verkörperung der Gebärfähigkeit darstellen — ein sehr frühes Vorspiel zum Auftreten der Muttergöttinnen.

Doch war das Verlangen, die Art fortzupflanzen, nicht das einzige gebieterische Bedürfnis: ebenso war die Notwendigkeit, sich gegen das Wild zur Wehr zu setzen und es zu erlegen, eine ständige Sorge. Wir vermögen uns nur sehr schwer vorzustellen, wie sehr diese Sorge wegen der unzulänglichen Bewaffnung auf jenen Menschen gelastet haben muß. Bis ins obere Paläolithikum hinein, das heißt bis zur Erfindung der durchbohrenden Wurfgeschosse — Wurfspieß, dann Pfeil — war die Großwildjagd ein ermüdendes und heldenhaftes Abenteuer. Konnte aber kein großes Tier erlegt werden, dann war der Stamm in wenigen Wochen zum Hungertod verurteilt. Es mußte gejagt werden! Mit welchen Mitteln?

Bis zum Mesolithikum verfügte die Menschheit zur Einwirkung auf ihre physische Umgebung über keine anderen Energiequellen als das Feuer (brennendes Holzscheit, Waldbrand), die Schwerkraft (Fallgruben oder Hetzjagd mit Sturz in den Abgrund) und die Muskelkraft des einzelnen. Ein Waldbrand lohnt sich nur bei einer größeren Anzahl von Jägern mit Wurfspießen oder Bogen. Diese Methode dürfte also kaum vor dem oberen Paläolithikum (von etwa 30 000 bis 10 000 v. Chr.) angewandt worden sein. Vor dieser Zeit mußten sich unsere Vorgänger mit Fallgruben oder Schleudern, Bolas und Wurfstöcken begnügen, deren Wirkung nicht sehr groß ist.

Wir haben den Beweis dafür, daß die Neandertaler das Mammut mit dem Speer jagten, indem sie unter das Tier krochen, um ihm von unten her den Leib zu durchbohren. Man mag sich die ungeheure Gefahr vorstellen, die damit verbunden war.[1] Auch als der Wurfspieß die Jagd auf die großen Wiederkäuer möglich machte, muß der Nutzeffekt nur recht gering gewesen sein, weil die Wunden zumeist nur bei Anwendung von Giften tödlich waren.

Diese wenigen Andeutungen mögen verständlich machen, daß jeder Erfolg ein Glücksfall war und etwas von einem Wunder an sich hatte. Es kam so sehr auf die Geschicklichkeit, die menschliche Kraft und die Gunst des Zufalls an, daß es wesentlich erscheinen mußte, die Energie des Jägers durch vorherige Erregungszustände aufzupeitschen. Also mußte man den ersehnten Erfolg im voraus darstellen. Auch die ›Zustimmung‹ des Wildes mußte erst eingehandelt werden, wie dies zahlreiche ethnographische Forschungen beweisen[2] — so wie unsere Holzfäller vor noch gar nicht langer Zeit den Baum, den sie fällen mußten, vorher um sein Einverständnis baten. Das ganze Vor-

---

1 Diesen Beweis liefert ein Speer aus Eibenholz, der bei Lehringen in Niedersachsen in der Unterleibspartie eines Mammutskeletts gefunden wurde.
2 Vgl. insbesondere K. Rasmussen, The Alaskan Eskimos, Kopenhagen 1952, S. 25–26

haben erschien als ein derart gewagtes Unternehmen, daß gleichsam eine ›vorahnende‹ Vorherbestimmung zur unbedingten Notwendigkeit wurde. So wurde das bevorstehende wirkliche Geschehen eingeleitet und unausweichlich gelenkt, indem ein geradezu diplomatisches Bemühen des begehrlichen Menschen um den Geist des Opfers einsetzte. Daher das angstvollgespannte Warten, die systematische Zuhilfenahme von Vorzeichen, Träumen, Visionen, telepathischen Zuständen, kurz: aller außergewöhnlichen, unkontrollierbaren Seelenzustände, die unsere heutige Zivilisation eben als solche in den Bereich des Irrealen verweist.

Bedenken wir weiter, daß wir normalerweise dank der modernen Wissenschaft und Technik über immer beträchtlichere Energiequellen verfügen, deren Einsatz und Wirkungsfähigkeit nichts anderes voraussetzt, als daß wir nur dem Glauben schenken, was nachprüfbar ist, wohingegen die prähistorischen und archaischen Gesellschaften in ihrem Zustand chronischer Energienot nur danach strebten, die Muskelenergie überzuerregen und die »zweiten Zustände« hervorzurufen, die außergewöhnliche Wahrnehmungskräfte auslösen, welche anders nicht hervorzurufen sind, vor allem nicht durch den Willen. Hierher gehören etwa das intuitive Erahnen unsichtbarer Wesen, was dem Instinkt der Tiere entspräche, und der Orientierungssinn, die man beide wohl Vorahnungen nennen kann.

Diese ständigen, harten Erfordernisse führen zu der absoluten Vorrangstellung derjenigen Wahrnehmungen, die unsere Zivilisation nicht mehr kennt; Wahrnehmungen, die den Wilden in einer Welt leben lassen, in der die seelischen und geistigen Kräfte als die wesentliche, die eigentliche Wirklichkeit erscheinen. So wird der Geist der Wesen wichtiger, fast realer als ihre physische Erscheinungsform. Dieses Universum, aufgefaßt als von unsichtbaren Kräften bevölkert und gelenkt, führt den menschlichen Geist notwendigerweise zu einer religiösen Einstellung. So war bis ins letzte Jahrhundert hinein der sog. »Köhlerglaube« beschaffen, der Glaube jenes Hinterwäldlers, der ebenfalls in tiefster Waldeinsamkeit ein fast primitives Leben führte.

Wir haben gesehen, daß aus der Sorge um das Weiterleben von jener Zeit an gewisse anthropomorphe Kulte hervorgehen konnten; aber die Erfordernisse der Verteidigung und der Jagd müssen auch dazu geführt haben, daß man sich das Göttliche in anderer, und zwar zwangsläufig tierischer Form vorstellte. Ungefähr sechshunderttausend Jahre hindurch hatte das Essen das Töten zur Voraussetzung. Und vergessen wir nicht die großen Raubtiere, für die der Mensch seinerseits Jagdwild war. Die Tierwelt beherrschte das Denken bei Tag wie bei Nacht, geradeso wie — ein zeitlich uns näher liegendes Bild — Weizen, Gerste und Roggen das Denken des Bauern beherrschen. Es ist also wahrscheinlich, daß die prähistorischen Gesellschaften Tierkulte hatten, und man muß sogar annehmen, daß diese Kulte sich in den Felsmalereien ausgedrückt haben, bei denen Menschengestalten die Ausnahme sind und sogar bewußt ungeschickt ausgeführt erscheinen (Gesichter mit Vogelschnabel, die auf das Tragen von Masken hindeuten könnten). Bisons, Pferde, Rentiere, gemalt und eingeritzt, bisweilen Katzen, Rhinozerosse, Mammuts, Bären finden sich in großer Zahl an den felsigen Wänden und Decken. Auch hier haben die Prähistoriker zunächst an simple abbildende Zeichnungen geglaubt: der Mensch entdeckt das Vergnügen, dasjenige darzustellen, was er sieht. Der packend realistische Charakter der meisten dieser Werke schien diese Interpretation zu unterstreichen.

In jüngerer Zeit wurde angeregt, in diesen Tierdarstellungen sexuelle Symbole zu sehen — dabei sollte das Pferd das männliche Geschlecht symbolisieren, der Bison das weibliche. Diese Deutungen sind, beim gegenwärtigen Stand der Forschung, reine Hypothese. Es ist jedoch nicht unmöglich, daß die Maler und Steinritzer weniger das reale Tier dargestellt haben, das Alltagstier, wenn dieser Ausdruck erlaubt ist, als das Geist-Tier, das dem Seher erschienene und ganz mit Prophezeiungen beladene Tier.

Festzuhalten wäre hier noch, daß diese letzte Hypothese zur Erklärung einer der großen Eigentümlichkeiten der prähistorischen Kunst beitragen würde, der ständigen Übung der Übereinanderschichtung. Wenn nämlich das gemalte Tier nicht irgendein Tier darstellen soll, sondern den Gegenstand einer Vision, nutzt sich sein Wert mit der Zeit ab. Eine neue Vision verlangt aber, an genau derselben Stelle wie die alte dargestellt zu werden. So würden sich die ungewöhnlichen Übermalungen und Überschneidungen von Figuren erklären, wie sie zum Beispiel in der Höhle von Lascaux so deutlich zu erkennen sind.

Aber auf Tiere einwirken, wird man sagen, das ist doch Magie, also das Gegenteil von Religion.

Hüten wir uns davor, die Klassifizierungen unserer modernen Philosophen in die »primitive« Mentalität hineinzuprojizieren. In dem Maße, wie die Geschichte des menschlichen Geistes fortschreitet, verzweigt und spezialisiert sich alles und unterscheidet sich damit von diesem und jenem. Die archaische Mentalität dagegen mischt alles zu einem gestaltlosen Nebelfleck. Welches ist die Bedeutung dieses oder jenes traditionellen Volksfestes? Vielleicht gibt es zehn zugleich. Und jede dieser Bedeutungen ist in gewissem Grade wahr. Ist diese oder jene Zeremonie eines wilden Volksstammes magisch oder religiös? Wahrscheinlich ist sie beides. Es geht darum, den unsichtbaren Geist zu verehren und womöglich gleichzeitig damit auf ihn einzuwirken, das heißt: ihm einen Zwang aufzuerlegen, geradeso wie unsere Bauern die Statue eines Heiligen bestraften, weil er ihnen keinen Regen geschickt hatte.

Die Bedingungen der prähistorischen Jagd forderten zur Magie heraus, und sie ist nichts anderes als die Projektion eines Wollens über die Entfernung hin. Ist die Einschüchterung nicht die elementare Form der Magie? Furchterregendes Anstarren, bestimmte Schreckhaltungen und Schreie sind schon bei zahlreichen fleischfressenden Tierarten die Regel. Wie hätte der paläolithische Jäger verfehlen können, zu dem gleichen Mittel zu greifen und dabei noch zu versuchen, seine eigene Muskelkraft anzuregen, die einzige Energiequelle, die ihm zur Verfügung stand! Daher die ekstatischen Tänze, die Steigerung in kämpferische Wut, die den Menschen in einen Rasenden verwandelt; eine Schulung, die am Ende der Kindheit beginnt, wenn der Junge monatelang draußen im Busch die kraftfordernden, grausamen Übungen der Initiation über sich ergehen lassen muß. Ist diese Ausbildung beendet, dann hat der Jüngling im Zustand der Halluzination Visionen gehabt und ist über die Welt der Geister belehrt worden, an die er sich von nun an wenden wird, sei es unmittelbar, sei es durch Inanspruchnahme des Zauberers.

Es ist also wahrscheinlich, daß Magie und Religion in vorgeschichtlichen Zeiten keineswegs voneinander getrennt waren. Und gleichfalls wahrscheinlich ist, daß Mythen, durch aufeinanderfolgende Initiationen offenbart, als Leitbild über Zeremonien standen, die stets in entlegeneren Teilen der Felsbildergrotten stattfanden. Das »Kabinett der Katzen« in der Höhle von Lascaux ist sehr klein und nur schwer zugänglich; die Höhle von Les Combarelles ist ein Schlauch. Die Enge solcher Räume verbietet es, an große Kultversammlungen zu denken; sie deutet eher auf Handlungen einer recht kleinen Zahl von Zelebranten hin, die einander die künstlerischen Überlieferungen weitergaben. Übrigens läßt die relative Originalität der lokalen Ausschmückungen — jede Grotte hat ihren eigenen Stil oder ihre eigenen Stile — an die Existenz kleiner, verhältnismäßig exklusiver Stammessekten denken.

Religion und Magie, unauflöslich miteinander verbunden, Tierreligion und Tiermagie, für die Tiere und gegen die Tiere — so stellt sich das leider unklare Vermächtnis der ganzen Felsenmalerei dar. Diese Tierverehrung hat übrigens auch in den ältesten bekannten Religionen der Geschichte Spuren hinterlassen, in Ägypten wie bei den Indo-Europäern. Erinnern wir uns daran, daß nach dem Zeugnis des Suidas, das indirekt von Ovid bestätigt wird, der Grünspecht kein anderer war als der zukünftige Zeus.

Auf diese prähistorischen Mythen wird nur durch Bilder hingedeutet. Wenn wir staunend vor ihnen stehen, erscheint es klug, unsere völlige Unkenntnis einzugestehen. Hätten wir nicht die griechischen Texte, so könnte uns auch eine gewisse Metope mit einer Frau auf dem Rücken eines Stiers, der über Delphine hinwegspringt, nicht das Thema von der Entführung Europas enthüllen. Aber wer sagt uns, daß die Stiere von Lascaux nicht so etwas wie ein fernes Echo in dieser Verkörperung des Blitzes und des Zeus gehabt haben?

Die Mythologie der Ägypter

Wenn es je ein Land gab, in welchem der Kult der Götter und der Toten in hohen Ehren stand, dann war es Ägypten. Wie anders sollte man sich den Reichtum an Tempeln, Gräbern, Bildwerken und anderen mit Glaubensvorstellungen und Götterverehrung zusammenhängenden Kunstwerken erklären? Herodot hatte also recht, wenn er behauptete, die Ägypter seien die frömmsten aller Menschen. Denn tatsächlich war das gesamte Leben der Ägypter durchdrungen von der Gegenwart des göttlichen Elementes. Auch heute noch besitzt das Niltal einen großen Teil seiner heiligen Denkmäler, und in unseren Museen werden große Mengen von Reliefs, Statuen und Papyri verwahrt, die vorzügliche Anschauungsobjekte für die verschiedenen Aspekte der Vorstellungen und Bestrebungen eines Volkes sind, das mehr als alle anderen von religiösem Denken beherrscht war.

Man sollte meinen, daß wir es bei einer solchen Fülle von Material, das zudem aus den verschiedensten Epochen stammt, besonders leicht hätten, die Religion der Ägypter zu erforschen und dieses Studium auch zu klaren und umfassenden Vorstellungen von ihrer Mythologie und Lehre zu verdichten. Leider aber ist das nicht der Fall. Zwar stehen uns aus bestimmten, relativ jungen Perioden zahlreiche Denkmäler zur Verfügung, dennoch haben wir aus älteren Epochen und ganz besonders aus einigen Übergangsperioden, in denen gerade die Glaubensvorstellungen erhebliche Veränderungen erfuhren, verhältnismäßig wenig Zeugnisse.

So muß man sagen, daß das verfügbare Material es leider nicht möglich macht, auf die Periode der Anfänge zurückzugehen, in der sich die Grundzüge der Religion herausgebildet haben. Aus der Endperiode der ägyptischen Vorgeschichte gibt es wohl archäologische Fundstücke; sie weisen aber keine Inschriften auf und können uns deshalb nur vage Angaben liefern. Und auch noch unter den ersten Dynastien bleiben die Inschriften sehr lakonisch und beschränken sich zumeist auf die Aufzählung von Namen und Titeln.

Erst von der V. Dynastie an werden die Quellen ergiebiger; mit den Pyramidentexten endlich — sie heißen so, weil sie in den Grabkammern der V. und VI. Dynastie eingehauen sind — wird die Dokumentation umfangreicher. An Hand dieser Texte von meist rituellem und magischem Inhalt können wir uns ein genaueres Bild von den Glaubensvorstellungen der Ägypter des Alten Reiches machen. Doch muß angemerkt werden, daß in diesen Pyramidentexten wohl Elemente erkennbar sind, die weit vor die Zeit ihrer Einmeißelung zurückweisen, daß sie im allgemeinen aber eine Begriffswelt zum Ausdruck bringen, die sich schon recht weit von ihren Ursprüngen entfernt hat, also durch die Entwicklung verändert ist.

Eine andere Schwierigkeit resultiert aus dem Wesen der ägyptischen Religion. Obwohl die Bewohner des Niltales alle den gleichen Grundanschauungen anhingen und obwohl ihre Religion infolgedessen eine gewisse Sinneinheit darstellt, empfanden die Theologen dennoch nicht das Bedürfnis, ihre Glaubensvorstellungen zu einem rationalen System zusammenzufügen, und noch weniger hatten sie den Ehrgeiz, ein Lehrgebäude zu errichten, das für das ganze Land verbindlich gewesen wäre. Die mythologischen Vorstellungen variieren also je nach den Orts- und auch den Zeitverhältnissen. Tatsächlich setzt sich die ägyptische Religion, um mit J. Capart zu sprechen, aus den »Staubkörnern lokaler Religionen« zusammen. Hinzu kommt, daß sich die von Natur aus konservativen Ägypter dagegen sträubten, eine alte Vorstellung aufzugeben, selbst wenn infolge einer Evolution im Innern oder von Kontakten mit benachbarten Zentren der Theologie neue Ideen ins Land kamen; immer gelang es den Ägyptern, diesen andersartigen Zuwachs unverändert aufzunehmen oder zu adaptieren, ohne daß man sich durch Fremdartigkeit oder gar Gegensätzlichkeit gestört fühlte. Der Ägypter betrachtete diese vielfältigen Formen, die das mythologische Denken annahm, nur als verschiedene Zugangswege zu den gleichen Grundkonzeptionen.

Wenn es überhaupt etwas Einheitliches in dieser Verschiedenartigkeit der Glaubensvorstellungen gibt, dann liegt es in der einheitlichen Organisation des Kultes der lokalen Götter. Nach Ansicht der Ägypter hatte nämlich der Pharao als Göttersohn die Durchführung des Kultes nach gleichförmigen Normen zu sichern. Mit Recht hat E. Drioton daher betont, daß sich die ägyptische Religion letzten Endes nicht auf die Zustimmung zu Dogmen, sondern auf die Ausübung von Kulten gründet.

URSPRUNG UND ENTWICKLUNG DER RELIGIÖSEN INSTITUTIONEN IN ÄGYPTEN

Es ist anzunehmen, daß das Territorium, das später Ägypten heißen sollte, in frühesten Zeiten in eine Reihe von vollständig autonomen Fürstentümern zerfiel, von denen jedes unter dem Schutz eines besonderen Gottes stand, der auch sein eigenes Heiligtum hatte. Wahrscheinlich haben sich schon in dieser fernen Zeit die zahlreichen lokalen Kulte gebildet, die sich dann trotz aller politischen und religiösen Umwälzungen mit ungewöhnlicher Hartnäckigkeit erhielten; in den Provinzen oder Nomen des pharaonischen Ägyptens mit ihren Hauptstädten und deren Schutzgottheiten wurde die Erinnerung an diesen früheren Zustand bewahrt. Schon in dieser Epoche hatten die einzelnen Gottheiten jene Physiognomie angenommen, die sie bei den Ägyptern der späteren Zeiten zeigten.
Manche dieser Götter traten von Anfang an in Menschengestalt auf, so z. B. Mîn von Koptos, Atum von Heliopolis, Ptah von Memphis, Osiris von Busiris und noch viele andere, die nur durch ihre Haltung oder Haartracht und ihre Attribute zu unterscheiden sind. Andere manifestierten sich als Pflanze oder in einem mehr oder weniger seltsamen Fetisch, sei es einem Pfeiler, einem Obelisk oder sonst irgendeinem Symbol. In den meisten Fällen jedoch zeigten sich die Götter in Gestalt eines Tieres, das als die Seele (*ba*) des Gottes betrachtet wurde. Diese Vorliebe der Ägypter für die Anbetung von Tieren, die bei den griechischen und lateinischen Schriftstellern so großes Erstaunen hervor-

rief, ist von den Ethnologen recht verschieden erklärt worden. Sie entspricht zweifellos den bei primitiven Völkern stark verbreiteten Vorstellungen, daß die einzelnen Tierarten ganz bestimmte Eigenschaften besäßen, weshalb man ihnen mit respektvoller Ehrfurcht begegnete, woraus dann mit der Zeit Verehrung wurde. Anubis, der alte Gott des Totenkults, offenbarte sich als Schakal, Sobek, ein besonders in Fayum verehrter Gott, als Krokodil, Horus, der Gott des Himmels, über den noch mehr zu sagen sein wird, erschien als Falke, und Thot, der Gott des Mondes und Schutzpatron der Schrift und der Wissenschaften, wird als Ibis mit spitzem Schnabel oder auch als Pavian dargestellt; Hathor, eine der Hauptfiguren des Pantheons, nimmt die Gestalt einer Kuh an und Bastet (oder richtiger Ubastet) die einer Katze. Man kann also sagen, daß die meisten Götter ihr Gegenbild in einem Tier haben.

Im übrigen ist diese Manifestation in einer Tiergestalt nicht nur rein theoretisch geblieben. Es ist nämlich wahrscheinlich, daß die Ägypter schon in ältester Zeit den Brauch aufnahmen, von jeder Tierart, die als heilig galt, einen Vertreter aufzuziehen; mit der Zeit dehnte sich dieser Brauch mehr und mehr aus, bis in den jüngsten Epochen dann die ganze Art als heilig angesehen wurde. So erklärt sich auch die Anlage von Tiernekropolen, wie z. B. der Begräbnisstätten für Krokodile, Katzen oder Ibisse. Weiter wissen wir, daß in großen Kultzentren wie Memphis, Heliopolis und Hermonthis in einem Nebengebäude des Tempels ein Stier gehalten und als »die lebende Seele« des Lokalgottes angesehen wurde.

Klassische Autoren wie Herodot und Strabon haben im einzelnen beschrieben, wie die Auswahl der Tiere vor sich ging, und durch Ausgrabungen sind die prächtigen Nekropolen wieder ans Tageslicht gekommen, in denen diese Stiere mit göttlichen Ehren beigesetzt wurden. Als Beispiel sei hier nur das Serapeum von Memphis genannt; dort sind in unterirdischen Galerien die Sarkophage der Apisstiere aneinandergereiht, der älteste darunter aus der XIX. Dynastie.

Welche Gestalt die ägyptischen Götter ursprünglich nun wirklich gehabt haben, mag dahingestellt bleiben; fest steht allerdings, daß ihnen schon früh die Persönlichkeitsmerkmale und Verhaltensweisen von Menschen zugeschrieben wurden. Da die Ägypter ihre Götter nach ihrem Bilde schufen, ließen sie sie auch nach den Normen denken und handeln, die im Leben der Menschen gelten, mehr noch: sie stellten sie meistens als Zwittergeschöpfe dar, und zwar so, daß sie einem Menschenkörper den Kopf des Tieres aufsetzten, das den Gott charakterisieren sollte — mit anderen Worten: die Ägypter vermenschlichten ihre Gottheiten, sie hatten anthropomorphe Götter.

Der Gott, als eine Person höheren Ranges vorgestellt, bewohnt seinen Tempel wie etwa ein Fürst seinen Palast und ist dabei von seiner Familie und einer großen Dienerschaft umgeben. Der Tempel, das »Haus« oder »Reich« des Gottes, bildet einen ansehnlichen Gebäudekomplex, zu dem außer dem eigentlichen Wohngebäude noch Nebengebäude, Werkstätten und Gärten gehören. In den eigentlichen Tempel gelangt man durch ein Monumentaltor, dessen vollkommensten Typus wir in den Pylonen des Neuen Reiches vor uns haben, in einen Hof, zu dem die privilegierten Gläubigen Zutritt hatten; dann kommt man in einen Prunksaal, der später zur Säulenhalle wird, und schließlich in die inneren Gemächer, die das eigentliche Heiligtum, die *cella*, als wichtigsten Raum bergen; hier war der Gott wirklich anwesend, zweifellos verkörpert durch ein Götterbild, ein Idol.

Aus der anthropomorphen Konzeption der Gottheit, wie wir sie beschrieben haben, erklären sich Wesen und Ordnung der heiligen Liturgie. Der Gott mußte wie ein Mensch in hoher Stellung behandelt werden. Tag für Tag war er Gegenstand genau geregelter Riten, und diese Waschungs-, Bekleidungs- und Opferriten wurden von den höchsten Würdenträgern der Priesterschaft vollzogen, die ihre feierlichen Gesten und Schritte mit der Rezitation von Sprüchen und Hymnen begleiteten, durch die der einzelne Ritus erläutert und in seiner mythologischen Bedeutung erklärt wurde.

An Festtagen, die sowohl nach dem allgemeinen Kalender als auch aus örtlichen Anlässen gefeiert wurden, dehnten sich diese Alltagsriten zu feierlichen Zeremonien aus: die Opfer wurden verdoppelt, und in besonders feierlichen Liturgien wurde der Charakter des Festes herausgestellt. So zeigten die Priester bei bestimmten Anlässen das Götterbild in feierlichem Pomp in einer Nachbildung des Tempels, die auf einem Schild oder auf einer verkleinerten Barke ruhte. Das Götterbild wurde aus dem Heiligtum herausgetragen und dann durch die öffentlichen Teile des Tempels getragen, oft sogar durch die Stadt, wobei an Ruhealtären haltgemacht wurde. Diese Prozessionen wurden als »große Spaziergänge« des Gottes bezeichnet und als Volks- und Freudenfeste begangen.

Nach ägyptischer Auffassung ist der König der erste Diener der Götter. Selbst von nahezu göttlicher Natur, ist es für ihn gleichsam Kindespflicht, für den Unterhalt der Götter zu sorgen, als deren Abkömmling er sich bezeichnet, und ihnen zu Ehren auch die Riten zu vollziehen, die wir beschrieben haben. Und da er die Nachfolge der früheren Oberhäupter der Fürstentümer angetreten hat, obliegen ihm diese liturgischen Verpflichtungen gleichermaßen in allen Kultzentren des Landes. Diese Vorstellung war im Geiste der Ägypter so fest verankert, daß der König auf den Reliefs, die die Tempelmauern schmücken, immer bei der Ausübung dieses heiligen Amtes dargestellt ist. Wenn auch anzunehmen ist, daß der König den Vollzug der Riten unter bestimmten Umständen tatsächlich selbst vornahm, wie z. B. an Festtagen in der Residenz, so dürfte doch sicher sein, daß er diese seine priesterliche Funktion in der Regel dem Oberpriester der einzelnen Tempel und der diesem unterstehenden Priesterschaft übertrug. Die Priesterhierarchie hatte im Laufe der Zeit und besonders im Neuen Reich eine sehr große Ausdehnung erfahren und damit zugleich auch bedeutend an Macht gewonnen. Neben den hauptamtlichen Priestern, die in mehrere Rangklassen gegliedert waren und genau festgelegte Befugnisse hatten, gab es auch sogenannte »Welt«priester, die nur zu gelegentlichen Leistungen verpflichtet waren; hinzu kam noch ein großes Personal, dem die Verwaltung der Dienste und des Tempelbezirks oblag.

Die gesamte Wirtschaft der Tempel hatte die Freigebigkeit der Könige zur Grundlage. Sie waren es, die die Instandhaltung und Neuerrichtung der Tempel übernahmen, und ebenso sicherten sie durch ihre Spenden die Opfer für die Götter und den Unterhalt der Priesterschaft. Oft geschah es, daß sie zum Zeichen ihrer Anhänglichkeit oder Dankbarkeit gegenüber den Göttern neue Opfer stifteten, wobei natürlich die Tempel, das heißt deren Verweser, den Nutzen hatten. Solche Stiftungen erfolgten gern an einem dreißigsten Jahrestag (dem *heb-sed*) oder nach einem Sieg über die angestammten Feinde Ägyptens. Diese Schenkungen, die sich im Laufe der Generationen ständig mehrten, waren reiche Einnahmequellen für die großen Tempel Ägyptens, ganz besonders natürlich die Tempel des Schutzgottes der Dynastie.

Die Götterfamilien und die Mythen

Selbstverständlich wurde in jedem Kultzentrum der Lokalgott als der universale Gott begriffen; von Anbeginn der Zeiten an existierend, hatte er die Welt geordnet und alle Wesen geschaffen. Dieser allen Schöpfungsgeschichten gemeinsame Grundgedanke ist eingekleidet in mythologische Geschehnisse, die nach den Orten variieren und das erfinderische Genie der Ägypter enthüllen. Die Götterlegenden, deren wesentliche Züge sich in einer sehr frühen Epoche gebildet haben müssen, suchen gleichzeitig die Entstehung des Universums zu erklären und die Rolle des Hauptgottes mitsamt den um ihn herum entstandenen Göttern zu veranschaulichen. Man schreibt dem großen Lokalgott eine göttliche Familie oder richtiger eine Gefolgschaft zu, deren einzelne Mitglieder bei der Verwirklichung des Planes der Schöpfung und der Ordnung des Kosmos mitwirken.

Diese Götterfamilien entsprechen in ihrer Zusammensetzung meistens den Schemata der einfachsten sozialen Gruppierungen, und deshalb ist das Schema der Dreiheit von Gott Vater, Göttin Mutter und Gott Sohn sehr häufig. So bestand die Trias von Memphis aus Ptah als Hauptgott, Sachmet, der Göttin mit dem Löwenkopf, und Neferten, dem jungen Gott, der auf dem

Kopf eine Lotosblüte trägt. Über die thebanische Trias wird später noch zu sprechen sein.

Vor einer Darstellung der Hauptmythen ist es angebracht, darauf hinzuweisen, daß diese Berichte nur selten in einer vollständigen und zusammenhängenden Version überliefert sind. Die einzigen durchgehenden Fassungen, über die wir für einige Mythen verfügen, stammen aus jüngeren Epochen und sind von Elementen durchsetzt, die ursprünglich nicht Bestandteile dieses Mythos waren.

Um die Mythen zu rekonstruieren, sind wir also darauf angewiesen, in religiösen und magischen Texten die Andeutungen und Anspielungen auf bestimmte Züge zu sammeln und daraus die Elemente einer fortlaufenden Handlung zu gewinnen. Im übrigen sei bemerkt, daß die Mythen wie alle mündlich überlieferten Berichte eine starke Veränderung in Aufbau und Verknüpfung ihrer Episoden aufweisen. Manche ihrer Züge gehen zweifellos auf die ursprüngliche Fassung zurück, während andere, die verwandten oder gar vollkommen fremden Mythen entnommen zu sein scheinen, oft vom eigentlichen Hauptthema ablenken.

Unter den Götterlegenden des alten Ägyptens erlangten mehrere die Bedeutung von echten kosmogonischen und theologischen Systemen und erfuhren eine große Verbreitung, wodurch die Götter, die ihre Hauptakteure waren, zu unbestrittener Popularität gelangten.

Ein Gott kann sein Ansehen dem Wesen des Prinzips selbst verdanken, das er repräsentiert. Dies ist besonders der Fall bei den kosmischen Gottheiten, die die Naturkräfte verkörpern. Bei allen polytheistischen Völkern wurde die Sonne wegen der bestimmenden Rolle, die sie als Tagesgestirn in der Weltordnung spielt, als ein wichtiger Gott, wenn nicht gar als der Hauptgott betrachtet.

Die Popularität einer Gottheit kann auch daraus herstammen, daß sie den Menschen Wohltaten erweist. Einer solchen Beliebtheit erfreuen sich die Götter der Fruchtbarkeit, die gleichzeitig Götter des Ackerbaus sind, die Muttergottheiten und natürlich auch die Götter des Totenkults.

Schließlich verdanken einige Götter ihre hohe Stellung politischen Momenten. In Ägypten, wo das Königtum immer die Basis der sozialen, politischen und religiösen Struktur des Landes war, wird der Gott der Residenzstadt automatisch zum Gott der Dynastie und gelangt so leicht an die Spitze der Götterhierarchie. Drioton hat dies treffend mit den Worten formuliert: »Der Gott des Königs neigt dazu, zum König der Götter zu werden.« So wird der in Memphis verehrte Ptah im Alten Reich zu einem bedeutenden Gott, und als später Theben Hauptstadt wird, steigt damit Amun zum Rang des Königs der Götter auf.

Im Nachfolgenden soll nun versucht werden, die Mythen, die das religiöse Denken der Ägypter geprägt haben, allgemeinverständlich darzustellen. Dabei werden zunächst die großen kosmogonischen Mythen behandelt, die in gewissem Sinne die Basis der theologischen Vorstellungen bilden, und dann jene Mythen, die zwar für die Lehre nicht ebenso bedeutsam sind, aber doch Glauben und Phantasie der Gläubigen nicht weniger befruchtet haben.

DIE LEHRE VON HELIOPOLIS

Die nicht weit von der Spitze des Nildeltas gelegene Stadt Heliopolis war schon sehr früh ein religiöses Zentrum ersten Ranges. In einer Epoche, die schwer zu datieren ist, wohl aber vor der III. Dynastie liegen muß, entwickelte sich hier eine theologisches System, in welchem der Lokalgott Atum die Rolle des Hauptgottes spielte.

Nach dieser Lehre gab es am Anfang nur ein unermeßliches Chaos, das Nun, und man stellte es sich als Ozean oder formloses Magma vor, in dem sich aber die Möglichkeit des Lebens bereits barg. Seit Urzeiten existierte in diesem Chaos ein bewußtes Prinzip, der Gott Atum, dessen Name »Der Ganze«, »Der Vollständige« bedeutet, womit sein abstrakter und gewissermaßen metaphysischer Charakter betont wird.

Von diesem Gott leitet sich ein Göttergeschlecht her, dessen einzelne Generationen je einen Aspekt oder ein Element des

Universums darstellen. Atum ist zunächst allein und zeugt ohne Mitwirkung eines weiblichen Prinzips den Samen, aus dem das erste Götterpaar hervorgeht: Schu und Tefnut. Schu personifiziert die »leere« Luft, aber auch die Luft als belebendes Element, während seine Gefährtin die in der Atmosphäre enthaltene Feuchtigkeit zu repräsentieren scheint, obwohl ihre Rolle weniger klar umrissen ist.

Aus diesem ersten Paar entsteht das zweite: Gebeb, der Gott der Erde, und Nut als Göttin des Himmels. Anders als wir sehen die Ägypter die Erde — nicht nur grammatisch — als männlich an, den Himmel aber als weibliches Prinzip. Zwischen Gebeb und Nut schob sich der Gott Schu; er hob den Körper der Himmelsgöttin über den des Erdgottes, und seither erfüllt er so seine Funktion als Atmosphäre.

Aus Gebeb und Nut wurden schließlich die beiden Paare Osiris-Isis und Seth-Nephthys geboren; sie ergänzten einander, bekämpften sich aber auch und scheinen den Übergang von der kosmischen zur irdischen Ordnung darzustellen.

Weil die Gesamtzahl der Götter, die in diesem System eine Rolle spielen, neun beträgt, nennen die Ägypter diese Götterversammlung Neunheit (*psedjet*).

Dieses System der heliopolitanischen Neunheit wurde so beliebt, daß man es später auch in anderen Kultzentren übernahm. Um es den örtlichen Verhältnissen dort anzupassen, begnügte man sich damit, Atum als den Ahnherrn des Geschlechts dem lokalen Hauptgott gleichzusetzen, oder man setzte den Lokalgott an die Spitze der sonst unverändert übernommenen Neunheit.

Dies ist die Lehre von der Neunheit in ihrer ursprünglichen und einfachsten Form. Aber so weit wir auch in den verfügbaren Texten zurückgehen können, finden wir die Lehre von Heliopolis schon verändert und auch bereichert dadurch, daß ihr Elemente des Sonnenkultes hinzugefügt werden. Schon sehr früh wird Atum einmal mit dem kosmischen Gott Rê in Verbindung gebracht, dessen Name schlechthin Sonne bedeutet, ein andermal mit dem Falkengott Horus in der Gestalt des Harachte, des »Horus des Horizonts«. Horus ist eine der markantesten Gestalten des ägyptischen Pantheons; als Himmels- und Sonnengott tritt seine kosmische Rolle schon sehr früh hervor. Zweifellos beeindruckte der majestätische Flug des Falken die Ägypter derart, daß sie in Horus den Gott sahen, der den Himmel personifizierte und dessen Falkenaugen sie als Morgen- und Abendsonne betrachteten oder nach einer späteren Erklärung als Sonne und Mond. Was an Horus vor allem ins Auge fällt, ist gerade die Rolle, die er als Sonnengott innehat; und in dieser Eigenschaft begegnet er uns in der ägyptischen Mythologie sehr oft. Der Horus, der in Heliopolis in Verbindung mit Atum verehrt wurde, erhielt seinen Namen »Horus des Horizonts« deshalb, weil man ihn unter einem charakteristischen Aspekt sah, nämlich bei seinem Auftauchen aus der Bergkette kurz vor seinem triumphalen Aufstieg in den Himmel.

Eine andere Vorstellung, die sich die Ägypter von der Sonne machten, war von der Schiffahrt auf dem irdischen Nil inspiriert: die Sonne steigt am Firmament empor, wenn der Gott Rê in seiner Barke das Himmelsmeer überquert. Das Bild der Barke wurde sogar zweigeteilt, indem man die Tagesbarke (*mandjet*) und die Nachtbarke (*mesekt*) unterschied und den Sonnengott am entscheidenden Punkt seiner täglichen Fahrt von der einen Barke in die andere umsteigen ließ!

Doch mit der gleichen Begabung zur Differenzierung, für die sich in ihrer Mythologie noch zahlreiche Beispiele finden, haben die Ägypter den täglichen Umlauf der Sonne auch als einen ununterbrochenen Zyklus der Verwandlung aufgefaßt. Jeden Abend wird die Sonne von der Himmelsgöttin Nut verschlungen, um während der Nacht von neuem ausgetragen und in der ersten Morgenstunde wiedergeboren zu werden.

Der Sonnengott hatte noch zahlreiche andere Formen, deren eindrucksvollste die des Skarabäus war. Es wird angenommen, daß die Verbindung dieses Insekts mit der Sonne auf einem Wortspiel beruht. Das Wort »Skarabäus« (*cheprer*) klingt nämlich ähnlich wie das Verbum *cheper*, das »werden, sich verwandeln« bedeutet. Dabei scheinen die Ägypter auch an die Tatsache gedacht zu haben, daß der Skarabäus sein Ei in eine Mistkugel einschließt und diese dann vor sich herrollt. In diesem

Vorgang sahen sie ein Bild der Verwandlungen, die die Sonne täglich durchmacht. Auf die verschiedenen Phasen des Tagesgestirns anspielend, beschwört eine Hymne die Morgensonne als Chepre (die Sonne, die sich in der neugeborenen Form manifestiert), die Mittagssonne als Rê (die Sonne im Zenit) und die Abendsonne als Atum (die Sonne, die ihren Lauf vollendet).

Der Sonnengott wird auch mit gewissen Emblemen in Verbindung gebracht, unter denen der Obelisk, die große Steinnadel, das charakteristischste ist. Einige sehen den Obelisken als Stilisierung des aufgerichteten Steines an, der auch die Bezeichnung *benben* von Heliopolis trägt, andere halten ihn für das erstarrte Abbild eines Sonnenstrahls.

Diese Lehre von Heliopolis, von der wir einige hervorstechende Aspekte darstellen konnten, muß im Alten Reich einen nicht unbeträchtlichen Einfluß ausgeübt haben.

Ihr Ansehen nahm dann unter der V. Dynastie noch weiter zu: Anscheinend stammten die Könige dieser Dynastie aus Heliopolis, jedenfalls bezeugten sie den Göttern dieser Stadt besondere Verehrung und ließen in der Nähe ihrer Pyramiden auch Sonnentempel errichten, die verkleinerte Nachbildungen des großen Heiligtums von Heliopolis waren. Hier galt die Verehrung des Gottes einem Obelisken von imposanten Ausmaßen, der auf einem großen freien Platz errichtet war.

DIE LEHRE VON HERMOPOLIS

Ein System von ebensolcher Ursprünglichkeit und Eigenart wie das eben beschriebene entstand in Hermopolis, einer Stadt Mittelägyptens, wo auch der Gott Thot als Schutzgott der Schrift und der Wissenschaften seinen Sitz hatte.

Auch die Theologie von Hermopolis muß sich in einer sehr frühen Epoche entwickelt haben, da die Pyramidentexte sie mehr als einmal erwähnen. Beachten wir jedoch, daß die Mehrzahl der Texte, die uns über die Struktur der Lehre von Hermopolis und die Natur ihrer Götter aufklären, aus einer Epoche stammen, in der die ursprüngliche Doktrin bereits von fremden Einflüssen berührt worden war.

Diese Lehre zeichnet sich durch ihren relativ abstrakten Charakter aus. Während die Kosmogonie von Heliopolis einen Bericht darstellt, der in einer Reihe von Episoden die Entstehung des Universums schildert, erscheint uns die Lehre von Hermopolis eher als eine Theorie der vier Elemente, die ebenso viele Aspekte, man könnte fast sagen Attribute, des Chaos repräsentieren. Auf dem Hügel, der aus den Urgewässern auftaucht und in den Texten als »Insel der Flamme« bezeichnet wird, erschienen gleichzeitig vier Götter, begleitet von ihren weiblichen Gegenbildern; es sind dies, in ihrer kanonischen Ordnung: das Urgewässer, das wir bereits in der Lehre von Heliopolis kennengelernt haben (Nun, mit seiner Partnerin Naunet), der Unendliche, dessen Aufgabe es ist, die Sonne zu heben (Huh und Hauhet), die Finsternis, die die Nacht erzeugt und in der das Licht erlischt (Kuk und Kauket), und schließlich das Geheimnis, das Verborgene (Amun und Amaunet), auch das Nichts (Niu und Niut) genannt, in dem man wohl den unsichtbaren, jedoch wirksamen und mit Lebenskraft erfüllten Atem der Luft zu erkennen hat. Durch ihr gemeinsames Handeln erwecken diese elementaren Prinzipien das Tagesgestirn zum Leben. Sie sind »die Väter und Mütter, die das Licht geschaffen haben«. Sie erheben die Sonne in den Himmel, damit sie ihrerseits alle Wesen des Universums schafft und belebt. Die vier Elementargötter mit ihren Gefährtinnen stellen die Achtheit oder die Versammlung der acht Gottheiten dar; die männlichen Götter werden in Anlehnung daran, daß der Frosch spontan aus dem Schlamm zu entstehen scheint, mit einem Froschkopf dargestellt, während die entsprechenden Göttinnen mit einem Schlangenkopf erscheinen, da auch die Schlange mit den Tiefen der Erde verbunden wird.

Im Hinblick auf diese Lehre wurde die Stadt Hermopolis im Ägyptischen auch »die (Stadt) der Acht« (Khmun) genannt. In Hermopolis bildete sich auch ein Mythos, nach welchem sich die Sonne über einer Lotosblüte, die aus den Wassern des Ozeans aufgetaucht war, entfaltete. Dies ist eine Vorstellung, die sich in ganz Ägypten großer Popularität erfreute. Wir finden sie wieder in der Mythologie von Memphis, die dem so dargestellten Gott den Namen Nefertem gibt.

Wir kommen nun zu den theologischen Lehren, die ihre Existenz politischen Gründen verdanken und ihre relative Neuheit daran erkennen lassen, daß sie Anleihen bei früheren Lehren machen.

In dieser Kategorie ist unbestritten die von Memphis die bemerkenswerteste; allem Anschein nach wurde diese neue Lehre in dem Augenblick entwickelt, da die neue Residenzstadt ihren Aufschwung nahm. Glücklicherweise haben wir darüber einen fortlaufenden Bericht in der Inschrift, die von den Ägyptologen »Dokument der Theologie von Memphis« genannt wird. Dieser berühmte Text ist dadurch auf uns gelangt, daß der König Schabaka (XXV. Dynastie, 8. Jahrhundert v. Chr.) ihn nach einer sehr alten, von Würmern zerfressenen Lederrolle auf eine Steinplatte hatte kopieren lassen. Leider wird die Interpretation durch beträchtliche Lücken und weiter auch durch den Archaismus der Sprache und den Gebrauch verwirrender Stilmittel erschwert. Dennoch erlaubt uns dieses Dokument, die großen Linien der Lehre nachzuzeichnen, die von den Theologen von Memphis in einer der III. Dynastie zweifellos naheliegenden Epoche formuliert wurde.

Im Mittelpunkt der Lehre steht Ptah, der Gott von Memphis, dem die Rolle des Demiurgen, des Baumeisters des Universums, zugeschrieben wird. Ptah existierte vor allem im Num, dem Urgewässer, das uns bereits aus anderen Kosmogonien bekannt ist. Seine schöpferische Tätigkeit manifestierte der Urgott durch die acht Formen, »die in ihm existierten«, also echte Hypostasen seines göttlichen Wesens waren.

Unter diesen Hypostasen gibt es eine, die besonders im Werk der Schöpfung auftritt; es ist der Gott Ur (»Der Große«), der mehr oder weniger identisch ist mit Atum. Dieser universale Gott, der nach der Theologie von Memphis Ptah selbst ist, vollendet sein Schöpfungswerk kraft der beiden Fähigkeiten, die integrierende Bestandteile seiner Natur sind: durch das Herz als Sitz des Verstandes, der die Dinge begreift, und durch die Zunge als Organ des Befehls, die das schöpferische Wort ausspricht. Da die Ägypter der Abstraktion abgeneigt waren, personifizierten sie diese beiden Fähigkeiten und ordneten ihnen als göttliche Entsprechungen den Horus für den Herz-Verstand und Thot für den durch das Wort ausgedrückten Zungen-Willen zu.

Der Gott Ur-Atum, die lokale Form des Demiurgen, gebiert durch den Gedanken seines Herzens und die Worte seines Mundes alle Lebewesen, von der Neunheit, deren Idee von Heliopolis entlehnt ist, und den anderen Göttern über die Menschen bis zu den Tieren, Pflanzen und Mineralien, mit einem Wort: alle Wesen. Nachdem er die Kräfte, die Leben und Nahrung sichern, geschaffen hat, vollendet er sein Werk, indem er die Prinzipien der Gerechtigkeit und des Rechts begründet.

Das Dokument der Theologie von Memphis stellt sich uns als eine Kosmogonie dar, die unter mythologischen und vage pantheistischen Formen eine Lehre von fast philosophischem Zuschnitt enthüllt und so die Anstrengungen widerspiegelt, die die Theologen unternahmen, um eine rationale Erklärung für das Werk der Schöpfung zu geben. Durch die diskreten Anleihen bei dem Lehrgebäude von Heliopolis zeigt dieses Dokument auch, daß die Priester des Ptah versucht haben, die Hauptelemente dieser Lehre ihrer eigenen Kosmogonie zu integrieren, wobei sie aber doch den Primat des Gottes ihrer Stadt hervorhoben.

Die Theologie Thebens

Wenn wir allen Grund haben zu glauben, daß Ptah sein Ansehen im Alten Reich der Erhebung von Memphis in den Rang der Hauptstadt verdankt, so ist mit noch größerer Sicherheit anzunehmen, daß der rasche Aufstieg des thebanischen Gottes Amun im Mittleren Reich die Folge politischer Entwicklungen war.

Wir haben gesehen, daß Amun im Anfang nur eins der Elemente der Achtheit von Hermopolis war und den das Universum belebenden Atem repräsentierte. Aus einem schwer erkennbaren Grunde machten die Fürsten der XI. Dynastie, nachdem sie zu ihrem eigenen Vorteil die Einheit des Landes wiederhergestellt hatten, Amun zum Gott ihrer Residenz. In der Stadt Theben neben dem alten Lokalgott Monthu eingeführt, wurde er dem Min, dem ebenfalls in diesem Gebiet verehrten Gott der Fruchtbarkeit, assimiliert und dann bald zum König der Götter und Gott des Reiches erhoben. Da er keine eigene Mythologie hatte, teilte man ihm eine dem Typus der Trias entsprechende Götterfamilie zu; als Gattin erhielt er die Göttin Mut, deren Name »Mutter« bedeutet, und als Sohn den Gott Chons, der oft als Mondgott dargestellt wird.

Außerdem gesellte man ihm den Gott Rê zu, was erklärt, daß er den Namen Amun-Rê annahm, und gab ihm sogar eine Gefolgschaft von dreizehn Mitgliedern, die der Heliopolis nachgeahmt ist. Seine Verwandtschaft mit Hermopolis erleichterte schließlich auch die Einführung der Achtheit in Theben.

Man kann sich die Komplikationen vorstellen, die solche Assoziierungen und Anpassungen im thebanischen Pantheon mit sich brachten. Doch diese Subtilitäten störten die Theologen keineswegs; sie waren gewohnt, derartige mythologische und oft sehr hybride Kombinationen zuzulassen.

In der Tat nennt die offizielle Lehre den Gott der Dynastie meistens Amun-Rê, »König der Götter, Herr von Theben«, eine Bezeichnung, aus der seine Vorrangstellung als unbestrittenes Oberhaupt des Pantheons und Gott des Reiches klar hervorgeht.

Diese überragende Stellung verbleibt ihm bis zum Ende des Heidentums, so daß die Griechen in ihm das Gegenstück zu Zeus sehen und Theben mit dem Namen Diospolis, Stadt des Zeus, bezeichnen.

DER OSIRISMYTHOS

Neben den Mythen, die den Ursprung des Universums veranschaulichen, gab es andere, die eine Auskunft über bestimmte unmittelbar menschliche Probleme erteilten. Unter diesen hat keines die alten Ägypter mehr beschäftigt als das Rätsel des Todes und des Schicksals jenseits des Grabes. Überzeugt, daß der Mensch im Jenseits weiterlebe, machten sie sich von diesem

Fortleben ein recht konkretes Bild, wenn es auch nach Epochen und Umständen variierte. Wenn die gewöhnlichen Sterblichen anfangs nur ein Weiterleben erhoffen konnten, das ihrem irdischen Dasein getreu entsprach, beanspruchten die Könige unter Berufung auf ihre Beziehungen zu den Göttern ein weitaus erhabeneres Schicksal, wie das die Pyramidentexte zeigen. Nach der vorherrschenden Auffassung hat der König das Recht auf ein »himmlisches Jenseitsleben«. Gereinigt in dem belebenden Gewässer eines mythischen Sees, besteigt er das Sonnenschiff und macht an der Seite des Gottes Rê die tägliche Reise über das Meer des Himmels, und eng mit dem Sonnengott verbunden, nimmt er die Ehrungen der Götter und der Geister entgegen, die diese Gefilde bewohnen.

Doch dem verstorbenen Pharao eröffnet sich noch eine andere Form des Weiterlebens, nämlich diejenige, die ihn unter den Schutz des Osiris stellt, der schon sehr früh zum Prototyp des Gottes der Toten und in den Rang des Herrschers des Landes der Glückseligen erhoben wurde. Zweifellos ist die Rolle des Osiris im Begräbniskult sehr alt; doch wächst seine Volkstümlichkeit als Totengott im Laufe der Zeit immer mehr, und damit setzt sich auch die Weiterentwicklung des Mythos fort, der diese Seite seines Bildes beleuchtet.

Die Osirislegende muß schon im Alten Reich entstanden sein, wie es die zahlreichen Andeutungen in den Pyramidentexten beweisen; doch sind wir über die Herkunft des Osiris selbst nur unvollkommen unterrichtet. Schon sein Name, der vielleicht »Sitz des Auges« bedeutet und irgendeine mythologische Andeutung enthalten muß, stellt für uns ein Rätsel dar. Allgemein wird angenommen, daß der Osiriskult wie so viele andere alte Kulte im Nildelta entstanden ist. In Busiris, der Stadt, die das Andenken des Osiris bewahrte, hatte man ihn der Lokalgottheit Anedjti angeglichen, die mit den Zügen eines Gottkönigs und mit den Attributen der Herrscherwürde ausgestattet ist. Im Alten Reich breitete sich der Osiriskult von Oberägypten her aus und faßte in Abydos Fuß, einer Stadt, in der sich eine sehr alte Königsnekropole befand, die unter dem Schutz des Gottes Chenti-Imentiu stand, des »Ersten der Westlichen«, d. h.

des Gottes, der die Geschicke der Toten bestimmte. Allmählich vermischte sich die Persönlichkeit des Osiris mit derjenigen dieses Lokalgottes, so daß Abydos zum Hauptsitz des Kultes des Osiris wurde, der fortan als Gott des Totenkultes schlechthin galt. Der Osiriskult konstituierte sich in seinen Grundzügen und erweiterte sich dann, bis daraus die rührende Legende geworden war, die Plutarch uns in novellistischer Fassung hinterlassen hat. In seiner vollständigen Form läßt sich der Mythos rekonstruieren, wenn die Angaben der alten ägyptischen Dokumente weitgehend herangezogen werden und man sie dabei in den Rahmen der Erzählung des Plutarch stellt.

Der Gott Gebeb, der oft als der typischste Vertreter des von Atum, dem Träger der Doppelkrone, begründeten Königtums erscheint, hatte die Macht seinem Sohn Osiris übergeben. Dieser trat seine Herrschaft, unterstützt von seiner Schwester und Gattin Isis, unter den günstigsten Vorzeichen an, denn er sorgte für das Wohl der Menschen und verbreitete die nützlichsten Kenntnisse unter ihnen, wie den Acker- und Weinbau und die Künste. Doch sein Bruder Seth (Typhon), der Nephthis geheiratet hatte, wurde auf den Erfolg und die Macht des jungen Königs eifersüchtig und suchte ihn zu beseitigen. Heimtückisch lud er ihn zu einem Festmahl ein, und dabei gelang es ihm, ihn in eine Lade zu sperren, die er dann in den Fluß warf. Als Isis das hörte, machte sie sich sofort auf die Suche nach der Lade und fand sie schließlich in Byblos in Phönikien, wo sie in einen Tamariskenstamm eingeschlossen war, den der König des Landes beim Bau seines Palastes verwendet hatte. Isis erreichte, daß ihr der Leichnam ausgehändigt wurde, und sie brachte ihn zurück nach Ägypten. Doch abermals gelang es Typhon, sich des Leichnams zu bemächtigen; er zerstückelte ihn in vierzehn Teile und verstreute diese über das ganze Land. Aber Isis ruhte nicht, bis sie alle Teile ihres Gatten wiedergefunden hatte, und es gelang ihr auch, sie einzusammeln, bis auf den Phallus. Dann machte sie mit Hilfe der Anubis, der Nephthys und anderer verbündeter Gottheiten daraus die erste Mumie. Kurz nach dem Tode ihres Gatten flüchtete Isis in die Sümpfe des Nildeltas und brachte dort einen Sohn zur Welt, den sie Horus nannte. Sie erzog ihn in größter Heimlichkeit, um ihn den Ränken des Seth zu entziehen. Als Horus ins Mannesalter gekommen war, zog er aus, um seinen Vater zu rächen; er zwang Seth zu einem Kampf Mann gegen Mann und riß ihm dabei das Glied aus, während dieser ihn eines Auges beraubte. Nun schritt Thot ein, um die Wunde des einäugigen Königs und auch die seines Gegners zu pflegen, und heilte beide. Darauf beschlossen die Götter, dem Bruderkampf ein Ende zu machen, und luden die beiden Rivalen vor ihr Tribunal. Das Göttergericht gab dem Horus recht und verurteilte Seth, seinem Bruder das geraubte Auge zurückzugeben. Nachdem Horus es zurückerhalten hatte, gab er es seinem Vater Osiris und ersetzte es durch den Uräus, die göttliche Schlange, die von nun an eins der Attribute des Königtums war. Osiris jedoch übertrug seine irdische Macht dem Horus und zog sich endgültig ins Reich der Seligen zurück.

In der Tat gibt uns kein Dokument eine so vollständige und farbige Fassung der Osirislegende. Sie hat sich vielmehr erst allmählich entwickelt, und zwar aus recht verschiedenartigen Elementen, die ursprünglich auch verschiedenen Mythenkreisen angehörten und dann dort entlehnt wurden. Durch Analyse der Osirislegende lassen sich denn auch mehrere Themen isolieren. Als wichtigste sind zu nennen: Der Tod des Gottkönigs Osiris und seine Ablösung durch seinen Sohn Horus, weiter der kosmische Kampf zwischen dem Himmels- und Lichtgott Horus und Seth, dem Gott der entfesselten Elemente, den Plutarch deshalb dem Typhon gleichgestellt hat, und schließlich der Mythos vom Auge des Horus, das diesem geraubt und dann zurückgegeben wurde, um zu Uräus, der göttlichen Schlange, zu werden, die fortan an der Stirn des Königs erschien.

Der oben in kurzer Zusammenfassung wiedergegebene Mythos ist nicht nur wegen seiner Anschaulichkeit bemerkenswert; er gibt uns auch die Möglichkeit, die verschiedenen Kräfte und Eigenschaften zu erkennen, die die Ägypter dem Osiris zuschrieben.

Zunächst erscheint Osiris zusammen mit Horus als der Repräsentant eines der Aspekte des Königtums; er erklärt nämlich die Kontinuität der Monarchie als Institution. Osiris ist der Prototyp des Königs. Nach Erfüllung seiner irdischen Aufgabe stirbt er und überträgt Amt und Würde seinem Sohn Horus, erlebt aber in verklärter Gestalt seine Wiederauferstehung. Alle Pharaonen, die auf dem ägyptischen Königsthron einander folgten, haben diese beiden Erscheinungsweisen durchlaufen: während ihrer Regierungszeit trugen sie die Würde des Horus, am Ende ihrer Laufbahn aber verwandelten sie sich in Osiris und genossen dann als solcher die Verehrung ihrer Söhne und Nachfolger.

Von Anfang an wurde Osiris aber auch als einer der großen Götter der Vegetation und der Fruchtbarkeit angesehen. Durch seinen Tod und sein Versinken im Nil, worauf aber die glorreiche Wiederauferstehung folgt, beschwört er auf der mythischen Ebene die Lebensphasen der Natur mit ihrer periodischen Erneuerung. Osiris ist das Samenkorn, das in den Boden gelegt und damit dem Tod überantwortet wird, das jedoch schon nach wenigen Monaten in Form der mit neuem Leben beladenen Ähre wiedergeboren wird. Um diese Vorstellung zu konkretisieren, vollzogen die Ägypter am Ende der Überschwemmungszeit (im Monat *hoiach*) ein Ritual, dem sie besondere Wirksamkeit zuschrieben. Auf ein Brett oder Stoffstück wurde die Silhouette des Osiris gezeichnet, mit einer dünnen Lehmschicht bedeckt und dann besät. Die Erdschicht war gründlich angefeuchtet, und so begann der Samen schon bald auf der ganzen Oberfläche zu keimen — er wurde so als »wachsender Osiris« Symbol und Stimulans der Erneuerung der Natur.

Der eben beschriebene Ritus wurde in den Tempeln vollzogen, war aber auch ein Bestandteil des Totenkults, was durch Funde des Wachsenden Osiris in mehreren Königsgräbern des Neuen Reiches bewiesen wird.

Darüber hinaus haben die Ägypter den Osiris, gerade wegen der eben beschriebenen Züge in seinem Mythos, auch zum Schutzgott der Toten gemacht. Schon sehr früh wurden die bei der Bestattung der Könige befolgten Riten, die ursprünglich eine eigene Bedeutung hatten, mit den Hauptzügen des Mythos vom Tode und der Wiederauferstehung in Verbindung gebracht.

In den Formulierungen des Bestattungsrituals, das uns in den Pyramidentexten in ältester Fassung erhalten ist, wird die Verschmelzung des verstorbenen Königs mit dem Gott Osiris immer wieder betont. Als nun gegen Ende des Alten Reiches infolge neu aufgekommener politischer und sozialer Strömungen das Ansehen des Königstums sehr erschüttert wurde, wirkte sich das auch auf den Osiriskult aus. Die Riten, die bisher als Vorrecht der verstorbenen Könige galten, wurden mehr und mehr auch nach dem Ableben gewöhnlicher Sterblicher angewandt. Bereits im Mittleren Reich läßt sich eine beträchtliche Anzahl von Ägyptern, die den wohlhabenden Klassen angehören, nach dem Osirisritus mumifizieren und bestatten; zu Beginn des Neuen Reiches ist diese »Demokratisierung« der Bestattungsriten so weit fortgeschritten, daß jeder Verstorbene, der dieser Vergünstigung teilhaftig geworden war, schlechthin als »der Osiris« Soundso bezeichnet wird. Damit ein Toter dieses osirische Jenseitsleben erlangt, genügt es, daß sein Leichnam denselben Riten unterzogen wird, die dem Gott das Leben wiedergegeben haben, und daß über ihm die gleichen frommen Sprüche rezitiert werden, die einst den Osiris wiederbelebten. Das berühmte »Totenbuch«, das nach dem Brauch bei der Mumie niedergelegt wurde, enthält außer solchen wirkungverheißenden Wendungen noch eine Auswahl von Hymnen und Gebeten, durch die sich der in der Gruft Bestattete des Wohlwollens des Osiris und der im Zyklus noch zu ihm gehörenden Gottheiten versichert.

DER MYTHOS VOM HIMMELSAUGE

Im vorigen Abschnitt wurde auch vom Auge des Horus gesprochen, das Verstümmelungen und Verwandlungen erfahren muß, ehe es den Zustand der Integrität wiedererlangt. In Wirklichkeit handelt es sich bei dieser Episode des Mythos um die Verschmelzung von zwei ursprünglich verschiedenen Themen: das Thema vom Auge der Sonne hat sich mit dem vom Auge des Horus vermischt. In die Osirislegende ist die Episode eingefügt, in der das Auge des Horus, nachdem es von Seth geraubt worden war, seinem Eigentümer zurückgegeben wurde, um die neue Form des königlichen Uräus anzunehmen. Doch auch der mit der Sonne identifizierte Gott von Heliopolis besaß ein Auge: das Auge des Rê. In der Folge wurde dieses Auge des Rê, das ursprünglich der Morgenstern gewesen war, auch mit Osiris in Verbindung gebracht, dem von seinem Sohn wieder zum Leben Erweckten. Und erst viel später glaubte man, in beiden Augen sowohl Sonne als auch Mond erkennen zu müssen. Es konnte auch nicht ausbleiben, daß Raub und Rückgabe des Horusauges mit den beiden wichtigsten Phasen des Mondes in Verbindung gebracht wurden. Oft aber auch wurde das Auge des Rê zu dem Kult der Maat, der Tochter des Rê, in Beziehung gesetzt.

In der Göttin Maat, die wir hier in enger Verknüpfung mit Rê sehen, ist einer der Grundbegriffe des ägyptischen Denkens personifiziert. Maat verkörpert in der Hauptsache das Prinzip der Ordnung, das den Kosmos beherrscht und dessen unerläßliches Gleichgewicht gewährleistet. Doch erstreckt sich die Rolle der Maat auch auf die soziale und moralische Ordnung, wo sie deren Konformität mit den göttlichen und menschlichen Gesetzen ausdrückt, kurz: den Begriff der Gerechtigkeit und der Wahrheit. Als Göttin der Gerechtigkeit ist die Göttin Maat Mitwirkende beim »Wiegen der Seele«, dessen sich der Verstorbene vor dem Gericht des Osiris unterziehen muß. Das Herz des Toten, das als Sitz des Gewissens betrachtet wird, soll genau die im Bildnis der Göttin verkörperte Gerechtigkeit aufwiegen.

Doch kommen wir auf das göttliche Auge und insbesondere auf das Auge der Sonne zurück und betrachten wir eine seiner Interpretationen, die eine gewisse Verbreitung hatte. Die mittelägyptische Stadt This, aus der die I. Dynastie stammen soll, war die Residenz eines Gottes, der den Namen Onuris (eigentlich Ini-herit) führte, was soviel bedeutet wie »Derjenige, der die Ferne herbeigebracht hat«. Diese Benennung spielt auf eine Legende an, die wir allerdings nur in einer späten Fassung besitzen, deren Thema jedoch zumindest im Mittleren Reich festgelegt worden sein muß.

Das Auge des Sonnengottes, das hier manchmal die Gestalt der Löwin Tefnut annimmt, gerät in heftigen Zorn gegen seinen Herrn, überwältigt ihn und zieht sich ins Innere von Nubien zurück, entschlossen, hier auch zu bleiben. Schließlich macht Onuris sich auf, um die Göttin von dort zurückzuholen (das Auge ist im Ägyptischen weiblich). Es gelingt ihm, sie durch Versprechungen umzustimmen und im Triumph nach This heimzuholen, wo sie — das heißt das Auge — wieder ihren Platz im Gesicht des Sonnengottes einnimmt. Diese Legende, die wir auch in der Form eines Volksmärchens kennen, ist eine anschauliche Illustration der Mondphasen, doch ist sie auch wie andere vorerwähnte Mythen mit dem Auge des Horus in Verbindung gebracht worden. Wie in dem Mythos des Horus und des Seth wird nämlich auch hier das Himmelsauge nach einer Periode des Erlöschens oder Verschwindens wieder in seinen früheren Zustand zurückversetzt.

Mit diesen Spekulationen wurde auch das Uzat-Thema in Zusammenhang gebracht (Uzat = gesundes Auge). Unter dem Uzatauge, so erklärte man allgemein, ist das Auge des Horus zu verstehen, das durch das Eingreifen von Thot wieder gesund, das heißt in seinen früheren Zustand zurückversetzt wird, nachdem Seth es verstümmelt hat. Zweifellos haben die Ägypter selbst diese Erklärung zu bestimmten Zeiten gegeben, in denen es zu einer Vermischung der verschiedenen mythologischen Themen gekommen war, doch scheint es nach dem Zeugnis der Pyramidentexte eher so zu sein, daß das »Gesunde Auge« ursprünglich das zweite Auge des Horus war.

Das Thema vom Auge des Horus spielte beim Ritual eine sehr große Rolle. In den Formeln, die zum Ritual der Opferungen gehören, ist meistens von dem Götterauge die Rede, das seinem Herrn gegeben oder zurückgegeben wird. Gerade dadurch sollte die Wirksamkeit des Rituals noch gesteigert werden.

DER MYTHOS VON APOPHIS

Das Thema, das dem Mythos vom Auge zugrunde liegt, wie wir ihn eben in zwei Fassungen kurz skizziert haben, geht letzten

Endes auf die Vorstellung zurück, daß es einen regelmäßigen Wechsel von zwei Phasen gibt. Da ist einmal die Phase, in der das Auge normal seine Dienste tut, und dann die andere, in der es nicht in der Lage ist, diese Aufgabe zu erfüllen. Ähnlich hat der Apophis-Mythos, von dem jetzt die Rede sein soll, das Thema vom Kampf des Lichtgestirns gegen die Mächte der Finsternis zum Gegenstand.

Im Keim sind die Elemente dieses Mythos schon in den ältesten Texten vorhanden; doch wird die Konkretisierung der feindlichen Formen in der Person der ungeheuerlichen Schlange Apophis erst seit dem Mittleren Reich sichtbar. Und erst im »Totenbuch« und der magischen Literatur der jüngeren Epoche tritt Apophis als Werkzeug des Bösen und in voller Aggressivität und Tücke ständig auf.

Zu Beginn ist Apophis der Genius der Finsternis, der den Sonnengott ständig bedroht und alle Kräfte einsetzt, um dessen Lauf zu stören. Dabei geht er sogar so weit, daß er den Gedanken hegt, den himmlischen Nil, auf dem die Barke des Rê kreuzt, trockenzulegen. Jeden Morgen und allabendlich gelingt es dem Sonnengott aber, mit Hilfe seiner göttlichen Schiffsbesatzung den Nachstellungen seines Gegners zu entgehen, und so setzt er seine Fahrt triumphierend fort. Dieser ewige Kampf zwischen den beiden feindlichen Mächten, die einander aber zugleich auch ergänzen, hat das Gleichgewicht des Universums zum Ergebnis.

DIE LEGENDE VOM GEHEIMEN NAMEN DES RÊ

Die Sonnenmythologie, deren Hauptthemen wir oben analysiert haben, hat ihren Niederschlag auch in einer Reihe von mehr anekdotenhaften Erzählungen gefunden. Darin wird über bestimmte Episoden in der Laufbahn des Rê berichtet, und man könnte versucht sein, sie in den allgemeinen Legendenschatz des Gottes aufzunehmen. Die entsprechenden Texte finden sich in magischen Schriften, und sie erzählen die Abenteuer und Mißgeschicke des Gottes so, als wären sie einem Menschen widerfahren, der dann keinen anderen Rat mehr weiß, als einen Zauberer um Beistand zu bitten.

Im folgenden soll kurz wiedergegeben werden, was eine solche Zauberschrift des Neuen Reiches davon zu erzählen weiß, wie Isis es anstellte, um den geheimen und allmachtverleihenden Namen des Rê zu erfahren.

Isis, die als große Zauberin galt, wußte von allem, was im Himmel und auf Erden geschah, nur eines nicht: der geheime Name des Rê war ihr unbekannt. Hätte sie ihn gewußt, dann hätte sie sich von der Macht des Herrn des Universums einen Teil aneignen können.

Um zu diesem Ziel zu gelangen, ersann sie eine List, bei der ihre Zauberkunst triumphieren sollte. Sie sammelte den Speichel, den der alternde Gott hatte aus dem Munde fallen lassen, vermischte ihn mit Erde und formte daraus eine Schlange. Die legte sie auf den Weg, den Rê auf seinem täglichen Spaziergang durch die Zwei Länder zu nehmen pflegte. Wie vorausberechnet, trat der Gott auf die Schlange, sie biß ihn in den Fuß und verursachte ihm fürchterliche Schmerzen. Auf seine Hilferufe eilten alle von seinem Gefolge herbei, darunter natürlich auch Isis, die Anstifterin dieses Unglücks. Mit gespieltem Erstaunen fragte die Heuchlerin den Gott, was ihm denn fehle, und setzte hinzu, wenn ihre Zauberformeln auch wirken sollten, müsse sie den geheimen Namen des Gottes dabei gebrauchen, den Rê bisher niemandem hatte enthüllen wollen. Hartnäckig blieb Isis dabei, und Rê, der es vor Schmerzen nicht mehr aushalten konnte, verriet ihr endlich sein Geheimnis. Er wurde geheilt, aber von nun an besaß die Göttin eine Zaubermacht, die der des Sonnengottes sogar noch überlegen war.

DER MYTHOS DER KUH

Ein anderer Mythos, der in mehreren Königsgräbern des Neuen Reiches wiedergegeben und manchmal auch im Bild dargestellt ist, zeigt ebenfalls einen alternden Gott Rê, der am Ende seiner irdischen Laufbahn angekommen ist.

Als Rê, der König der Menschen und der Götter, sein Alter nahen spürte und sein Körper sich in Gold, Silber und Lapislazuli verwandelte, bemerkte er, daß die Menschen, die das Tal und die Wüste bewohnten, ihm gegenüber immer anmaßender wurden und sogar daran dachten, sich gegen ihn zu erheben. Von Unruhe ergriffen, berief er heimlich den Rat der Götter ein, dem auch Schu und Tefnut, Gebeb und Nut sowie Nun und das Auge des Rê angehörten. Auf den Rat dieser Götter hin entschloß er sich, sein Auge, das für diesen Zweck die Gestalt des Hathor-Sechmet annahm, auszuschicken, um unter den Menschen ein Blutbad anzurichten. Die grausame Göttin machte sich sofort ans Werk, und nachdem sie einen Teil ihres Auftrages erfüllt hatte, kehrte sie frohlockend zurück, um ihrem Herrn zu berichten. Doch in diesem Augenblick bereute der König, daß er eine so erbarmungslose Entscheidung getroffen hatte, und wollte den Rest der Menschheit verschonen. Die Schwierigkeit aber bestand darin, den Blutdurst der Göttin zu stillen, der durch ihre ersten Taten angefacht worden war. Um Hathor-Sechmet irrezuführen, ließ Rê während der Nacht ein gegorenes Getränk von roter Farbe über das Land gießen. Die List gelang; die Göttin trank solche Mengen von dieser Flüssigkeit, daß sie nicht einmal mehr die Menschen, die in ihrer Reichweite waren, bemerkte; und so wurde ein Teil der Menschheit von dem Gemetzel verschont.

Doch Rê war die Menschheit zum Ekel geworden, und er wünschte die irdischen Bereiche zu verlassen. Der Gott Nun forderte ihn auf, sich auf den Rücken der Kuh Nut zu setzen. Als der Morgen kam, und die Menschen von neuem ihre Streitlust zeigten, erhob sich die Kuh mit dem Gott auf ihrem Rücken und nahm die Form des Himmels an. Rê gab seine Befriedigung darüber kund, daß er so hoch saß; doch als er sah, daß die Kuh von Angst ergriffen an allen Gliedern zu zittern begann, beauftragte er acht Geister, ihr als Stützen zu dienen, indem sie sich jeweils zu zweit um ihre Füße stellten. Außerdem befahl er Schu, dem Gott der Atmosphäre, sich unter den Bauch der Kuh zu stellen und ihren Leib mit seinen ausgestreckten Armen zu stützen.

Diese Erzählung ist eine Variante des Mythos, der die Entstehung und Struktur des Universums erklärt. Auf einem Bild, das die Erzählung veranschaulicht, ist jede Figur bei der Erfüllung der ihr im Text zugeteilten Rolle dargestellt; doch befindet sich die Sonne, anstatt auf dem Rücken der Kuh zu thronen, auf dem Sonnenschiff, das in Höhe des gestirnten Bauches des göttlichen Tieres einherfährt.

Dieses Bild liefert uns ein typisches Beispiel für die Leichtigkeit, mit der die Ägypter mehr oder weniger parallele mythologische Gedanken (hier die Vorstellung vom Himmel als Ozean und als Decke des Universums) kombinieren, ohne sich im geringsten an der Widersprüchlichkeit oder Unlogik solcher Verschmelzungen zu stören.

Der Mythos von der Vernichtung der Menschheit hat uns Hathor unter ihrem wenig einladenden Aspekt als mordlustige und blutdürstige Göttin gezeigt, den sie mit der wilden, löwenköpfigen Sechmet teilt.

Doch kann die Göttin Hathor, die einen hohen Rang im ägyptischen Pantheon einnimmt, auch weniger blutrünstig sein. Häufig erscheint sie, deren Name »Haus des Horus« bedeutet, als Kuh oder in der vermenschlichten Form einer Frau mit Kuhhörnern. Im Anfang vielleicht nur eine Lokalgöttin, steigt Hathor sehr früh zum Rang einer kosmischen Gottheit auf und verkörpert den Himmel, weshalb sie mit Nut identifiziert werden kann, der wir ebenfalls in der Gestalt einer Kuh begegnet sind. Als Himmelsgöttin ist sie natürlich auch Mutter und Trägerin der Sonne, deren Scheibe fast immer zwischen den Hörnern der Kuh dargestellt wird. Geschah es wegen ihrer kosmischen Natur oder ihrer Verbindung mit der Legende des Sonnenauges, daß sie auch die »Herrin der fremden Länder« wurde? Jedenfalls breitet sie ihre Schutzherrschaft seit dem Alten Reich über die meisten fernen Gebiete aus, in welche die Pharaonen Expeditionen schickten, sei es Byblos, die wichtigste ägyptische Faktorei an der Küste Phöniziens, oder die Türkisminen der Halbinsel Sinai oder das geheimnisvolle Land Punt, das nicht weit vom Gebiet der Somali lag. Dennoch hatte sie ihre bedeutendsten Heiligtümer in Ägypten. In Dendera, wo ihr Tempel noch existiert, ist sie eng mit dem Gott Horus verbunden, den sie einmal im Jahre beim großen Fest von Edfu trifft. In Theben wird sie besonders als die Beschützerin der

Nekropole betrachtet und empfängt in ihrer Felsenhöhle die Verstorbenen mit erquickendem Trost.

Denn Hathor ist vor allem eine gute und hilfreiche Göttin. Sie ist die Schutzgöttin der Musik und des Tanzes, aber auch der Liebe, was erklärt, daß die Griechen sie der Aphrodite gleichstellten. Doch kommt sie auch den Gebärenden zu Hilfe und verfügt über eine Gruppe von sieben nach ihrem Bild geschaffenen Göttinnen, die sie in ihrer Tätigkeit als Amme unterstützen und an der Wiege des Neugeborenen etwa die Rolle unserer Feen spielen. In dieser Rolle sehen wir Hathor und ihr Gefolge bei der göttlichen Geburt des Pharao auftreten.

Der Mythos von der göttlichen Geburt des Königs

Der vorige Abschnitt enthält bereits mehrere Hinweise auf die göttliche Natur und die göttliche Abstammung des Pharao. Es dürfte von Nutzen sein, hier einige genauere Angaben über die Vorstellung einzufügen, die sich die Ägypter von dem göttlichen Ursprung ihrer legitimen Herrscher machten, um den mythologischen Rahmen zu beschreiben, den sie dieser Idee gegeben haben.

Schon in frühester Zeit nahmen die Ägypter an, der König sei von höherem Wesen als die gewöhnlichen Sterblichen; für sie ist der Pharao die Verkörperung des Horus auf Erden, der Gottkönig, während er gleichzeitig Schützling der Schutzgöttinnen der beiden ersten Königreiche ist, der Nechbet, der Geiergöttin von Oberägypten, und der Uräus (Uto), der Schlangengöttin von Unterägypten.

Jedenfalls legen die Könige seit der V. Dynastie, zweifellos unter dem Einfluß der Lehre von Heliopolis, besonderen Wert auf ihre Abstammung von der Sonne. Unter Beibehaltung ihrer alten Titel nehmen sie den neuen Titel »Sohn des Rê« an, das heißt Sohn des Sonnengottes.

In der Geschichte von Cheops und den Zauberern, deren Entstehung sich bis ins Mittlere Reich zurückverfolgen läßt, wird nebenbei auch legendarisch von der Herkunft der Könige der V. Dynastie berichtet. Diese Fürsten, die dazu berufen waren, ein neues Königsgeschlecht zu begründen, sollen aus der Vereinigung hervorgegangen sein, die der Sonnengott mit der Frau eines Rê-Priesters vollzogen habe, der Herr von Sachebu genannt wird (der Ort liegt nahe bei Heliopolis); bei der Geburt leisteten Göttinnen Beistand, die in der Hebammenkunst erfahren waren und von dem Töpfergott Chnum angeleitet wurden.

Sobald die entbindenden Göttinnen Drillinge in Händen hielten, gaben sie ihnen einen Namen, der durch die besonderen Umstände ihrer Geburt inspiriert war.

Bald nimmt dieses Thema, das wir hier in seiner einfachsten, volkstümlichsten Form sehen, eine eigenartige Entwicklung und liefert den Stoff für ein mythologisches Szenarium, das den Sinn und Zweck hat, zu zeigen, daß der Erbprinz tatsächlich der leibliche Sohn des Rê ist, weil er nämlich aus der Vereinigung des Sonnengottes, der im regierenden König inkarniert ist, und der Königin als Sonnengottsgemahlin geboren wird. Unsere Kenntnis dieses Szenariums stützt sich vor allem auf zwei Fassungen, die beide aus der Zeit der XVIII. Dynastie stammen; dabei handelt es sich um Bilderfolgen, in denen die Einzelepisoden anschaulich dargestellt und mit Begleittexten versehen sind, die zum Teil auch Wechselgespräche der am heiligen Schauspiel Mitwirkenden wiedergeben. Eine Version ist am mittleren Portikus des Tempels von Deir-el-Bahari angebracht und bezieht sich auf die Geburt der Königin Hatschepsut, die andere ist in einem Gemach des Tempels von Luksor eingemeißelt und stellt die Geburt des Amenophis III. dar; doch muß der Textinhalt, nach einem Inschriftenfragment aus der XII. Dynastie zu urteilen, in das Mittlere Reich zurückgehen.

In der Fassung der XVIII. Dynastie ist es jedoch nicht der Gott Rê, der die Rolle des Erzeugers spielt, sondern Amun. Dieser Rollenwechsel hat nichts Erstaunliches, denn in der weiterentwickelten thebanischen Theologie hatte Amun die meisten Attribute und Funktionen des Sonnengottes übernommen, darunter auch die des Königsvaters. In der folgenden Wiedergabe läßt sich also der Name Amun durch Rê ersetzen, wenn der ursprüngliche Sachverhalt wiederhergestellt werden soll.

In der ersten Szene verkündet Amun der Götterversammlung

seinen Entschluß, einen Prinzen zu zeugen, der eines Tages den Thron besteigen soll. Thot spielt die Rolle des Überbringers der göttlichen Befehle und führt die Königin in das Hochzeitsgemach, wo ihr göttlicher Gatte sie erwartet. Im Verlauf dieser theogamen Begegnung teilt Amun der Königin seine Absicht mit und legt auch schon Namen und Schicksal des Prinzen fest, der geboren werden soll. Darauf begibt sich Amun zu dem Widdergott Chnum, zu dessen Aufgaben es auch gehört, die Körper zu modellieren, und besteht bei diesem darauf, daß der Königssohn einen Körper von mehr als göttlicher Schönheit erhalte. Der Gott macht sich sofort ans Werk, setzt sich an die Töpferscheibe und formt den Leib des Kindes und gleichzeitig dessen Ka, das heißt seine materielle Seele als scheinbares Gegenstück des leiblichen Körpers. Als die Wehen einsetzen, wird die Königin, nachdem der Gott Thot sie zu ihrer erhabenen Aufgabe beglückwünscht hat, von Chnum und der froschköpfigen Hebammengöttin Heket in das Entbindungszimmer geführt, wo das freudige Ereignis bald stattfindet.

Die Königin, auf einem großen Prunkbett sitzend, hält das Kind mit zärtlicher Geste. Um sie drängen sich Göttinnen und Geister, die damit beauftragt sind, sie zu umhegen und ihr gleichzeitig magischen Schutz zu gewähren. Zu dieser Gruppe gehören auch Bes und Toëris, die bestallten Beschützer der Gebärenden. Dann tritt Hathor, die eigentliche Göttermutter ein; sie nimmt das Neugeborene in ihre Arme und zeigt es Amun, seinem Vater, der den Sprößling mit Wohlgefallen betrachtet und ihm eine glorreiche Zukunft voraussagt.

Dann wird das Kind in seine Gemächer zurückgebracht, wo seine Mutter es erwartet. Sofort wird es zusammen mit den vierzehn Erscheinungsformen seines *ka* (sozusagen seinen personifizierten Fähigkeiten) der Fürsorge der Ammen anvertraut, die niemand anders sind als die »Hathors«. Doch wacht auch weiterhin Amun über das Geschick seines Sohnes. Im Verlauf einer neuen Begegnung mit Thot, an der auch das Kind und dessen unzertrennliches *ka* teilnehmen, erteilt er ihm nämlich neue Anweisungen. Zweifellos trifft er mit dem Gott der Schrift und der Wissenschaft Vorkehrungen im Hinblick auf die

Erziehung und die Zukunft dessen, der berufen ist, Herrscher der Zwei Länder zu werden. In einer letzten Szene, an der auch Anubis und Chnum wie auch die Göttin der Annalen teilnehmen, scheint das Schicksal des jungen Fürsten noch genauer bestimmt zu werden.

Man sieht an diesem Beispiel, wie ein bestimmtes Ereignis aus dem Leben des Königs auf die göttliche Ebene übertragen wird. Ohne Zweifel wußten die Ägypter, daß die Geburt eines Königssohnes nicht anders vor sich geht als die irgendeines anderen Kindes; doch ihr Wissen um die übermenschliche Natur des königlichen Prinzen und das erhabene Schicksal, das ihm zugedacht war, veranlaßte sie, die Tatsachen, deren einfache Realität ihre Phantasie nicht befriedigen konnte, in einer mythologischen Perspektive zu sehen. In anderen Mythen schrieb man den Göttern oft eine vom Verhalten der Menschen inspirierte Handlungsweise zu; hier jedoch zog man es vor, eine Episode aus der Laufbahn des Königs auf einer fast theologischen Ebene darzustellen.

Der Mythos vom Krieg des Horus gegen die Feinde des Rê

Wenn wir nun selten zusammenhängende Darstellungen der göttlichen Mythen und Legenden besitzen, so zweifellos nur deshalb, weil sie mündlich überliefert oder vorzugsweise auf Papyrusrollen geschrieben wurden, die in den Bibliotheken der Tempel oder den ihnen unterstehenden Skriptorien sorgfältig aufbewahrt wurden. Erst in späteren Epochen ging man manchmal dazu über, solche Texte an den Mauern der Tempel einzumeißeln, um ihre Erhaltung besser zu sichern und zweifellos auch, um den Anbetern zu ermöglichen, sich über die erhabenen Taten des Lokalgottes zu unterrichten.

So besitzt man einen Naos aus einem Tempel von Unterägypten (gefunden in Lel-Arisch), dessen Wände den Bericht über die Ereignisse tragen, die für die Regierungszeiten der Götter Schu und Gebeb kennzeichnend waren. Dieser Text schildert unter anderem die Kämpfe dieser beiden Götter gegen Apophis und dessen Anhänger und verweilt besonders bei den Ereignissen, die sich in der Nähe des Tempels abspielten, für den der Naos bestimmt war.

Doch das typischste Beispiel des mythologischen Berichts liefert uns ein Text des ptolemäischen Tempels von Edfu. Auf der Innenseite der Mauer, die das Heiligtum umfriedet, entfaltet sich der Bericht über die Kriege, die der Lokalgott Horus Behedti gegen die Gegner des Sonnengottes führen mußte; dieser Bericht ist in bestimmten Abständen durch Reliefs illustriert, auf denen die Hauptepisoden des Kampfes dargestellt sind. Der Text, der sich über die gesamte Höhe der Wand ausdehnt, erzählt ausführlich in dem bei den zeitgenössischen Schriftgelehrten beliebten überschwenglichen Stil die Wechselfälle dieses Götterkampfes. Um diesem Text das Aussehen eines historischen Dokumentes zu verleihen, hat der Verfasser seinen Bericht in einen Rahmen gesetzt, wie er bei Annalen üblich war.

Die Ereignisse sollen sich im Jahre 363 der Regierung des Rê-Harachte abgespielt haben. Während der Gottkönig auf seinem Schiff eine Inspektionsreise nach Nubien unternimmt, erfährt er, daß seine Feinde die Fahne des Aufruhrs gegen ihn erhoben haben. Zur Gruppe der Verschwörer gehören natürlich die Apophisanhänger, die mit allen Mitteln versuchen, sich dem Tun des Sonnengottes Rê, der den Gang des Universums lenkt, zu widersetzen.

Rê alarmiert sofort seinen Sohn Horus Behedti, den Horus von Edfu, und beauftragt ihn, den Feind zur Vernunft zu bringen. Horus erzwingt in Nubien einen ersten Sieg, der Rê bereits in höchste Freude versetzt. Doch die Verbündeten ziehen sich nach Ägypten zurück, und Horus muß sie in ihre Schlupfwinkel entlang dem ganzen Nil verfolgen, eine Gelegenheit für ihn, ihnen Niederlage auf Niederlage beizubringen. Jedesmal erscheint der Feind wieder in einer anderen Gestalt, seien es nun Seth, Apophis oder ein Ungeheuer, ein Flußpferd oder ein Krokodil. Überall, wo er vorbeikommt, vollbringt Horus eine Heldentat, die Thot sofort dem Gott Rê mitteilt. Er setzt seinen Siegeszug nach Unterägypten fort und treibt schließlich die Verschworenen über das Rote Meer, wodurch er sie zwingt, nach Asien zu fliehen. Nachdem Ägypten so von den Kräften des Bösen befreit ist, kehren die beiden Götter auf dem Sonnenschiff zu ihrem Ausgangspunkt zurück; während Rê-Harachte nach Nubien heimkehrt, nimmt Horus seinen Tempel in Edfu wieder in Besitz.

Für den heutigen Leser ist dieser Bericht eine recht anstrengende Lektüre, weil er in einem monotonen Schema entworfen und mit mythologischen Anspielungen überladen ist; doch muß er in den Augen der Tempelpriesterschaft zweifellos interessant gewesen sein. Zunächst beleuchtete er die Rolle, die der Gott von Edfu im Ordnungs- und Befriedungswerk des Gottes des Universums und in dessen Kampf gegen die Mächte des Bösen gespielt hatte. Weiter enthielt er auch, was bei den Ägyptern sehr beliebt war, die Erklärung einer großen Anzahl von Ortsnamen. In der Tat werden auch die kleinsten Interventionen des Horus und seiner Gefolgsleute zum Anlaß genommen, um den Namen des Ortes oder Heiligtums zu erklären, in deren Nähe dieses Eingreifen erfolgt war, und oft geschieht das durch ein Wortspiel. Diese oft sehr vagen oder gewaltsamen Wortspielereien folgen einander so häufig, daß die Lektüre des Horusmythos für jeden, dem diese Feinheiten entgehen, ermüdend wirken muß.

Schließlich soll der Bericht auch den Ursprung einiger Embleme erklären, die Teil der heiligen Thematik waren, wie z. B. das Symbol der geflügelten Scheibe. Hier handelt es sich um eine der Gestalten, die der Falkengott »mit dem bunten Gefieder« im Verlauf seiner Feldzüge mehrmals annimmt; als er nach seinem Sieg in dieser Erscheinungsform nach Edfu zurückkehrt, befiehlt Rê, daß dieses Motiv in Zukunft an seinem jeweiligen Aufenthaltsort als Sinnbild des Schutzes und der Dämonenabwehr angebracht werden soll. Aus diesem Grunde schmückt die geflügelte Scheibe in allen ägyptischen Tempeln das Sims über den Türen. — Der Kern dieses Mythos dürfte viel älter sein als die Fassung, die uns in Edfu erhalten geblieben ist. Man hat geglaubt, in ihr eine mythologische Interpretation des Themas vom Sieg des Königs über die Barbarenvölker zu sehen, wobei die Asiaten durch die Sturmgeister, die Gegner des Sonnengottes, symbolisiert würden. In der ptolemäischen Version wollten manche unter der Oberfläche sogar Anzeichen von Fremdenhaß erkennen, den die Ägypter gegenüber den Persern und

Griechen empfanden, die nacheinander ihr Land besetzten; unter dieser mythologischen Verbrämung hätten die geknechteten Ägypter den Hinweis versteckt, daß ihre Götter fähig seien, ihre fremden Beherrscher eines Tages zu vertreiben.

Die Abenteuer des Horus und des Seth

Die oben wiedergegebenen Berichte enthielten bereits Episoden, in denen die Götter, selbst die höchsten, sehr menschliche Schwächen zeigen und in Abenteuer verwickelt sind, die ihr Ansehen gewiß nicht erhöhen konnten. Züge dieser Art waren also Teil der kanonischen Mythen; um so eher mußten sie in den Götterlegenden vorkommen, die sich nur am Rande der offiziellen Mythologie bildeten.

Aus einem Papyrus, der vor etwa dreißig Jahren von Sir Alan Gardiner veröffentlicht wurde, dem Papyrus Chester Beatty I, läßt sich erkennen, daß die Ägypter eine Erzählungsart kultivierten, die ihren Stoff zwar aus der orthodoxen Mythologie nahm, ihn aber auf vollkommen freie Weise verwertete, indem sie die Götter in einem unerwarteten Licht darstellte. Diese Erzählung vom Ende des Neuen Reiches, in welcher der Volkshumor seiner Phantasie freien Lauf läßt, berichtet mit zahlreichen pikanten Einzelheiten von den Abenteuern des braven Horus und des bösen Seth, der beiden einander feindlichen Götter, mit denen uns die kanonische Mythologie bereits bekannt gemacht hat.

Daß es sich um eine Volkserzählung handelt, ergibt sich allein schon aus der Verwendung des Neuägyptischen, der Vulgärsprache des Neuen Reiches, sowie aus dem Stil; doch der unkanonische Charakter des Berichtes resultiert noch mehr daraus, daß ständig Elemente aus der offiziellen Mythologie entnommen und mit amüsanten, ja possenhaften Episoden, die der Folklore angehörten, durchsetzt werden. Außerdem sei vermerkt, daß Ägyptologen in diesem Werk mythologische Themen sehr verschiedenen Ursprungs feststellen konnten, die zum Schaden der Klarheit und der Logik des Berichts oft recht willkürlich kombiniert sind. Davon mag die folgende Zusammenfassung einen gewissen Eindruck vermitteln.

Nachdem Osiris die irdische Welt verlassen hat, um über das Land der Seligen zu herrschen, erheben zwei Götter Anspruch auf den ägyptischen Thron: der erste ist der gewalttätige und heimtückische Gott Seth, der seinen Bruder ermordet hatte, um die Macht an sich zu bringen, der zweite ist Horus, den seine Mutter Isis als nachgeborenen Sohn des Osiris in einem abgelegenen Winkel des Deltas aufgezogen hatte in der Hoffnung, er würde, wenn er erwachsen wäre, seinen Vater rächen und seinen Thron besteigen.

Doch ist es Sache des Göttergerichts, den Streit zwischen den beiden Thronanwärtern zu entscheiden. Offiziell wird dieses Gericht als Neunheit bezeichnet, doch setzt es sich in Wirklichkeit aus einer bestimmten Zahl von Göttern zusammen, die mit der Neunheit von Heliopolis nichts zu tun haben. Vorsitzender des Gerichts ist der Herr des Universums, in dessen göttlicher Gestalt sich gleichzeitig Atum und Rê-Harachte verkörpern, die beide als Gottheiten im Mittelpunkt der Lehre von Heliopolis stehen. — Der Bericht setzt in dem Augenblick ein, wo sich der Prozeß um Horus und Seth schon achtzig Jahre lang hinschleppt. Die Götter der Neunheit sind in ihrer Mehrheit dem Horus wohlgesinnt und zögern nicht, die Berechtigung seines Anspruchs anzuerkennen; doch der Herr des Universums, der in der ganzen Erzählung als schwächlich und parteiisch erscheint, wagt nicht, sich der Meinung seiner Standesgenossen anzuschließen aus Angst, sich die Feindschaft des Seth zuzuziehen, dessen Macht er fürchtet und der im übrigen der bestallte Verteidiger des Sonnenschiffes ist.

Auf den Vorschlag eines Mitglieds faßt das Gericht, das vor seiner Verantwortung zurückschreckt, den Beschluß, bei Neith, der Göttin von Saïs, deren Weisheit allgemein anerkannt wird, Rat einzuholen. In Beantwortung des Briefes, den Thot, der Sekretär der Götter, ihr schreibt, gibt auch Neith dem Horus ihre volle Unterstützung, schlägt dem Gericht aber vor, den Seth zu entschädigen, und zwar dergestalt, daß ihm die beiden asiatischen Göttinnen Anat und Astarte als Gattinnen beigegeben werden.

Die Götter geben ihre Zustimmung, doch der Herr des Universums bemerkt, daß Horus noch sehr jung und zu schwach sei, um eine so schwere Bürde wie das Königtum zu übernehmen.

In diesem Augenblick hat Baba, ein etwas schalkhafter Gott, den unglücklichen Einfall, den Vorsitzenden des Tribunals zu verspotten, was einen allgemeinen Tumult in der Versammlung verursacht. Der Herr des Universums, den diese Worte tief verletzt haben, zieht sich niedergeschlagen zurück, wird aber bald durch die Späße der Göttin Hathor aus diesem Zustand befreit und wieder in gute Laune versetzt. Nachdem die Sitzung wieder aufgenommen ist, treten Seth und Horus auf und verteidigen ihre Sache. Einige Götter unterstützen wieder Horus, und Isis schlägt vor, »diese Worte Atum, dem mächtigen Fürsten zu Heliopolis, und Chepre, der in seinem Schiff residiert, vorzutragen«.

Dieses Eingreifen der Mutter des Horus, das in seinen Einzelheiten uns nicht bekannt ist, versetzt Seth so sehr in Wut, daß er sich weigert, das Gespräch fortzusetzen, solange Isis das Tribunal durch ihre Gegenwart und ihre schmeichlerischen Worte beeinflusse. Der Herr des Universums gibt der Forderung des Seth nach und erklärt, daß die Debatte auf einer durch ihre Lage geschützten Insel, von der Isis ausgeschlossen wäre, wiederaufgenommen werde; Anti, dem Fährmann-Gott, gibt er strenge Anweisung, der Göttin, deren Anwesenheit für unerwünscht erklärt wird, den Zutritt zur Insel zu verweigern.

Doch die kluge Isis erdenkt sofort eine List, die ihr ermöglichen soll, trotz des Verbots des Herrn des Universums auf die Insel zu gelangen. Sie verkleidet sich als alte Frau, verhandelt mit Anti, schenkt ihm einen goldenen Ring und überredet ihn dazu, sie überzusetzen. Sodann verwandelt sie sich in ein schönes junges Mädchen, und so gelingt es ihr, die Aufmerksamkeit des Seth auf sich zu ziehen: er läßt sich durch ihre Reize betören, ohne sie zu erkennen, und macht ihr sogar galante Anträge. Ihren Vorteil nutzend, führt Isis das Gespräch so geschickt, daß sie Seth hinterhältig dazu bringt, anzuerkennen, daß die Thronfolgerechte eines direkten Nachkommen stärker seien als die aller anderen Thronanwärter. Glücklich darüber, daß sie dem Rivalen ihres Sohnes dieses Eingeständnis entrissen hat, fliegt Isis in Gestalt eines Milans davon und verspottet ihren einfältigen Gesprächspartner noch obendrein. Nachdem dieser nun entdeckt hat, daß er in eine Falle gegangen war, eilt er, um sich bei dem Herrn des Universums über die Falschheit der Göttin zu beklagen; dem aber bleibt nichts anderes zu tun als festzustellen, daß Seth sich selbst verurteilt habe.

In einer Versammlung, die diesmal auf dem Westufer einberufen wird, unterrichtet der Herr des Universums die Neunheit über die unklugen Äußerungen des Seth und spricht unter Zustimmung der Götter die Krone Ägyptens dem Horus zu.

Doch Seth will nicht, daß Horus die Frucht seines Sieges auch genieße, und schlägt ihm einen Zweikampf vor, der ihm Gelegenheit zur Rache bieten soll: sie sollten sich beide in Nilpferde verwandeln und untertauchen; wer am längsten unter Wasser bleibe, solle Sieger sein. Und so geschieht es. Isis wohnt dem Zweikampf bei und zittert vor Furcht um ihren Sohn. Da sie ihm beistehen will, schleudert sie eine Harpune, die den Rivalen treffen soll, unglücklicherweise aber den Horus verletzt. Erst bei einem zweiten Wurf trifft sie den Gott Seth. Dann aber läßt sie sich — in einer der Inkonsequenzen, deren der Bericht mehrere aufweist — durch die Klagen des verletzten Rivalen erweichen und zieht ihm die Harpune aus dem Rücken. Diese Geste des Mitleids ergrimmt den Horus, und ohne Zögern schlägt er seiner Mutter den Kopf ab und trägt ihren verstümmelten Körper auf einen Berg, wo er sich in ein Standbild aus Feuerstein verwandelt.

Die Nachricht von dieser Untat versetzt den Herrn des Universums in höchsten Zorn, und er beauftragt Seth, den Horus zu suchen und herbeizubringen. Seth aber, anstatt sich an diesen Befehl zu halten, reißt dem Horus beide Augen aus, die sich alsbald in das Tagesgestirn verwandeln. In seinem bejammernswerten Zustand wird Horus von Hathor angetroffen, sie gießt Gazellenmilch in seine Augenhöhlen, wodurch er das Augenlicht wiedererhält.

Doch Seth hat seine finsteren Pläne noch nicht aufgegeben. Er täuscht vor, sich ernsthaft mit seinem Feind versöhnen zu wollen, und lädt ihn zu einem Festmahl ein, wo die Fehler der Vergangenheit endgültig abgetan werden sollen. Auch Horus hegt Rachegedanken, wobei er die Unterstützung seiner Mutter findet; er sinnt darüber nach, wie er seinem Gegner einen Streich gleicher Art spielen könne. Und bei der darauffolgenden Sitzung des Gerichts gelingt es ihm auch, den Seth vor den versammelten Göttern lächerlich zu machen.

Obwohl die Götter ihr Urteil zugunsten des Horus mit mehr Nachdruck als sonst erneut bekräftigen, will Seth ihn abermals herausfordern und schlägt ihm wiederum einen Zweikampf vor: jeder solle ein Schiff aus Stein besteigen, und wer von ihnen bei der anschließenden Wettfahrt siege, solle den ägyptischen Thron als Preis erhalten. Horus aber ahnt, daß ihm eine Falle gestellt werden soll, und baut ohne Wissen des Seth ein hölzernes Schiff, das er sorgfältig als steinernes tarnt. Natürlich hält sich sein Schiff auf dem Wasser, während das des Seth sofort versinkt.

Abermals nimmt Seth die Gestalt eines Nilpferdes an und bringt das Schiff seines Gegners zum Kentern. Doch gelingt es Horus, das Ufer zu erreichen, und er eilt zu Neith, um sich zu beklagen, daß die von den Göttern getroffene und mehrmals bekräftigte Entscheidung ohne Wirkung geblieben ist, weil Seth sich weigert, sie anzuerkennen. Als wäre sich der Gerichtshof über die Rechte der beiden Klagenden noch nicht genügend klar, schlägt der Herr des Universums nun vor, noch bei Osiris, dem Vater des Horus, schriftlich Rat einzuholen. In seiner Antwort erklärt Osiris in empörtem Ton, er verstehe nicht, warum man immer noch zögere, den Horus mit der Königswürde zu betrauen, wo seine Rechte doch unbestritten seien; weiter gibt er zu verstehen, als Gott der Vegetation sei er wohl in der Lage, die Ernährung Ägyptens zu unterbinden, und außerdem könne er als Gott der Toten sehr wohl Sendboten des Todes auf die Erde schicken, um Ungerechtigkeiten und Lügen zu bekämpfen. Dieser Brief erzielt seine Wirkung: die Götter fühlen sich durch die drohenden Worte des Osiris unmittelbar angesprochen und beeilen sich nun, ein Urteil zu fällen, das dem Horus endgültig recht gibt. Der Herr des Universums läßt den Seth in Fesseln vor sich führen und zwingt ihn, das Alleinrecht des

Horus auf die Königswürde anzuerkennen. Hierauf wird Horus zur großen Freude der Isis und unter dem Beifall der Neunheit feierlich auf den Thron seines Vaters gesetzt. Seth jedoch erhält als Trost die Macht, als Gott der Stürme im Himmel zu heulen.

Soweit die kurze Inhaltsangabe einer langen Erzählung, in der es genügend Episoden gibt, die in eine der komischen Geschichten des Lukian eingehen könnten. Man hat in diesem Produkt der Ramesidenzeit ein Zeugnis dafür sehen wollen, wie sehr der Glaubensgeist in gewissen Bevölkerungsschichten schon geschwächt war. Doch wenn wir diese Erzählung, die zweifellos als ein Stück Unterhaltungsliteratur für ein breites Publikum geschaffen war, derart einschätzen, laufen wir Gefahr, ein sehr subjektives Urteil über eine Gesellschaft zu fällen, die sehr verschieden von der unsrigen und nicht bereit war, die Fehltritte der Angehörigen ihres Pantheons zu verschleiern. Mit Recht hat G. Lefebvre bemerkt, daß die Ägypter, »indem sie die Götter nach ihrem Bilde schufen, auch annahmen, daß sie das gleiche durchschnittliche Leben führten, die gleichen mittelmäßigen Tugenden übten und die gleichen Sitten besaßen wie die Menschen«.

DIE GOTTHEITEN UND DIE VOLKSKULTE

Die Gottheiten, von denen bis jetzt die Rede war, gehörten zur Kategorie der »höheren Götter«, die einen anerkannten Kult besaßen und deren Bilder in den großen Tempeln zur Schau gestellt waren. Doch ließen die Ägypter außerhalb dieser offiziellen Kulte noch eine Anzahl von Volkskulten zu, die sich allerdings an Gottheiten minderen Ranges wenden, aber gerade deshalb für die gewöhnlichen Sterblichen zugänglicher waren. In den Augen ihrer Anbeter besaßen diese Gottheiten eine wohltätige Macht, etwa in der Art unserer volkstümlichen Heiligen. Wahrscheinlich hat es solche Kulte zu allen Zeiten gegeben, doch nahmen sie im Neuen Reich und in den folgenden Epochen eine bemerkenswerte Entwicklung, wie die Fülle der ihnen gewidmeten Amulette und Votivbilder beweist. Begnügen wir uns damit, hier nur einige dieser Gottheiten zu nennen. Da ist zunächst der Gott Bes, der allgemein als ein verwachsener Zwerg mit grimassenhaften Gesichtszügen und gefiederter Kopfbedeckung dargestellt wurde. Er hatte vor allem die Aufgabe, durch seinen schrecklichen oder auch nur grotesken Anblick die gefährlichen Einflüsse fernzuhalten, und war weiter der Beschützer der Wöchnerinnen, sorgte sich um alles, was mit Körperpflege und Schlaf zu tun hat, und beschirmte auch Musik und Tanz. Zahlreich sind die Figurinen, die ihn in den komischsten Stellungen und Kostümierungen zeigen und so seine Zugehörigkeit zur Folklore bezeugen.

Zu dieser Kategorie von Schutzgottheiten ist weiter die Göttin Thoëris zu zählen, deren Name »die Große« bedeutet. Dargestellt wird sie als weibliches Nilpferd mit prallen Formen, das sich auf den Hinterbeinen aufrichtet und sich dabei auf das Emblem stützt, das den magischen Schutz symbolisiert. Diese Göttin, deren dämonenabwehrende Rolle auf diese Weise hervorgehoben wurde, galt auch als Helferin der Gebärenden und Schutzpatronin der Körperpflege. In ihrer Rolle als Beschützerin der Frau und Mutter wurde sie gern der Göttin Hathor gleichgesetzt.

Nennen wir noch die Schlangengöttin Renen-utet (Thermutis), deren Hauptfunktion es war, für ausreichende Ernten zu sorgen; aus diesem Grunde wurde sie besonders von den Bauern verehrt, die ihr Bild an den Ackerrainen oder Speichertoren aufstellten. Diese Göttin war es auch, die im Augenblick der Geburt das Schicksal des Kindes festlegte und in der Folge dessen Verwirklichung überwachte.

DIE PERSONIFIKATION UND DIE GENIEN

Der Geist der Ägypter neigte dazu, eine Reihe von Wesen und Begriffen in der Form von Gottheiten und Genien zu konkretisieren, die wir als reine Abstraktionen betrachten.

Im Verlauf unserer Ausführungen hatten wir bereits Anlaß, einige dieser Personifikationsgottheiten zu erwähnen, wie Maat, die Grundordnung des Universums, Huh, den Schöpferwillen, und Sia, die Wahrnehmung. Andere Begriffe, wie die Magie, die Macht, das Gesicht und das Gehör, konnten ebenfalls in wahrnehmbaren Formen verkörperlicht und so personifiziert werden.

Desgleichen konnte jede geographische Einheit durch einen Genius dargestellt werden, so das Meer, das Ackerland und überhaupt jedes charakteristische Element der Landschaft. Aus dieser Kategorie müssen besonders diejenigen Genien genannt werden, die wir als die »Nile« bezeichnen. Diese Genien wurden als pausbäckige Personen dargestellt, die mit beiden Händen auf einer starren Matte Nahrungsmittel und Gefäße tragen, und sie konnten sowohl den ernährenden Fluß als auch die beiden Teile Ägyptens (Oberägypten und Unterägypten) sowie die Provinzen des Landes personifizieren. Um ihre Bedeutung zu präzisieren, genügte es, ihnen als Helmschmuck die Pflanze oder das zu ihnen gehörende heraldische Zeichen auf den Kopf zu setzen. In den Tempeln stellte man oft auf den Fußleisten der Mauern lange Züge dieser Nile dar, wie sie dem Lokalgott die Produkte der verschiedenen Landesteile darbringen.

DIE FREMDEN GOTTHEITEN

Als die Pharaonen der XVIII. Dynastie die Grenzen ihres Reiches bis an die Randbezirke Mesopotamiens ausgedehnt hatten, sahen sich die Ägypter veranlaßt, in immer engeren Kontakt mit der eingeborenen Bevölkerung zu treten. Sie lernten die Sitten und die Glaubensvorstellungen der Kanaaniter und der Syrer kennen und übernahmen sogar einige Götter aus deren Pantheon. Die Verbreitung der asiatischen Kulte wurde andererseits durch die Anwesenheit zahlreicher Fremder begünstigt, die als Gefangene eingebracht oder von den Pharaonen als Söldner angeworben worden waren. In Ägypten waren die kanaanäischen Götter aber niemals Gegenstand eines offiziellen Kults, und es ist anzunehmen, daß ihre Anhänger sich in der Hauptsache aus den unteren Klassen der Bevölkerung rekrutierten. Nichtsdestoweniger hatte von der Mitte der XVIII. Dynastie an eine Anzahl von asiatischen Göttern Bürgerrecht in Theben und Memphis.

Nicht selten werden in den Texten der Epoche kanaanäische Gottheiten wie Baal, Rescheph, Astarte und Anat erwähnt; die Beliebtheit dieser Götter ist im übrigen durch eine Anzahl von Votiv- oder Zauberstelen bezeugt, auf denen sie in ihrem exotischen Typus abgebildet sind. So wird Rescheph, der »Herr der Stärke«, mit einer Kopfbedeckung dargestellt, die der Krone von Oberägypten gleicht, jedoch mit einem Gazellenkopf geschmückt ist; als Kriegsgott hält er in der einen Hand eine Kriegskeule und in der anderen einen Schild. Astarte wurde besonders in dem Viertel von Memphis verehrt, das von der phönikischen Kolonie bewohnt wurde. Als Göttin des Kampfes wurde sie oft zu Pferd und in Waffen dargestellt. Dies verhinderte nicht, daß sie gleichzeitig die Göttin der Liebe war und in dieser Eigenschaft manchmal mit Hathor und sogar mit Isis verschmolz.

DIE VERGÖTTLICHTEN MENSCHEN

In den klassischen Epochen war die Trennung zwischen der Stellung der Menschen und der Götter so klar, daß selbst der Pharao nur unter bestimmten Nuancierungen, die ihn von den richtigen Göttern unterscheiden sollten, als Gott bezeichnet wurde; als lebender König war er die Reinkarnation des Gottkönigs Horus, als verstorbener Herrscher wurde er mit dem Totengott Osiris identifiziert.

Erst sehr spät ging man dazu über, einigen besonders berühmten Personen göttliche Ehren zu erweisen. Dies war der Fall bei Imhotep (griechisch Imuthes), dem Minister des Königs Zoser der III. Dynastie (gegen 2600 v. Chr.), dessen Erinnerung im Gedächtnis der Ägypter lebendig geblieben ist. Dank kürzlicher Entdeckungen wissen wir, daß Imhotep an der Seite seines Herrschers eine bedeutende Rolle als Minister der öffentlichen Arbeiten spielte. Doch im Laufe der Zeit umgab die Phantasie des Volkes diese historische Persönlichkeit mit einer Aureole von Weisheit und Zauberheilkraft, so daß sie in der griechisch-römischen Epoche in den Rang eines Gottes erhoben wurde. Man baute ihr sogar Heiligtümer, und die Griechen setzten sie

Asklepios, dem Gott der Heilkunde, gleich. Amenophis, der Sohn des Hapu, der zu seinen Lebzeiten der Vertraute des Königs Amenophis III. (14. Jahrhundert v. Chr.) gewesen war, hatte ein fast ähnliches posthumes Schicksal und wurde ebenfalls wie ein Gott verehrt. Sein Name findet sich zusammen mit dem des Imhotep in mehreren Tempeln der Spätzeit.

DER RELIGIÖSE SYNKRETISMUS

Aus dem Vorangegangenen geht hervor, daß sich die Mythen und theologischen Lehren niemals in ihrer ursprünglichen Einfachheit erhalten haben. Nachdem die Fürstentümer des prädynastischen Ägyptens zu einem einheitlichen Königreich vereinigt worden waren, traten die einzelnen Kultzentren aus ihrer Isolierung heraus und gerieten unter den Einfluß der benachbarten Zentren. So vollzog sich der Prozeß, den man »religiösen Synkretismus« nennt; man versteht darunter die Tendenz, die Gottheiten, die eine Verwandtschaft aufwiesen, einander gleichzusetzen und die ursprünglich unterschiedlichen theologischen Lehren miteinander zu versöhnen. Was die ägyptische Mythologie anbetrifft, so fand der Synkretismus seine Rechtfertigung in der Tatsache, daß mehrere Götter die gleiche Erscheinungsform besaßen oder eine mehr oder weniger ähnliche Tätigkeit ausübten. In einem Land, das der Autorität des gleichen Herrschers unterstand, hatte diese Vereinigung außerdem den Vorteil, einen im übrigen sehr relativen Zusammenhang in den mythologischen Konzeptionen herzustellen. Die Tendenz zum Synkretismus zeigt sich schon im Alten Reich, gewinnt jedoch im Laufe der Zeit an Intensität.

Der Synkretismus wirkt sich in der Hauptsache zugunsten jener Götter aus, die die Naturkräfte oder die Hauptfunktionen des Lebens repräsentieren. Wegen ihrer Universalität werden sie von alters her von den Bewohnern aller Landesteile in Formen anerkannt, die, obwohl verschieden, sich einander leicht näherbringen lassen. Diese Verschmelzung vollzieht sich bei den Göttern der Fruchtbarkeit und Vegetation und bei den Göttermüttern beinahe selbstverständlich. So kann die Göttin Isis, die wir im Osiris-Mythos als Mutter des Horus figurieren sahen, ohne Schwierigkeit mit der Kuhgöttin Hathor, mit Nechbet, der Schutzgöttin von Elkab, und auch mit der thebanischen Schutzgöttin Mut, deren Name übrigens »die Mutter« bedeutet, gleichgesetzt werden.

Diejenigen Götter aber, die vielleicht die größte Anziehungskraft ausüben, sind der Sonnengott Rê und der Totengott Osiris. Der Sonnengott, der mehr als irgendein anderer den Charakter eines Universalgottes besitzt, wird sehr früh all jenen Göttern assimiliert, die in ihren einzelnen Zentren den Primat beanspruchen. In Heliopolis haben wir bereits auf die Annäherung hingewiesen, die sich zwischen Rê und Atum einerseits und Rê und dem Horus des Horizonts andererseits vollzogen hatte. Auf Grund des gleichen Prinzips nannte sich der Krokodilgott von Fayum Sebek-Rê, der Falkengott Month nahm den thebanischen Namen Month-Rê an, der Widdergott Chnum von Elefantine wurde Chnum-Rê genannt usw. Osiris seinerseits, einmal in den Rang des Gottes der Toten erhoben, zieht eine ganze Serie von Göttern des Totenkults nach sich. In Abydos hat er gewissermaßen den Gott Chenti-imentiu, den »Ersten der Westlichen«, verdrängt, und in Memphis verschmolz er später mit Sokaris, dem alten Gott der lokalen Nekropole.

Es genügt oft, daß mehrere Götter die gleiche Erscheinungsform haben, um ihre Persönlichkeiten ineinander übergehen zu lassen. Das frappierendste Beispiel hierfür liefern uns die Falkengötter, die fast alle dazu neigen, Horusse zu werden. Ebenso werden die Kuhgöttinnen leicht mit der Hathor identifiziert. Anpassungen von der Art der soeben beschriebenen entsprachen vollkommen dem Denken der Ägypter, in welchem die Assoziation von Bildern oft den logischen Zusammenhang ersetzt. Für sie handelte es sich einfach um verschiedene Aspekte der gleichen göttlichen Realität.

Doch hat der Synkretismus in Wirklichkeit zur Folge, daß mythologische Begriffe, die nichts miteinander gemein hatten, sich unentwirrbar vermischten. Denn sobald die Ägypter die Ähnlichkeit von zwei göttlichen Personen anerkannten, waren sie gezwungen, die mythologischen Elemente, die ursprünglich jeder einzelnen zugehörten, schlecht und recht zu kombinieren. Es ist also nicht erstaunlich, daß die Götterlegenden und sogar die theologischen Lehren oft einen unterschiedlichen und unzusammenhängenden Charakter aufweisen. Nur mit Mühe gelingt es den Ägyptologen, das Knäuel zu entwirren und die einzelnen Fäden, die sich darin verheddert haben, freizulegen.

DIE ATON-LEHRE

Wenn der Synkretismus auch nicht in der Lage war, die Glaubensvorstellungen zu klären und zu rationalisieren, so hat er doch zumindest dazu beigetragen, die hervorragende Rolle bestimmter Götter zu betonen, und so den Weg zu einer der erstaunlichsten religiösen Umwälzungen eröffnet, deren Schauplatz der alte Orient jemals war; wir sprechen von der Revolution des Atonglaubens, die sich im 14. Jahrhundert v. Chr. unter der Initiative und Führung des Amenophis IV.-Echnaton vollzog.

In der Mitte der XVIII. Dynastie zeichnet sich im religiösen Denken der Ägypter eine starke Bewegung zugunsten des Sonnenkultes ab. Aus dieser Zeit ist uns eine Reihe von Hymnen erhalten, die sich manchmal, obwohl Amun, dem Gott des Reiches gewidmet, in Wirklichkeit an den Sonnengott Rê-Harachte wenden, dessen Schöpfungswerk sie preisen. In diesen Schriften, in denen sich ein tiefes Naturgefühl offenbart, treten an die Stelle von mythologischen Anspielungen in wachsendem Maße Bezugnahmen auf die Rolle, die dem Sonnengott als dem Vorausschauenden zukommt; besonders hervorgehoben wird seine Sorge um alle Dinge, die er geschaffen hat, und vornehmlich um die lebenden Wesen, Menschen, Tiere und Pflanzen, deren Erhaltung und Wohlergehen er sichert. Diese Vorstellungen, die den Sehnsüchten der Zeitgenossen so sehr entsprachen, scheinen die günstige Atmosphäre zur Entfaltung der neuen Lehre geschaffen zu haben, mit der der Name ihres Begründers immer verbunden bleiben wird.

Zweifellos war der künftige Amenophis IV. schon während seiner Kindheitsjahre für dieses verjüngte Ideal des Sonnenkults eingenommen; es war rationaler und der Ordnung der Natur näher als die traditionellen mythologischen Lehren. Soviel ist gewiß, daß Amenophis IV. bereits zu Beginn seiner Regierung, obwohl er sich den Vorschriften der traditionellen Religion und des traditionellen Protokolls beugte, diese seine Vorliebe für den Sonnengott zeigte, ob dieser sich nun noch Rê-Harachte, »Rê-Horus des Horizonts«, nannte oder ob er bereits Aton genannt wurde, ein in der geläufigen Terminologie mit der eigentlichen Sonnenscheibe verbundener Name.

Einige Jahre lang tolerierte der König weiterhin die bestehenden Kulte; doch in dem gleichen Maße, in dem sich in seinem Geiste die neue Lehre deutlicher herausbildete, bekundete er seine Vorliebe für den Gott Aton mit größerer Offenheit, indem er ihm sogar Tempel in der Nähe der Heiligtümer des Amun und der anderen thebanischen Götter erbaute. Man kann sich vorstellen, daß Amenophis IV. einem gewissen Widerstand in den konservativen Kreisen der Gesellschaft und besonders bei den Mitgliedern der hohen Priesterschaft des Amun begegnete; die letzteren sahen die Macht und das Ansehen ihres Gottes bedroht durch den Aufstieg dieses konkurrierenden Gottes, der Universalität beanspruchte und dessen Tempel zum Schaden der alten Heiligtümer mit Begünstigungen überhäuft wurde. Unter wenig bekannten Umständen brach Amenophis IV. schließlich ganz mit der thebanischen Priesterschaft; er ließ die Tempel des Amun schließen und die Bilder und Inschriften, die sich auf den Gott bezogen, dessen Andenken er auslöschen wollte, vollständig zerstören.

Um den Bruch mit den traditionellen Kulten zu vollenden, entschloß er sich, mit seinem Hof und seinen Anhängern in eine neue Stadt umzuziehen, die seine Hauptstadt und das Kultzentrum seines Gottes werden sollte. Diese Stadt, die er »Horizont des Aton« nannte, und deren Ruinen auf dem Gelände von Tell Amarna entdeckt wurden, entwickelte sich rasch mit ihren Sonnentempeln, Palästen und Wohnvierteln. Hier konnte der schwärmerische König ein Dutzend Jahre lang in der Illusion leben, er habe unter der Führung der Sonnenscheibe eine neue Ordnung konstituiert. Obwohl die Lehre von Aton durch ihren Geist revolutionär ist, entlehnt sie einige ihrer Elemente doch der Theologie von Heliopolis. Der Gott, der in ihrem Mittelpunkt steht, ist der Sonnengott, dem die charakteristischen Züge des Gottes von Heliopolis gegeben wurden und der auch noch eine Zeitlang den Namen Rê-Harachte behielt, obwohl er in der Regel doch Aton, die Sonnenscheibe, genannt wird. Die neue Lehre ist als eine gereinigte, vereinfachte und rationalere Form des Systems anzusehen, von dem sie inspiriert wurde. Unter völliger Ablehnung des Polytheismus mit seiner üppigen Mythologie erkennt Amenophis IV. nur noch einen einzigen Gott an, der mit der Sonnenscheibe identisch ist. Aton ist der Quell alles Lebens und alles Lichts, und in ihm fließen alle Tugenden und Fähigkeiten zusammen, die in den göttlichen Hypostasen personifiziert gewesen waren; vor allem ist er im Besitz des *maat*, eines recht weiten Begriffs, der gleichzeitig die kosmische Ordnung, die Gerechtigkeit und die Wahrheit zum Inhalt hat.

Seine Darstellung findet der Gott Aton in der Form der Sonnenscheibe; von ihr geht ein breiter Strahlenfächer zur Erde, der in offenen Händen endet, das heißt in Händen, die die Wohltaten des Gottes über alle Kreatur ausstreuen.

In Übereinstimmung mit den Vorstellungen, die sich in den vorangegangenen Generationen herausgebildet hatten, wird Aton zum Gott der Vorsehung, und als solcher sorgt er für das Wohlergehen sowohl der Ägypter als auch der fremden Völker und vereint sie alle in seiner Liebe. Durch die Ausstrahlungen seines Lichts erneuert er täglich die Lebenskraft aller Wesen, die sich auf der Erde bewegen, und koordiniert sein Handeln mit der Wasserführung des Nils, um den Boden fruchtbar zu machen und so den Unterhalt der Menschen, Tiere und Pflanzen zu sichern.

Es handelt sich hier, wie man sieht, um eine vollkommen vom Naturgefühl durchdrungene Lehre, deren Gott unmittelbar und ohne Vermittlung mythologischer Wesen mit seinen Geschöpfen in Verbindung steht. Ein Ideal wie dieses mußte zu poetischen Überformungen Anlaß geben, wie etwa jenen wundervollen Hymnen zu Ehren des Aton, von denen uns einige erhalten geblieben sind. Wenn diese Hymnen auch nicht von dem König selbst verfaßt sind, so wurden sie gewiß doch von ihm inspiriert und beleuchten so die hervorstechenden Züge seines Glaubens.

Denn Echnaton (»Der dem Aton gefällig ist«) betrachtet sich wirklich als den Vertrauten und Propheten seines Gottes. In inniger Gemeinschaft mit Aton lebend, hat er von diesem die Offenbarung einer neuen Ordnung erhalten und ist beauftragt worden, deren Gesetze unter den Menschen zu verbreiten. Die Atonanhänger spielen in ihren Grabinschriften mehr als einmal auf die Unterweisungen an, die der König ihnen habe zuteil werden lassen und aus denen sie großen Gewinn gezogen hätten.

Doch hatte diese erhabene Lehre, die sich allein auf das Prinzip des Monotheismus gründete und die allgemeine Menschenliebe proklamierte, während der verhältnismäßig kurzen Regierungszeit des Königs, der sie geschaffen hatte, nicht die Möglichkeit, tiefere Wurzeln zu schlagen. Wir haben sogar allen Grund zu der Annahme, daß sie überhaupt nur von einem ziemlich engen Kreis von Adepten angenommen worden war, die von dem Ideal des Königs angetan waren, während die Masse der Bevölkerung und vor allem die konservativen Kreise weiter an der Tradition festhielten und somit den althergebrachten Glaubensvorstellungen heimlich anhingen. Sobald Echnaton die Erde verlassen hatte, erhoben die Gegner ihr Haupt und zwangen die schwachen Nachfolger des Reformators durch ihre Drohungen, Amun und die anderen geächteten und in ihren Rechten verletzten Götter wiedereinzusetzen. An die Spitze der Gegenreformation setzte sich der Usurpator Haremhab und machte es sich zur Aufgabe, in ganz Ägypten die Spuren des nunmehr verfluchten Atonkultes auszutilgen.

Unter den folgenden Dynastien gewannen die alten Glaubensvorstellungen wieder an Kraft, obwohl sie doch unter der Einwirkung neuer geistiger Strömungen gewisse Verwandlungen erfuhren. Im ganzen gesehen, erhält sich das ägyptische Pantheon aber in seinen Grundzügen, so wie wir sie kennengelernt haben, und die Götter empfangen weiterhin die Huldigungen ihrer Gläubigen bis in die ersten Jahrhunderte unserer Zeitrechnung. Die Ptolemäer versuchten, ihre ägyptischen und griechischen Untertanen unter einem einzigen religiösen Ideal zu vereinen, und verbreiteten in ihren Staaten den Kult des Serapis, eines Mischgottes, dessen Name von dem des Osiris zu stammen und mit dem des Apis, des heiligen Stiers von Memphis, verbunden zu sein scheint. Zweifellos erfreute sich Serapis einer gewissen Beliebtheit in den hellenisierten Zentren. Doch unter der griechischen wie unter der römischen Herrschaft bauten die stärker als je ihren nationalen Traditionen anhängenden Ägypter ihren Göttern immer noch prachtvolle Tempel, deren Reliefs und Inschriften eine der bedeutendsten Quellen für die Rekonstruktion der antiken Mythen darstellen. Erst dem unwiderstehlichen Druck des Christentums erlag die ägyptische Religion; aber bis zum Beginn des 6. Jahrhunderts n. Chr. waren in einigen abgelegenen Gegenden Ägyptens gewisse besonders beliebte Gottheiten immer noch Gegenstand des traditionellen Kults.

Die Mythologie der Sumerer, Babylonier und Hethiter

Der territoriale Bereich, auf den sich diese Untersuchung erstreckt, umfaßt die Gebiete Mesopotamiens und Anatoliens, also den größten Teil des alten Nahen Ostens. In ethnographischer Hinsicht handelt es sich dabei um Völker, die nach Sprache und Rasse sehr verschieden voneinander sind: die Sumerer als die erste sozial und politisch organisierte Gruppe in diesem geographischen Umkreis, weiter ihre semitischen Nachbarn im eigentlichen Mesopotamien, die Babylonier und Assyrer, und schließlich die noch wenig erforschten Hurriter und Hethiter, indoeuropäische Völker, die eine asianische Bevölkerung überlagerten. Chronologisch kann die Untersuchung naturgemäß — weil sie ja auf Schriftdenkmäler angewiesen ist — erst mit dem Augenblick einsetzen, da wir zum erstenmal auf einen Mythos stoßen, der in einem solchen Schriftdenkmal dokumentarisch festgehalten ist. Sieht man ab von einigen wenig deutlichen Hinweisen, die sich besonders in den Texten Gudeas, des Fürsten von Lagasch, finden (zu Beginn der III. Dynastie von Ur, etwa gegen 2050 vor unserer Zeitrechnung), so erscheinen Mythen und Legenden erst in den Texten aus der Zeit der babylonischen Dynastien von Isin und Larsa (zwischen 1969 und 1732). Offensichtlich gehen die meisten davon auf eine ziemlich weit zurückliegende Epoche zurück, und deshalb müssen wir hier auch die religiöse — und literarische — Entwicklung in Betracht ziehen und ebenso einige bestimmte Anschauungen betrachten, die diese sumerischen Texte möglicherweise den Semiten verdanken, welche zweifellos ebenso früh nach Mesopotamien kamen wie die Sumerer. Dabei von »ersten Beispielen« für diesen oder jenen Mythos zu sprechen, wie man es getan hat, indem man sich auf sumerisch abgefaßte, aber aus den Anfängen des 2. Jahrtausends stammende Texte stützt, stellt zweifellos eine starke Vereinfachung dar. Doch können wir heute unmöglich unterscheiden, was in den sumerischen Texten, die wir in späteren Versionen kennen, denn nun wirklich sumerisch ist oder was auf semitische Einwirkungen zurückzuführen ist, seien sie nun formaler oder stofflicher Art. Dies ist ein wichtiger Vorbehalt.

DIE SUMERER

Der Mythos der Sumerer entspricht den Modellen der mythologischen Archetypen, wie man ihnen auf der ganzen Erde begegnet — sowohl in den Zivilisationen, die gleichzeitig mit der sumerischen entstanden, wie auch in den noch heute existierenden sogenannten Primitivkulturen. So finden sich in Sumer kosmologische Mythen und Urmythen, die wie überall auch hier den Kosmos betrachten, um ihn zu erklären, die aber gleichzeitig auch den besonderen Charakter der Gesellschaft rechtfertigen, in der sie entstanden.

Selbstverständlich erklärt der Mythos, der den Übergang der Dinge vom Urzustand zu einer kosmischen Ordnung darstellt, diese Entwicklung in Begriffen, die die Naturgegebenheiten Sumers und seine besonderen materiellen und sozialen Verhältnisse reflektieren. Diese subjektive »Mythologie« darf uns nicht vergessen lassen, das sie ein Stadium des menschlichen Denkens darstellt, das ohne Zweifel das älteste uns bekannte ist. Hier repräsentiert sich der Mythos in seinen frühesten Anfängen gleichzeitig mit dem Beginn einer menschlichen Gesellschaft. Die »primitiven« oder »traditionellen« Gesellschaften unserer Zeit, in denen der Mythos noch Geltung hat und Ausdruck heiliger Realitäten ist, liefern uns nur Mythen, die — gleichgültig, wie man sie beurteilt — das Ergebnis einer Entwicklung von mehreren Jahrtausenden darstellen. Sumer ist also wegen seines höheren Alters selbst eine der wichtigsten Quellen für das Studium des Mythos überhaupt.

Die Hauptthemen der sumerischen Mythen sind dieselben, wie wir sie auch in anderen Zivilisationen antreffen. Da sind zunächst kosmogonische Mythen, die auch das der Schöpfung vorangehende Chaos oder Vakuum einbeziehen, also Bericht von der Trennung der Elemente, die bis zu dem Augenblick miteinander vermischt sind, da die in Aktion tretende göttliche Energie die einzelnen Elemente freisetzt und ihnen ihre eigene Identität verleiht. Daneben stehen die Urmythen, die erklären wollen, warum und wie sich ein Vorgang gerade so und nicht anders abgespielt hat, mag es sich dabei nun um die Erschaffung des Menschen, die Einsetzung des Königtums, die Entstehung der Pflanzen oder die Organisierung von menschlichen Tätigkeiten handeln.

Bei den Elementen, deren die sumerische Mythologie sich dabei bedient, handelt es sich um die ständigen Gegebenheiten der sumerischen Ackerbau- und Familienkultur. Also sucht der Mythos der Sumerer die Organisation des Kosmos zu erklären, indem er die menschliche und gesellschaftliche Erfahrung von Sumer auf die Ebene der Götter projiziert. Mithin sind der Mythos und die Formen, die er annimmt, Funktion der Gesellschaft, aus der heraus er entsteht. Er wiederholt eine Schöpfung im Lichte der menschlichen Erfahrung. Und so bringen die Sumerer auf der Ebene der Kosmologie die gleichen Elemente ins Spiel, die der sumerischen Gesellschaft zugrunde liegen: das Sich-Bewegende im Gegensatz zum Festen, das Unveränderliche im Gegensatz zum Veränderlichen, Süßwasser im Gegensatz zum salzhaltigen. Also erklärt sich die sumerische Mythologie durch die Gegebenheiten und die Beschaffenheit des Landes, in dem sich diese Zivilisation herausgebildet hat. Der Mensch hat sich dort auf einem jungfräulichen Boden angesiedelt, der noch feucht ist vom Wasser der Sintflut, auf dem Schlamm, den die großen wilden Ströme angeschwemmt haben, in einer Seelandschaft, in der die Erde nur langsam über das ständig gegen sie anstürmende Meer obsiegt. Der Kampf des Menschen gegen diese Elemente spiegelt sich deutlich wider in diesen kosmologischen Mythen, die aussagen, daß es die erste Aufgabe der Götter auf Erden war, »den Kanälen und Gräben die richtige Richtung« zu geben, »die Ufer des Tigris und des Euphrat zu befestigen«. Das flüssige Element, in dem die beiden entgegengesetzten Prinzipien, das Süßwasser und das salzige Wasser, verschmelzen, steht also am Anfang der kosmologischen Vorstellungen der Sumerer.

Während die sumerischen Mythen alle Themen, die sich mit der Entdeckung und Verwendung der Metalle befassen, bewußt ignorieren, beschäftigen sie sich gerne mit dem göttlichen Ursprung der Pflanzenwelt. Schließlich bildet sich das sumerische Pantheon nach dem Modell der in einer sozialen Gruppe zusammengefaßten menschlichen Familien und stellt sich dar als eine Götterversammlung, organisiert nach dem Vorbild der sumerischen Stadtgesellschaft, in der der Anführer Entscheidungen nur treffen kann in Übereinstimmung mit der Meinung der Notabeln oder der Versammlung der Krieger. Diese Versammlung von Gleichen, der in der mesopotamischen Gesellschaft eine so große Rolle zukommt, spielt eine nicht geringere im Himmel; denn auch dort müssen die versammelten Götter einmütig entscheiden.

Der Mythos konkretisiert sich im Ritual, wo er seine einzelnen Phasen durch symbolische Akte reproduziert. Er aktualisiert den Ritus. Aus diesem Grunde findet er in Mesopotamien wie auch anderswo seinen Platz in diesen feierlichen Ritualen, wie zum Beispiel im babylonischen Neujahrsfest, in dessen Verlauf das »Schöpfungsgedicht«, das vom Werk der Götter in den Urzeiten erzählt, rezitiert wird, weil der Ritus es sich hier zur Aufgabe macht, die Erneuerung der Natur zu sichern, auf den Ursprung der Dinge zurückzugehen und überhaupt den Fortbestand der kosmischen Ordnung damit zu gewährleisten. Er sichert aber auch die menschlichen Aufgaben, indem er sie dem kosmischen Werk integriert. So sind die Mythen Bestandteil so unterschiedlicher Rituale wie jenes, das bei der Errichtung von Tempeln abläuft, oder jener, die bei Geburten vollzogen werden, und jener, die mit der Heilkunde verknüpft sind. Und diese Vorstellung, die das Werk der Menschen am göttlichen teilnehmen läßt und es durch Vermittlung der Mythen mit dem der Götter verbindet, findet sich ebenso in Sumer wie in Babylonien, bei den Hethitern wie bei den Hurritern.

Es gibt in Sumer und, ipso facto, in Babylonien wie auch in Assyrien weder eine »Theologie« noch einen Schriftenkanon. Die Begriffe bleiben fließend. Hier sind es die Götter, die den Himmel und die Erde und das *abzu*, den Urabgrund, »errichten«, »schaffen«. Nach andern Schulen erscheinen Himmel, Erde und *abzu* als präexistente Elemente. Doch wäre der Versuch müßig, die verschiedenen Anschauungen, denen die Mesopotamier huldigen, miteinander zu versöhnen.

Es finden sich hier kaum Elemente, die sich mit den anderswo auf der Erde anzutreffenden großen mythologischen Themen unmittelbar vergleichen ließen. Dennoch gibt es deren zwei, die es erlauben, Beziehungen zwischen dem sumerischen und dem babylonischen Denken und bestimmten »universalen« Vorstellungen anzunehmen: den Begriff des kosmischen Baumes und den des von dem Demiurgen besiegten Urungeheuers, dessen zerstückelter Leib Himmel und Erde bildet.

Der kosmische Baum

Hauptthema zahlreicher antiker und »primärer« Kosmogonien, hat dieser Baum, der die irdische Welt mit der göttlichen Welt des Himmels vereint, auch in den ältesten mythischen Vorstellungen Sumers zweifellos eine Rolle gespielt; er verschwindet jedoch, wie es scheint, sehr früh aus der sumerischen Liturgie, zumindest unter diesem Aspekt. Er wird erwähnt in den großen Gründungstexten Gudeas, des Fürsten von Lagasch, die die Errichtung des Tempels des Lokalgottes Ningirsu feiern, und in einigen Hymnen der neusumerischen Epoche, die aus der Dynastie von Isin (1969–1732) stammen. In einem dieser Texte spricht Gudea vom Ningirsu-Tempel, der »sich wie der Baum *gisch-gana* des *abzu* (des Urabgrunds) über alle Länder erhebt«. Gewiß handelt es sich hier um den mythologischen Archetypus des Baumes oder Pfahls, der die untere Welt mit der oberen Welt verbindet. Während der Tempel selbst hier das Symbol des kosmischen Baumes ist, steht am Tor des Tempels ein anderes Symbol, ein Pfahl oder ein Mast, »der bis in den Himmel reicht«. Auch hier handelt es sich wiederum um den kosmischen Baum. Ischme-dagan, der König von Isin, nennt den Tempel von Lagasch »den großen Mast des Landes Sumer«. Hier befindet sich also eine der Hochstätten der sumerischen Religion, an der in der symbolischen Form eines Tempels oder in der mehr materiellen eines Pfahls oder Mastes der kosmische Baum Sumers in den Himmel ragt.

Ausdruck und Symbol verschwinden zwar, doch erhält sich bis zum Ende der sumerischen Kultur die Idee einer mythologischen Vorstellung, die an einem heiligen Ort Sumers dieses Band zwischen Himmel und Erde seinen Platz finden läßt. In Nippur, der heiligen Stadt Sumers, in der Enlil, der große Gott des Landes, seinen Sitz hat, heißt der Stufenturm, das kosmische Symbol, Duranki, »Band zwischen Himmel und Erde«, und in diesem Ausdruck findet sich wieder der Begriff des verbindenden Pfahls, Baums oder Tempels, der die irdische Welt mit dem Reich der Götter in Kommunikation setzt.

Sumer gruppiert sein Pantheon um drei große Gottheiten: den Himmelsgott An, den Herrn des Windes Enlil und eine Göttin Ninhursag, die auch noch unter anderen Namen erscheint. Doch sind die Beziehungen zwischen diesen drei Gottheiten für uns nur unzureichend zu erkennen. Außer diesen Göttern gibt es noch einen Gott Enki (»Herr der Erde«?), der ein wenig wie ein Eindringling erscheint. Der Kosmos ist unter diese Gottheiten aufgeteilt: der Himmel gehört An, dem Enlil eignen Atmosphäre und Erde, und Enki, der manchmal als Sohn des Enlil betrachtet und auch »kleiner Enlil« genannt wird, besitzt das süße Wasser des *abzu*; Ninhursag schließlich ist der Prototyp der Muttergöttin und erscheint in den Überlieferungen auch unter den Namen Nintu, Ninmah oder Aruru.

Über ihre Rollen im einzelnen gehen die Überlieferungen auseinander; sie können nur schwer miteinander in Einklang gebracht werden. Wie es nach den auf uns gelangten Texten scheint, sucht Sumer nicht, in logischer oder auch nur chronologischer Weise vorzugehen. Nur aus hier und dort verstreuten Anspielungen können wir versuchen, gewisse Schlüsse zu ziehen. Wenn diese nicht immer miteinander übereinstimmen, dann wohl deshalb, weil die Textstellen unterschiedliche Traditionen wiedergeben, die in verschiedenen religiösen Zentren gültig waren.

Meer, Himmel und Erde

In einer Liste sumerischer Gottheiten wird als »die Mutter, die dem Himmel und der Erde das Leben gab«, eine Göttin Nammu aufgeführt, wobei ihr Name durch das für den Begriff »Meer« verwendete Ideogramm wiedergegeben wird. Andernorts wird sie »Mutter aller Götter« genannt, auch spezifischer »Mutter des Enki«, des Gottes, der die Welt der Menschen »organisieren« wird. Die hier zum Ausdruck kommende Vorstellung von der Entstehung des Kosmos aus einer Wasserfläche entspricht nicht nur einer biblischen Vorstellung, sie findet auch in dem babylonischen Schöpfungsmythos ihr Echo. Dort ist das Meer in der weiblichen Gottheit Tiamat personifiziert, die von dem Demiurgen besiegt wird und deren Körper Himmel und Erde bildet. Doch in Sumer handelt es sich anscheinend um eine vollkommen andersartige Auffassung, nach der die Erschaffung der Welt sich in sukzessiven, vielleicht auch gleichzeitigen Emanationen vollzieht: Himmel und Erde werden aus dem Urmeer geboren.

Diese beiden Elemente — Himmel und Erde —, die einige Texte vollkommen richtig in Erinnerung an die Art und Weise ihrer Entstehung »die beiden Zwillinge« nennen, sind noch vereint und durchdringen einander, eine Vorstellung, der man vor allem in Ägypten begegnet. Ein Gott greift ein, um sie zu trennen; es ist Enlil, dessen Name »Herr des Windes« sich somit erklärt, denn es ist der Wind, der sich zwischen Himmel und Erde drängt.

In dem Gedicht, das erzählt, wie die Hacke, das Ackerbaugerät schlechthin, geschaffen wurde, spielt die nachstehend zitierte Stelle auf die Trennung der Elemente an, und zwar in einem Zusammenhang, der deutlich zeigt, daß dieser Akt nur die erste der göttlichen Taten ist, die der Welt nach und nach die endgültige Form geben:

Der Herr (Enlil), entschlossen zu tun, was nützlich war,
der Herr, dessen Entschlüsse unerschütterlich sind,
Enlil, der aus der Erde den Samen des Landes keimen läßt,
dachte sich aus, den Himmel von der Erde zu trennen,
dachte sich aus, die Erde vom Himmel zu trennen . . .

Ein anderes Gedicht sieht in dieser Trennung das Werk zweier
Gottheiten, des An und des Enlil:

Als der Himmel von der Erde getrennt war,
als die Erde vom Himmel getrennt war,
als der Name des Menschen bestimmt worden war,
als An den Himmel errungen hatte,
Als Enlil die Erde errungen hatte . . .

Eine dritte Überlieferung berichtet von der Trennung der Ur-
elemente, ohne die Identität des Demiurgen genauer zu bezeichnen. Vielleicht war dies hier nicht nötig, doch ist es uns nicht
verwehrt, an eine »natürliche« Trennung zu denken, bei der
nach Vollendung der vorangegangenen Zeitalter aus den vermischten Elementen der Kosmos hervorging. Diese Überlieferung wird durch die Einleitung zu der »Hymne an den Jo-
hannisbrotbaum« bestätigt, wo von der Ankunft des Gottes
Enki in Sumer berichtet wird:

Als der Himmel von der Erde entfernt worden war,
als die Erde vom Himmel getrennt wurde,
als die Menschheit gesät war (?),
als der Gott An den Himmel errichtet hatte,
als er die Erde errichtet hatte,
und als die Göttin Ereschkigal die »Hölle« als Anteil erhalten
    hatte . . .

Es folgen der Bericht über die Ankunft des Enki und die Geschichte des Johannisbrotbaumes, des einzigen und alleinigen
Urbaumes, der am Ufer des Euphrat wuchs, eine Überlieferung,
die den bisher von uns erwähnten widerspricht, denn hier er-

folgt eine Dreiteilung des Kosmos, bei der An den Himmel, Enlil die Erde und Ereschkigal die »Erde ohne Wiederkehr« erhält — ein isolierter Mythos also, dessen Schema sich nirgendwo wiederholt.

In dieser in Unordnung geratenen Theologie vermischt sich alles, greift alles ineinander über. Vergeblich sucht man hier ein System. Die Etappen der Schöpfung variieren nach den Überlieferungen. Doch läßt sich als erstes Faktum die Trennung von Himmel und Erde feststellen. Über das, was folgt, schwanken die Mythen, wahrscheinlich je nach den Schulen, aus denen sie hervorgingen, wie es die später zitierten Texte beweisen.

Der Mythos vom Paradies

Ein langer Text, bekannt unter dem Namen »Mythos vom Paradies« oder »Mythos von Tilmun«, so benannt nach dem halbmythischen Land, in dem sich die berichteten Ereignisse abspielen, spricht von der Zeit, da hier der Gott Enki und seine Gemahlin, »die reine Jungfrau«, das in der jungfräulichen und lauteren Welt von Tilmun schlafende »einzige Paar« bildeten. Hier ist das Land, in dem noch nichts existiert außer dem schlafenden Urpaar. Es ist das Land, in dem Leben noch nicht in Erscheinung trat:

In Tilmun krächzt kein Rabe,
der Vogel *ittidu* singt nicht den Ruf des Vogels *ittidu*,
der Löwe tötet nicht,
der Wolf raubt nicht das Lamm,
der wilde Hund, Verschlinger der Lämmer, ist nicht . . .,
das kranke Auge sagt nicht: »Mir tut das Auge weh«,
der kranke Kopf sagt nicht: »Mir tut der Kopf weh«,
die alte Frau sagt nicht: »Ich bin eine alte Frau«,
der alte Mann sagt nicht: »Ich bin ein alter Mann . . .«

Zweifellos muß man diese lange, hier gekürzte Stelle als eine Unterstreichung der Tatsache verstehen, daß nichts von dem, was die den Menschen bekannte Welt darstellt, in Tilmun existiert. Tilmun ist das mythische Land, wo das von dem Gott

Enki und der »Jungfrau«, seiner Gemahlin, erweckte Leben
geboren wird. Bis zu diesem Augenblick existiert nichts, nicht
einmal das Wasser. Es ist die »Jungfrau«, die den Gott auffordert, das belebende Wasser zu schaffen:

Enki erwidert Ninsikilla, seiner Tochter:
»Es möge der Sonnengott ›in einem Tag . . .‹
aus dem Munde, aus dem das Wasser der Erde entspringt,
das süße Wasser der Erde steigen lassen . . .«

Also tut die Sonne. Tilmun erhält das Wasser, das ihm erlaubt,
»Wasser in Fülle zu trinken«.

Sein Brunnen bitteren Wassers ist ein Brunnen süßen Wassers
    geworden,
seine Felder und seine Gehöfte bringen das Korn hervor,
seine Stadt ist der Markt des Landes geworden . . .

Die Götterhochzeit
Die nun folgende Episode erzählt die göttliche Vereinigung und
die Geburt der Gottheiten; ihr geht ein Akt einsamer Schöpfung voraus, bei dem der Gott Enki in Anwesenheit Nintus, der
»Herrin des Landes« (ein Name, den die »Jungfrau« im Augenblick der Empfängnis annimmt), mit seinem Samen das sumpfige Land fruchtbar macht. Dann vereinigt er sich mit seiner
Gemahlin, die den Namen Ninhursag erhält, als sie gebiert.
Das erste Kind des göttlichen Paares ist die Göttin Ninmu, die
Enki eine zweite Tochter schenkt: die Göttin Ninkura, die ihm
ihrerseits die Göttin Uttu gebiert. Diese Vereinigungen würden
sich fortgesetzt haben, hätte sich nicht Ninhursag eingeschaltet
und Uttu geraten, die Werbung des Gottes erst anzunehmen,
nachdem sie Hochzeitsgeschenke von ihm erhalten hatte, »Gur-
ken, Äpfel und Trauben«. Enki beschafft sich diese, bietet sie
Uttu an, und diese hat nun keinen Grund mehr, die Werbung
des Gottes zurückzuweisen. Doch diese Vereinigung endet nicht
wie die vorangegangenen. Ninhursag benutzt, wie es scheint,
den Samen des Enki, um acht verschiedene Pflanzen zu schaffen,

die Enki dann im Sumpf wachsen sieht. Er nähert sich ihnen und ißt sie. Ninhursag verflucht Enki und verschwindet. Das Verschwinden der Göttin stürzt die Versammlung der großen Götter, die Anunnaki, in Verwirrung. Der Fuchs erbietet sich Enlil gegenüber, Ninhursag zurückzubringen, wenn man ihm eine Belohnung verspricht, die Enlil ihm zusichert:

Wenn du Ninhursag vor mich führst,
werde ich in meiner Stadt (Nippur) Bäume und Felder pflanzen
    für dich, und man wird deinen Namen preisen.

Leider unterbricht eine Lücke den Bericht über die Ereignisse; doch dann sieht man Ninhursag zu dem sterbenden Enki eilen, den sie mit den Worten anspricht:

Mein Bruder, wo hast du Schmerzen? . . .

Der Gott nennt dann nacheinander acht Teile seines Körpers, und die reumütige Göttin antwortet ihm, sie habe, um ihn zu heilen, diese und jene Gottheit geboren. Schließlich »bestimmt« Enlil »das Schicksal« dieser neuen Götter, von denen der letzte, Enschag, die Schutzgottheit von Tilmun wird.

Dieser Mythos paßt schlecht in die Vorstellungen, von denen wir schon gesprochen haben. Zweifellos ist es sein Hauptzweck, den Enki zu verherrlichen, der nach zahlreichen Indizien wohl als ein dem eigentlichen Sumer fremder Gott anzusehen ist; und wie mehrere andere Mythen desselben Zyklus sucht auch dieser Mythos, den Enki zum Ordner der Welt zu machen, der die Institutionen der Götter und Menschen begründet, die Ordnung der Welt sichert und die Tätigkeiten auf der Erde regelt, von der Wasserwirtschaft bis zum Ackerbau, von der Webkunst bis zur Viehzucht — alles Kulturbegriffe, die von den Sumerern in dem Namen *me* zusammengefaßt werden, alles leicht überschaubare Teilbereiche der Zivilisation, die damit insgesamt von den Göttern dem Enki zugeordnet wird.

Der Mythos von Tilmun will eine rationale Erklärung für die Entstehung der Vegetation nach der Fruchtbarmachung der

Erde durch das Süßwasser geben. Die Erde, das ist Nintu oder Ninhursag. Und Enki personifiziert das Süßwasser. Von dem Wasser, das mit dem An- und Abschwellen der Flüsse aus den Abgründen steigt, wird die Erde durchtränkt, die die Pflanzen gebiert; die Geburt der Göttin Ninmu, der »Herrin, die wachsen läßt«, symbolisiert also das vegetabile Prinzip. Dann kommt die in einer Textvariante erwähnte Ninsig, »die Frau, die grünen läßt«, und so fort . . . Es folgen die Pflanzen, die aus dem Samen des Enki hervorgehen, nachdem Ninhursag ihn, zweifellos ohne Enkis Wissen, über die Erde verstreut hat, und schließlich jene Pflanzen, die die Göttin erschafft, um Enki zu heilen, Pflanzen, deren Namen unübersetzbare Wortspiele enthalten und die jeweils den kranken Körperteil des Gottes beschwören sollen. — Ein Ackerbaumythos also, bei dem man nicht weiß, in welchem Augenblick der Weltgeschichte sich die darin berichteten Ereignisse abspielen. Enlil ist anwesend und thront inmitten der anderen Götter. Doch weder er noch die Anunnaki spielen eine Rolle in dem Mythos. Zweifellos befinden wir uns in der Zeit, da die Götter nach der Erschaffung der Welt dem Enki und seiner Gemahlin die Aufgabe übertragen haben, die Erde zu ordnen, ehe die Menschen sie bevölkern.

Hier ist anzumerken, daß sich der sumerische Mythos nicht von der historischen Geographie Sumers entfernt. Glaubten die Sumerer, daß die historischen Städte Sumers alle Zeit hindurch seit dem Auftreten der Götter auf Erden existierten? Tilmun und seine Stadt bestehen vor dem Auftauchen der Menschen. Die Götter bewohnen sie, und natürlich besitzen Tilmun und Nippur, wo ein Mythos spielt, der Enlil einführt und erklärt, warum und wie gewisse höllische Gottheiten geboren wurden, eine vollkommen reale Existenz. Legt dies nicht nahe anzunehmen, daß im unteren Mesopotamien bereits vor der Ankunft der Sumerer bedeutende Städte bestanden, was erklären würde, warum zahlreiche Ortsnamen des Landes Sumer keine Beziehung zur sumerischen Sprache haben?

Die Sintflut

Diese mythische Geographie erscheint wieder in dem sumerischen Mythos von der Sintflut, dessen, wenn auch fragmentarische, Einleitung in einem ziemlich dunklen Zusammenhang Bezug nimmt auf den Ursprung der Menschheit und des Königtums und auf die Gründung der fünf vorsintflutlichen Königsstädte. Der Anfang der Einleitung fehlt, und der Text beginnt in dem Augenblick, da eine Gottheit spricht und auf die Urzeiten anspielt:

Nachdem An, Enlil, Enki und Ninhursag
die Schwarzköpfe (= die Menschheit) erschaffen hatten,
als die Vegetation (?) auf der Erde gewachsen war,
als die Tiere, die Vierfüßer der Steppe, geschaffen waren . . .

Es handelt sich hier also um eine neue Überlieferung, nach der die Muttergöttin Ninhursag, unterstützt von der großen männlichen Dreiheit An, Enlil und Enki, zunächst die Menschen erschafft, dann die Pflanzen und schließlich die Tiere.

Der Mythos berichtet dann, wie es in sehr ähnlichen Ausdrükken die sumerische Liste der Königsdynastien tut, über die Ursprünge des Königtums, dessen Symbole vom Himmel auf die Erde herabgestiegen sind, und über die Gründung der fünf urzeitlichen Städte, in denen dieses Königtum zunächst bestand: Eridu, Badtibira, Larak, Sippar und Schuruppak. Nach einer langen Lücke ist der sumerische Bericht über die Sintflut eingeschoben: »Die Menschheit zu vernichten, dies ist der Beschluß, das ›Wort‹ der Götterversammlung«, ein Beschluß, über dessen Gründe der Text uns nicht informiert. Ein Gott warnt Ziusudra, den König von Schuruppak, vor dem, was die Götter gegen die Menschheit planen. Der sumerische Noah baut die Arche; in ihr wird er den »Samen der Menschheit« während der sieben Tage und sieben Nächte der Sintflut, die die Menschheit vernichten soll, bewahren können. Ziusudra nimmt teil am göttlichen Leben, und die Götter weisen ihm als Residenz das halbmythische Land Tilmun zu, das Urland, »den Ort, an dem die Sonne aufgeht«.

Das babylonische Heldengedicht von Gilgamesch, das den sumerischen Bericht über die Sintflut nahezu unverändert wiederaufnimmt, läßt den Helden »fern an der Mündung der Flüsse« residieren — womit ohne Zweifel Euphrat und Tigris gemeint sind —, im Osten Mesopotamiens, dort, wo das sumerische Thule liegt, Tilmun, das jungfräuliche und reine Land.

Warum der Mensch?

Ebenso wie das Alte Testament berichtet, daß Gott den Menschen in den Garten Eden setzte, damit er diesen fruchtbar mache und ihn bebaue, so erzählt Sumer von den Aufgaben, die der Menschheit zu Beginn der Zeiten oblagen, von dem mühseligen Schicksal der Menschen, schildert, wie sie von den Göttern erschaffen wurden, um ihnen zu dienen. Also erscheint die Erschaffung des Menschen notwendig in dem Sinne, daß die Götter dieses neue Wesen zum Leben erwecken, um sich jener Arbeiten zu entledigen, die sie bis dahin selbst vollbringen mußten, mehr noch: um zu erreichen, daß sie als Götter das ewige Leben wirklich voll genießen können, wodurch sie sich von den Menschen unterscheiden.

Das alles geht aus dem Mythos hervor, der unter dem Namen Mythos vom Vieh und vom Getreide bekannt geworden ist. Es wird darin von der Zeit gesprochen, wo die Anunnaki sich weder satt essen noch satt trinken konnten, weil die Menschheit noch nicht erschaffen war, für sie zu sorgen. Er führt uns zurück in die Zeit, da, nachdem der Gott An die Anunnaki »auf dem Gebirge des Himmels und der Erde« erschaffen hatte, noch nichts möglich war in der Welt, weil die tätigen Gottheiten noch nicht erschaffen waren.

Weil der Name Aschnan (Göttin des Getreides)
nicht geboren war, nicht gebildet worden war,
weil Uttu (Göttin der Webkunst) nicht gestaltet
worden war, gab es weder Ziege noch Schaf.
Weil die Namen Aschnan und Lahar (Gott des Viehs) . . .
nicht bekannt waren, existierte das Getreide nicht.

Dieser Mythos, in dem auf verblüffende Weise die später von Babylon übernommene sumerische Konzeption von der Allmacht des »Namens« auftaucht, dessen Aussprechen an sich einem Schöpfungsakt gleichkommt, knüpft an die Vorstellungen an, die der Mythos von Tilmun widerspiegelt, der ebenfalls erklärt, wie und warum die Gottheiten der Pflanzen und die dienstbaren Gottheiten entstanden. Weil diese Gottheiten noch nicht existierten, kannten die Anunnaki, »wie die Menschheit im Augenblick der Schöpfung nicht das Brot, um sich zu ernähren, nicht die Kleider, um sich zu bekleiden, aßen die Pflanzen mit dem Mund wie die Hammel, tranken das Wasser der Gräben . . .« Man findet hier die zweifellos bei den Sumerern lebendig gebliebene Erinnerung an die mühseligen und schwierigen Anfänge der Menschheit, ein entfernter Anklang an Lucrez, der aus der Nacht der Zeiten aufsteigt.

Die Götter erschaffen also Aschnan und Lahar; der Weizen und das Vieh wachsen, doch »die Götter bleiben ungesättigt«, eine geheimnisvolle Anspielung auf eine noch unvollständige Organisation des Kosmos: »Damit er sich ihrer heiligen Herden annehme, erhielt der Mensch den Lebensatem.«

Von nun an ist alles geordnet in dem Kosmos, den die Götter aus dem Chaos hervorgehen ließen, nicht in einem zweckfreien Akt, sondern aus reiner Notwendigkeit. Die Welt, die die Götter von Sumer erschaffen, soll einzig ihrem Nutzen dienen. Die Menschen, die sie auf die Erde setzen, haben keinen andern Daseinsgrund, als den Boden zu bearbeiten zu größerem Ruhm der Götter, vor allem zur Befriedigung ihrer Bedürfnisse und um sie von jenen undankbaren Aufgaben zu entlasten, die sie zu Beginn der Zeiten selbst übernehmen mußten.

DIE BABYLONIER

Die semitischen Dynastien von Isin und Larem machen der politischen Hegemonie der Sumerer im unteren Babylon ein Ende, einer Hegemonie, die ihre letzte glänzende Bestätigung in der III. Dynastie von Ur gefunden hatte, welche um 1955 v. Chr. unterging.

Wie wir gesehen haben, verursachen die politischen Umwälzungen keine »Revolution« auf dem Gebiet der Religion, denn es waren die Schreiber und Priester von Isin und Larsa — vielleicht echte Sumerer —, die die sumerische Literatur kopiert und so an uns weitergegeben haben.

Es ist fast unmöglich, in den babylonischen Mythen, durch welche die alten sumerischen Mythen ersetzt werden, den Anteil zu bestimmen, der auf semitische Ursprünge zurückgeht. Wenn ein Mythos ans Licht kommt, der aus Sumer nicht bekannt ist, so besteht dennoch die Möglichkeit, daß es sich dabei um die Adaption oder gar einfache Übersetzung eines sumerischen Themas handelt, das uns noch unbekannt ist. Heute wissen wir, daß die Episoden aus dem legendären Leben des Gilgamesch schon in sumerischen Legenden erzählt wurden, lange bevor die Semiten ein großes Epos daraus machten, und ebenso ist bekannt, daß der babylonische Bericht über die Sintflut nichts anderes darstellt als die Übernahme einer »historischen« Überlieferung aus den Anfängen Sumers. Und so verhält es sich auch mit zahlreichen literarischen Werken. Äußerste Vorsicht ist also hier am Platze. Andererseits handelt es sich bei bestimmten babylonischen Mythen ganz eindeutig um Nachdichtungen, wenn nicht gar einfach um Übersetzungen von sumerischen.

Sosehr sich diese semitische Welt im politischen Bereich auch von der sumerischen unterscheiden mag, sosehr scheint sie, was die religiöse Spekulation anbetrifft, seltsam von dieser abzuhängen. Man hat das Gefühl, die Semiten hätten das sumerische Gedankengebäude in Bausch und Bogen übernommen und also auf dem Gebiet des religiösen Denkens nur sehr wenig zur Weiterentwicklung beigetragen. Doch gibt es eine Ausnahme. Und sie ist bemerkenswert wegen der Anstrengung, die hier unternommen wurde, um kosmologische Vorstellungen, die den Westsemiten gemeinsam waren, zu adaptieren und der Vorstellungswelt sumerischen Ursprungs zu integrieren, um das Ganze dann zur politischen und religiösen Doktrin zu erheben: es ist das babylonische Gedicht von der Schöpfung.

Aus einer ganz anderen Vorstellungswelt hervorgegangen — worauf wir bereits hingewiesen haben —, ist der Mythos in der semitischen Religion Babylons viel innigere Bindungen mit dem Ritus eingegangen, als dies im sumerischen Denken der Fall war. Wenn das Schöpfungsgedicht, wie anzunehmen, in Babylon Teil des Rituals am Neujahrsfest war, so gibt es sozusagen keinen einzigen »semitischen« Mythos, mag er nun sumerischer Herkunft sein oder nicht, der nicht auch einem spezifischen Ritual integriert wäre. Diese Tatsache ist wichtig und verdient, festgehalten zu werden.

Das »Schöpfungsgedicht«

Diese lange Dichtung auf sieben Tafeln, von den Babyloniern nach einem pansemitischen Brauch mit ihren Anfangsworten »Enuma elisch« (»Als in der Höhe«) benannt, ist uns mehr oder weniger vollständig erhalten geblieben, und zwar durch Kopien, die frühestens im 9. und spätestens im 2. Jahrhundert vor unserer Zeitrechnung angefertigt sind. In ihrer Mehrzahl stammen die Texte aus den großen religiösen Zentren Mesopotamiens: aus Assyrien, Assur und Ninive, Sippur und Kisch, vielleicht auch aus Babylon (einige Kopien sind nach Texten aus Babylon und Nippur angefertigt). Allein schon aus dieser Feststellung geht hervor, welche Stellung das Dichtwerk im religiösen Denken Babylons einnahm. Es ist in einer besonderen Sprache geschrieben, nämlich einem Dialekt des Babylonischen. Dieser Umstand und gewisse andere Indizien legen es nahe, seine Abfassung in die Epoche der I. Dynastie von Babylon zu datieren, also zwischen das 19. und 17. Jahrhundert vor unserer Zeitrechnung, ohne daß es jedoch möglich wäre, den Zeitpunkt genauer festzulegen.

Nun ist das babylonische Schöpfungsgedicht ebensosehr ein religiöses Zeugnis, wie es ein politisches Dokument ist: seine Existenz erklärt sich durch die Herkunft und den politischen Erfolg der I. Dynastie von Babylon. Bis zu dem Tage, an dem der Begründer der Dynastie sich Babylons bemächtigte, war diese Siedlung nur ein kleiner Flecken; nun aber wird der Ort mit seinem Lokalgott auf Betreiben tatkräftiger Könige, unter denen Hammurabi der berühmteste war, zum Mittelpunkt eines zentralisierten Riesenreiches; die Fürstentümer, in die das untere

Mesopotamien bis dahin aufgesplittert war und von denen einige bekannte Heiligtümer besaßen, werden unter der Führung Babylons zusammengeschlossen. Je mehr diese Reichsidee Gestalt gewann, um so mehr bedurfte man einer religiösen Lehre, die dem entsprach und auf geistigem Gebiet dieselbe Revolution auslöste, wie sie von den Herrschern Babylons auf weltlichem betrieben wurde. Hauptthema des Schöpfungsgedichtes ist also die Verherrlichung von Marduk, dem Gott Babylons. Er wird nun theoretisch Oberhaupt des babylonischen Pantheons.

Gewiß, die alten Kulte behaupten sich: Nippur bleibt das Kultzentrum des Enlil, Ur das des Sin, des Mondgottes, und Uruk das des Himmelsgottes Anu. Doch für Babylon, das nunmehr »Stadt der Königswürde« genannt wird, macht die auf strenge Orthodoxie haltende Priesterschaft aus dem Lokalgott den großen Gott, den Demiurgen. Alles wurde getan, alles aus dem theologischen Gedankengebäude der Sumerer herangeholt, um diesen Marduk zu erhöhen.

Beim Studium des Gedichts tritt diese Herausarbeitung einer religiösen Synthese, dieser Synkretismus also, deutlich zutage. Im Hintergrund des Berichts wird der Originalmythos sichtbar, in dem über Enlil das gleiche ausgesagt wird, was die Priester von Babylon nun dem Marduk zuschreiben. Und es lassen sich die verschiedenartigsten Überlieferungen erkennen und unterscheiden. Einige davon kommen unmittelbar aus sumerischem Denken her, andere wiederum scheinen semitischem Gedankengut zu entstammen — wie das Urgeschöpf, das hier Tiamat genannt wird und das vom Demiurgen besiegt werden muß, damit er aus seinem Leib Himmel und Erde machen kann.

Zunächst besingt das Gedicht die Zeiten, in denen »die Himmel oben nicht benannt waren und die Erde unten keinen Namen hatte« und in denen die Wasser des uranfänglichen Erzeugers (der Götter) *abzu* und der Tiamat, die diese gebar, noch miteinander vermischt waren. Nichts existierte: »Noch kein Gott war erschienen, und keiner hatte Namen und Bestimmung erhalten.«

Im Anfang der Dinge sind die Wasser miteinander vermischt, das süße Wasser *abzu* und das bittere Wasser Tiamat, das Meer, und nichts trübt sie. In sich tragen die Wasser die Keime des

Lebens. Daraus entstehen nacheinander Götterpaare, Generationen von Göttern, zwischen denen Äonen vergehen, und deren jede mächtiger ist als die vorangegangene:

Dann wurden am Busen (des *abzu* und der Tiamat) die Götter erschaffen.
Lahmu und Lahamu offenbarten sich: sie erhielten einen Namen.
Die Zeitalter wuchsen, dehnten sich aus.
Anschar und Kischar wurden geboren, übertrafen sie in allem.
Die Tage vergingen, die Jahre mehrten sich.
Anu, ihr Sohn, (wurde geboren), ebenbürtig seinen Vätern.
Anschar erschuf Anu, seinen Erstgeborenen, ihm selbst ähnlich, und Anu gebar, nach seinem eigenen Bild, Nudimmud (= Enki-Ea).
Nudimmud, er ist der Herrscher seiner Väter.

Dies sind die ersten Göttergenerationen; aus den Urgewässern gehen paarweise immer mächtigere göttliche Wesen hervor: Lahmu-Lahamu, Anschar-Kischar, Anu, der Einzelgott, und schließlich Ea, dessen Gemahlin Damkina erst später erscheint. Eine Interpretation drängt sich auf. Während das erste Götterpaar in Geheimnis gehüllt bleibt, sieht man nach ihm Namen erscheinen, in denen kosmische Begriffe konkretisiert sind: Anschar und Kischar repräsentieren »die Dinge oben«, des Himmels (*an*) also, und »die Dinge unten«, der Erde (*ki*); ebenso gibt es bereits eine Ausdehnung in dem in der Entstehung begriffenen Universum, ein Chaos, das von Prinzipien belebt ist, die zur endgültigen Gestaltung des Kosmos beitragen werden. Dann kommen Anu, der Himmelsgott, und schließlich sein Sohn Enki-Ea, die beherrschen werden, was in der Ordnung der Dinge dem Urhimmel entspricht und dem kosmischen Abgrund, auf dem alles ruht.
Die Ruhe der Tiamat und des *abzu* wird von den Göttern gestört. »Ihr Betragen peinigt mich«, sagt *abzu*. »Bei Tag kann ich nicht ruhen, bei Nacht kann ich nicht schlafen. Ich will sie vernichten, ihrem Treiben ein Ende machen.«

Es wäre schwierig, hier auf die Einzelheiten der durch das Schöpfungsgedicht aufgeworfenen Probleme einzugehen, doch sei angemerkt, daß die von *abzu* für die Vernichtung der Götter vorgegebenen Gründe — ihr Lärmen nämlich — dieselben sind wie die von den Göttern angeführten, als sie beschließen, die Menschen durch die Sintflut zu vernichten, weil sie zuviel Lärm machten. Auch die Inkonsequenz ist nicht zu übersehen, mit der hier Tag und Nacht erwähnt werden, obwohl von ihrer Entstehung erst auf der 5. Tafel berichtet wird, wenn Marduk den Kosmos ordnet.

Tiamat will ihre Nachkommenschaft nicht untergehen lassen. *Abzu*, von seinem »Wesir« Mummu beraten, gibt seinen Plan nicht auf. Ea ist auf geheimnisvolle Weise über deren Vorhaben unterrichtet und »gießt den Schlaf« über *abzu*, fesselt und tötet ihn, bezwingt Mummu und »errichtet seine Wohnung auf dem *abzu*. Ea und seine Gemahlin Damkina ruhten hier in Majestät«.

Hier, am Busen des *abzu*, wird Marduk geboren. Anu läßt die Winde entstehen und schafft die Wogen, die Tiamat aber stören. Diesmal rüstet diese, von »den ihrer Ruhe beraubten Göttern« beraten, zum Kampf gegen die jungen Götter.

»Die Mutter des Abgrunds, die alles formt«, erwählt unter den Göttern ihren Erstgeborenen Kingu und macht ihn zu ihrem Gemahl. Er ist es, der die Kräfte des Chaos gegen den Demiurgen, den Streiter der Götter, in die Schlacht führen soll.

Die 2. und 3. Tafel berichten über die Kampfvorbereitungen und die Ungeheuer, die Tiamat erschafft, damit sie ihr in diesem Kampf beistehen. Die erschreckten Götter erteilen nacheinander Ea und Anu den Auftrag, den Titanen entgegenzutreten. Beide weigern sich. Anschar beruft die Götterversammlung ein, und diese beauftragt nun Marduk, sie zu verteidigen. Er nimmt an unter der Bedingung, daß ihm die höchste Macht übertragen werde. Und so geschieht es: Die Götter »bestimmen das Schicksal des Marduk«, und dieser rüstet sich zum Kampf (4. Tafel).

Der Bericht über die Theogonie, den Kampf des Demiurgen gegen die Mächte des Chaos, nimmt den Rest der 4. Tafel des Gedichts ein, auf der das Götterdrama unter einem doppelten

Aspekt dargestellt wird: Naturkäfte, die einander widerstreben, und göttliche Persönlichkeiten, die sie symbolisieren. Tiamat ist das Meer; Anu erschafft die Winde, die sie stören. Marduk ist die Sonne, die Kraft der Erneuerung, die im Frühling, im Urfrühling, in der Morgendämmerung der Zeit, wie in jedem Frühling des Jahres die Erde aus ihrer Erstarrung aufweckt, sie belebt.

Der Kampf beginnt ebenso wie die Kämpfe der ›Ilias‹ mit den Herausforderungen, die sich die Gegner entgegenschleudern:

Als sie sich einander näherten, Tiamat und Marduk, der weiseste der Götter,
    stürzten sie aufeinander los, begannen den Kampf.
Der Herr entfaltete sein Netz, band sie.
Er schleuderte ihr den Bösen Wind ins Gesicht.
Tiamat öffnete den Mund, ihn zu verschlingen.
In diesen schleuderte er »den Bösen Wind«, sie daran zu hindern, den Mund wieder zu schließen.
Die wütenden Winde erweiterten ihren Leib.
Ihr Bauch schwoll an. Ihr Mund blieb offen.
Er schoß einen Pfeil ab, der ihr den Bauch durchbohrte,
    ihr die Eingeweide zerriß, das Herz öffnete.
Er überwand sie, nahm ihr das Leben,
    warf ihren Leichnam auf den Boden, erhob sich über ihm.

Marduk schlägt dann die »Bande der Tiamat«, die Dämonen, die ihr Heer bildeten. Er fesselt sie und wirft sie ins Gefängnis. Kingu, den »Anführer«, fesselt er »und versetzt ihn in den Rang der toten Götter«. Nachdem er seine Feinde besiegt hat, kehrt Marduk zum Leichnam der Tiamat zurück. Er beginnt das Werk des Demiurgen und die Organisierung des Kosmos. Nachdem die Mächte des Chaos besiegt sind, erschafft der Gott die Welt:

Mit seiner unerbittlichen Waffe spaltete er ihr den Schädel,
schnitt er ihr die Adern durch.
Der Nordwind trug (ihr Blut) weit fort . . .

Der Herr, nunmehr befriedigt, untersuchte den Leichnam.

Aus dem geteilten Ungeheuer (beschloß) er, ein Kunstwerk zu schaffen.

Er schnitt es entzwei wie einen getrockneten Fisch.

Er machte seine Hälfte fest, um den Himmel »zu spannen«.

Er schob den Riegel vor, stellte Wachen auf,

gebot ihnen, seine Wasser nicht abfließen zu lassen.

Er durchschritt den Himmel, prüfte seine Bezirke.

Er schuf hier ein Gegenstück des *abzu*, die Wohnung des Nundimmud.

Der Herr vermaß die Dimensionen des *abzu*.

Die große Wohnung, sein Ebenbild, errichtete er hier: (es ist das) Escharra.

Die große Wohnung, die er baute, ist der Himmel.

Er ließ Anu, Enlil und Ea ihre Plätze einnehmen.

Der letzte Vers enthält eine Anspielung auf die Dreiteilung des Himmels, dessen »drei Wege, die von den Sternen durcheilt werden«, unter die Anrufung der großen Trias gestellt werden.

Die 5. Tafel des Gedichts trägt eine astrologische Abhandlung, in der die Stellungen der Sterne und die Länge des Jahres angegeben sind, die Zeichen des Tierkreises sowie die Geburt des Mondes, »des Schmucks der Nacht«, der ihr anvertraut ist, beschrieben werden. Es ist auch die am wenigsten vollständige Tafel des ganzen Gedichts. Die babylonische Beschreibung des Kosmos entgeht uns abermals. Etwa in der Mitte der Tafel erscheint zwischen großen Lücken eine Beschreibung der auf der zweiten Hälfte des Tiamatleichnams gegründeten Erde: auf ihrem Haupt erhebt sich ein Berg, aus ihren Augen entspringen und fließen Tigris und Euphrat, auf ihrem Busen stehen üppige Hügel. Aus einer Locke ihres Schwanzes machte Marduk das Band zwischen Himmel und Erde, ihr Hinterleib trägt den Himmel. Die ungeheuerlichen Geschöpfe, die Tiamat angestiftet hatte, ihr in dem Kampf gegen die Götter zu helfen, werden in Statuen verwandelt und stützen die Tore des *abzu*.

Die 6. Tafel berichtet von der Erschaffung des Menschen, die, seltsam genug, nicht als das Werk des Marduk, sondern als das

des Ea dargestellt wird. Zweifellos haben die Priester von Babylon es nicht gewagt, sich allzu stark den Grundgedanken jener Theologie zu widersetzen (obwohl sie sie sonst oft und auch manchmal schamlos verrieten), die seit den ältesten sumerischen Zeiten Anu, Enlil und Enki (Ea) als die Erschaffer der Menschheit bezeichnete.
Marduk also

beschloß, ein Meisterwerk zu schaffen.
Er nahm das Wort, richtete es an Ea:
Damit letzterer ihn berate über das, was er erdacht hatte.
»Ich will das Blut machen, (ich will) daß der Knochenbau sei.
Ich will erschaffen ein ›Wesen‹ (Lullu), dessen Name ›Mensch‹
 sein wird.
Ich will erschaffen ein ›Wesen‹, den Menschen.«

Und der Demiurg spricht in Ausdrücken, die die Sumerer im Verlauf ihrer langen Geschichte immer von neuem wiederholen werden:

Auf daß ihm der Dienst der Götter zufalle, damit diese ruhen
 können.

In seiner Antwort nimmt der Gott Ea eins der Lieblingsthemen der mesopotamischen Theologie wieder auf, das der Erschaffung der Menschheit aus dem Blut eines geopferten Gottes, ein Thema, das man in zahlreichen vom »Schöpfungsgedicht« unabhängigen Mythen wiederfindet. Hier ist es einer der von dem Demiurgen besiegten Götter, der geopfert wird. Die versammelten Götter bestimmen Kingu:

Sie fesselten ihn, führten ihn vor Ea.
Sie auferlegten ihm seine Strafe: sie durchschnitten ihm die
 Adern.
Aus seinem Blut schuf er die Menschheit.
Auferlegte ihr den Dienst der Götter, sie davon zu befreien.
Als Ea, der Weise, die Menschheit geschaffen hatte,

ihr den Dienst der Götter auferlegt hatte — ein unfaßbares
Werk,
vollbracht von Nundimmud dank der Weisheit.

Nach dem Werk, das die Aufgabe des Demiurgen endgültig
vollendet, weist Marduk den Göttern ihre Plätze im Himmel
und auf der Erde an. Die dankbaren Götter bauen mit eigenen
Händen den Tempel des Marduk, den Esangila. Die Tafel
schließt mit der Aufzählung der verschiedenen Namen des Marduk. Gewisse Indizien scheinen darauf hinzudeuten, daß es ursprünglich die letzte des Gedichts war, doch die Fassung, die auf
uns gelangt ist, zählt eine siebte Tafel, die vollständig der Aufzählung der fünfzig Namen des Marduk und ihrer Erklärung
gewidmet ist.

Der Mythos im Ritual
Wir haben gesehen, daß Marduk in dem Schöpfungsgedicht die
kosmische Ordnung symbolisiert und gleichzeitig die Sonne
(eines der ersten Epitheta, die ihm verliehen wurden, bestätigt
es), die Sonne, deren Wärme die Wolken des durch Tiamat re-
präsentierten Meeres vertreibt und zerstreut. Als Sonnengott-
heit symbolisiert Marduk auch die Kräfte des Frühlings. Die
Erneuerung der Natur am Ende des Winters und der Sieg der
Frühlingssonne über die Todeskräfte des Winters gehören zu
den Grundbegriffen der babylonischen Religion, und bis zu
ihrem Erlöschen ist sie eine Naturreligion geblieben. Die heilige
Zeit beginnt für die Babylonier mit der Frühlings-Tagundnacht-
gleiche, die diese Erneuerung des Jahres markiert. In dem
Kampf, der dann zwischen der Sonne und dem Winter beginnt,
wiederholt sich jener, der sich in der Morgendämmerung der
Zeiten zwischen dem Demiurgen und dem Chaos abspielte. Das
Neujahrsfest in Babylon, dessen Ritual uns erhalten ist, war
also der feierlichste Moment im religiösen Leben der Babylonier. Und da sich in diesem Augenblick eine der durch das Werk
des Demiurgen geheiligten Taten wiederholt, rezitiert man im
Verlauf dieses Festes das »Schöpfungsgedicht«, das diese Erneuerung, diesen neuen, den Fortbestand und die Erhaltung des

Kosmos heiligenden Sieg des Demiurgen sichert, weil es eine konkrete Realität ausdrückt; denn es *erzählt* den Sieg des Marduk, und für den Mesopotamier bedeutet *erzählen* die Schaffung einer Wirklichkeit.

Das »Schöpfungsgedicht« nimmt eine Reihe von Traditionen wieder auf, denen man in verschiedenen sumerischen Kosmologien begegnet. Wir haben gesehen, daß es auf eine frühe Erzählung aufbaut, in der Enlil und Ea zweifellos eine hervorragende Rolle spielten, eine Vorstellung, die zweifellos der alten sumerischen Tradition entspricht. Nur das Thema des Seeungeheuers — Symbol des Chaos —, das es an den Anfang der Dinge stellt, ist wohl bestimmten semitischen Vorstellungen zuzuschreiben.

Das Thema des Gottes, der geopfert wird, damit die Menschheit entsteht (Tafel VI), und der Grund für die Erschaffung der Menschheit entstammen der sumerischen Vorstellungswelt. Ein unter dem Namen »Kosmologie von Assur« bekannter Mythos nimmt diese großen sumerischen Themen wieder auf:

Als der Himmel von der Erde getrennt worden war (diese beiden)
steten und fernen Zwillinge,
als die Mutter der Götter geschaffen war,
als die Erde hervorgebracht und gestaltet war,
die Geschicke des Himmels und der Erde bestimmt,
als Gräben und Kanäle ihre richtige Richtung erhalten hatten,
als die Ufer des Tigris und des Euphrat festgelegt waren . . .

fragten sich die großen Götter: »Was werden wir jetzt tun, was werden wir erschaffen?« Sie beschlossen nun, die Menschheit zu erschaffen. Zu dem Gott Enlil sagten sie also:

In Uzumua, dem Ort der Erde und des Himmels,
laßt uns (zwei?) Lamga-Götter opfern.
Aus ihrem Blut schaffen wir die Menschheit,
auf daß der Dienst der Götter ihr Los sei auf immer.

So geschah es. Zwei Wesen wurden geboren: Ulligarra und Zalgarra, Urahnen der Menschheit.

Die anderen erhaltenen babylonischen Mythen wiederholen immer nur diese großen Themen, allerdings mit einigen Varianten. Doch es ist interessant zu beobachten, daß die Mehrzahl von ihnen Bestandteil von Ritualen, ihnen also integriert ist, entsprechend der Auffassung, die wir im Zusammenhang mit dem Neujahrsfest in Babylon skizziert haben. So finden wir einen Mythos, der den Ursprung der Menschheit erzählt, mit einem Ritual verbunden, das dazu bestimmt ist, die Geburten zu erleichtern. Es handelt sich um einen Text, der uns in mehreren Versionen aus den frühen babylonischen und assyrischen Epochen erhalten geblieben ist, leider aber unvollständig. Die erste Spalte und der Anfang der zweiten fehlen. Die Götter haben beschlossen, die Menschheit zu erschaffen, »damit sie die Last der Schöpfung trage«:

Sie beriefen die Göttin . . . die Mutter,
die hilfreichste der Göttinnen, die weise Mami:
»Du bist die Urgebärerin, die die Menschheit erschaffen (wird).
Erschaffe also Lullu, damit er trage das Joch . . .«

Dies wird wiederaufgenommen durch das »Schöpfungsgedicht«, in dem der Name des ersten Menschen ebenfalls Lullu ist.

Er sei geformt aus Lehm, belebt (?) durch das Blut.

Enki (Ea) beteiligt sich an der Arbeit wie im »Schöpfungsgedicht«, indem er vorschlägt, daß ein Gott geopfert werde, der mit seinem Blut den Menschen belebe:

Man opfere einen Gott.
Damit die Götter gereinigt werden in dem Gericht (?)
seines Fleisches und seines Blutes,
vermische Ninhursag (= Mami) sie mit dem Lehm,
Gott und Mensch werden (eins?) sein in dem Lehm . . .

Erwähnen wir noch den Mythos, der Teil des aus Babylon stammenden Rituals des Tempelbaues ist. Nach bestimmten vorbereitenden Zeremonien bei der Grundsteinlegung für den neuen Tempel rezitiert einer der Priester vor diesem Stein ein Gebet, in dem eine von der vorgenannten ein wenig verschiedene Überlieferung zum Ausdruck kommt, denn das Schöpfungswerk wird darin fast ausschließlich dem Gott Ea zugeschrieben:

Als Anu den Himmel schuf,
schuf Nudimmud (Ea) das *abzu*, seine Wohnung.
Ea nahm eine Hand voll Lehm im *abzu*
und schuf den Gott Kulla, um die Tempel zu restaurieren,
schuf die Götter Ninildu, Ninsimug und Arazu, ihren Bau zu vollenden,
schuf die Berge und die Meere, um . . .
schuf die Götter Guschginbanda, Ninagal, Ninzadim und Ninkurra für ihre (?) Arbeit,
(schuf) die reichen Produkte (der Erde), um sie zu opfern (in den Tempeln),
schuf die Götter Aschnan, Lahar, Siris, Ningischzida, Ninsar . . .
auf daß ihre Einkünfte reichlich seien,
schuf die Götter Umunmutamku und Umunmutamnag, die Opfergaben darzubringen,
schuf den Gott Kusug, den großen Priester der Götter, ihre Riten und Zeremonien zu vollziehen,
schuf den König, zu sichern (den Unterhalt der Tempel),
schuf die Menschheit, (den Göttern zu dienen).

So findet man am Ende der babylonischen Kultur die gleichen Vorstellungen wieder, wie sie die Sumerer zu Beginn ihrer Geschichte hegten.

In diesem Mythos, in dem Ea als der Organisator der Welt erscheint, klingt durch die Zeitalter hindurch das Echo des altertümlichen und schon zu Beginn dieser Untersuchung behandelten sumerischen Mythos nach, der bereits von der Schaffung der dienstbaren Gottheiten erzählte — von den verschiedenen Formen der Vegetation, von den Göttern, die die verschiedenen für das in der Gesellschaft organisierte Leben unerläßlichen Arbeiten leiten. Als es bereits im Begriff ist zu verschwinden, versucht das statische Babylon, das nicht verstanden hat, sich zu entfalten, dennoch zu überleben, indem es sich auf Gedanken stützt, die keinen Kurswert mehr haben in einer Welt, welche sich in völliger religiöser Entfaltung befindet.

HURRITER UND HETHITER

Das Problem, welchen kulturellen und religiösen Einfluß Mesopotamien außerhalb seines eigenen Bereichs ausgeübt habe — Modus und Gründe dieser Ausstrahlung, besonders in Nordsyrien und Anatolien —, ist noch nicht reif für eine Lösung. Zwar läßt sich oft die äußerste Reichweite dieses Einflusses erkennen und auf der Karte markieren, doch allzu häufig fehlen noch die Vermittler, durch die sich diese Ausbreitung vollzog. Dennoch lassen sich auch heute schon einige Wegzeichen auf diesem Weg abstecken, den Archäologie und historische Forschung bisher kaum nachgezeichnet haben: Er beginnt in den Alluvialebenen Mesopotamiens, steigt den Euphrat hinauf und endet schließlich im oberen Syrien und auf der Anatolischen Hochebene als seiner äußersten Grenze. Neben einigen eigenen Gottheiten, die nicht sehr zahlreich sind, und außer jenen, die aus einem schwer zu bestimmenden asiatischen Pantheon stammen, kennen die Hethiter eine ungewöhnlich große Anzahl von Gottheiten mesopotamischer Herkunft. Es hat sich hier also eine en-bloc-Übernahme von mesopotamischen Kulten vollzogen. Dieses Phänomen erfordert einige historische Präzisierungen. Als Eindringlinge hatten sich die indoeuropäischen Hethiter schon vor dem 18. Jahrhundert v. Chr. in Kleinasien niedergelassen und waren dann durch ihre Expansionsbewegungen mit den großen Kulturen des alten Orients in nähere Berührung gekommen: einerseits mit Mesopotamien, andererseits mit jenem großen Kulturbereich, der noch nicht näher bestimmt ist, sich aber bis Nordsyrien erstreckt haben muß. Doch erklären diese

Kontakte allein noch nicht die Gesamtheit der Phänomene, die die »hethitische Kultur« ausmachen.

Wenn die Hethiter tatsächlich sehr bald nach ihrer Niederlassung in Kleinasien, das heißt nach dem Erlöschen der III. Dynastie von Ur, also nach dem Jahre 1955 v. Chr., im unteren Mesopotamien zu jener besonderen Form der mesopotamischen Kultur, die die Assyrer hierher verpflanzt hatten, in näherer Beziehung standen, so haben sie doch die Keilschrift-Silbenschrift, die sie später verwendeten, nicht von diesen assyrischen Kolonisten übernommen. Denn das hethitische Syllabar ist vielmehr eine Weiterentwicklung der Schrift, die die Schreiber der III. Dynastie in Ur benutzt hatten. Hier bereits stellt sich ein Problem.

Gegen 1650 v. Chr. kommen die Hethiter infolge ihrer kriegerischen Unternehmungen an den Ufern des Euphrat mit einer Volksgruppe in Kontakt, deren politischer und kultureller Einfluß damals in Nordsyrien vorherrschend war: mit den Hurritern.

Die Hurriter erscheinen schon sehr früh am historischen Horizont Mesopotamiens. Bereits vor 2300 v. Chr. findet man sie westlich des Tigris, und schon während der Regierungszeit des Königs Naramsin von Akkad (2333—2270) stellen sie einen wichtigen politischen Faktor dar; doch wissen wir fast nichts über die dunklen Jahrhunderte, in deren Verlauf sich ihre Macht entfaltete. Im 15. Jahrhundert organisiert eine arische Dynastie die kleinen hurritischen Staaten zu einem großen Reich, das sich vom Tigris bis zum Mittelmeer erstreckt. Da uns also historische Fakten fast völlig fehlen, können wir hier nicht mehr tun, als mit aller Vorsicht die Rekonstruktion einer »Geschichte« zu versuchen, die uns wenigstens einigermaßen die kulturellen und religiösen Fakten erklärt, wie sie uns in dem Augenblick begegnen, da das Dokument das Problem, wenn auch nicht immer erhellt, so doch auf gebieterische Weise stellt.

Es ist sicher, daß die Hethiter niemals so unmittelbare und so ständige Kontakte mit Babylonien hatten, daß sich daraus allein der entscheidende Einfluß der babylonischen Gedankenwelt auf die Entwicklung der religiösen Kultur der Hethiter ableiten ließe. Also muß es Vermittler gegeben haben. Die historischen Umstände weisen übereinstimmend darauf hin, daß die Hurriter diese Vermittler waren. Von ihren gegen die politisch organisierten hurritischen Staaten geführten Feldzügen brachten die Hethiter, wie wir aus Annalen-Texten des hethitischen Königs Hattusili I. (etwa 1650–1620) erfahren, Gefangene ein, darunter auch Priester, ferner noch heilige Beutestücke, besonders Statuen von Gottheiten, die aus den hurritischen Tempeln entführt worden waren. Diese Episode scheint den Beginn des religiösen Einflusses der Hurriter auf die Hethiter zu markieren. Von dieser Zeit an und endgültig in dem Augenblick, da Kizzuwatna, das große hurritische Zentrum von Kilikien, in der Epoche des Suppiluliuma (gegen 1350) in den hethitischen Einflußbereich gerät, nimmt die hethitische Zivilisation eine sehr starke hurritische Färbung an, was sich sowohl im sozialen wie auch im religiösen Bereich zeigt.

Während der Jahrhunderte, in denen die Hurriter ihr politisches Bewußtsein entwickeln, sind sie in unmittelbarem Kontakt mit Mesopotamien, das für sie die Quelle aller Kultur ist. Ihr größter Ruhm, dem sie ihren künftigen Platz in der Entwicklung des alten Nahen Ostens verdanken, besteht zweifellos darin, daß sie, obwohl Barbaren, dunkel spüren, was diese mesopotamische Kultur an Realitäten und Hoffnungen enthielt. Sehr bald wurden sie ihre gelehrigen Schüler. Sicher begriffen sie wenig von den sozialen Problemen und den Lösungen, die Sumerer und Babylonier für diese gefunden hatten. Die Entwicklung der hurritischen Gesellschaft, ihre soziale, rechtliche und vor allem militärische Struktur lassen es erraten. Ganz anders verhält es sich mit den religiösen Ideen der Hurriter. Denn während sie eine Reihe von Begriffen offenbar intakt bewahren, von denen man auf Grund ihre Einmaligkeit in dieser alten orientalischen Welt annehmen muß, daß sie ihnen ureigen waren — und dies ist ein sicheres Kennzeichen für ein Volk, das bestimmt ist, die Rolle des »Zivilisationsträgers« zu spielen —, entwickeln sie daneben eine höchst originale Auffassung vom »göttlichen Milieu«. Verbreitet im ganzen alten Orient über Grenzen und Nationalitäten hinweg, verstanden sie es, ebenso auf der politischen Ebene ein großes Reich zu schaffen, in dem die Nationen und Völker miteinander verbündet waren, und dem riesigen ungegliederten Komplex der zwischen Tigris und Mittelmeer gelegenen Gebiete, wenn auch nur für kurze Zeit, einen gewissen Zusammenhang zu verleihen, wie sie es begriffen, daß der politischen Einigung eine gewisse religiöse Einheit entsprechen konnte und mußte. So ging mit dem politischen Zusammenschluß der Völker auch auf geistigem Gebiet eine Umgestaltung der bisherigen partikularistischen Religionen Hand in Hand, was eine umfassende Synthese der unterschiedlichsten religiösen Anschauungen voraussetzte. Wir erleben so die Erarbeitung eines religiösen Synkretismus mit, der versucht, die verschiedenen Gottheiten des alten Nahen Ostens, von Mesopotamien bis hin ans Mittelmeer, in einer einzigen »Theologie« zu koordinieren, in welcher hurritische, sumerische und kanaanäische Gottheiten ihren Platz finden.

So entstanden die beiden großen hurritischen Mythen: »Das Königreich im Himmel« und »Der Gesang des Ullikummi«.

Eine beträchtliche Anzahl von hurritischen Texten ist an verschiedenen Stellen des Nahen Ostens wiederaufgefunden worden, vom Gebiet des Tigris bis zu den Ufern des Euphrat und zum Mittelmeer; doch stammt die Mehrzahl der Dokumente, die zumeist religiösen oder magischen Inhalt haben, aus den Archiven der hethitischen Könige von Hattusa (dem heutigen Boghazköy in der Türkei).

Diese Texte sind in einer sogenannten agglutinierenden Sprache geschrieben, die mehrere Dialekte aufweist und weder mit den indoeuropäischen noch den semitischen Sprachen verwandt ist. Bis heute ist sie nur unvollständig enträtselt, weshalb die Texte nur schwer zugänglich sind.

Glücklicherweise wurden aber zahlreiche hurritische Texte ins Hethitische übersetzt, in eine inzwischen bekannte Sprache also, und unter diesen Texten auch religiöse Dokumente, die uns hier in erster Linie interessieren, nämlich die hurritischen Mythen.

Die hurritische Theogonie, die eine Kosmogonie voraussetzt, von der uns aber nur Spuren erhalten sind, ist uns durch eine Anzahl von äußerst fragmentarischen Texten bekannt, die in den hethitischen Königsarchiven von Boghazköy wiederaufgefunden wurden. Dabei handelt es sich um hethitische »Übersetzungen« von verlorengegangenen oder noch nicht veröffentlichten hurritischen Originalen. In der Fassung, in der diese Übersetzungen auf uns gelangt sind, stammen sie größtenteils aus den letzten Jahren des hethitischen Reiches, also etwa aus der Zeit um das Jahr 1300 vor unserer Zeitrechnung.

Es wäre heute müßig, die Bedeutung dieser hurritischen Theogonie für die Entwicklung des religiösen Denkens der Hethiter abschätzen zu wollen; im übrigen ist diese Theogonie nicht original, sie scheint vielmehr das Ergebnis eines synkretistischen religiösen Denkens darzustellen, das sich wahrscheinlich zu Beginn des 2. Jahrtausends im oberen Mesopotamien in einem hurritischen Milieu, aber in engem Kontakt mit sumerischen und nordsyrischen religiösen Ideen herausgebildet hatte.

Man wird daher nicht erstaunt sein, aus dieser hurritischen Theogonie das Echo sumerischer Mythen herauszuhören und einige der großen Götter des Pantheons von Sumer darin figurieren zu sehen. Nichts jedoch in der so umfangreichen sumerischen religiösen Literatur, auch nicht in ihren entfernten mesopotamischen (babylonischen und assyrischen) Ablegern, weist auf die seltsamen Abenteuer der hier ins Spiel gebrachten Gottheiten.

Die hurritische Vorstellung von aufeinanderfolgenden göttlichen Königreichen scheint nichts gemein zu haben mit der geordneten Begriffswelt der sumerischen Theologie, die zwar Götterhierarchien kennt, jedoch nicht begreift, daß die vollkommene Ordnung der Welt eine Theogonie in dem Sinne erfordert, wie sie das hurritische religiöse Denken versteht. Zweifellos haben wir hier einen hurritischen religiösen Rahmen, der auf einem sumerischen Gedankengebäude ruht und klar den Umfang der Elemente begrenzt, die sowohl von Sumer als auch aus den nordsyrischen Mythen übernommen wurden. In der Tat sind es sozusagen die großen universalen Götter des sumerischen Pantheons, die in der hurritischen Theogonie eine Rolle spielen, und nicht die Lokalgötter, auch wenn es diesen gelang, auf dem Umweg über politische Erfolge ihrer Gläubigen an den ersten Platz zu rücken. Wenn das hurritische Kumarbi-Epos und der hurritische Gesang des Ullikummi den babylonischen Gott Marduk so entschieden ignorieren, dann zweifellos deshalb, weil die hurritischen Anleihen weit vor der Zeit der I. Dynastie von Babylon gemacht wurden. Daß die hurritischen Mythen in Nordsyrien zu lokalisieren sind, folgt hingegen klar aus den historischen Gegebenheiten und erklärt sich weiter daraus, daß dort schon Kulte und Mythen etabliert und auch an prähurritische heilige Stätten gebunden waren, wie etwa den Berg Casius (in den Mythen Khazzi genannt) bei Antiochia.

An den Beginn der Welt stellen die Sumerer vielleicht, doch die Babylonier und Assurer auf jeden Fall eine »Gigantomachie«, die der Schöpfung vorangeht; es ist das Enuma-elisch. Und zweifellos ist es auch nicht reiner Zufall, daß die Archive von Boghazköy, die uns so viele Zeugnisse übersetzter oder von babylonischen Originalen kopierter Werke (vor allem das Heldengedicht von Gilgamesch) überliefert haben, das babylonische Schöpfungsgedicht nicht kennen, da hier ein fundamentaler Gegensatz in den religiösen Grundauffassungen vorliegt. Dagegen wundert man sich nicht, in Boghazköy so viele Spuren der hurritischen Mythen und so viele Beweise für ihre Bedeutung zu finden, wenn man bedenkt, daß sich der hurritische Einfluß, besonders auf religiösem Gebiet, schon während der Regierungszeit des Hattusili I. auswirkt und bis zum Ende des Reiches weiter zunimmt, um schließlich die Überhand zu gewinnen. Bei den Texten selbst, durch die uns die hurritischen Mythen von den göttlichen Königreichen und der Theogonie bekannt sind, handelt es sich oft nur um gestaltlose Fragmente, und ihre Reihenfolge ist auch nicht immer gewiß. Sie bilden einen Zyklus von Erzählungen, deren Hauptprotagonist eine hurritische Gottheit ist, der Gott Kumarbi, der »Vater der Götter«. Zweifellos besitzen wir zuwenig Texte, um über seine wahre Natur verbindlich urteilen zu können. Doch geht aus den Texten hervor, daß Kumarbi keine der Gottheiten ist, nach denen und durch die die Welt erschaffen und organisiert wird. Die Urgötter des hurritischen Pantheons gehören den voraufgegangenen Göttergenerationen an. Unsere Texte selbst, vor allen der »Gesang des Ullikummi«, erwähnen ein Urgeschöpf Upelluri, auf dessen Schultern (Atlas!) »sie« — zweifellos die in gewissen Texten erwähnten Götter der frühesten Tage — »den Himmel und die Erde errichteten«. Der Schöpfungsakt liegt also zeitlich weit vor den Episoden des »Königreichs im Himmel« und des »Ullikummi«. Am Uranfang stehen die »Väter der Götter«, die »alten Götter«, schwächliche und unschickliche Gottheiten, die, wie die Titanen, seit dem Erscheinen der jungen Götter in der »dunklen Erde« residieren: entthront und aus dem Himmel verjagt, werden auch sie in die Hölle gestürzt.

Die Schöpfung ist jedoch am Anfang der Dinge nicht vollkommen. Bestimmte Legenden, vielleicht frühhethitischen Ursprungs, erwähnen den chaotischen Zustand der Dinge, der auf die Schöpfung des Universums folgt, und erinnern daran, daß der Mond eines Tages »vom Himmel fiel«. Gleichfalls charakteristisch für die Schöpfung in sukzessiven Stadien ist die Erwähnung der Geburt des Stromes Tigris in dem Mythos des »Königreichs im Himmel«.

Die Götter des Mythos

Die Gottheiten, die an dem Götterdrama teilnehmen, sind diejenigen, die im allgemeinen den Hurritern zugeschrieben werden und häufig in den hurritischen Ritualen und den hethitischen Ritualen hurritischen Ursprungs wiedererscheinen, besonders jene der Texte, die von den Priestern oder Zauberern aus Kizzuwatna (Kilikien) stammen: Kumarbi; Teschup, der Gott des Gewitters, Hepat, seine Gefährtin; die Stiere des Gewittergottes, Scheri und Hurri; Ischtar von Ninive usw. Außer ihnen treten noch die großen Gottheiten des sumerischen Pantheons auf. So findet man hier nicht nur die Götterpaare Anu-Antu, Enlil-Ninlil und auch Ea wieder, sondern auch die heiligen Stätten von Sumer: Nippur, das Kultzentrum des Enlil, und den *abzu*, die Wohnung des Ea, die von der mythischen Geographie auf Erden in die Stadt Eridu verlegt wird.

Der Schauplatz

Der Ort, an dem sich der Mythos vom »Königreich im Himmel« abspielt, ist offenbar der Himmel, doch es besteht ein ständiges Hin und Her zwischen Himmel und Erde. Der göttliche Samen fällt auf den Berg Kansura, der nicht lokalisiert ist, doch zweifellos eine reale Existenz hat. Nippur, von dessen göttlichem Ursprung zu Beginn der Zeiten bereits die Sumerer berichteten, besteht schon. Das Problem kompliziert sich, wenn der Schauplatz von Sumer über Urkisch, die Stadt des Kumarbi, die im übrigen historisch ist, und über Ninive, das zweifellos vor der Inbesitznahme Assyriens durch die Mitanni ein hurritisches Zentrum war, nach dem Westen und zum Mittelmeer überwechselt, und wenn das personifizierte Meer — ein kanaanäischer Begriff — und vor allem der Berg Hazzi, identisch mit dem Casius der syrischen Küste, eingreifen sowie der heilige Berg der Texte von Ras-Schamra, der »Sapôn«, Residenz einer Gottheit, deren Kult sich bis zur römischen Zeit erhielt (der Jupiter Casius ist die *interpretatio latina* des Ba'al Sapôn, den man auf Grund seiner Natur und seines anikonischen Kultes neben den Ba'al des Berges Carmel stellt).

Das Problem des Ursprungs der hurritischen Mythen, die sich um Kumarbi gebildet haben, stellt sich also unter besonders schwierigen Bedingungen, wozu noch unsere fast vollständige Unkenntnis der hurritischen Mentalität kommt. Angesichts dieser seltsamen Mischung von sumerischen Vorstellungen mit Elementen, die sich diesen nicht einordnen lassen und uns — innerhalb desselben Mythos — in ein anderes Milieu versetzen, könnte man versucht sein, diese Mythen als Ausdruck des Versuchs eines religiösen Synkretismus — des zweifellos ältesten — anzusehen, in dem kanaanäische Mythen einen ebenso wichtigen Platz einnehmen wie sumerische Ideen.

Die historischen Tatsachen und die geographischen Realitäten widersprechen dieser Auffassung des Problems keineswegs. Die

Bedeutung des kanaanäischen Beitrags zur Entstehung des Mythos ist anscheinend nicht zu überschätzen. Die Zukunft wird zeigen, ob dieser Anteil genauer bestimmt werden kann und ob vor allem Ras-Schamra — aber auch Boghazköy, das uns die hethitischen Übersetzungen der kanaanäischen Texte überliefert hat — es uns ermöglichen werden, dieses Problem der Ursprünge zu lösen, denn es ist von erstrangiger Bedeutung für die Frage nach der Einwirkung des »Kumarbi« auf die »Theogonie« des Hesiod.

DER TEXT
DAS GÖTTLICHE KÖNIGREICH

Die erhaltenen Fragmente des Mythos haben uns keinen Titel geliefert, doch lautet der Kolophon einer der Tafeln, denen wir dieses Dokument verdanken: »Erste Tafel des Gesanges des . . .«, was sofort die Frage aufwirft, ob der Mythos nicht zu einem hethitischen Ritualfest in Beziehung steht (vgl. den Mythos von Illuyanka, der mit dem Fest *purulliyasch*, dem Frühlingsfest [?] assoziiert ist). Der Text beginnt mit einer Einleitung, die die Götter auffordert, zuzuhören:
»(Hört, ihr Götter, die ihr im Himmel seid) und auf der dunklen Erde! Sie mögen hören, die mächtigen Götter (. . .) Nara, (Napschara Min)ki, Ammunki. Es mögen hören Ammezadu (und die alten Götter), die Väter und die Mütter (der Götter)!
Es mögen hören (Anu und Antu), Ischhara, die Väter und die Mütter. Es mögen hören Enlil (Ninlil) und die starken und mächtigen Götter! In den alten Tagen war Alalu König des Himmels. Als Alalu den göttlichen Thron einnahm, trat der mächtige Anu, der erste der Götter, vor ihn; er warf sich ihm zu Füßen und reichte ihm den Becher.
Während neun Jahren war Alalu König im Himmel. Als das neunte Jahr gekommen war, lieferte Anu dem Alalu eine Schlacht und besiegte ihn. Alalu floh vor ihm und nahm den Weg zur dunklen Erde. Er brach auf zur dunklen Erde, und Anu setzte sich auf den Thron. Kumarbi, der mächtige, bot ihm seine

Nahrung dar; er warf sich ihm zu Füßen und reichte ihm den Becher.

Während neun Jahren war Anu König im Himmel. Als das neunte Jahr gekommen war, lieferte Anu dem Kumarbi eine Schlacht, und (wie?) Alalu, lieferte Kumarbi eine Schlacht dem Anu. (Als er (den Glanz) der Augen des Kumarbi nicht länger ertragen konnte, befreite (Anu) sich aus seinen Händen. Er floh, Anu, (wie) ein Vogel, der zum Himmel fliegt. Kumarbi eilte ihm nach. Er packte (ihn), Anu, bei den Füßen und stürzte ihn vom Himmel.

Er (Kumarbi) biß ihm in den ›Schoß‹, und seine Mannheit stieg in ihm hinab. Als sie sich dort befand, als Kumarbi die Mannheit des Anu verschlungen hatte, freute er sich und lachte. Anu wandte sich an ihn. Er richtete diese Worte an Kumarbi: ›Du freust dich über das, was du in dir hast, weil du meine Mannheit verschlangst. Freue dich nicht über das, was du in dir hast. Ich habe darin eine schwere Last niedergelegt. Ich habe dich mit drei mächtigen Göttern geschwängert. Ich habe dich geschwängert mit dem mächtigen Gott des Gewitters, mit dem Fluß Aranzah und mit dem großen Gott Taschmischu, mit drei fürchterlichen Göttern, (deren) Samen ich in dich gelegt habe.‹ Nachdem er diese Worte gesagt hatte, erhob sich Anu in den Himmel und verbarg sich dort. (Kumarbi), der weise König, spie aus, was er im Mund hatte... Was er ausspie, (fiel) auf den Berg Kanzura... Voll des Zorns, begab sich Kumarbi nach Nipp(ur ...)«
Eine große Lücke unterbricht den Text an dieser Stelle (das letzte Drittel der ersten Spalte der Tafel fehlt; die zweite und die dritte Spalte sind äußerst fragmentarisch). Der Gott des Gewitters scheint im Innern des Kumarbi geblieben zu sein. Ein Dialog entspinnt sich zwischen Anu und dem Gott des Gewitters. Dieser scheint über seine zukünftige Größe zu sprechen. Anu berät ihn über den Körperteil des Kumarbi, aus dem er am Ende seiner Schwangerschaft herauskommen soll. Dann begibt sich Kumarbi zu Ea, dem »König der Weisheit«: »Gib mir meinen Sohn, ich will verschlingen (meinen Sohn [?])«, sagte er zu ihm. Und es scheint, daß Kumarbi etwas zu essen erhält, aber mit unangenehmen Folgen, denn Ea rät dem Kumarbi, sich

an einen Zauberer namens »der Arme« zu wenden. Dieser verursacht durch magische Handlungen und Opfer die Geburt des Gewittergottes, die dem Anu berichtet wird. Lücke.

Anu plant den Untergang des Kumarbi mit Hilfe des Gewittergottes. Kampfvorbereitungen. Der Gott Zabab, Gott des Krieges, erscheint, so auch der Stier Scheri, »der Tag«, einer der heiligen Stiere des Gewittergottes. Der Bericht über den Kampf ist durch eine Lücke verlorengegangen.

Die Spalte IV berichtet die Geburt der beiden Gottheiten, die aus dem Samen des Anu und der Erde entstehen:

Ea, (der König der) Weisheit (. . .) zählte: der erste Monat, der (zweite) Monat, der dritte Monat vergingen; der vierte Monat, der fünfte Monat, der sechste Monat vergingen. Der (siebte Monat), der achte Monat, der neunte Monat vergingen. Der zehnte Monat (kam). Im zehnten Monat begann die Erde (zu) stöhnen. Als die Erde stöhnte, (. . .) brachte sie zur Welt (zwei [?]) Kinder (wahrscheinlich »zwei Söhne«).

Ein Bote eilt, diese Geburt dem Ea (?) zu verkünden: »Die Erde (hat) zwei Kinder erzeugt . . .«

Diese beiden Kinder, der Tigris und der Gott Taschmischu, nahmen zweifellos an der Seite des Gewittergottes an dem Endkampf gegen Kumarbi teil, der mit der Vertreibung des letzteren und mit der Einsetzung des Gewittergottes als »König im Himmel« enden sollte.

Der Gesang des Ullikummi

Der »Gesang des Ullikummi«, der zu dem Zyklus des Kumarbi gehört, schließt sich an »Das Königreich im Himmel« an. Er berichtet die folgende Episode des großen Götterdramas, nämlich den Versuch des Kumarbi, dem Gewittergott das göttliche Königreich zu rauben, das dieser ihm genommen hatte.

Wie der vorangegangene Gesang beginnt auch der »Gesang des Ullikummi« mit einer Einleitung: der Dichter kündigt seine Absicht an, die Heldentaten des Kumarbi zu besingen.

»Den Gott, der (...), der weise Gedanken denkt in seinem Geist, den Vater der Götter, Kumarbi, will ich besingen! Kumarbi denkt weise Gedanken in seinem Geist. Er hegt den Gedanken, zu (schaffen) das Unglück und ein böses Wesen zu erwecken. Er plant das Verderben für den Gott des Gewitters. Er gedenkt zu (schaffen) einen Rivalen für den Gott des Gewitters. Kumarbi brütet in seinem Geist weise Gedanken aus: er reiht sie aneinander wie die Perlen eines Halsbandes.

Nachdem Kumarbi diese Gedanken in seinem Geist gedacht hatte, erhob er sich von seinem Sitz. Er nahm seinen Stock in die Hand, beschuhte seine Füße mit den Winden wie mit schnellen Sandalen. Er verließ Urkisch, seine Stadt, und begab sich zum (...), wo sich ein großer Stein befand. Der Stein war drei (?) Meilen lang und (...) und eine halbe Meile breit. Was er unten hatte (...). Sein Begehren wuchs, und er schlief mit dem Stein. In ihm (...) seine Mannheit. Er nahm ihn fünf Mal, er nahm ihn zehn Mal.

(Lücke von dreißig bis fünfunddreißig Zeilen.)

Die Geburt des Ullikummi

Zur Nachtzeit (...) (Als die mittlere) Wache (nahte) (...) Stein (...) Stein. (Sie [?]) brach(ten) zur Welt (...) Stein (...) Sohn des Kumarbi (...). Die (...) Frauen brachten ihn zur Welt, und die Göttinnen Gulschesch und Mah legten (ihn) dem Kumarbi in den Schoß. Kumarbi freute sich über seinen Sohn. Er drückte ihn an sein Herz (?), streichelte ihn. Er entschloß sich, ihm einen günstigen Namen zu geben. Kumarbi sagte zu sich: ›Welchen Namen (soll ich geben) diesem Kinde, das die Göttinnen Gulschesch und Mah mir gebracht haben und das (...) aus dem Leib gekommen ist wie ein Pfeil? Nun denn (...), sein Name sei Ullikummi. Er steige zum Himmel und (übernehme) das Königtum. Er erschlage Kummiya, die (glänz)ende Stadt (?). Er erschlage den Gott des Gewitters. Er zermalme ihn, wie man es mit dem Salz tut (?) (...) und zertrete ihn unter den Füßen wie eine Ameise (?). Er zerbreche (?) den Gott Taschmischu wie ein Schilfrohr (...). Er erschlage die Götter des Himmels wie Vögel. Er zerbreche sie (wie) wie leere Gefäße!‹

Als Kumarbi diese Worte gesprochen hatte, sagte er zu sich selbst: ›Wem soll ich meinen Sohn anvertrauen? Wer (...) und (soll) ihn (erziehen [?]) auf der dunklen Erde. Die Sonne (des Himmels) und der (Mo)ndgott werden ihn nicht sehen. Der Gott des Gewitters von Kummiya, der mächtige König, wird ihn nicht sehen und ihn nicht töten können. Ischtar, die Göttin von Ninive, die (...) (wird) ihn nicht (zerbrechen?) wie ein Schilfrohr (...).‹

Kumarbi wendet sich an Impaluri: ›Impaluri, leihe dein Ohr den Worten, die ich dir sagen werde. Nimm deinen Stab in die Hand, lege die Winde an deine Füße wie schnelle Sandalen, begib dich zu den Irsirra-Gottheiten!... Sage den Irsirra diese Worte: Kommt! Kumarbi, der Vater der Götter, ruft euch ins ›Haus der Götter ...‹ (Die Irsirra) werden das Kind nehmen und es zur (dunklen) Erde (führen).‹

(Als) Impaluri (diese Worte hörte, nahm er) seinen Stab, zog (seine Sandalen) an und brach auf. Er begab sich zu den Irsirra. An die Irsirra richtete er diese Worte: ›Kommt! Kumarbi, der Vater der Götter, (ruft) euch. Doch (ihr dürft nicht wissen), aus welchem Grund er euch gerufen hat. Beeilt euch, kommt!‹

Als die Irsirra diese Worte hörten, (sputeten sie sich), beeilten sie sich. (Sie machten sich auf den) Weg und legten den Weg zurück, ohne ein einziges Mal anzuhalten. Sie traten vor Kumarbi, und Kumarbi sprach zu ihnen: ›Nehmt dieses Kind und führt es mit euch fort. Tragt es zur dunklen Erde! Beeilt euch! Legt es, wie einen Pfeil, auf die rechte (?) Schulter des Upelluri. In einem Tag wird es um eine Elle wachsen, in einem Monat um ein Joch ...‹ Als die Irsirra diese Worte hörten, nahmen sie (das Kind) vom Schoß des Kumarbi. Sie nahmen es in die Arme und drückten es gegen die Brust, wie ein Gewand. Sie nahmen es und legten es auf den Schoß des Enlil. Der (Gott?) hob die Augen und sah das Kind, das vor seiner göttlichen Gegenwart war. Sein Körper war aus Diorit. Enlil sprach zu sich selbst: ›Wer ist es? Waren es wirklich die Schicksalsgöttinnen, die es aufzogen? Ist er es, der (sehen wird) die wütenden Kämpfe der großen Götter? Keines andern als des Kumarbi Missetat ist dies. Ebenso wie er den Gott des Gewitters zum Leben erweckt hat,

hat er (jetzt) diesen fürchterlichen Diorit-Menschen erweckt, um aus ihm seinen Rivalen zu machen.‹

(Als) Enlil diese Worte gesprochen hatte, (nahmen die Irsirra das Kind) und legten es wie einen Pfeil auf die rechte Schulter (?) des Upelluri. Der Stein wuchs. Die mächtigen (Wasser?) ließen ihn wachsen. In einem Tag wuchs er um eine Elle, in einem Monat um ein Joch … Es kam der fünfzehnte Tag: der Stein war gewachsen … Er (Ullikummi) (stand) im Meer; seine Knie wie ein Pfeil (?). Es hielt sich der Stein, über dem Wasser, wie (eine Säule). Das Meer erreichte seinen Gürtel, wie ein Schurz es tut. Wie ein Turm (?) erhob sich der Stein. Er erreichte die Höhe der Tempel und des *kuntarra*, des Himmels.

Der Gott Sonne-des-Himmels blickte herab aus der Höhe des Himmels und sah Ullikummi. Ullikummi, er (auch), sah die Sonne. Der Sonnengott sagte (sich) zu (sich selbst): ›Wer ist dieser mächtige (?) Gott, (der dort) im Meer (steht)? Sein Leib ist nicht wie der der (andern) Götter.‹ Die Sonne (stieg herab[?]) vom Himmel und ging zum Meer … Sie führte die Hand an ihre Stirn (…) vor Zorn, ihr (…). Als die (Sonne) gesehen hatte (den Stein), (…) begab sie sich zu dem Gott des Gewitters (…). (Als) er die Sonne kommen sah, sagte Taschmischu: ›Warum kommt denn die Sonne? (…) Der Grund, aus dem sie kommt, muß ein sehr wichtiger Grund sein, den man nicht ablehnen kann. Es muß eine sehr ernste Sache sein, (die) einen harten Kampf (ankündigt), eine Revolution im Himmel und die Hungersnot und den Tod auf der Erde.‹

Der Gott des Gewitters wandte sich mit diesen Worten an Taschmischu: ›Man bereite einen Stuhl für die Sonne. Man decke eine Tafel, damit sie sich kräftige!‹

Kaum hatten sie gesprochen, als die Sonne ankam. Man stellte einen Stuhl hin, damit sie Platz nähme, doch sie wollte sich nicht (setzen). Man stellte einen Tisch hin, doch sie bediente sich nicht. Man bot (ihr) einen Becher an, doch sie weigerte sich, ihn an die Lippen zu heben.

Der Gott des Gewitters wandte sich an die Sonne: ›Wer ist der schlechte Kammerherr, der seinen Stuhl hingestellt hat, auf den zu setzen du dich weigerst? Wer ist der schlechte Diener, der eine Tafel bereitet hat, von der zu essen du dich weigerst? Wer ist der schlechte Mundschenk, der dir (den Becher [?]) angeboten hat, aus dem zu trinken du dich weigerst?‹«

So endet die erste Tafel des »Gesangs des Ullikummi«.
Die am Anfang fragmentarische zweite Tafel beginnt mit einem Dialog zwischen der Sonne und dem Gewittergott, der dem nicht erhaltenen Bericht über den Besuch der Sonne bei Ullikummi gefolgt sein dürfte. Über den ihm erstatteten Bericht wird der Gewittergott böse und beschwichtigt die Furcht der Sonne:

»›Iß und sättige dich, trinke Bier und erfrische dich (. . .). Kehre zurück in den Himmel.‹ Bei diesen Worten freute sich die Sonne (. . .) sie aß (. . .) sie trank (. . .) sie erhob sich und kehrte zurück in den Himmel. Allein geblieben, beriet sich der Gott des Gewitters mit sich selbst.
Der Gott des Gewitters und Taschmischu nahmen einander bei der Hand. Sie verließen den *kuntarra*, den Tempel. Ischtar stieg vom Himmel herab (. . .) und sagte wiederum zu sich selbst: ›Zu welchem Ort eilen die beiden Brüder so schnell?‹ und sie erhob sich plötzlich, Ischtar, und sie ging (?) den beiden Brüdern entgegen. Sie nahmen sich bei der Hand und stiegen auf den Berg Hazzi. Der König von Kummiya (= der Gott des Gewitters) schaute: er richtete seinen Blick auf den entsetzlichen (?) Diorit: darob sanken ihm die Arme herunter. Der Gott des Gewitters setzte sich auf den Boden. Die Tränen rannen ihm (aus den Augen) wie Bäche. Tränen in den Augen sprach der Gott des Gewitters: ›Wer kann (einen solchen Anblick) ertragen? Wer wird es wagen, die Schlacht zu beginnen (gegen den Diorit)? Wer kann (den Anblick) seiner schrecklichen (?) ertragen?‹ Ischtar antwortete dem Gott des Gewitters: ›Mein Bruder, (. . .) weiß nicht. Sein Heldenmut ist verzehnfacht worden (. . .) Das Kind, das sie zur Welt gebracht haben (. . .) Weißt du nicht? (. . .) (als?) wir in dem Haus des Ea waren (. . .) Wenn ich ein Mann wäre (. . .) (würde ich selbst gegen ihn kämpfen)!‹«

(Lücke von ungefähr fünfundzwanzig Zeilen.)

Ischtar versucht offenbar, das Ungeheuer durch ihre Gesänge zu verzaubern. Sie setzt sich an die Meeresküste und singt:

»Ischtar (nahm?) eine Harfe und das Instrument *galgalturi*. Sie nahm (...) und (begann zu singen) einen Gesang (...) Sie legte (ihre Kleider) auf den Boden. Sie sang, Ischtar. Sie stützte sich mit den Ellenbogen (?) auf einen Felsen und den Stein des Meeres. Kam eine Große Woge des Meeres. Die Große Woge sprach zu Ischtar: ›Für wen singst du? Für wen füllst du den Mund (mit Gesängen?) Der Mensch ist taub: er hört nicht. Er ist blind: er sieht nicht und hat keine (Wahrnehmung [?]). Geh also, Ischtar, suche deinen Bruder, solange er (Ullikummi) nicht allmächtig geworden ist, solange (sein) Anblick nicht schaurig (?) geworden ist.‹ Als Ischtar diese Worte hörte, gab sie (ihre Pläne?) auf. Sie warf die Harfe und den *galgalturi* fort (...) Sie wehklagte ...«

Die Kampfvorbereitungen
Nach einer Lücke von unbestimmbarer Länge geht der Text weiter mit einer Rede des Gewittergottes (?):

»»Man mische das Fett, man (bringe) das reine Öl! Man salbe damit die Hörner des Stieres Scherisch! Man bedecke mit Gold den Schwanz des Stieres Tella (...) Man (...) die mächtigen Felsen! Man rufe das Gewitter, die Regen und die Winde (...) den Blitz, der vor Glanz funkelt, lasse man aus seinem Zimmer! Man bereite die schweren Wagen aufs beste und melde es mir!‹ Als Taschmischu diese Worte hörte, beeilte er sich und führte (?) den Stier Scherisch von der (?) Weide (...) und den Stier Tella vom Berg Im(g)arra. Vor das große Tor (des ›*kuntarra*‹ [?]) (ließ er sie treten [?]). Er brachte das reine Öl herbei. (Er salbte damit) die Hörner des Stieres Scherisch. (Er bedeckte mit Gold den Schwanz des Stieres Tella ...)«
(Lücke bis zur vierten Spalte der Tafel.)

Der Kampf der Götter
Dritte Tafel: Lücke von ungefähr 30 Zeilen.

»Als die Götter (den Bericht von der Niederlage des Gewitter-gottes) hörten, bereiteten sie ihre Wagen und gaben (dem Asch-tabi [?]) (...) Aschtabi sprang auf seinen Wagen wie ein (...) und führte den Wagen nach (...) Er versammelte die Wagen. Er schleuderte den Donner, und in einem Donnerlärm (stieg er hinab) zum Meer.«

Der Text erwähnt dann siebzig Götter, die Aschtabi auf seinem Feldzug gegen Ullikummi begleiten, der mit einem Mißerfolg endet:

»Er kann nicht (...) Aschtabi und seine siebzig Götter fielen (?) in das Meer.«

Der Angriff des Aschtabi und der siebzig Götter hat Ullikummi, der fortfährt zu wachsen, nicht verletzen können:

»Er ließ den Himmel und (die Erde...) erzittern (wie einen Turm), er wuchs und erreichte *kuntarra*. Die Höhe des Diorits erreichte 9000 Meilen und sein Leibesumfang 9000 Meilen. Er richtete sich vor dem Tor der Stadt Kummiya auf wie ein (...). Er zwang Hepat, ihren Tempel zu verlassen, so daß sie keine Neuigkeiten mehr von den Göttern erfahren konnte, so daß sie sowohl den Gott des Gewitters wie Schuwaliyatta nicht mehr sehen konnte. Hepat wandte sich an Takiti: ›Höre, o Takiti! Nimm deinen Stab in die Hand, ziehe deine schnellen Sandalen an. Geh und berufe die Versammlung der Götter ein! Der Diorit hat zweifellos meinen Gemahl, den edlen König, getötet.‹ Takiti versucht vergeblich, den Befehl der Hepat auszuführen: es gibt keine Straße mehr.«
(Große Lücke.)

Die Niederlage des Gewittergottes
Hier sollte der Bericht über den Kampf und die Niederlage des

Gewittergottes im Verlauf seines Kampfes gegen Ullikummi folgen, Ereignisse, auf die zweifellos bereits am Ende der zweiten Tafel angespielt wurde. Wo der Text wieder beginnt, finden wir Taschmischu, den Boten des Gottes, wie er der Hepat vom Schicksal des Gewittergottes berichtet:

»›An einem bescheidenen Ort (wird mein Herr wohnen müssen), bis die Jahre verflossen sind, die ihm zugeteilt wurden.‹ Als Hepat Taschmischu erblickte, fiel sie beinahe vom Dach. Wenn sie einen Schritt gemacht hätte, wäre sie heruntergestürzt; doch ihre Frauen hielten sie zurück und ließen sie nicht gehen. Als Taschmischu diese Worte gesagt hatte, stieg sie wieder von dem Turm herunter und ging zu dem Gott des Gewitters. Taschmischu sagte zu dem Gott des Gewitters: ›Wo sollen wir uns setzen? Auf den Berg Kandurna? Während wir auf dem Berg Kandurna sein werden, wird ein anderer sich auf den Berg Lalapaduwa setzen. (Wenn) wir fortgehen (. . .), wird es keinen König mehr im Himmel geben.‹«

Taschmischu rät dem Gewittergott, sich zu Ea, dem Gott der Weisheit, in dessen Stadt Apsuwa, der Wohnung der Urgewässer, zu begeben. (Sehr fragmentarischer Text.)

Die Versammlung der Götter
Der Kampf der Götter bedroht die Ordnung der Welt. Ullikummi gibt sich nicht damit zufrieden, den Gewittergott zu erschlagen; die gesamte Menschheit will er vernichten. Er wendet sich an die versammelten Götter:

»›Warum vernichtet ihr (die Menschheit?) Bringen die Menschen den Göttern keine Opfer dar?. . . (Wenn) ihr die Menschheit vernichtet, wird niemand mehr für die Götter (sorgen), wird niemand mehr ihnen Opferbrote noch Trankopfer darbringen. Es wird dazu kommen, daß der Gott des Gewitters, der mächtige König von Kummiya, (selbst) die Hand an den Pflug wird legen müssen, daß Ischtar und Hepat das Getreide werden mahlen müssen.‹ Und vor allem griff Ea den Gott Kumarbi an: ›Warum willst du der Menschheit Böses antun?. . . Bringt sie dir nicht mit Freude ihre Opfer in deinem Tempel dar, o Kumarbi, Vater der Götter?. . .‹«

Sehr fragmentarischer Dialog zwischen Ea und Enlil, dann begibt sich Ea zu Upelluri. Er sagt zu ihm:

»›Weißt du nicht, o Upelluri, weißt du nicht die Neuigkeit? Kennst du nicht diesen mächtigen Gott (?), den Kumarbi gestaltet hat, um ihn den Göttern entgegenzustellen, um den Tod des Gewittergottes zu planen? Er hat einen Rivalen für den Gott des Gewitters gemacht. Er steht im Meer wie ein Dioritfelsen. Kennst du ihn nicht? Wie ein Turm (?) hat er sich erhoben, er hat sich gegen den Himmel gestellt, gegen das heilige Haus der Götter und Hepat. . .‹ Upelluri erwiderte dem Ea: ›Als sie den Himmel und die Erde auf mir errichteten, wußte ich nichts von alledem. Als sie kamen und den Himmel von der Erde trennten mit einem Hackmesser (?), wußte ich auch nichts davon. Jetzt schmerzt mich meine rechte Schulter, doch ich weiß nicht, um welchen Gott es sich handelt.‹ Als Ea diese Worte hörte, drehte er die Schulter des Upelluri: der Diorit stand auf der rechten Schulter des Upelluri wie ein Pfeil. Ea wandte sich an die alten Götter: ›Hört, alte Götter, ihr, die ihr die Worte von einstmals kennt! Öffnet die alten Magazine der Väter und der Großväter! Man bringe die alten Siegel der Ahnen und versiegele sie von neuem. Man bringe das alte Hackmesser (?) aus Kupfer, mit dem sie den Himmel und die Erde getrennt haben. Man schneide (?) Ullikummi, den Kumarbi geschaffen hat, um aus ihm den Rivalen der Götter zu machen, die Füße ab!‹«

Die letzten Zeilen des Textes sind wiederum äußerst fragmentarisch. Ea läßt den Göttern durch Taschmischu mitteilen, daß er Ullikummi zum Krüppel gemacht hat: »Geht und bekämpft ihn von neuem!« Die Götter sammeln sich. Sie haben wieder Mut gewonnen. Alle gemeinsam

»beginnen sie wie das Vieh gegen Ullikummi zu brüllen. Der Gott des Gewitters sprang auf seinen Wagen . . . Mit dem Donner stieg er hinab zum Meer und begann den Kampf mit dem Diorit.«

Ullikummi fordert ihn auf, sich mit ihm zu messen. Er prahlt, er werde sein Vorhaben durchführen:

»»(Im Himmel) werde ich das Königtum übernehmen. (Ich werde) Kummiya (zerstören). Ich werde den *kuntarra* besetzen. (Ich) werde die Götter (aus dem Him)mel (verjagen).‹«

Die sehr fragmentarischen Zeilen des Textes müssen die Niederlage des Ullikummi berichtet haben.

Erwähnen wir noch zwei hethitische Mythen, den von der Schlange Illuyanka und den vom Gott Telepinu. Der erste ist Bestandteil des Rituals »des Festes des *purulli* (Neujahrsfest?) des Gewittergottes von Nerik«, eines der Kultzentren des hethitischen Reiches. Es ist höchst interessant festzustellen, daß der Text, in dem dieser Mythos auf uns gelangt ist, besonders auf die Rolle Bezug nimmt, die dieser Mythos bei der Feier des Festes spielt. Auf diesen Umstand haben wir schon bei bestimmten mesopotamischen Mythen hingewiesen, doch ist hier besonders bemerkenswert, daß uns der Text zwei Fassungen dieses Mythos liefert und hinzufügt, daß die erste »diejenige ist, die nicht mehr rezitiert wird«.

Der Mythos von der Schlange Illuyanka erzählt den Kampf des Gewittergottes gegen die Große Schlange. Der Gott, zunächst besiegt, erschlägt schließlich seinen Rivalen mit Hilfe eines Menschen. Durch seine Form und seine Details steht dieser Mythos der folkloristischen Erzählung näher als dem eigentlichen Mythos, doch ist er den universalen Mythen unmittelbar verwandt, die den Kampf einer Gottheit gegen ein Urungeheuer berichten. Hier werden wir, wie in der Mehrzahl der uns vom hethitischen und vom hurritischen Kleinasien gelieferten Mythen, in eine Zeit zurückversetzt, da Götter und Menschen Seite an Seite auf der Erde lebten.

Der »Mythos von Telepinu« (es gibt einen vollkommen ähnlichen Mythos, dessen Protagonist der Gewittergott ist) erzählt vom Verschwinden des Gottes der Vegetation: »Telepinu ist fortgegangen, hat das Getreide mitgenommen . . . das Getreide wächst nicht mehr. Das Vieh und der Mensch pflanzen sich nicht mehr fort, die Vegetation geht zugrunde . . . die Götter können ihren Hunger nicht mehr stillen . . .« Der große Gewittergott wird ängstlich: »Telepinu, mein Sohn, ist böse geworden und hat alle guten Dinge fortgenommen . . .« Die Götter machen sich auf die Suche nach ihm, ohne Erfolg. Es ist die Biene, die ihn schließlich findet, ruhend »auf einer Wiese, beim Wald der Stadt Lihzina«. Sie weckt ihn aus dem Schlaf, indem sie ihn sticht. Nach verschiedenen Episoden, in denen der Gott von neuem in Zorn gerät, läßt Telepinu sich besänftigen, kehrt in seinen Tempel zurück, und das Leben nimmt wieder seinen normalen Lauf. — Auch hier ist der Mythos Bestandteil eines Rituals, das zweifellos in hethitischen Ländern bei einer Hungersnot oder einer längeren Trockenheit durchgeführt wurde. Die Themen des Mythos — Verschwinden des Gottes der Vegetation, der Stich der Biene, die ihn aufweckt (ein folkloristisches Thema, da der Bienenstich als Heilmittel gegen die Paralyse betrachtet wird) — finden sich fast überall. Besonders eng, aber nicht unerwartet, ist die Verwandtschaft mit den sumerisch-babylonischen Mythen, die vom Abstieg der Göttin Ischtar in die Hölle berichten — mit ihrem Verschwinden hört alle Fortpflanzung auf Erden auf —, und natürlich mit jenen kanaanäischen und syrischen Mythen, die zum Zyklus des Tammuz-Adonis gehören, Mythen, in denen das Verschwinden des jungen Gottes das Aufhören des Lebens verursacht.

Die Mythologie der Westsemiten

»Die Semiten haben niemals eine Mythologie gehabt. Die klare und einfache Art, in der sie Gott getrennt von der Welt sahen (...), schloß jene großen göttlichen Gedichte aus, in denen Indien, Persien und Griechenland ihre Phantasie entfalteten.« Als Ernest Renan im Jahre 1855 dieses Urteil aussprach, dachte er an den semitischen Ursprung der großen monotheistischen Religionen der Welt, an Judentum, Christentum, Islam, und an das Fehlen von Mythen in der Literatur der präislamitischen Araber, deren Lebensweise und Zivilisation aus diesen letzten Vertretern der antiken Nomaden Begründer des Monotheismus zu machen schienen. Kurz danach enthüllte die Entzifferung der Keilschriften die Existenz einer reichen Mythologie bei den Ostsemiten, den Assyrern und Babyloniern und führte zur Verwerfung der Ansicht Renans. Doch handelt es sich bei den Mythen und Legenden, die auf den assyro-babylonischen Tafeln aufgezeichnet sind, nicht um Eigenschöpfungen des semitischen Genies, sondern um Übersetzungen oder Adaptionen aus dem Sumerischen. Was man bis zum Jahre 1930 von den Religionen der Westsemiten wußte, erlaubte es kaum, von phönikischen oder syrischen Mythologien zu sprechen.

Bei den einheimischen Dokumenten handelt es sich um (im allgemeinen ziemlich kurze) Inschriften, Widmungen, Grabstelen, Verträge, die uns die Namen der zahlreichen, von den Gläubigen angerufenen oder als Bürgen genannten Gottheiten vermitteln. Doch variieren die Götternamen so sehr von einer Region, sogar von einer Stadt zur anderen, daß jede Rekonstruktion eines allen Westsemiten gemeinsamen Pantheons unsicher bleiben muß. Die Phöniker von Byblos verehrten in den frühesten Zeiten, wie ägyptische Dokumente beweisen, eine Göttin, deren wirklicher Name sich unter dem Titel Baalat oder »Herrin« von Byblos verbirgt; die Königsinschriften der ersten

Hälfte des ersten Jahrtausends v. Chr. gesellen ihr einen Baal oder »Herrn« der Stadt bei. In Sidon trägt der Nationalgott im 5. Jahrhundert vor unserer Zeitrechnung den Namen Eschmun, aus dem die Griechen den Asklepios machen werden, die Göttin dagegen heißt Astarte. Einige Kilometer südlich von Sidon stellten die Tyrier an die Spitze ihres Pantheons den Gott Melkart, wörtlich »König der Stadt« (hellenisiert in Herakles), während in Karthago, einer tyrischen Kolonie in Nordafrika, Tausende von Widmungen die Beliebtheit eines göttlichen Paares bestätigen, das aus Baal Hammon und der geheimnisvollen Tanit bestand, wobei zumindest der Name Tanit afrikanischer Herkunft zu sein scheint. Die gleiche Vielfalt charakterisiert die Pantheons der Aramäer, angefangen mit dem, das uns die große Inschrift des Königs Zakir von Hama (8. Jahrhundert v. Chr.) enthüllt und in dem Baalschamin, der »Herr des Himmels«, mit den astralen Gottheiten Schamasch, der Sonne, und Schahr, dem Mond, als Gefolge herrscht, bis hin zu jenen von Palmyra, Dura-Europos und Hatra (aus der Zeit der Römerherrschaft über den Orient), und in allen treten die heterogensten Einflüsse zutage: westsemitische, babylonische, arabische, hellenistische und iranische.

Eine derartige Vielfältigkeit kann von der Tatsache herrühren, daß in einem geographisch zerstückelten Gebiet, das nie eine andere politische Einheit gekannt hat als eine von außen aufgezwungene, jede Religion zunächst eine Stadtreligion ist. Denn jede Stadt bildete mit ihrer Bannmeile einen echten Staat, dem alles daran liegen mußte, seine Selbständigkeit sowohl auf religiöser wie auch auf politischer Ebene zu behaupten. Doch gestattet die Gemeinsamkeit des Ursprungs und der Sprache die Annahme, daß sich unter den verschiedennamigen Gottheiten in Wirklichkeit solche verbargen, die nach Gestalt und Funktion identisch sind. Allerdings ist diese Annahme kaum zu beweisen, denn wir wissen fast nichts von den Beziehungen, die die Gläubigen zwischen ihren Gottheiten sahen, es fehlt uns die genauere Kenntnis der Mythologie.

Die Entdeckung der Gedichte von Ras-Schamra — dem alten Ugarit — hat bewiesen, daß die Semiten nicht unfähig waren, Mythen zu schaffen. Bei diesen Texten müssen wir etwas verweilen, nicht nur wegen ihres Alters — sie sind im 13. Jahrhundert vor unserer Zeitrechnung verfaßt worden —, sondern vor allem, weil sie die einzigen bis jetzt bekannten Beispiele von Erzählungen liefern, die verschiedene Gestalten eines komplexen Pantheons ins Spiel bringen. Sie bieten uns nicht einen archaischen oder »ersten« Zustand der semitischen Mythologie, sondern eine echte Probe, und es ist möglich, daß in den anderen Stadtstaaten Phönikiens oder Syriens die lokalen Priesterschaften ähnliche Mythologien erarbeiteten, von denen nur verstreute Spuren bei den Autoren griechischer Sprache erhalten geblieben sind.

Die Fundstelle von Ras-Schamra wurde im Jahre 1929 von Cl. Schaeffer und G. Chenet erstmals erforscht und erwies sich als sehr ergiebig und bedeutsam. Es wurden Tontafeln ans Licht gebracht, die eine Keilschrift eines bis dahin unbekannten Typs zeigten. Da diese Schrift dreißig verschiedene Zeichen kennt, mußte es sich also um ein Buchstabenalphabet handeln und nicht um eine Silbenschrift, wie es die von den Assyro-Babyloniern verwendete ist. Trotz des Fehlens von Bilinguen wurde die Entzifferung rasch zu Ende geführt und die Arbeitshypothese der ersten Interpreten voll bestätigt: die Texte sind in einer west-semitischen, dem Phönizischen und der »Sprache von Kanaan« verwandten und von den Israeliten übernommenen Sprache geschrieben. Die in dem Baalstempel von 1929 bis 1938 entdeckten und von M. Ch. Virolleaud mit Übersetzung herausgegebenen Tafeln sind zu einem guten Teil mythologischen Inhalts. Die Mythen sind in poetische Form gebracht, wobei wie im Alten Testament das Prinzip der Parallelität der Satzglieder Stilmittel ist. Hierfür nachfolgendes Beispiel:

a) Kein Feind wird sich gegen Baal erheben,
b) Kein Gegner gegen den Wolkenreiter.

Leider sind die Texte, die geborgen wurden, allzuoft verstümmelt. Man schätzt, daß von einem solchen Gedicht nur 100 Zeilen von den insgesamt 400 auf uns gelangt sind, die die Tafel tragen müßte; auch sind die erhaltenen Fragmente nicht zusammenhängend. Die Schwierigkeiten der Interpretation der unbeschädigten Teile sind daher oft unüberwindlich. Dies allein schon deshalb, weil die Schrift von Ugarit keine Zeichen für die Vokale hat, so wird z. B. eine verneinende Partikel nicht anders geschrieben als eine bejahende. Bei der Übersetzung vieler Ausdrücke muß es daher oft bei Mutmaßungen bleiben, oder es werden Sinndeutungen nach dem Zusammenhang des Textes versucht; nicht selten aber auch greift man zu gewagten Wortableitungen. In Anbetracht dieser sachbedingten Schwierigkeiten und bei der Möglichkeit neuer Entdeckungen dürfen die Vorstellungen, die man sich von der Mythologie von Ugarit machen kann, nur als bruchstückhafte und vorläufige genommen werden.

Ugarit lag im Schnittpunkt verschiedenartigster Einflüsse — semitischer, sumero-babylonischer, hurritischer, ägyptischer und ägäischer —, wie die dort ausgegrabenen, bunt zusammengewürfelten Kunstwerke und in verschiedenen Sprachen abgefaßten Dokumente beweisen. Doch sind die Mythen in einem semitischen Idiom aufgezeichnet, und die Götter, die darin ins Spiel gebracht werden, tragen semitische Namen. Also haben die Semiten es verstanden, Mythen zu schaffen. Vielleicht wäre hier noch hinzuzufügen, daß sie das nicht aus reinem Vergnügen am Erzählen taten. Manche Texte enthalten Angaben über die Liturgie, was darauf schließen läßt, daß die Gedichte wohl bei Tempelfesten rezitiert oder gesungen wurden. Dabei wird in diesen Mythen nicht nur über den Ablauf eines Rituals berichtet, es wird auch erklärt und damit gerechtfertigt, denn es soll ja die Gläubigen die Großtaten der Götter wiedererleben lassen.

Der Gott El

Das Pantheon von Ugarit wird von El regiert, dessen Name fast allen semitischen Sprachen gemeinsam ist und »Der eigentliche Gott« bedeutet. In seinem Titel »Stier« drückt sich seine unwiderstehliche Macht aus; er ist der Vater der unzähligen Götter, der »Vater der Menschen«, der »Schöpfer der geschaffenen Dinge«. Vorgestellt wird er als Greis, und er heißt auch »Vater der Jahre«, so wie der Gott Israels in der Vision Daniels (VII, 9) den Titel »Alter der Tage« trägt. Vom Greis hat El den schneeweißen Bart, die unendliche Weisheit und die Güte. Er ist der »Gnädige«, der »Erbarmende«, und die »schönen Namen«, die der Koran Allah verleiht, erinnern an diese Beiwörter. Doch erscheint dieser Schöpfer seltsam entfernt von seiner Schöpfung. Er wohnt an einem geheimnisvollen und fernen Ort: »an der Quelle der Flüsse, in der Tiefe der Abgründe«, wahrscheinlich am Zusammenfluß der beiden Arme des kosmischen Flusses, der mit seinen Wassern das sichtbare Universum einschließt (die »Wasser oben« und die »Wasser unten« getrennt durch das Firmament, nach Genesis 1, 6–7). Hierhin kommen die Götter, um ihm ihre Beschwerden vorzutragen; doch in den epischen Erzählungen, von denen wir noch sprechen werden, scheint El im Hintergrund zu bleiben. Ist er ein müßiger Gott, ein Schöpfer, der sich von seiner Schöpfung zurückgezogen hat? Oder ist er nicht vielmehr ein erhabener Garant der kosmischen Ordnung, der von oben das Spiel der Kräfte überwacht, von denen das Leben der Welt und der Menschen abhängt – Kräfte, die in anderen Göttern inkarniert sind, die den Menschen näherstehen und von ihnen mit größerem Eifer verehrt werden?

Vielleicht ist es nicht immer so gewesen. Das Gedicht, das man »Die Geburt der huldvollen Götter« genannt hat, scheint der einzige Rest eines mythologischen Zyklus zu sein, in dem der Gott El eine mehr aktive Rolle spielt. Am Ufer des Meeres stehend, betört er zwei Frauen durch die Größe seiner »Hand« (seines männlichen Gliedes). Während ein Vogel am Feuer gebraten wird, werden die beiden Frauen seine Gattinnen. Sie gebären die »huldvollen Götter« Schahar, »Morgenröte«, und Schalim, »Frieden« oder »Dämmerung«, die von der Göttin Athirat, der Barmherzigen, der bestallten Gefährtin des Vaters der Götter, gestillt werden. Die Neugeborenen haben einen großen Appetit, und El trägt ihnen auf, sieben Jahre lang Äcker und Weiden zu durchstreifen, während die Nahrung sich in den

Speichern ansammelt. Der Text ist unterbrochen von Rubriken, die bestimmte, im übrigen rätselhafte Riten vorschreiben. Eine solche Rubrik, »Laß ein Ziegenlamm in der Milch kochen«, rechtfertigt das den Israeliten in Exodus 23, 19 auferlegte Gebot: »Du sollst ein Ziegenlamm nicht in der Milch seiner Mutter kochen!« Das Gedicht muß die Feier einer heiligen Trauung begleitet haben, die dazu bestimmt war, die Fruchtbarkeit der Äcker und Herden zu fördern. Als Ackerbau-Mythos steht das Gedicht »Die Geburt der huldvollen Götter« im Gegensatz zu den andern ugaritischen Texten, weil es dem Gott El einen anderen Platz anweist. Es ist erstaunlich, daß kein Mythos erzählt, wie dieser »Schöpfer der geschaffenen Dinge« sein Demiurgenwerk vollendete. Wurde das Oberhaupt des Pantheons von Ras-Schamra etwa von einem neuen Gott entthront oder gar von dem später durch die Semiten Ugarits zu höchster Würde erhobenen Gott Baal?

Baal und der Fürst des Meeres
Nach dem Alten Testament ist Baal die übliche Bezeichnung für die »falschen Götter«. Etymologisch bedeutet das Wort der »Herr«, und dieser Titel allein zeigt schon das Ausmaß der Befugnisse Baals an. In der ugaritischen Literatur ist Baal eine durch zahlreiche Aspekte ausgezeichnete göttliche Persönlichkeit. Er trägt den Beinamen »Kalb« oder »Ochsenkalb«, und eine ähnliche Figur läßt sich in den Zügen des »Goldenen Kalbs« erkennen, dessen Bildnis die abtrünnigen Israeliten aufstellten und anbeteten (Exodus 22, 4; 1. Könige 12, 28). Auf den Höhen des Tsaphon — was vielleicht die »Nebelwolke« bedeutet — wohnend, ist er ein Gott der Gewitter wie der Gott Hadad der Aramäer und der Jahwe der Israeliten. Er oder eine ähnliche und namensgleiche Gestalt ist es, die von den Gegenpropheten des Elias (1. Könige 18) auf dem Gipfel des Karmel vergeblich beschworen wird, der Trockenheit ein Ende zu machen. Da Baal die atmosphärischen Vorgänge und die Niederschläge regelt oder verkörpert, hängen von ihm die guten Ernten ab. Mit dem Blitz bewaffnet, ist er schließlich ein Kriegsgott, der sich in den Rang des Streiters der Götter erhebt und in

ehrlichem Kampf den Ehrenplatz unter den Göttern Ugarits erobert.

Der Fürst Jam — sein Name bedeutet »das Meer« —, auch der »Fluß-Richter« genannt, wollte, daß ihm ein Palast errichtet würde. Dazu erbat er die Hilfe des Architekten- und Handwerkergottes Kuthar, des »Geschickten«. Dieser Gott symbolisiert die wunderbaren Zivilisationen jenseits des Meeres, denn »Kreta ist seine Residenz, Ägypten sein Erbteil«. So lautet die Nachricht, die man dem Gott El überbringt. Dieser scheint die Absicht seines Sohnes Jam zu billigen und ist bereit, ihm die Königswürde unter den Göttern zuzuerkennen, ohne die Proteste des Gottes Astar zu berücksichtigen, der Anspruch auf den göttlichen Thron hat und ständig abgewiesen wird. Doch Jam wird anmaßend. Man nimmt an, daß Baal sich geweigert hat, ihm den Tribut zu zollen; denn der Fürst des Meeres schickt seine Vertreter zur Versammlung der Götter, um zu fordern, daß Baal ihm als Sklave ausgeliefert werde. Bei der Kunde vom Nahen der Gesandtschaft werden die Götter von Furcht ergriffen, und verwirrt »neigen sie ihr Haupt auf die Knie«. Baal tadelt sie ob ihrer Feigheit und befiehlt ihnen, den Kopf zu heben. Die Abgesandten des Jam begrüßen El ehrerbietig, und dieser erklärt sich bereit, ihnen Baal auszuliefern; er tut dies anscheinend nicht ohne Ironie, denn er kündigt ihnen an, daß sie es mit einem starken Gegner zu tun haben würden. In der Tat wird Baal von den Göttinnen Anat, seiner streitbaren Schwester, und Astarte unterstützt. Im Verlauf des Berichtes sehen wir, wie Baal sich zum Kampf mit dem Fürsten des Meeres wappnet. Der dienstfertige Kuthar hat ihm zwei Keulen geschmiedet, die wie die Schwerter der Helden der Ritterromane symbolische, vielleicht mit magischer Kraft ausgestattete Namen tragen: »Jage!« und »Schlage zurück!« und »In der Hand des Baal fliegen wie Adler«. Mit ihnen zerschmettert Baal das Haupt des Feindes, und Astarte (?) ruft aus: »Wahrlich, Jam ist tot, und Baal ist unser König!«

Der Mythos von Baal und dem Fürsten des Meeres hat zwei unterschiedliche Interpretationen erfahren. Die eine, historischer Natur, sieht in Jam die Personifizierung der »Seevölker«, die die phönikische Küste angreifen und von dem Nationalgott von Ugarit zurückgeschlagen werden. Die andere stützt sich auf einen Vergleich zwischen diesem Mythos und dem babylonischen Schöpfungsgedicht, in dem Marduk, der Streiter der Götter, den Leichnam der Tiamat, der Macht des Meeres, in zwei Teile spaltet, um daraus die Welt zu formen. Doch sind die Hinweise, die diese Hypothese rechtfertigen sollen, wenig überzeugend, und man sollte eine solche Spekulation nicht gerade auf die beträchtlichen Lücken des Textes stützen. Wenn Baal auch nicht als Demiurg erscheint, so kann man ihn doch zumindest als Ordner des Kosmos betrachten, der durch die Angriffe des feuchten Elements bedroht wird.

Der Palast des Baal. Die Göttin Anat

Über den Zusammenhang der Texte, deren Held Baal ist, läßt sich nichts Genaues sagen. Es ist also nicht sicher, daß die beiden Tafeln, die den Bau des Baalspalastes zum Hauptmotiv zu haben scheinen, auf die Episode des Sieges über Jam folgen. Der Beginn der ersten Tafel läßt uns einem seltsamen Geschehen beiwohnen: Zunächst ist von den Vorbereitungen für das Festmahl zu Ehren des Baal die Rede, dann sehen wir seine Schwester Anat Krieger bekämpfen und hinschlachten, bis zu den Knien in deren Blut waten und ihre Köpfe aufstapeln. Diese Kampfeswut der Göttin erklärt die Darstellung, die ihr die Ägypter gegeben haben, und die Beliebtheit, deren sie sich zusammen mit einer anderen, ihr sehr ähnlichen semitischen Göttin, der Reiterin Astarte, bei den Eroberer-Pharaonen der XIX. Dynastie erfreute. Nachdem das Massaker beendet ist, empfängt Anat eine Botschaft des Baal, die ihr befiehlt, sich wieder friedlicheren Arbeiten zuzuwenden, welche sich auf die Fruchtbarkeit des Bodens zu beziehen scheinen; denn die kriegslustige Jungfrau ist auch Göttin des Lebens und der Fruchtbarkeit. Ihr Name muß mit der semitischen Bezeichnung für Quelle, *ayn*, verwandt sein. Baal beruft seine Schwester zu sich. Anat wundert sich darüber. Hat sie nicht alle Feinde ihres Bruders erschlagen, den Fürsten des Meeres, den Drachen Tannin und Lotan, die »schleichende Schlange, das Tier mit den sieben

Köpfen«? Wahrscheinlich bittet Baal seine Schwester, ein gutes Wort bei dem Gott El für ihn einzulegen, und sie erklärt diesem: »Der Mächtige Baal ist unser König, unser Richter, keiner steht über ihm ... dennoch hat er kein Haus wie die Götter, hat er keinen Hof wie die Söhne der Athirat.« Durch Anat betört oder bedroht, gibt der Vater der Götter nach und schickt nach Ägypten, den göttlichen Baumeister Kuthar zu holen. Auf der zweiten Tafel ist es Athirat, die Mutter der Götter selbst, die das Königtum des Baal anerkennt und El bittet, ihm einen herrlichen Palast aus Gold, Silber und Lapislazuli zu bauen, damit Baal ausgiebigen Regen schicke. Dann sehen wir Kuthar am Werk, wie er in dem im Bau begriffenen Palast seine Essen anzündet; doch Baal ist über die Pläne des Kuthar beunruhigt, denn dieser will in dem Haus, das er baut, Öffnungen aussparen. Dennoch denkt Baal an das üppige Festmahl, das er den Göttern und Göttinnen anrichten wird, und reist ab, die Städte seines Königreichs zu besuchen. Nach seiner Rückkehr billigt er den Plan des Kuthar; ein Fenster wird offen bleiben. Plötzlich ändert sich der Ton. Kaum durch die Fertigstellung des Palastes erhöht, wird das Königtum des Baal durch den an einem unterirdischen und stinkenden Ort wohnenden Gott Mot bedroht, der Baal herausfordert.

Bei dem Palast des Baal scheint es sich gleichzeitig um dessen himmlische Residenz wie auch um den Baalstempel in Ugarit als deren irdisches Gegenbild zu handeln. Höchstwahrscheinlich wurde das Gedicht bei den Einweihungszeremonien oder bei der regelmäßig wiederholten und erneuerten Inthronisation Baals feierlich rezitiert (vgl. den Bericht über die Einweihung des Tempels in Jerusalem durch Salomo in 1. Könige 8). Als Herr des Gewitters sichert Baal die Ernährung der Menschen und der Götter, muß jedoch, um seine Wohltaten auszuteilen, seine Wohnung verlassen und als Regen auf die Erde fallen. Dies zeigt uns die folgende Episode.

Baal und Mot

Mot, dessen Name »Tod« zu bedeuten scheint, fordert Baal auf, in seine Kehle hinabzusteigen, die begierig sei, ihn zu verschlingen. Er streckt »seine Lippen bis zum Himmel, seine Zunge bis zu den Sternen«. Baal leistet keinen Widerstand und erklärt sich zum Sklaven des Mot. Bevor er sich seinem Gegner ergibt, vereinigt sich Baal mit einer Färse, die vielleicht niemand anders ist als Anat, und es wird ihm ein Sohn geboren. Diese Episode scheint anzuzeigen, daß Baal vor seinem Verschwinden für die Fortpflanzung des Viehs verantwortlich ist. Wenn der Bericht wieder einsetzt, meldet man El den Tod des Baal, des »Fürsten der Erde«, und der Vater der Götter führt den Leichenzug an. Anat weint und zerfleischt sich die Brust. Inzwischen versucht Anat, Astar auf den Thron zu setzen, den Baal verlassen hat, doch der Prätendent ist der Aufgabe nicht gewachsen. Anat macht sich mit der Sonnengöttin Schapasch, die alle Winkel des Universums kennt, auf die Suche nach ihrem Bruder, findet Mot und rächt sich an ihm: »Sie mäht ihn nieder, würfelt ihn, röstet ihn, verstreut sein Fleisch über die Felder, und die Vögel fressen es.« Da erfährt El durch einen warnenden Traum, daß Baal dem Leben wieder zurückgegeben wird: im voraus sieht er »den Himmel Öl herabtropfen, die Bäche fließen wie Honig«. Er befiehlt Anat und Schapasch, sich auf die Suche nach Baal zu machen, und ein Tafelfragment berichtet, wie die beiden Göttinnen den toten Gott auf die Höhen des Tsaphon tragen, wo er, wie man annehmen kann, die Ausübung seiner glorreichen Herrschaft wiederaufnehmen wird.

Es handelt sich eindeutig um einen Ackerbaumythos, um die Basis eines Fruchtbarkeitsrituals. Baal ist hier die Personifikation des Regens, dessen die Erde bedarf, um ihre Frucht hervorzubringen. Mot verkörpert das Korn, das sich mit dem vom Himmel gefallenen Wasser vollsaugen muß. Wenn die Regenschauer vorüber sind, ist Baal tot; er hat seine Substanz dem Korn gegeben, das nun reift. Doch in dem Augenblick, da der Thron des Baal leer bleibt, im hohen Sommer, sammeln Anat und die Sonnengöttin sorgfältig die Reste des Königs und bereiten die Wiederherstellung der Wolken vor. Die Behandlung, der Anat den Mot unterzieht, erklärt sich durch das Ritual der »letzten Garbe«, das durch verschiedene Sagen bestätigt ist:

In dem Korn wird der Geist der Fruchtbarkeit bewahrt, um im folgenden Jahr eine neue Ernte zu erhalten. Dieser Ritus ist hinter jener Episode des Mythos klar zu erkennen. Auch ist die Trauer der Anat das Vorbild der Tränen, die die Gläubigen vergießen, der Geißelungen, die sie an sich vollziehen, bestürzt über das tragische Schicksal des Gottes, der sich hingegeben hat, um ihre Nahrung zu sichern, sich freiwillig hingegeben hat, denn seine Wahl ist schon in dem Augenblick getroffen, da er Kuthar in seinem himmlischen Palast ein Fenster anbringen läßt, die Öffnung, durch die er sich über die Erde verbreiten wird. Die Ackerbaukulte sind oft Erreger einer gefühlvollen und inbrünstigen Frömmigkeit, und der Mythos von Baal und Mot läßt erkennen, daß die Semiten von Ugarit die intensiven Empfindungen dieser Kulte kannten, und er zeigt auch, wie Baal der erste und teuerste ihrer Götter werden konnte.

Die Königslegenden

In den Gedichten von Keret und Danel sind wir nicht mehr in der Welt der Götter, sondern in der der Menschen. Doch wie in dem homerischen Heldengedicht verlagert sich die Szene ständig von der Erde in den Himmel.

Der König Keret hat seine ganze Familie verloren, Frau und Kinder, und ist jetzt ohne Erben. Der Gott El, der sein Vater ist wie Jahwe der Vater des Königs von Israel (Psalmen, 2, 7 und 89, 27), erscheint ihm im Traum und befiehlt ihm, in das Land Udum aufzubrechen zu dem König Pabil, dessen Tochter Huriya, »lieblich wie Anat, liebenswürdig wie Astarte«, er heiraten wird. Keret führt den Befehl des Gottes aus. Bei Pabil angekommen, lehnt er dessen Geschenke ab und bittet nur um die Hand seiner Tochter. In der Versammlung der Götter tritt Baal dafür ein, daß El den Keret segne. Die Segnung wird bewilligt: Keret wird sieben, acht Kinder haben, von denen eins von den Göttinnen Anat und Astarte gestillt werden wird. Die Regierung des Keret ist glücklich, und wir sehen ihn den Großen seines Reiches ein Festmahl richten. Hier folgt eine Lücke, die wir nicht ausfüllen können. Wir finden Keret wieder umgeben von seinen Enkelkindern und schwer krank. »Vater! Wirst du sterben wie die Menschen... sind die Götter sterblich?« fragt einer seiner Söhne. Doch das ganze Land, über das Keret herrscht, scheint ihn schon zu beweinen, und eine der Spalten erinnert — vielleicht mit Wehmut — an die Fruchtbarkeit des Bodens, den Reichtum der Ernten und Lesen, den ganzen Wohlstand, den der 72. Psalm einem gerechten König zuschreibt. Nach einer Beratung der Götter, bei der El fragt, wer Keret heilen könne, wir dieser wieder gesund und verflucht den zu eiligen Sohn, der seine Schwäche ausnutzen wollte, um an seiner Stelle zu regieren.

Danel, der in dem Buch Ezechiel (14, 14 und 28, 3) als ein Gerechter und Weiser der frühen Zeiten erwähnt wird, ist ebenfalls ein König ohne Nachkommen. Er hat keinen Sohn, der ihm bei Kulthandlungen assistieren und seine Feinde bekämpfen könnte. Baal hat Mitleid mit ihm, verwendet sich bei dem Gott El für ihn, und Danel wird ein Sohn namens Akat geboren. Als Danel eines Tages vor seiner Türe sitzt, um »die Sache der Witwe und des Waisenkindes zu richten«, sieht er den Gott Kuthar auf sich zukommen. Danel läßt ihm zu essen und zu trinken geben, wie Abraham seinen drei göttlichen Besuchern von Mambre (Genesis 18, 3). Kuthar überreicht ihm einen Bogen und Pfeile, die Danel dem Akat anvertraut, als er ihn auf die Jagd schickt. Hier begegnet Akat der Göttin Anat, die den Bogen des Kuthar begehrt. Sie bietet ihm Gold, Silber und schließlich die Unsterblichkeit an, wenn Akat einwillige, ihr die Waffe zu überlassen. Der junge Mann weist das Angebot der Göttin zurück; er weiß sehr wohl, daß der Tod das Schicksal der Menschen ist, und macht sich heimlich über die Jägerin lustig. Anat ist erbost, beklagt sich bei El und bereitet ihre Rache vor. Unterstützt durch einen gewissen Jatpan, kreist Anat mit den Adlern über Akat und zerschmettert ihm das Haupt. Bei der Nachricht vom Tod seines Sohnes läßt Danel seinem Kummer freien Lauf und verflucht die Erde für sieben Jahre. Viele Einzelheiten des Gedichts bleiben dunkel. Es scheint, daß die Schwester des Akat es unternimmt, Jatpan zu bestrafen; es scheint aber auch, daß Anat die Absicht bekundet,

Akat wieder zum Leben zu erwecken, und bestimmte von Danel vollzogene Riten haben vielleicht den gleichen Zweck.

Diese Legenden bestimmen die Physiognomie und Rolle der großen Götter von Ugarit El, Baal und Anat, doch handelt es sich dabei weniger um religiöse Texte als um Weisheitsgedichte, voller Belehrungen über die Stellung des Menschen und die Haltung, die er den Göttern gegenüber einzunehmen hat. Ihr zentrales und gemeinsames Motiv scheint die Frage des Königtums zu sein, an dessen göttlichen Ursprung Keret erinnert. Der König sorgt nicht nur für Ordnung und Gerechtigkeit in seinem Reich, sondern sein Segen bewirkt auch Wohlstand, sein Fluch aber Armut. Keret und Danel betonen schließlich das Elend des kinderlosen Königs: Es bedarf der Gnade der Götter, dieses Unglück zu beheben. Welche Bedeutung die alttestamentarischen Berichte über die Könige und Patriarchen einer gottgesegneten Nachkommenschaft beimessen, ist zur Genüge bekannt.

DAS ALTE TESTAMENT

Die Israeliten haben keine Mythologie. Zu Beginn dieses Jahrhunderts gefiel man sich darin, die Legenden der Patriarchen mit Begriffen der astralen Mythologie zu erklären; diese Mode ist vorüber. Es ist gewiß, daß Heldenepen mit Göttern als Hauptgestalten, wie etwa die ugaritischen Gedichte, mit dem Ausschließlichkeitsanspruch Jahwes unvereinbar sind. Daß Mythen dieser Art also in der Bibel fehlen, bedeutet jedoch nicht, daß sie von mythischen Themen völlig frei wäre. Als sich die Israeliten nach ihrem Nomadenzug durch die Steppe in Palästina niederließen, kamen sie mit den Stadtbevölkerungen in Berührung, deren zivilisatorisches Niveau sie beeindrucken mußte. Die Palästinenser waren in Stadtstaaten organisiert, ihre Religion war polytheistisch, und das Beispiel von Ras-Schamra läßt vermuten, daß ihnen die Mythologie nicht fremd war. Diese »Heiden« sind für Israel zunächst Feinde, dazu bestimmt, in dem heiligen Krieg Jahwes zu unterliegen, doch manche von ihnen wurden Verbündete und übernahmen die

Religion ihrer Eroberer, vor allem, als um das Jahr 1000 David und Salomon die kanaanäische Stadt Jerusalem, die sie friedlich besetzt hatten, zur Hauptstadt ihres Königreichs und zum Standort ihres Tempels machten. Die Institutionen, die dann erscheinen, das Königtum, die organisierte Priesterschaft, bestimmte Feste und der Tempel selbst, haben keine Wurzeln in der nomadischen Vergangenheit Israels. Alles läßt darauf schließen, daß die ältesten hebräischen Psalmen in Jerusalem verfaßt wurden; es sind Dokumente über den Kult von Zion. Man weiß, mit welcher Schärfe die Propheten die Anbetung der falschen Götter verdammen, doch haben die Formen ihres Kultes, die Hymnen, die man ihnen sang, die Taten, die man ihnen zuschrieb, nicht doch in den Lobgesängen Jahwes überlebt, der den ausgesöhnten Kanaanitern und den für die Zivilisation von Kanaan gewonnenen Israeliten als der wahrhafte Baal, als der wahre El dargestellt wurde?

Die Psalmen und ein von der Lyrik stark beeinflußter Prophet wie Jesaja transponieren das alte Motiv der Siege des Jahwe in Ausdrücken, die an die Kämpfe des Baal erinnern. So im 74. Psalm, Vers 13-14:

Du bist es, der die Köpfe der Drachen auf dem Wasser zer-
　schmetterte.
Du bist es, der die Köpfe des Leviathan zertrümmerte.

Der Leviathan, die »flüchtige und schleichende« Schlange, von der Jesaja (27, 1) spricht, ist kein anderer als der ugaritische Lotan. Wie Baal ist Jahwe der »Wolkenreiter« (68. Psalm, 5), wie Baal ist Jahwe derjenige, der »den Weizen, den Most und das Öl« gibt (Hosea 2, 10), wie der Palast des Baal wird der Tempel des Jahwe in Zion »die fernen Gipfel des Tsaphon« (48. Psalm, 3) genannt.

Die Texte von Ras-Schamra erwähnen die von El geleitete Versammlung der Götter mehrmals. Das Bild erscheint wieder im Alten Testament; Jahwe thront unter den »Söhnen der Götter« und richtet die Welt inmitten dieses göttlichen Gerichts:

Gott steht in der Versammlung der Götter,
inmitten der Götter richtet er.
(82. Psalm, 1)

Und der »Prolog im Himmel« des Buches Hiob läßt uns einer
Sitzung dieses Gerichts beiwohnen, in der sich das Schicksal
des Helden entscheidet.
Dies ist kein Zugeständnis an den Polytheismus der Umgebung. In der israelitischen Perspektive stellen die »Götter« die
fremden Mächte dar, die das Volk Jahwes seinem Gott und
seinem Gesetz unterworfen hat oder unterwerfen soll. Die semitische Mythologie hat der Lyrik ein Arsenal treffender Mo-
tive zur Lobpreisung Jahwes geliefert, des größten der Götter,
des Königs der Götter, der Israel den Sieg über seine Feinde
schenkt.
In Jerusalem haben auch die hebräischen Überlieferungen die
Form erhalten, in der wir sie kennen. Auch hier konnten die
alten Mythen zum Ruhme des Gottes Israels wiederbelebt werden. Aus diesem Grund erinnert die in Genesis (2–3) berichtete
Erschaffung des Menschen an die sumerisch-babylonischen mythologischen Erzählungen. Verdanken wir diesen Bericht einem
Einfluß Mesopotamiens, oder ist er das Echo eines verlorengegangenen kanaanäischen Mythos? Wir wissen es nicht. Doch
für den biblischen Bericht über die Sintflut läßt sich eine Antwort geben: Viele Einzelheiten darin erinnern an die Episode
des Utanapischtim in dem Heldengedicht über Gilgamesch; allerdings strandet nach Genesis 8, 4 die Arche des Noah auf dem
Berg Ararat, wovon der babylonische Text nichts weiß. Nun ist
Ararat das Urartu der Mesopotamier, das heutige Armenien.
Und so wird deutlich, daß der biblische Bericht von einer mythologischen Überlieferung der Hurriter inspiriert sein muß,
denn diese stammten aus Gebieten, die an Armenien angrenz-
ten, und hatten sich im 2. Jahrtausend in Palästina niedergelassen (Genesis 14, 6).
Auch die spätere jüdische Literatur hat uns ähnliche mythische
Themen übermittelt. So enthält das Buch Enoch den berühmten
Bericht über den »Sturz der Engel«, die letzte Transponierung

der Verdammung der heidnischen Götter durch Jahwe. Doch hat diese Episode den Hermon zum Schauplatz, das irdische Bild des mythischen Berges, von dem herab der oberste Gott der Kanaaniter seine Königsherrschaft und Gerichtsbarkeit ausübte.

SPUREN SEMITISCHER MYTHEN IN KLASSISCHEN TEXTEN

Es wird vermutet, daß die umfangreiche mythologische Literatur in griechischer Sprache eine gewisse Anzahl von Elementen semitischen Ursprungs enthalte. So handelt es sich vielleicht in der Herakleslegende von dem Tod des Helden auf dem Scheiterhaufen des Öta um die Transponierung des tyrischen Rituals, in dem der Wiedergeburt des Gottes Melkart durch das Feuer gedacht wurde. Auf jeden Fall aber sind die klassischen Texte die einzigen Zeugen für die Existenz eines Mythos einer unbestreitbar semitischen Gottheit.

Es handelt sich um Adonis, dessen Name eine hellenisierte Form des phönikischen *adoni* ist, was »mein Herr« bedeutet. In der Form, in der sich die Legende bei griechischen und lateinischen Dichtern und Mythographen findet, gibt sie dem Adonis einen syrischen König namens Theias oder den König Cinyras von Zypern zum Vater; seine Mutter hieß Myrrha. Diese bringt, in einen Baum verwandelt, ein Kind von strahlender Schönheit zur Welt. Aphrodite nimmt es auf und vertraut es der Persephone an; diese aber verliebt sich in das Kind und will es später nicht zurückgeben. Um dem Streit der Göttinnen ein Ende zu machen, entscheidet Zeus, Adonis solle ein Drittel des Jahres bei Aphrodite verbringen, das zweite Drittel bei Persephone, über den Rest des Jahres aber nach Belieben verfügen. Da entschließt sich Adonis, auch diese vier Monate der Aphrodite zu schenken. Man erzählt auch, Adonis sei auf der Jagd gestorben, nachdem ihn ein Eber am Schenkel verwundet hatte.

Der Kult des Adonis wurde den Griechen schon im 6. Jahrhundert v. Chr. bekannt, zweifellos auf dem Weg über Zypern. Zur gleichen Zeit erwähnt ihn Hesekiel (8, 14) in Jerusalem unter dem babylonischen Namen Tammuz. Später bestätigen zahlreiche klassische und patristische Zeugnisse, welch große Verbreitung in der ganzen mediterranen Welt dieser »pathetische« Kult gefunden hatte, in dem auf die Freude über die Wiederbegegnung von Adonis und Aphrodite der Schmerz über seinen plötzlichen Tod und die Trauer der Frauen folgen. Anmut und plötzliches Ende der Gottheit wurden durch vergängliche Gärten symbolisiert. Und gewiß ist Adonis ein semitischer Fruchtbarkeitsgott, der den Geist der Vegetation verkörpert, vielleicht auch eine Erscheinungsform des ugaritischen Baal. Doch zeigt der eben besprochene Mythos auch, daß die Griechen die Legende ausgesponnen, mit einem romantischen Anstrich versehen und um Einzelzüge bereichert haben müssen, die sie wohl den Mythen anderer, nichtsemitischer Ackerbaugottheiten entlehnten, wie etwa dem Mythos der Kore.

Schließlich hat uns ein Autor des 2. Jahrhunderts unserer Zeitrechnung einige Zeugnisse über die semitische Mythologie hinterlassen, doch wird man diese »Geschichte Phöniziens« des Philon von Byblos kaum als zuverlässige Informationsquelle betrachten können, obwohl er behauptet, er übermittle die Lehre eines phönikischen Weisen, des Sanchoniathon, »der vor dem Troianischen Krieg lebte«. Die Fragmente des Philon von Byblos, die uns Eusebius von Cäsarea in seiner »Evangelischen Vorbereitung« hinterlassen hat, enthalten drei verschiedene Erzählungen.

Der erste Teil ist eine Kosmogonie weniger religiösen als wissenschaftlichen Charakters, in der die physischen Elemente und nicht die Götter handelnd eingreifen. Ihre Lehre erinnert an gewisse sogenannte »orphische« Kosmogonien.

Der zweite Teil, eine Art Geschichte des Fortschritts der Menschheit, schreibt die zivilisatorischen Erfindungen großen Männern zu, deren Namen manchmal dem semitischen Vokabularium angehören. Es sind Abstraktionen, wie zum Beispiel Misor (hebräisch *mischor*, »Redlichkeit«), der Erfinder des Salzes, oder Gottheiten wie Husor, der Erfinder der Zaubersprüche und der Navigation, hinter dem man mühelos den ugaritischen Kuthar erkennt. Die zeitgebundene Parteinahme des Philon ist mit der Anlage einer Mythologie wenig vereinbar. Wahrscheinlich ist von der phönikischen religiösen Überlieferung hier nichts übriggeblieben als einige Götternamen.

Schließlich haben wir noch eine »Geschichte der Uraniden«, in der die Göttergenerationen einander bekämpfen: Im Anfang war Elyun, der Allerhöchste, auf den Uranos folgt. Dieser wird von seinem Sohn Kronos, der Elos ist, entthront und entmannt, doch findet er einen Rächer in der Person des Zeus, der mit dem zum Götterkönig gewordenen Adodos identisch ist. Auch hier finden wir semitische Götternamen wieder: Elyun, der Elyon ist, ein in einer aramäischen Inschrift genannter Gott, auch Titel des Gottes Israels in den Psalmen; Kronos-Elos ist El; Zeus-Adodos ist Hadad, der aramäische, in der hellenistischen Epoche dem Zeus assimilierte Gewittergott. Doch ist das Schema, nach dem diese Götternamen geordnet sind, nicht semitisch; es ist eher das einer Theogonie, die an die des Hesiod erinnert, doch dem hurritisch-hethitischen Mythos des Kumarbi noch verwandter ist, wo vier Göttergenerationen auftreten und nicht drei wie bei Hesiod. Eine Tafel von Ras-Schamra bestätigt die Gleichrangigkeit von El und Kumarbi und zeigt, daß dieser Mythos in Ugarit, wo so viele Einflüsse zutage treten, bekannt war. Doch ist daraus nicht zu schließen, daß es sich um einen semitischen Mythos handle.

Die Mythologie der Griechen

Die Umwelt der Mythen

Wir verdanken Griechenland nicht nur die Bezeichnung, sondern auch den Begriff der »Mythologie«. Der hellenische Geist stellte einander *logos* und *mythos* als die zwei gegensätzlichen Denkarten gegenüber, in unserem Zusammenhang übersetzbar etwa als »das durch Vernunft Gewonnene« und »das Erdichtete«. Logos umfaßt alles, worüber man mit Hilfe der Vernunft Rechenschaft ablegen kann, alles, was an eine objektive Wahrheit heranreicht und für alle denkenden Menschen die gleiche Bedeutung hat. Mythos hingegen ist alles, was sich an die Phantasie wendet, alles, was sich jeder Nachprüfung entzieht, aber seine Wahrheit in sich selbst trägt, in seiner Wahrscheinlichkeit oder, was auf dasselbe hinausläuft, in der Überzeugungskraft, die dem Schönen innewohnt.

Zwischen diesen beiden Polen, dem *logos* und dem *mythos*, pendelt das ganze griechische Denken. Man hat sich oft darüber gewundert, daß gerade das »vernunftbegabteste Volk der Welt« zugleich dasselbe gewesen sein soll, das die widersinnigsten Fabeln vielleicht selbst erfunden, sicher aber verbreitet hat. Es ist jedoch eine müßige Frage, ob die Griechen an ihre Mythen auch geglaubt hätten; ebenso könnte man fragen, ob der »Zeus« des Phidias ein getreues Abbild des Olympiers gewesen sei — eine sinnlose Frage. Der »Zeus« des Phidias war schön, und er ließ die Seele des Betrachters das Göttliche durch seine Schönheit intuitiv erfassen — in diesem Sinn und allein in dieser »Wirklichkeit« war die Statue eine Darstellung des Gottes. Dasselbe gilt für die Mythen; jedermann konnte nach Belieben an sie glauben oder sie bezweifeln; keine einzige Göttersage wurde je von einer religiösen Obrigkeit zum Dogma erhoben und Gläubigen aufgezwungen. So sieht man denn auch, daß die Komödiendichter sie ohne jede Ehrfurcht behandeln. Aber das geht noch weiter: Jeder hatte das Recht, diese Sagen abzuwandeln, und es gibt in der ganzen hellenischen Literatur nicht einen Dichter, der ganz nach dem Ausmaß seiner Phantasie nicht sein Spiel mit dem überlieferten Sagengut getrieben, es verändert, seinen Zwecken angepaßt oder ihm den und jenen moralischen Sinn verliehen hätte. Als ein Bereich, in dem immer alles im Fluß, alles wandelbar ist, weil er sich der Eingrenzung durch die Vernunft entzieht, gleicht die Mythologie dem Ton in den Händen der griechischen Künstler, aus dem sie je nach ihrem Wunsch Tausende verschiedenster Bildwerke schufen — und eben darin liegt das tiefste Wesen dieses Sagenguts und der Grund seiner Fruchtbarkeit für die Geschichte des menschlichen Denkens. Zu allen Zeiten bot die griechische Mythologie den Poeten und Philosophen immer wieder Material zu ihren Schöpfungen. Nie wurde sie zu einer ein für allemal erworbenen, unverrückbaren Gegebenheit, nie zu einer geoffenbarten »Theologie«.

Der Symbolgehalt des Mythos

Das gilt in einem solchen Ausmaß, daß wir einen Philosophen vom Range Platons vor unseren Augen eine neue Mythe erschaffen sehen, weil er eine Erkenntnis vom Wesen der Liebe zum Ausdruck bringen will. Im »Symposion« (»Das Gastmahl«) stellt sich Platon vor, daß der Schöpfer zuerst viel stärkere, viel begabtere Menschenwesen gebildet habe, als sie es jetzt sind. Jeder Mensch besaß zwei Köpfe, vier Arme, vier Beine, und sie waren derart furchtbar in ihrer Kraft, daß der Herr der Götter, von seinem Werk beunruhigt, beschloß, sie schwächer zu machen; dazu teilte er jeden in zwei Hälften, deren jede zu einem selbständigen Wesen wurde. Und so, sagt Platon, entstand die Menschheit, wie sie nunmehr ist. Diese Hälften der ursprünglichen Geschöpfe aber spüren unbewußt, daß sie unvollständig sind, und suchen daher verzweifelt nach der anderen, sie ergänzenden Hälfte. Dieses instinktive Gefühl, dieses Drängen nach dem anderen Ich ist das eigentliche Wesen der Liebe. Sehr wahrscheinlich hat Platon diese Mythe nicht in der religiösen Überlieferung der Griechen vorgefunden, sondern sie in allen Stücken selbst erdichtet. Und was Platon im »Symposion« unternahm, hatten andere Schriftsteller schon vor ihm getan und sollten andere nach ihm unternehmen. Es gibt in der Mythologie eine ganze Reihe frei erfundener Sagen zum Zweck einer Allegorie, nur sind sie nicht immer leicht zu erkennen, wie das den Griechen übrigens auch nicht anders erging. Oft suchten sie sogar einen tiefen Sinn in Mythen, wo es einen solchen gar nicht gab.

Die allegorischen Mythen sind freilich weder zahlreich, noch sind sie die wichtigsten. Einige griechische und gewisse moderne Denker waren der Ansicht, alle griechischen Sagen hätten an einem bestimmten Punkt ihrer Geschichte eine geheime Weisheit enthalten. Das trifft nicht zu. Die Mythen der Philosophen oder der Dichter vom Schlage eines Hesiodos, welche Moralisten und daher eine Art Philosophen waren, bilden insgesamt eine eigene Kategorie, und Schöpfungen dieser Männer verdanken ihre Entstehung ausschließlich der Tatsache, daß ihren Schöpfern eben die Form des mythischen Denkens vertraut war. Solchen allegorischen Sagen ging eine ältere Mythologie voraus; sie entsprang, wir wiederholen es, einem Modus des Denkens, und seine Anwendung erwies sich als nützlich genug, daß man durch ihn ein eigengesetzliches Universum erschaffen konnte. Er tritt in der gesamten Literatur in Erscheinung: zunächst im Epos, dann in der Chordichtung und der Tragödie, bis sich schließlich auch die Philosophie seiner bemächtigte.

Der Ursprung der griechischen Mythologie

Wie konnte dieses mythische Denken entstehen? Diese Frage, die man sich unwillkürlich stellen muß, ist noch nicht mit Sicherheit entschieden. Zweifellos entspricht die hellenische Mythologie ihrem Ursprung nach einer dem menschlichen Geist innewohnenden Funktion, nämlich der Fähigkeit, imaginäre Wirklichkeiten zu erschaffen, und es steht fest, daß sich diese Fähigkeit zunächst vorwiegend im Bereich des Religiösen übte. Daher steht der griechische Mythos zwar in enger Beziehung zur Religion, verschmilzt aber nicht mit ihr. Man kann sogar sagen, daß er bis zu einem gewissen Grad »antireligiös« ist insofern, als er dazu neigt, die Gottheiten zu »ent-heiligen«: Er gliedert sie in sein Fabelwerk ein, schreibt ihnen eine Lebensgeschichte zu und oft Abenteuer, an denen wahrhaft religiöse Gemüter Anstoß nehmen müssen. Auf Kreta zeigte man ein »Grab des Zeus«: Als Pindar diese kretische Sage erwähnt, lehnt er sie zugleich entschieden ab und kann diese »Frevelhaftigkeit« nur mit der den Kretern angeblich angeborenen Lust am Lügen entschuldigen!

Mythos und Religion

Das wesentliche Merkmal der Mythologie liegt darin, daß sie das Göttliche zur Erde herabzieht, also praktisch jeden Abstand zwischen dem Unsterblichen und dem Sterblichen aufhebt. Daher sieht man einen verliebten Zeus, einen Apollon als Sklaven eines thessalischen Königs, eine von einem Lanzenstich verwundete Aphrodite, einen hinkenden Hephaistos. Die Götter haben so wie die Menschen eine Biographie, sie werden geboren, lieben, werden zornig, kämpfen, und manchmal sterben sie sogar. Ja, sie steigen sogar freiwillig auf die Erde herab, mischen sich unter die Menschen, werden ohne jegliche metaphysische Konsequenz zu Fleisch und Blut. Selbstverständlich muß dieses Fabulieren von dem eigentlichen religiösen Denken unterschieden werden. In den Heiligtümern sannen die Priester über das Wesen der Götter nach. Mitunter nahm dann ihre Lehre die Form eines Mythos an — demnach die einer heiligen Allegorie —, aber sie achteten sorgfältig darauf, die Gottheit selbst nicht mit dem Bild zu vermischen, das sich die einfachen Gläubigen oder die Dichter von ihr machten. Die Mythologie verdankt zwar den Heiligtümern viel, hat sich aber nicht zur Gänze in ihrem Schatten entwickelt.

Im Gesamtgut der Mythen gibt es zahlreiche Legenden und Sagen, die einen Beiklang des Volkstümlichen, klarer ausgedrückt: des Folkloristischen haben; vielleicht sollte man gerade in dieser Richtung die Lösung unserer Frage nach dem Ursprung suchen. Es sind jene Erzählungen, die anscheinend dem Nachsinnen über die Urüberlieferungen von Riten oder Vorstellungen, welche den Hellenen zunächst fremd waren, entsprangen. Als diese an den Gestaden des Mittelmeers ankamen, trafen sie dort Gottheiten und Kulte an, deren Bedeutung sie nicht verstanden. Sie selbst besaßen eine Religion, in der die Gottheiten schon personifiziert waren, und diese versuchten sie nun instinktiv in der neuen religiösen Welt, auf die sie gestoßen waren, »wiederzuerkennen«. Dabei bot ihnen der Mythos seine ungeheuren Möglichkeiten, die von ihnen festgestellten Unterschiede zu erklären.

Da gab es in der ägäischen Welt zum Beispiel eine weibliche Gottheit, die »Herrin der wilden Tiere«, die man in Bildwerken als eine zwischen zwei wilden Tieren stehende weibliche Gestalt darstellte. Die religiöse Bedeutung des Bildnisses vermochten die Eindringlinge natürlich nicht zu erfassen und meinten, in ihr ihre eigene Göttin Artemis zu entdecken. Aus dieser Begegnung zweier Vorstellungen sollte später die Idee einer Jagdgottheit entstehen. Vielleicht sind auf die gleiche Weise auch die unzähligen Legenden und Sagen über die Metamorphosen der Götter hervorgegangen — als bequeme Mittel zur Erklärung der tausenderlei Formen, in denen man ein und dieselbe göttliche Persönlichkeit zu erkennen glaubte. Diese erdichteten Verwandlungen kamen insbesondere dem Zeus zugute, und wir werden noch sehen, daß gerade diese Fabulierfreude einen reichen Zyklus um ihn entstehen ließ.

Es leuchtet ein, daß diese üppig wuchernden Mythen — spontane Reaktionen des hellenischen Geistes angesichts eines vorhandenen komplizierten religiösen Bestandes — ungebändigt und von jeglicher priesterlichen Autorität unabhängig blieben; gleichzeitig aber war gerade dieses Überschäumen dazu angetan, die beträchtlichen Variationen von einem Stadtstaat zum anderen, von einem Volk zum anderen zu übernehmen und zu verarbeiten. Es gibt Gottheiten, die allen Griechen gemeinsam sind, in den Mythen selbst aber spiegelt sich diese Allgemeingültigkeit erst viel später, und selbst dann immer noch mit lokalen Varianten; diese zeigen, daß die Sagen zunächst entweder da oder dort aufgetaucht sind, und zweifellos in einer Zeit, als sich die Wogen der Eindringlinge bereits gebrochen hatten und in die verschiedenen Landschaften des griechischen

Festlandes und der Inseln verebbt waren. In den ältesten erhaltenen Texten der griechischen Sprache, nämlich in den homerischen Dichtungen, erscheinen die großen Sagen der Griechen bereits in ihrer ausgebildeten Form. Gewiß, Homer selbst erzählt keine — oder fast keine, denn mitunter werden sie nur als Episoden in die Ilias und die Odyssee eingeführt —, aber zahlreiche in der Dichtung enthaltene Anspielungen auf Göttergenealogien setzen das Vorhandensein einer bereits festverwurzelten Mythologie voraus. Diese nur zu erratende Mythologie enthält Sagen über göttliche Personen sowie legendäre Überlieferungen über Helden, das heißt halb menschliche, halb göttliche Geschöpfe, die ihr Dasein der Vereinigung eines Gottes mit einer Sterblichen verdanken, oder Persönlichkeiten, die zwar von Sterblichen geboren wurden, sich aber die Freundschaft der Götter zu gewinnen wußten und vertraut mit ihnen zusammen lebten. Doch bilden diese beiden Hälften der Mythologie von diesem Augenblick an keine zwei sich streng voneinander unterscheidende Bereiche. Es besteht ein ganzes, nur undeutlich abgegrenztes Sagengebiet, in dem die Tendenz überwiegt, daß solche Persönlichkeiten mit Gottheiten verschmelzen. Man ahnt, daß dieser oder jener Held einst eine Gottheit gewesen sein muß, jedoch aus verschiedenen historischen Gründen einen Teil seines Privilegs verloren hat. Umgekehrt gibt es Helden, die wirkliche historische Persönlichkeiten gewesen waren, Könige oder Wundertäter, an die sich die Erinnerung erhalten hatte und zur Legende geworden war. Ihre Gräber wurden zu heiligen Stätten, ihre Namen wurden mit Wundergeschichten umgeben. Es kommt sogar vor, daß sich bei ein und demselben Helden beide Phänomene gleichzeitig ergaben und ein vergöttlichtes menschliches Wesen die kulturelle und mythologische Erbschaft einer uralten, halb verschwundenen Lokalgottheit antrat. Das dürfte bei Herakles ziemlich häufig der Fall gewesen sein, dem Helden, der »am weitesten um sich griff«, und es ist sehr wahrscheinlich, daß in den Überlieferungen über die Könige von Mykene und Argos oder über die ersten Herrscher Attikas Geschichte und Sage unentwirrbar ineinander verwoben wurden.

Trotz aller Verwirrung jedoch, die den Kristallisationsprozeß der griechischen Mythologie beherrschte, bildeten sich in diesem ungeheuren Stoff doch allmählich gewisse Gruppen heraus, und er begann sich zu ordnen. Das Entstehen einer Literatur, die über den engen Rahmen der Stadtstaaten hinausstrahlte, das Ausschwärmen der Menschen in den Zeiten der Kolonisierungen, die Entwicklung von Handelsbeziehungen mit allen Anrainerstaaten des östlichen Mittelmeers, der Reichtum einiger großer Heiligtümer — wie Delphi oder Olympia auf dem griechischen Festland, Milet in Asien —, all das barg die Tendenz, daß sich die Mythen »internationalisierten« und die Mythologie zum allgemeinen Träger des hellenischen Denkens wurde. Jetzt sprengt der Mythos den Rahmen des Stadtstaates, und er entsteht nicht mehr aus einer lokalen Überlieferung, sondern wird von außen eingeführt — oder richtiger gesagt, kehrt von draußen zurück, ausgeschmückt, bereichert, gesättigt mit allen Elementen, die ihm der Vergleich mit den Mythen anderer Stadtstaaten, ja selbst anderer Rassen zugetragen hatte. Nunmehr erst spielt die Mythologie ihre wesentliche Rolle in vollem Maß: nämlich als ein Denksystem mit dem Zweck, das zu erklären, was sich der Vernunft entzieht. So waren die Griechen zum Beispiel weit davon entfernt, sich etwa von der ägyptischen Religion verwirren zu lassen, in der es von Tiergestalten und Ungeheuern wimmelte; im Gegenteil: sie verlegten deren Ursprung in die Zeit, als der Gigant Typheos die Götter terrorisierte und sie sich unter den verschiedensten Formen verbergen und bis in die Sandwüste Libyens fliehen mußten. Somit bekam alles seine Ordnung: Das Unbekannte, Ungewohnte sah wieder beruhigend und vertraut aus.

In diesem Stadium entwickelten sich in der hellenischen Mythologie mehrere »Zyklen«, und sie wurden zu dem allgemeinen und festen Rahmen des Mythensystems. Da waren zunächst einmal die Theogonien, das heißt die mit der Schöpfung zeitlich zusammenfallenden Entstehungsgeschichten der Götter. Es wird vermutet, daß dieses Erklärungsbedürfnis der ältesten hellenischen Mythologie fremd war und der Gedanke von außen zu den Griechen gekommen sei, wahrscheinlich aus Kleinasien. Als nächstes wurde jeder der Großen Götter mit einer Gruppe von Sagen verschiedenen Ursprungs ausgestattet. Sie bildeten den Sagenbestand, der als »Olympierzyklus« bezeichnet werden könnte. In ihm finden sich uralte Reste der Religion indoeuropäischer Eroberer, aber auch fremdes Gut, asiatische, ägäische und vorhellenische Reste allgemeiner Art. Neben dem »Olympierzyklus« bildeten sich »Heldenzyklen« heraus, die schon mit Historischem verknüpft waren. Die Sagen über die Liebschaften des Zeus zum Beispiel konnten sich zu jeder Zeit abspielen. Die Geburt eines Helden jedoch, der Troianische Krieg oder die Gründung einer Stadt knüpften an datierbare Überlieferungen an, und diese mußten soweit wie möglich gewahrt werden. Hier ist die Sage weniger frei, die verschiedenen Sagenkreise beeinflussen einander gegenseitig. Man muß zum Beispiel erklären, warum Herakles nie dem Theseus begegnet ist, obwohl die zeitliche Abfolge der Genealogien ihre Taten ungefähr um dieselbe Zeit ansetzt. Man muß auch wissen, warum Herakles nicht am Troianischen Krieg teilnahm, obwohl er Nestor, der zu den Feldzugsteilnehmern gehörte, kannte und also sein Zeitgenosse war. Alle diese Erfordernisse wurden von den ersten »Historikern« Griechenlands sorgfältig erwogen und führten zu Konstruktionen, die nur den Sinn und Zweck hatten, die überlieferten Sagen in ihrer Chronologie aufeinander abzustimmen und so gewissermaßen allgemein glaubwürdiger zu machen.

Schließlich mußten diese von den Epikern ausgeschöpften Heldenzyklen nachfolgenden Erzählungen Platz machen, und diese trugen einen stärkeren literarischen Charakter als die bisher von uns betrachteten Sagen. Das berühmteste Beispiel für eine derartige Schöpfung ist die Ilias; wir wissen jedoch, daß es auch noch andere gab und daß nicht allein Troia, sondern unter anderen ebenso Theben, Korinth, Athen Mittelpunkte einer ganzen Mythenliteratur waren, von der uns aber nur ein sehr spärlicher Teil erhalten geblieben ist.

Diese Klassifizierung, wie sie sich aus der Entwicklung der Mythologie ergibt, ist auch für uns heute noch eine recht handliche Gliederung, und wir wollen uns ihrer auch in der vorliegenden Darstellung bedienen. Fügen wir diesen vier großen Kategorien — den Theogonien, dem Olympierzyklus, den Heldenzyklen und den »Sagenromanen« — aber noch eine fünfte Gruppe hinzu. Sie umfaßt die Einzelsagen als verstreute Zeugnisse jener großen Blütezeit der Mythen des alten Griechenlands, das der normierenden klassischen Zeit vorausging.

DIE THEOGONIEN

DIE DICHTUNG HESIODS

Der Dichter, der die berühmteste »Theogonie« verfaßte, war Hesiod aus Boiotien (und sein Werk ist zweifellos im Laufe des 8. Jahrhunderts vor unserer Zeitrechnung entstanden). Hesiod gehörte einer Familie an, die aus dem aiolischen Kyme stammte, und wahrscheinlich wurde sein Denken durch orientalische Einflüsse geprägt; es lag für ihn daher anscheinend nahe, daß er gerade die Geschichte von der Erschaffung der Welt und der Göttergeschlechter zum Thema seiner sowohl epischen als auch lehrhaften Dichtung machte. Seine »Theogonia« stellt eine schon sehr umfassende religiöse Synthese dar, in der sich in einem quasi-historischen System Gottheiten mischen und eingliedern, die allen Horizonten der orientalischen Welt entstammen. Natürlich findet man in ihr auch rein »hellenische« Götter, die von den arischen Eroberern mitgebracht worden waren. Es ist die Mehrzahl der großen »olympischen« Gottheiten (so genannt, weil der Überlieferung nach ihr Palast — ebenso wie die Burgen der großen Feudalgeschlechter der mykenischen Zeit, deren Heldentaten Homer besang — auf dem Gipfel eines Hügels oder Berges, in diesem Falle des Berges Olympos stand): Zeus, Apollon, Hephaistos und die übrigen. Aber neben diesen Gottheiten hat Hesiod einer Anzahl göttlicher Persönlichkeiten einen großen Raum und eine wichtige Rolle zugewiesen, die sich mit kaum skizzierten eigenen Merkmalen nur wenig voneinander unterscheiden. Bald stellen sie die Kräfte der Natur, astrale Wesen, Meeresungeheuer oder Geister der Vegetation dar, bald wieder einfache Abstraktionen moralischer Begriffe mit durchsichtigen Namen wir »Stärke« oder »Uneinigkeit«, und Tausende anderer.

Die Anfänge

»Am Anfang«, sagt Hesiod, »war das Chaos« — das heißt: das Sein, in dem es nichts gibt als den Raum, die Weite an sich, nichts Organisches, nichts Beschreibbares. Dann zeichnet sich in dieser Leere das erste Wirkliche ab, das ihn begrenzt und ihm allmählich einen Sinn zu geben beginnt. Die Erde (»Gaia« in der Sprache Hesiods, »Ge« im klassischen Griechisch), »die sichere Grundlage alles dessen, was ist«. Gleichzeitig ist die Welt folgendermaßen gegliedert: Es gibt von nun an ein Chaos »unter der Erde« — und dieses Chaos gebiert Erebos, jenen ungeheuren unterirdischen Raum, in dem später die Unterwelt sein wird — und eine Leere über der Erde: dort setzt Gaia ihren Erstgeborenen ein, den Himmel, der ihr entströmt ist. Gleichzeitig mit dieser organischen Teilung des Weltalls wird Eros geboren, die Liebe, die hier das abstrakte Prinzip des Verlangens und noch nicht der kleine boshafte, lasterhafte geflügelte Gott ist, dessen freche Stückchen die Dichter der hellenistischen Epoche so gern erzählen. Er war unentbehrlich für die gleich zu Anbeginn der Schöpfung entstehende Liebe; denn er ist gleichsam der universale »Motor«. Diese allumfassende treibende Kraft ruft jene ungeheuerlichen Vereinigungen der kosmischen Prinzipien hervor, jene Zeugungsvorgänge, die aller Phantasie spotten und die nichts als eine ungeheure Dialektik der Schöpfung darstellen.

Das Chaos hatte zwei »Kinder«: den schon genannten Erebos und die Nacht. Nach der Erschaffung des Himmels gebar die Erde die Gebirge und die Nymphen, die an diesem Punkt noch Gebirgsgeister sind, das Vitalprinzip, welches das geheime Leben des Berges beseelt. Ebenso ist die Erde auch die Mutter des Meeres (»Pontos«), das männliche Prinzip, die mächtige, brutale Flut, die ohne Mitwirkung der Liebe aus der Erde entstanden ist und sie umgibt. Somit war die Szenerie der Schöpfung errichtet: als fester Grund die Erde, die die Berge bis zum Himmel hob, zu dem leuchtenden Gewölbe, das sich in der unfruchtbaren Weite der Meeresflut spiegelt, und schon zeichnet sich der Wechsel von Tag und Nacht ab, denn diese Göttin Nacht hatte zwei strahlende Lichtkinder hervorgebracht, den Äther und den Tag. Der erste ist das klare, reine Licht, das man in den höchsten Regionen der Atmosphäre ahnt; er ist das Licht der Götter. Der Tag hingegen erhellt die Welt der Sterblichen und wechselt mit seiner Mutter ab, der Nacht. Auffallenderweise treten die Großgestirne Sonne und Mond in dieser ersten Schöpfung nicht eigens auf. Sie sind keine ursprünglichen Götter, sondern Elemente des »gestirnten Himmels«, und ihre Geburt unter den Namen Helios und Selene wird erst mit dem Entstehen der dritten Göttergeneration erwähnt.

Die Generation der Titanen

Bald tritt ein Paar an die erste Stelle, der Himmel und die Erde (Uranos und Gaia), die zwölf Kinder miteinander zeugen: die Titanen und die Titaninnen. Die Titanen sind sechs an der Zahl: Okeanos, der Älteste, dann Koios, Krios, Hyperion, Iapetos und schließlich Kronos. Sie haben sechs Schwestern, die Titaninnen: Theia, Rheia, Themis, Mnemosyne, Phoibe und Tethys. In dieser Liste scheinen nur einige Namen Gottheiten mit bestimmten Funktionen zu entsprechen, vor allem bei den Titaninnen: Themis ist die »Gerechtigkeit«, Mnemosyne das »Gedächtnis« oder allgemeiner die »Erinnerung«, sei es durch Denkmäler, sei es durch Bewahren im Geiste des Menschen. Es sind abstrakte Prinzipien, deren Vorkommen unter den ersten Gottheiten dafür zeugt, daß man Überlegungen über die wesentlichen Voraussetzungen anstellte, die zur Aufstellung einer »Weltordnung« nötig sind, und zwar der Welt, deren Fortbestand Mnemosyne verbürgt, die in diesem Stadium der Theogonie noch durchaus keine Gottheit der Zeit ist, denn deren »Verkörperung« drückt sich in dem Wechsel von Nacht und Tag aus, ihre geistige Dauer versinnbildlicht sich eben in Mnemosyne. Tethys — die nicht mit der gleichklingenden Nereide Thetis, der Mutter des Achilleus, verwechselt werden darf — ist eine Meeresgottheit; sie scheint die »weibliche« Fruchtbarkeit des Meeres zu verkörpern. Sie heiratete Okeanos, den ältesten der Brüder, und schenkte ihm, wie es hieß, über dreitausend Kinder, nämlich sämtliche Flüsse der Welt. Ihre Wohnung liegt weit im Westen, in dem völlig roten Land des Abends, das die Sonne jeden Tag aufsucht, wenn sie vom Himmel herabsteigt.

Die Bedeutungen der Titanennamen sind uns mit Ausnahme von Okeanos nicht recht klar. Man unterscheidet einen astralen Daimon, Hyperion (»jener, der in der Höhe reist«), der, mit seiner Schwester Theia verheiratet, die Sonne und den Mond zeugen wird, Helios und Selene. Der Großteil der Titanen lebt in der Theogonie nur in seiner Nachkommenschaft: Koios zum Beispiel, der mit seiner Schwester Phoibe (»der Glänzenden«) verheiratet ist, zeugt Leto, die später die Mutter der Artemis und des Apollon wird. Krios wird mit Eurybia, einer der Töchter der Erde und des Pontos (»Meeresflut«), den Astraios zeugen (einer der Gatten der Morgenröte Eos), den Riesen Pallas (der sorgfältig von der Göttin Pallas Athene, der Tochter des Zeus, unterschieden werden muß) und schließlich den Perses. Dieser wurde zum Vater der Göttin Hekate, »der Herrin der Nacht«, Göttin des Reichtums, der Beredsamkeit, aber auch furchterregende Zauberin, die sich in eine Hündin, Wölfin oder Stute zu verwandeln wußte. Ihre Statue mit drei Köpfen stand häufig an Kreuzwegen. Iapetos heiratete eine der Töchter des Okeanos und der Tethys, Klymene, die ihm vier Kinder schenkte: den Riesen Atlas, der später dazu verurteilt wurde, das Himmelsgewölbe auf seinen Schultern zu tragen, Menoitios, der ebenfalls an dem Aufstand gegen Zeus teilnehmen sollte und daher vom Blitz getroffen und in den Tartaros gestoßen wurde; und schließlich Prometheus und Epimetheus, von deren Sage wir noch hören werden.

Jener Titan aber, dessen Nachkommenschaft zu ganz besonderer Bedeutung gelangt ist, ist der Letztgeborene, Kronos. Von ihm ab werden unerbittlich jene Geschicke abrollen, welche die Göttergeneration der Olympier zur Macht führen sollten.

Uranos und Gaia hatten außer den Titanen und Titaninnen eine große Anzahl anderer Wesen geboren: die Kyklopen (Arges, Steropes und Brontes, drei Gewitterdämonen, deren Namen darauf hinweisen, daß sie das Licht des Blitzes, die Gewitterwolken und den Lärm des Donners verkörperten), ferner den Hekatonchireis (den »Hundertarmigen«), drei Riesen namens Kottos, Briareus und Gies. Uranos haßte diese störende Nachkommenschaft und weigerte sich, sie ans Licht kommen zu lassen. Er zwang sie, in den Tiefen der Mutter Erde eingeschlossen zu bleiben, die darüber sehr böse war. Auch war sie, wie es heißt, dieser ständigen, von ihrem Partner aufgezwungenen Schwangerschaften müde. So forderte sie heimlich ihre ältesten Söhne, die Titanen, auf, ihr zu helfen, sich an Uranos zu »rächen«. Aber mit Ausnahme des jüngsten, Kronos, erklärte sich keiner dazu bereit. Kronos haßte seinen Vater aus einem nicht recht ersichtlichen Grund. Gaia gab ihm eine sehr harte und spitze Sichel, und als sich Uranos eines Nachts Gaia näherte, um sie wieder zu schwängern, schnitt Kronos seinem Vater mit einem Hieb der Sichel die Genitalien ab und warf sie in das Weltall. Das Blut des verwundeten Gottes fiel als Regen auf Erde und Meer nieder, wo es noch weitere Gottheiten zeugte. Aus dem Blut, das die Erde befruchtete, entstanden die Erinnyen — die man auch die Gütigen, die »Eumeniden« nannte, um sie zu versöhnen; es sind dies Alekto, Tisiphone und Megaira, die drei »Furien«, grausame Dämoninnen, die in den Tiefen der Unterwelt leben, wo sie Verbrecher foltern —, die Riesen und eine neue Generation von Nymphen, die Meliai oder Nymphen der Esche. Aus dem mit dem Samen vermengten Blut, das auf das Meer fiel, entstand ein Mädchen, das zuerst bei der Insel Kythera an Land stieg und sich dann nach Kypros begab. Das war die Geburt der Göttin Aphrodite (in deren Namen die Griechen das Wort für »Schaum« erkennen). »Liebe und das edle Verlangen«, fährt Hesiod fort, »bildeten vom Augenblick ihrer Geburt an und als sie sich auf den Weg zu den Göttern begab, unverzüglich ihr Gefolge. Und vom ersten Tag an sind ihr Vorrecht und ihr Los bei den Menschen wie bei den Unsterblichen das Geplauder der kleinen Mädchen, das Lächeln, der süße Trug; das holde Vergnügen, die Zärtlichkeit und die Sanftmut.« (Theogonia, Vers 201 ff.)

Der jüngste Titan Kronos blieb also allein übrig, um über die Welt, die sich zu bilden begann, zu herrschen. Rings um ihn aber tauchten andere Göttergeschlechter auf. Die Nacht wurde zur Mutter des Schicksals, des Geschickes Kairos (»der günstige Augenblick«, *kere*) und des Hinscheidens (Thanatos). Auch der Schlaf war ihr Kind, und die ganze Sippe der Träume sowie Momos, der Gott des Sarkasmus, der Schmerz, Nemesis, die Rache der Götter, die jede maßlose Handlung der Menschen, allein schon jedes maßlose Gefühl bestraft, ebenso alles, was unter die »Sünde des Hochmuts« fällt, und die Weigerung, die Weltordnung zu achten. Die Nacht gebar weiter ausschließlich aus sich, immer noch ohne Hilfe eines männlichen Prinzips also und einzig dank ihrer Fruchtbarkeit, die Hesperiden, die Nymphen des Abends. Es sind drei, Aiglis, Erytheis und Hesperarethusa; sie wohnen im fernen Osten an den Ufern des Ozeans, unweit der Inseln der glücklichen Seelen, und halten hier ewige Wache an einem wunderbaren Obstgarten, in dem goldene Früchte wachsen. Zur Nachkommenschaft der Nacht gehören noch eine Reihe anderer Dämonen: Betrug (Apate), Zärtlichkeit (Philotes), das Alter (Geras), die Uneinigkeit (Eris), die wiederum ihrerseits Plagegeister gebar: das Vergessen, den Hunger, die Schmerzen, die Kämpfe, die Morde, die Streitigkeiten, die verlogenen Reden, die Anarchie, die Katastrophe und schließlich den Eid (Horkos), die schlimmste der Geißeln, um deretwillen es zum Eidbruch kommt und man sich dem Fluch aussetzt. Langsam bereitet sich die Welt darauf vor, den Menschen zu empfangen, für den sie tausend Ursachen des Leidens bereithält.

Es ist ziemlich sicher, daß Hesiod an diesen Stellen seiner »Theogonia« dem Pessimismus, der ihn beseelte und auf den man auch in seinem übrigen Werk immer wieder trifft, freien Lauf gelassen hat. Nicht so sicher hingegen ist, daß dieses Gefühl von allen Griechen geteilt worden wäre — für uns sind sie sorgloser, verliebt in die Schönheiten dieser Welt.

Das Lächeln der Natur muß man eher bei den Nachkommen des Pontos (Meeresflut) suchen, dessen Erstgeborener der »zuverlässige Nereus« war, den man den Alten des Meeres nennt, »weil er gleichzeitig treu und gütig ist, niemals die Gerechtigkeit außer acht läßt und nur redliche und wohlwollende Gedanken kennt« (Theogonia, Vers 233 ff.). Pontos wird mit Gaia den Thaumas zeugen, der später der Vater der Göttin Iris werden wird, der Inkarnation des Regenbogens und der Botin der Unsterblichen, dann des Phorkys, von dem es mitunter heißt, er sei der Vater des Meeresungeheuers Skylla gewesen, und schließlich zweier Töchter, Keto und Eurybia. Nereus seinerseits verband sich mit einer der Töchter des Okeanos, Doris, die ihm die Nereiden schenkte, deren Zahl je nach Überlieferung schwankt; am häufigsten ist von fünfzig die Rede, manchmal aber auch die doppelte Zahl angegeben. Unter den Nereiden, deren Großteil bloße Namen sind, werden nur einige zu Gestalten einer Sage: so Tethis, die Mutter des Achilleus, und Amphitrite, die Gattin des Olympiers und Meeresgottes Poseidon, sowie die sizilische Galatea. Die jungen und schönen Nereiden verbringen ihre Zeit im goldenen Palast ihres Vaters mit Spiel und Singen; sie bilden den Chor der Unzähligen, die unter Tritonen und Delphinen als mitfühlende Zeugen den Dramen und Geheimnissen des Meereslebens beiwohnen.

Die Meeresdämonen hingegen sind nicht immer so wohlwollend. Derselbe Thaumas, Sohn des Pontos, der der Vater der anmutigen Iris ist, hat auch die Harpyien Aello und Okypete (Sturmwind und die Schnellfliegende) gezeugt, denen man mitunter eine dritte Schwester zugesellt, Kelaino (die Dunkle, die vor dem Sturm den Himmel über dem Meer überzieht). Diese Harpyien (»Verwüsterinnen«) sind übeltäterische Dämonen. Wenn sie mit der ganzen Schnelligkeit ihrer Flügel auf das Meer niederstoßen, kann ihnen nichts widerstehen. Alles entwurzeln sie im Flug. Man stellte sie als Raubvögel mit spitzen Klauen dar und behauptete, sie wohnten auf den Strophadeninseln mitten im Ionischen Meer.

Phorkys kommt die Vaterschaft der drei »Alten Frauen des

Meers« zu, der Graien namens Enyo, Pemphredo und Deino; sie bewohnen ein nebelverhülltes Land im äußersten Westen, in dem nie die Sonne scheint. Alle drei besitzen zusammen nur ein Auge und einen einzigen Zahn, deren sie sich der Reihe nach bedienen. Die drei Graien sind die Schwestern dreier anderer Ungeheuer, der Gorgonen Stheno, Euriala und Medusa. Von ihnen war nur Medusa sterblich. Die abscheulich aussehenden Gorgonen waren wie Wildschweine mit derben Hauern bewaffnet, hatten glitzernde Augen und waren imstande, mit ihrem Blick jeden, der die Kühnheit hatte, sie anzusehen, in Stein zu verwandeln. Ihre Haare waren Schlangen, und sie konnten mit ihren goldenen Flügeln fliegen. Wie die Graien lebten auch sie an den Grenzen der Welt, Gegenstand des Entsetzens für Götter und Menschen. Trotzdem hatte sich Poseidon mit Medusa vereinigt und sie geschwängert. Nachdem Perseus sie getötet hatte, entsprangen ihrem Körper zwei Wesen: das geflügelte Roß Pegasos und Chrysaor, der Held mit dem goldenen Schwert. Dieser zeugte den Riesen mit den drei Leibern Geryon, der zum Opfer des Herakles wurde, sowie die Schlange Echidne, ein schreckliches Ungeheuer, das sich zu Typhon gesellte und ihm Kinder gebar: das Hundeungeheuer Orthros, Gefährte des Geryon, den Hund Kerberos, der die Unterwelt bewachte, die Hydra von Lerna, die von Herakles getötet werden sollte, und die Chimaira, die später von Bellerophon besiegt werden sollte.

Zuweilen behauptete man auch, aus der Inzestliebe der Echidne zu ihrem Sohn Orthros seien zwei andere berühmte Ungeheuer geboren worden, die thebanische Sphinx und der nemeische Löwe. Es sind das offenkundig Erfindungen von Dichtern, die den alptraumartigen Geschöpfen, die in den Heldenzyklen vorkamen, einen Ursprung geben wollten.

DIE GEBURT DER OLYMPIER

Auch Kronos wollte eine Nachkommenschaft haben. Er vereinigte sich mit seiner Schwester, der Titanin Rheia (oder Rhea), die ihm drei Töchter — Histia (oder Hestia), Demeter und Hera — sowie drei Söhne schenkte: Hades, Poseidon und schließlich Zeus, den Letztgeborenen. Aber auf Kronos ruhte ein Fluch. Arglistig und ungestüm wie er war, hatte er sich, nachdem er seinen Vater entthront hatte, geweigert, Gaia Genugtuung widerfahren zu lassen. Statt seine Brüder, die Uranos verurteilt hatte, das Licht nicht zu erblicken, zu befreien, hielt nun er sie in ihrem unterirdischen Gefängnis eingesperrt. Das brachte Gaia gegen ihn auf. Sie drohte ihm, er würde an sich dasselbe Los erfahren, das er seinem Vater zugefügt hatte, und seine Kinder würden nunmehr ihn entthronen. Um sich gegen diese Drohung zu sichern, verschlang er daher jeweils die ihm von Rhea der Reihe nach geschenkten Kinder, sowie sie geboren waren. So verschlang er die ersten fünf. Aber als der kleine Zeus geboren werden sollte, beschloß Rhea, dieses Kind zu retten. Mit Wissen der Gaia nahm sie Zuflucht in einer Höhle auf Kreta, und dort entband sie. Dann wickelte sie einen Stein in die Windeln, brachte ihn Kronos und sagte ihm, dies sei sein Kind. Kronos erkundigte sich nicht weiter, ergriff den eingewickelten Stein und schluckte ihn. Zeus war gerettet, gleichzeitig aber Kronos zum Tod verurteilt.

Der kleine Zeus wuchs in der Höhle auf Kreta heran und war dabei in der Obhut einer Amme, der Nymphe Amaltheia, und junger Krieger, der mit Schild und Lanze bewaffneten Kureten. Diese Kureten (die Bezeichnung bedeutet »die jungen Leute«) führten um die Grotte, in der das Kind ruhte, ununterbrochen Kriegstänze auf, machten den größtmöglichen Lärm dabei, schlugen auf ihre Waffen und stießen Kriegsgeschrei aus. Damit wollten sie das Geschrei des Säuglings übertönen und verhindern, daß Kronos die List entdeckte und auch noch diesen Sohn eiligst verschlinge. Es ist sehr wahrscheinlich, daß dieser Punkt der Sage, wie das oft der Fall ist, aus einem Ritus entstanden ist: Die Tänzer dieses Kriegstanzes, der auf Kreta und in vielen anderen hellenisierten Ländern aufgeführt wurde, ahmten die Tätigkeit nach, die man den Gewitterdämonen im Gebirge und im Himmel zuschrieb. Sehr wahrscheinlich hatte dieser Brauch die Geschichte von der List der Rhea entstehen lassen.

So beschützt wuchs Zeus heran und gewann seine ganze göttliche Stärke. Es kam die Zeit, da sich das Orakel der Gaia erfüllen mußte. Zeus hatte damals eine Tochter des Okeanos zur Gefährtin, Metis (deren Name »Vorsicht« bedeutet, noch häufiger »Tücke«). Diese gab ihm eine Droge, mit der es Zeus bewirkte, daß sein Vater die seinerzeit verschlungenen Kinder wieder ausspie, denn er trug sie immer noch in sich. Alle kamen wieder ans Tageslicht. Mit diesen Verbündeten griff Zeus den Kronos und die Titanen an, die diesem zu Hilfe kamen. Es entspann sich ein Kampf, der zehn Jahre dauerte. Schließlich weissagte ein Orakelspruch der Gaia Zeus den Sieg, wenn er jenen Ungeheuern helfen würde, die Kronos seinerzeit in den Tartaros gestürzt hatte. Er gehorchte und verwirklichte so den Wunsch der von Kronos betrogenen Gaia: Zeus befreite die Ungeheuer und errang den Sieg. Kronos und die Titanen mußten in der tiefsten Unterwelt den Platz der Ungeheuer einnehmen, die nun zu ihren Bewachern wurden.

Im Kampf gegen Kronos und die Titanen hatten die Ungeheuer den jungen Göttern mächtige Waffen gegeben, die zu ihren zukünftigen Attributen zählen sollten. So schmiedeten die drei Kyklopen für Zeus den Donner, den vernichtenden Blitz und das Licht des Blitzes — und damit wird Zeus für immer zum Gott des Gewitterhimmels. Dem Hades gaben Kyklopen eine Tarnkappe, die ihren Träger unsichtbar machte. Poseidon erhielt einen magischen Dreizack, dessen Stoß die Erde und das Meer zu erschüttern vermochte. Hades wurde zum Gott der unsichtbaren Welt und herrschte über die Seelen der Verstorbenen, Poseidon wühlt die Wogen auf und ruft die Stürme und auch die im ägäischen Becken so häufigen Erdbeben hervor.

Nach ihrem Sieg teilten die Olympier das Weltall unter sich auf. Obwohl Zeus der Jüngste war, erhielt er den Vorrang und regierte den Himmel. Hades gab sich mit dem unterirdischen Teil der Welt zufrieden, der Unterwelt. Poseidon wurde der Herr der Meere.

Die Kämpfe des Zeus

Die Herrschaft der neuen Götter war jedoch noch bei weitem

nicht gesichert. Gaia war weiterhin unzufrieden. Einige ihrer Kinder, die Hekatonchireien, die Kyklopen, hatten zwar ihre Freiheit wiedergewonnen, aber an ihrer Stelle waren jetzt die Titanen eingesperrt, und Gaia hegte ihnen gegenüber nicht weniger mütterliche Gefühle als zu den anderen. So beschloß sie, ihre Ränke weiterzuspinnen, und wandte sich diesmal an die Giganten um Hilfe, jene Ungeheuer, die ihre Kinder aus dem Blut des Uranos waren. Sie überredete sie zur Auflehnung gegen die neuen Herren der Welt. Die Giganten umgab viel schützender Zauber. Sie waren nicht allein eine ansehnliche Streitmacht, sondern das Schicksal wollte es, daß sie, obwohl sterblich, dennoch unverwundbar waren, falls sie nicht ein Gott und ein Sterblicher zugleich töteten. Andererseits aber gab es ein Zauberkraut, das sie gegen die Streiche Sterblicher feite. Unter diesen Umständen war ein Sieg der Olympier mehr als fraglich. Als Zeus — zweifellos wieder durch Metis wohlunterrichtet — erfuhr, daß die Giganten sich gegen ihn erheben würden, wollte er noch vor allen anderen des Zauberkrauts habhaft werden. Daher verbot er der Sonne, dem Mond und der Morgenröte zu scheinen, und so konnte so lange niemand deutlich sehen, bis er selbst das kostbare Kraut gefunden hatte. Sodann entspann sich der Kampf auf der Halbinsel Pellene an der thrakischen Küste, wo die Giganten geboren waren. Diese bedrohten den Himmel, indem sie brennende Bäume und ungeheure Felsbrocken zu ihm emporschleuderten. Jeder der Götter schlug mit seiner Lieblingswaffe zurück. Zeus warf seinen Blitz, Poseidon griff mit seinem Dreizack ein, vor allem aber bekämpfte auch die Tochter des Zeus, Athene, durch ihre Aigis, den Harnisch aus Ziegenleder geschützt, die feindlichen Ungeheuer mit Blitzen. Im Bund mit den Olympiern kämpfte auch ein Sterblicher an ihrer Seite: Herakles. Die Anwesenheit dieses Helden aus Argos überrascht hier sehr, denn chronologisch fällt die Geburt des Herakles in eine Zeit, die viel später liegt als der Titanenkampf. Bisher war die Erschaffung des Menschen überhaupt nicht erwähnt worden — über die, wie noch zu sehen sein wird, in der griechischen Mythologie überhaupt nur vage und widerspruchsvolle Überlieferungen vorhanden sind. Hesiod allerdings spricht noch nicht vom Kampf der Giganten, der vor allem in der hellenistischen Epoche populär wurde, und die Erwähnung des Herakles ist wahrscheinlich erst eine spätere Hinzufügung. Feststeht jedoch auch, daß nicht alle Teile der Gigantomachia erst von Dichtern der Zeit nach dem Alexanderzug erfunden wurden und daß die ersten Versionen der Gigantomachia tief in alte Zeiten zurückreichen.

Typheus

Hesiod war hingegen ein anderer Kampf des Zeus gegen ein Ungeheuer bekannt — auch das eine Episode dieses Kampfes der Olympier gegen die Urgottheiten, in dem die Philosophen der klassischen Zeit den Triumph der Ordnung und Vernunft über die ordnungslose Gewalt und brutale Kraft sehen wollten. Der Zweikampf des Zeus mit Typheus war in der Theogonie Gegenstand einer langen Entwicklung, deren Echtheit von modernen Herausgebern, vielleicht mit etwas zu großer Strenge, bestritten wird. Wie dem auch sei — die Episode war zur Zeit Pindars und des Aischylos sehr bekannt, und sie quillt über von bizarren Einzelheiten, die für ihren alten und wahrscheinlich asiatischen Ursprung zeugen. Typheus (oder Typhon) ist nach Hesiod (oder dem Pseudo-Hesiod) der jüngste Sohn der Gaia und des Tartaros. Von ungeheurem Wuchs, war er größer als alle Gebirge, und sein Scheitel reichte bis zu den Sternen. Seine Hände endeten statt in Fingern in hundert Drachenköpfen. Vom Gürtel abwärts bestand sein Körper nur aus Schlangen; außerdem trug Typheus Flügel, und aus seinen Augen schlugen Flammen. Als Zeus dieses Ungeheuer erblickte, erschrak er, und aus Angst um das Weltall schleuderte er ihm den Blitz entgegen. Für den Dichter der »Theogonia« findet damit der Kampf sein Ende. Typheus wird vom Blitz getroffen und findet sich keuchend und zerschlagen im Tartaros eingeschlossen. Anderen Überlieferungen zufolge geht der Kampf weiter und verschärft sich. Als die Götter sahen, daß Typheus den Himmel angriff, bekamen sie Angst und flohen nach Ägypten, wo sie sich tief in der Wüste versteckten und verschiedene Tiergestalten annahmen, um nicht erkannt zu werden. Apollon, so heißt es, sei ein Milan, Ares ein Fisch, Dionysos ein Ziegenbock, Hephaistos ein Ochse geworden usw. Diese seltsamen Metamorphosen waren offenkundig von den Griechen erdacht worden, um, wir wir schon erwähnt haben, die »Zoolatrie« — die Anbetung der Tiere — der Ägypter zu erklären, da sie ihre nationalen Gottheiten in denen der Ägypter »wiederzuerkennen« trachteten; diese Metamorphosen sind also als spätere Hinzufügungen zu der Sage anzusehen. Während die Olympier auf diese Weise entflohen, stellten sich Zeus und seine Tochter Athene zum Kampf. Schließlich geriet Zeus auf dem Berg Kasios an den Grenzen Ägyptens und Arabiens mit dem Ungeheuer ins Handgemenge. Zunächst wurde Typheus vom Schwert des Zeus verwundet, doch gelang es ihm, sich der Waffe zu bemächtigen und die Oberhand zu gewinnen. Er zerschnitt Zeus die Arm- und Beinsehnen und machte ihn dadurch kampfunfähig, lud ihn auf den Rücken und trug ihn nach Kilikien, wo er ihn in einer Höhle einschloß. Nach einer anderen Version verbarg er die Sehnen und Nerven des Gottes in einer Bärenhaut und übergab sie einem Drachen namens Delphynos zur Bewachung. In der engeren Umgebung des Zeus suchten die anderen Olympier zunächst vergeblich nach einem Mittel, um ihren Herrn zu befreien. Endlich gelang es Hermes und Pan durch eine List, die geraubten Nerven und Sehnen des Zeus zu entwenden und sie dem Körper des Gottes wieder einzusetzen; darauf entflammte der Kampf gegen Typheus aufs neue. Zeus bestieg einen Kampfwagen, der ihn in den Himmel hinaufführte, und von hier aus schleuderte er dann den Blitz gegen seinen Feind. Die Verfolgung dauerte lange und ging über die ganze Erde. Fast überall zeigte man sich ihre Spuren, insbesondere in Thrakien auf dem Berg Haimos. Erst in Sizilien, wohin Typheus sich geflüchtet hatte, wurde er endgültig besiegt, Zeus schleuderte den Berg Ätna auf ihn, der ihn auf ewige Zeiten gefangen hält. Die Flammen und der Rauch, die aus dem Berg steigen, sind Zeichen des ohnmächtigen Zorns des Ungeheuers, das durch die klug angewandte Kraft des Zeus besiegt wurde.

Schließlich gibt es noch eine letzte Sage, die sich auf diese Kämpfe des Gottes gegen die Kräfte der Ungeheuer bezieht:

die Sage von den Aloiiden. Iphimedeia, die Tochter des Triops und Gattin des Aloeus, hatte sich in Poseidon verliebt. Sie bekam zwei Söhne von ihm, Otos und Ephialtes, die jedes Jahr um eine Elle in die Breite und um einen Klafter in die Höhe wuchsen. Als sie neun Jahre alt und etwa siebzehn Meter hoch waren, erklärten sie den Olympiern den Krieg und erfüllten die Welt mit ihren Unverschämtheiten. Sie türmten den Berg Pelion auf den Berg Ossa und verkündeten dann, sie wollten die Berge ins Meer stürzen, um es zuzuschütten. Und außerdem verkündeten sie, sie wollten beide eine Göttin heiraten. Ephialtes verlangte Hera, Otos Artemis für sich. Um zu beweisen, was alles sie vermöchten, sperrten sie Ares ein, zur Strafe dafür, daß er den Tod des Adonis verursachen wollte, indem er den Unglücklichen in einen Bronzetopf eingesperrt und dreizehn Monate lang darin belassen hatte. In sehr üblem Zustand entstieg er ihm aber und verdankte diese Rettung nur Hermes. Müde ihrer Launen, erschlug Zeus die Aloiiden mit seinem Blitz und verdammte sie zu ewiger Marter in der Unterwelt.

DIE ZWEITE GENERATION DER OLYMPIER

Mit den sechs Kindern des Kronos, fortan den einzigen Herren des Weltalls, ist der Kreis der Götter fast vollzählig. Allerdings kam hinzu, daß die Olympier selbst eine Nachkommenschaft besaßen, die an ihren Vorrechten teilhatte.

Zeus folgte dem Brauch des Kronos und nahm schon sehr früh eine göttliche Gemahlin. Hesiodos schreibt ihm als erste Gefährtin Metis zu. Diese Verbindung endet ziemlich übel. Und zwar enthüllten Gaia und Uranos, die Hüter göttlicher Geheimnisse, dem Zeus ein Orakel des Schicksals: Von den Kindern, die Metis ihm schenken werde, würde das erste ein sehr kluges und sehr tapferes Mädchen, das zweite jedoch ein Sohn heftigen Gemüts sein, dazu berufen, seinen Vater zu entthronen. Um diese Gefahr zu bannen, verschlang Zeus die Metis, als sie mit ihrem ersten Kind schwanger ging. Als die Zeit kam, da Metis hätte entbinden sollen, rief Zeus den göttlichen Schmied Hephaistos herbei und befahl ihm, daß er ihm den

Kopf mit einem Axthieb spalte. Und siehe, aus dem Kopf des Zeus sprang ein junges Mädchen in voller Rüstung hervor: Es war die Göttin Athene, die die lautere Weisheit und Tapferkeit ist.

Die zweite Gemahlin des Zeus war die Titanin Themis, Verkörperung des Gesetzes und der Gerechtigkeit. Dieser Verbindung entsprangen zuerst die Horen (griechisch *horai*, die Stunden), Gottheiten, die in Wirklichkeit die Jahreszeiten sind. Es waren drei an der Zahl; Hesiodos nennt sie Eunomia, Dike und Eirene, das heißt Disziplin, Gerechtigkeit und Friede; die Athener kannten sie als Thallo, Auxo und Karpo, Namen, die die drei Hauptkräfte der Vegetation bedeuten: Das Keimen der Pflanze, ihr Wachsen und ihr Frucht-Tragen. Man sieht, daß dem »Natur«-Aspekt dieser Kulte sehr schnell soziale Begriffe unterlegt werden und sich die Geister der Fruchtbarkeit der Äcker in abstrakte Prinzipien des Lebens der Stadtstaaten verwandeln. Von Themis hatte Zeus drei weitere Töchter, die Parzen (*moirai*) Klotho, Lachesis und Atropos, die das Geschick eines jeden menschlichen Wesens lenken. Das Symbol des Geschicks war ein Faden: die erste Parze zog ihn von ihrer Spindel ab, die zweite zwirnte und die dritte zerschnitt ihn, wenn das Ende des betreffenden Lebens gekommen war.

Dritte Gemahlin des Zeus wurde die Okeanide Eurynomea, die ihm ebenfalls drei Töchter schenkte, die Grazien (Chariten) Aglaia, Euphrosyne und Thaleia (Glanz, Frohsinn, das Blühende). Wie die Horen, sind auch die Grazien Geister der Vegetation; sie sind es, die in der Natur und im Herzen der Menschen die Freude verbreiten. Sie wohnen auf dem Olymp in Gesellschaft der Musen, mit denen sie gern singen und tanzen. Sie sind die Gefährtinnen der Göttin Athene und stehen den Arbeiten der Frauen vor.

Zeus hatte einmal kurz seine eigene Schwester Demeter zur Gefährtin und zeugte eine Tochter mit ihr, Persephone, deren Mythe wir noch hören werden. Dann verband er sich mit der Titanin Mnemosyne und hatte von ihr neun Töchter, die Musen, »die sich mit Festen und den Freuden des Gesanges vergnügten«. Über den Ursprung der Musen gab es noch eine zweite Überlieferung, die aus ihnen die Töchter des Zeus und der Harmonia machte, einer Gottheit aus dem Geschlecht des Atlas. Wie dem auch sei, die Musen sind nicht allein die göttlichen Sängerinnen, dazu berufen, die Unsterblichen zu erheitern, sie sind auch die Schutzherrinnen aller geistigen Tätigkeiten bis zu den höchsten hinauf, kurz: alles dessen, das den Menschen von der Materie loslöst und ihm Zutritt zu den ewigen Wahrheiten gewährt. Beredsamkeit, Überzeugungskraft, Weisheit, Kenntnis der Vergangenheit und der Weltgesetze, Mathematik, Astronomie sind ihre Herrschaftsbereiche, ebenso die Dichtung, die Musik im eigentlichen Sinn und der Tanz. Sie kennen das Geheimnis, die Ängste der Menschen zu beschwichtigen, und sie sind es, die neben den Königen stehen, wenn diese ihre Rede überzeugend an die Untertanen richten. Der erste und älteste Gesang der Musen war jene Siegeshymne, die sie zu Ehren der Olympier nach deren Sieg über die Titanen anstimmten. Es läßt sich erkennen, daß die kanonische Neunzahl der Musen nicht immer feststand. In Delphi scheinen es nur drei gewesen zu sein, und in Lesbos gab es einen Kult, der sieben Musen galt. Erst vom Ende der klassischen Zeit an wurde die nunmehr traditionelle Liste allgemein und zählte Kalliope, Kleio, Polyhymnia, Euterpe, Terpsichore, Erato, Melpomene, Thaleia und Urania auf. Aber selbst jetzt sind ihre besonderen Schutzgebiete noch nicht streng getrennt, da jede von ihnen bei den verschiedenen Autoren die eine oder andere Funktion übernehmen konnte. Schließlich schrieb man Kalliope die epische Dichtkunst zu, Kleio die Geschichte, Polyhymnia die darstellende Kunst, Euterpe das Flötenspiel, Terpsichore die leichten Formen der Dichtkunst und den Tanz, Erato die Chorlyrik, Melpomene die Tragödie, Thaleia die Komödie, Urania die Astronomie — und diese einigermaßen konventionellen Zuschreibungen werden ihnen auch vor allem von den modernen Forschern zugewiesen.

Nach Mnemosyne vereinigte sich Zeus mit Leto, der Tochter des Titanen Koios und der Titanin Phoibe. Er bekam zwei Kinder von ihr, Artemis und Apollon, die sofort mit der Gruppe der Großen Götter verschmolzen. Die Tochter des Titanen Atlas, Maia, empfing von Zeus den Gott Hermes. Die letzte in der Reihe der göttlichen Gemahlinnen des Zeus war seine Schwester Hera, die ihm einen Sohn, den Kriegsgott Ares, und zwei Mädchen schenkte: Hebe, die Verkörperung der Jugend, der lange Zeit die Aufgabe anvertraut war, bei den Gastmählern der Himmlischen den Nektar zu kredenzen, bis zu dem Tag, da sie die Gattin des Herakles wurde, und Ilithia, die Schutzgöttin der Gebärenden.

Aber bekanntlich war Zeus selbst nach seiner Verehelichung mit Hera kein treuer Gatte und liebte zahlreiche Sterbliche, darunter vor allem Alkmene, die ihm den Herakles schenkte, und Semele, von der er Dionysos, den Gott des Weines, hatte. Und Hera, zornig über eine deratige Vernachlässigung, gebar ohne Mitwirkung des Zeus einen göttlichen Sohn, Hephaistos, der dem Schmiedehandwerk und allen Künsten des Feuers vorsteht.

Damit war die Gruppe der Großgötter vollzählig. In der klassischen Zeit zählte man zwölf »Olympier«: Zeus, Poseidon, Hephaistos, Hermes, Ares, Apollon, Hera, Athene, Artemis, Hestia, Aphrodite und Demeter. In dieser Liste kommen zwei wichtige Gottheiten nicht vor: Hades und Persephone, denn sie residieren in der Unterwelt und gehören nicht zur »Lichthälfte« der Welt. Der Neuankömmling Dionysos — sein Kult wurde ziemlich spät eingeführt, nämlich erst nach der Bildung der großen kanonischen Mythen — wird nur als Ehrengast akzeptiert.

Die Naturdämonen

Die übrigen Gottheiten führen ein von den Olympiern getrenntes Dasein. Einige, wie Helios, Selene, Eos (Sonne, Mond, Morgenröte), bleiben auf ihre Funktionen beschränkt; jeder hat seinen eigenen Palast, von dem aus er täglich zur entsprechenden Zeit mit dem Wagen über den Himmel fährt und den Menschen das Licht bringt. Andere leben in der Welt verstreut wie z. B. Amphitrite, die Gemahlin des Poseidon und Mutter des Meeresgottes Triton; ihr beliebt es, im äußersten Westen in einem goldenen Palast, verborgen in den Tiefen der blaugrünen

Gewässer des Ozeans, zu leben. Oder wie Gott Pan, den die arkadischen Hirten anrufen, wenn er durch die Gebirge streift und sich insbesondere auf dem Berg Kyllene aufhält; seine Gestalt hat viel Tierhaftes, sein Körper ist zottig, seine unteren Gliedmaßen sind die eines Ziegenbocks, und von ihm hat er auch die erstaunliche Beweglichkeit und die animalischen Gelüste. Um sie zu befriedigen, verfolgt er sowohl Nymphen wie Knaben. Man stellt ihn mit einem Kranz aus Fichtenzweigen dar, die Syrinx (oder »Panflöte«) spielend, ein Instrument aus verschieden langen Schilfröhrchen. Über seine Herkunft waren die Dichter unterschiedlicher Meinung; die einen behaupteten, er sei ein Sohn des Zeus, andere, er sei ein Sohn des Hermes, wieder andere führten ihn auf andere Gottheiten zurück.

Überall in der Welt lebten Nymphen in Quellen, unter Baumrinden, in den Meereswogen. Auch jeder Fluß hatte seinen eigenen Gott. In der hellenischen Kunst stellte man diese Flußgötter gern als Männer auf dem Höhepunkt des Lebens dar, bärtig, die Stirn mit Hörnern geschmückt (das Symbol ihrer Mächtigkeit), mitunter stützten sie sich auf eine Urne, aus der ihre Quelle entsprang. Aber noch vor dem Entstehen dieser konventionellen Bildvorstellungen waren die Flußgötter schon Gegenstand von Kulten, und man erzählte sich zahlreiche Sagen über sie: Daß sie diese oder jene Nymphe geliebt hätten, Kinder von ihr besäßen und wie sie sich in alle möglichen Wesen zu verwandeln wüßten. Wir werden sehen, wie sich Flußgottheiten in die Begebenheiten der heroischen Zyklen einmischten, so Acheloos in die Abenteuer des Herakles.

Keine Wüste konnte so öde sein, daß sie nicht durch die Anwesenheit von Geistern belebt worden wäre, deren Launen man liebte und fürchtete. Alle griffen handelnd in ihre Umgebung ein, fühlten Leidenschaften ähnlich wie die Menschen, liebten und litten, obwohl sie unsterblich waren. Götter dieser Art gab es nicht nur in der Natur, sondern auch in den Siedlungen der Menschen, wo sie Schirmherren der Vorgänge des öffentlichen und des Familienlebens waren. Oft bezeichnet man sie mit einem vagen Namen, nennt sie *daimones* — ein Wort, das durch die christliche Religion eine Bedeutungsverschlechterung erfuhr, damals aber voller Achtung und häufig mit Zuneigung ausgesprochen wurde.

DER PLATZ DER STERBLICHEN

In diesem ungeheuren Gemälde der Schöpfung mußte noch dem Geschlecht der Sterblichen ein Platz zugewiesen werden. Über diesen Punkt enthält gerade die griechische Mythologie, weniger um Logik und Zusammenhang bekümmert als andere Sagenkreise, nur bruchstückhafte Hinweise, die häufig einander sogar widersprechen. In einem großen Teil der Sagen spielt sich alles so ab, als seien die Menschen einfach von vornherein vorhanden, als verstehe sich ihre Anwesenheit von selbst. Viele Überlieferungen sprechen zwar vom Ursprung dieser Familie oder jenes Adelsgeschlechts, kümmern sich aber nicht um das gemeine Volk. Unbestreitbar besitzt die griechische Mythologie eine feudale Tendenz und ist aristokratischen Geistes. Die Großen der Erde stammen von Göttern ab, die Masse des Volks hingegen ist so wie Pflanzen oder Tiere von der Erde geboren. Bezeichnend in dieser Hinsicht ist die Geschichte des Zeus, der Scharen von Ameisen eine Seele schenkt, damit sie die Insel Aigina bevölkern.

Jede Region Griechenlands besaß ihre eigenen Überlieferungen über die Abstammung der dort ansässigen Bevölkerung. So sprachen die Bürger von Argos von einem »ersten Menschen« Phoroneus und erzählten, er sei der Sohn des Flusses Inachos und der Nymphe Melia gewesen (deren Name darauf hinweist, daß sie eine Gottheit der Esche war). Diese Vereinigung eines Flußgottes mit einer Baumnymphe mit dem Zweck, einen Sterblichen in die Welt zu setzen, drückt eine ganze Anschauung über die Menschheit aus: Man betrachtet sie als göttlich, gleichzeitig aber hat sie mit allen lebenden Wesen etwas gemein, den Pflanzen etwa oder den befruchtenden Gewässern, und ist wie die gesamte Natur dem Rhythmus der Jahreszeiten unterworfen, Frucht der mütterlichen Erde und dazu bestimmt, zu ihr zurückzukehren.

In Arkadien erzählte man, daß der erste Mensch Pelasgos gewesen und in uralter Zeit »aus der Sonne geboren« worden sei, zu einer Zeit, als noch nicht einmal der Mond am Himmel schien. In anderen Landesteilen führte man Sterbliche an, die aus den Liebesbeziehungen von Nymphen mit Göttern entstanden waren. Im griechischen Denken gibt es auch noch nicht jene Lösung des Problems durch den Begriff der Kontinuität, die anderwärts zwischen dem Göttlichen und dem Menschlichen gesehen wird. Für die Hellenen war das Menschliche nur ein geringerer Grad des Göttlichen, und beide Erscheinungsformen waren jeweils ein Teil ein und desselben Ganzen. Die Gottheiten haben mehr Macht, eine größere Dauer (die großen Götter sind unsterblich, die niederen hingegen, wie etwa die Nymphen, werden mitunter als sterblich betrachtet und sind nach einem sehr langen Leben dem Hinscheiden unterworfen), Götter und Menschen aber sprechen dieselbe Sprache, sind für dieselben Schönheiten, dieselben Lüste empfänglich, und vor allem sind Götter wie Menschen dem Schicksal unterworfen, und dessen Beschlüsse sind für Zeus genauso unabwendbar wie für den geringsten Menschen.

Prometheus

Dennoch gibt es eine Sage über die Erschaffung des Menschen, und sie kam in der griechischen Mythologie sogar zu besonderer Berühmtheit. Es ist die Prometheussage. Prometheus und sein Bruder Epimetheus sind Söhne des Titanen Iapetos und demnach »Vettern« des Zeus. Sie bilden ein sehr gegensätzliches Paar. So geschickt und klarsehend Prometheus ist, so ungeschickt ist Epimetheus, und seine Einfälle kommen ihm immer zu spät. Beide haben eine Okeanide zur Mutter, bald Asia, bald Klymene genannt, die Iapetos noch zwei andere Söhne geschenkt hat, Atlas und Menoitios, der an dem Kampf gegen Zeus teilnahm, von ihm mit dem Blitz erschlagen und in den Tartaros gestürzt wurde. Zunächst gehören Prometheus und Epimetheus nicht zu den Aufständischen; sie kämpfen keineswegs gegen die Olympier, allerdings ist Prometheus auch nicht bereit, sich ihrem Gesetz völlig zu unterwerfen. Und gerade in seinen Beziehungen zu den Menschen beweist er seine Unabhängigkeit von den neuen Herren.

In einer Überlieferung, die sich schließlich in der klassischen Zeit durchsetzte, heißt es, Prometheus habe die Menschen aus Lehm geformt. Diese Version der Sage entstand jedoch erst nach Hesiod. Für ihn ist Prometheus einzig nur der Wohltäter der Menschheit, der ihre Partei gegen den Tyrannen Zeus ergreift, der sich nicht um das Glück der Sterblichen kümmert. Das erstemal, erzählt Hesiod, hatte Prometheus im Lauf einer Opferhandlung in Nekone den von ihm dargebrachten Ochsen in zwei Teile geteilt; auf die eine Seite hatte er das Fleisch und die Eingeweide unter die abgezogene Haut getan und sie mit dem Ochsenbauch bedeckt; auf die andere Seite hatte er die blanken Knochen des Tieres gelegt und sie unter einem Haufen weißen Fettes versteckt. Dann forderte er Zeus auf, sein Teil zu wählen, der Rest werde den Menschen gehören. Gierig wählte Zeus das weiße Fett, als er aber näher hinsah, merkte er, daß er überlistet worden war. Er wurde sehr zornig und grollte Prometheus und auch den Sterblichen, weil ihnen das Fleisch zugefallen war, nach dem es ihn gelüstete. Um die Sterblichen zu strafen, raubte er ihnen das Feuer. Prometheus griff erneut ein. Er begab sich in den Himmel, entwendete dem »Sonnenrad« einige »Feuersamen« und trug sie im Innern einer Rute versteckt zur Erde (in einem bestimmten Schilfrohr, dessen Mark gewöhnlich als Zündschwamm benutzt wurde). Nun aber kannte der Zorn des Zeus keine Grenzen mehr. Er packte Prometheus und fesselte ihn mit erzenen Ketten an den Berg Kaukasos; ein Adlerungeheuer, aus Echidne und Typheus geboren, erhielt den Auftrag, pausenlos die Leber des Verurteilten zu fressen, und diese erneuerte sich ständig, da Prometheus unsterblich war. Für die Sterblichen aber dachte Zeus sich eine noch hinterlistigere und strengere Bestrafung aus, denn es gab kein Heilmittel für sie, während Prometheus eines Tages doch von Herakles befreit werden sollte.

Pandora

Um also die Sterblichen zu züchtigen, verlangte Zeus von Hephaistos und der Göttin Athene, sie sollten ein bisher noch unbekanntes Wesen von großer Schönheit erschaffen, dem jeder

Gott eine Eigenschaft schenken würde. Aus dem Zusammenwirken des Hephaistos und der Göttin entstand die Frau. Und als sie von allen Göttern Gaben erhalten hatte, nannte man sie Pandora (aus den griechischen Wörtern *pan* = ganz und *doron* = Geschenk zusammengesetzt). Sie besaß Schönheit, Anmut, geschickte Hände, Überredungskraft – aber Hermes hatte ihr auch Lug und Trug ins Herz gesenkt. Als das Werk vollendet war, bot Zeus sie dem Epimetheus als Gattin an. Prometheus hatte seinen Bruder vor den Listen des Zeus gewarnt und ihm verboten, ein Geschenk des Gottes anzunehmen, unter welchem Vorwand auch immer es ihm angeboten würde. Epimetheus überlegte jedoch nicht; von Pandora betört, wollte er sie auch gleich zu seiner Frau machen, und so stieg Pandora zur Erde herab, um mit ihm zu leben. In jener Zeit aber lebten die Menschen noch glücklich, frei von Sorgen und Übeln. Alle Plagen waren von einem weitblickenden Gott in einem Krug verschlossen worden. Kaum war Pandora auf die Erde gekommen, begann sie überall herumzustöbern und entdeckte auch bald den Krug. Neugierig wie sie war, konnte sie dem Wunsch, den Deckel zu heben, nicht widerstehen, sämtliche Plagen entschlüpften dem Krug und begannen sich über die Menschheit zu verbreiten. Entsetzt schloß Pandora den Deckel; ein einziger Daimon blieb auf dem Grund des Kruges zurück – die Hoffnung, die nicht entschlüpft war.

Eine andere Version will, daß Zeus der Pandora den Krug als Hochzeitsgeschenk gab und er alles Gute enthielt. Unvorsichtigerweise aber öffnete Pandora den Deckel, alles Gute schlüpfte heraus und kehrte an den Sitz der Unsterblichen zurück. Einzig die Hoffnung blieb unter den Menschen, deren trauriger Teil sie ist, lächerlicher Ausgleich für ihre Leiden.

Deukalion und die große Flut

Diese Mythe trägt alle Züge einer Volkssage, von einem weiberfeindlichen Dichter ersonnen, der sie recht und schlecht der Sage von Prometheus – dem *demiurgos* – angehängt hat, eine Sage, die sich auch anderwärts wiederfindet, besonders in Thessalien, wo die Erschaffung der Menschheit mit Deukalion, dem

Sohn des Prometheus, verknüpft ist. Deukalion hatte, wie man erzählt, Pyrrha (die »Rothaarige«), die Tochter des Epimetheus und der Pandora, geheiratet. Zu jener Zeit war die Erde von einem gewalttätigen und lasterhaften Menschengeschlecht bewohnt, jenem, das der Dichter Hesiod »die Menschen aus Bronze« nennt. Erzürnt über sie, beschloß Zeus, sie zu strafen, und schickte eine Überschwemmung auf die Erde, die sie ertränken sollte. »Zwei Gerechte« jedoch beschloß er zu verschonen; es waren Deukalion und Pyrrha. Auf seinen Rat hin erbauten sie eine »Arche«, einen großen Kasten, in dem sie sich einrichteten. Neun Tage und neun Nächte lang schwammen sie so auf den Fluten und liefen schließlich auf einem Berg in Thessalien auf Grund. Sie stiegen aus und warteten hier, bis sich das Wasser zurückzog. Nun sandte Zeus seinen Boten Hermes zu ihnen mit der Frage, was sie sich wünschten. Deukalion wünschte sich Gefährten in dieser öden Welt, worauf Zeus Pyrrha und ihm auftrug, »die Knochen ihrer Mutter« über ihre Schultern nach hinten zu werfen. Pyrrha war zunächst entsetzt über eine solche Pietätlosigkeit, Deukalion aber verstand, daß es sich um die »Knochen der Erde« handle, nahm Steine und warf sie hinter sich. Pyrrha machte es ihm nach und aus den Steinen des Deukalion wurden Männer und aus den Steinen der Pyrrha Frauen. Deukalion und Pyrrha lebten danach noch lange und erschufen auf eine etwas natürlichere Art Kinder. Und diese Kinder wurden zu den Ahnen der verschiedenen Stämme der Hellenen. Der älteste Sohn Deukalions und Pyrrhas trug auch wirklich den Namen Hellen, und dieser hatte drei Söhne namens Doros, Xuthos und Aiolos. Der erste und der letzte sind die Ahnen der Dorer und der Aiolier. Xuthos hatte unter anderen Kindern auch Achaios und Ion, die Ahnherrn der Achaier und Ionier. An diesem Punkt überläßt die Theogonie ihren Platz den Anfängen der Geschichte.

Wer sind nun die Großgötter Griechenlands? Die Überlieferung kannte, wie schon gesagt, zwölf Olympier, aber wir wissen auch, daß ihnen je nach Belieben außerdem noch andere Gottheiten hinzugefügt wurden, deren Kulte von allen großen hellenischen Stadtstaaten offiziell anerkannt waren. Und das führt uns zu der einzig sinnvollen Definition der »Großen Gottheiten«: Es sind jene, denen in der Mehrzahl der Staaten griechischer Zunge ein Kult gewidmet war. Daher bildeten sich um sie »allgemein« zugelassene Sagen, gemeinsames Stammgut des griechischen Denkens. Der Großteil dieser Gottheiten gehört zum alten indoeuropäischen Fundus, weil aber da und dort verschiedene einheimische Kulte in sie eingeflossen waren, bestand die Tendenz, daß die Sagen je nach den Ländern, in die sie eindrangen, von fremdartigen Elementen durchsetzt wurden, die ihrerseits wieder auf das Bild zurückwirkten, das man sich von der in ihrem Mittelpunkt stehenden Gottheit machte. Somit ergaben sich daraus lokale Varianten, in denen sich der partikularistische Geist der Stadtstaaten und Heiligtümer gefiel. So ist der Apollon von Delphi nicht mit dem Apollon von Delos identisch; die Sagen um den einen sind nicht gegen die des anderen austauschbar, ja mitunter widersprechen sie einander sogar, und es bedurfte des ganzen Einfallsreichtums der Priester und der Dichter, um der Göttersage einen wenigstens einigermaßen überzeugenden Zusammenhang zu verleihen, damit sie auch von allen Gläubigen akzeptiert wurde – deren Anforderungen an die Logik man übrigens nicht überschätzte.

Somit fand sich jede Gottheit bald von einem Sagenkreis vielfältigster Herkunft umgeben, in dem sich Sagen, halbhistorische Überlieferungen und Erfindungen der Folklore unentwirrbar durchdrangen. Die Sagen hatten die Tendenz, das tiefreligiöse Wesen der Götter zum Ausdruck zu bringen, die Überlieferungen spiegelten den Charakter ihres Kultes, die folkloristischen Züge schließlich verdeutlichten die Träumereien einer anonymen Phantasie oder die Richtungen der Volksfrömmigkeit. Diese Kompliziertheit der Sagen um die Großgötter macht es unmöglich, in ihrem Gehalt einen theologischen Gedanken klar zu erkennen. Weder bei den Attributen noch den Funktionen noch auch bei den Abenteuern der betreffenden Gottheit ist sicher, ob es sich dabei wirklich um den Ausdruck zusammenhängender religiöser Vorstellungen handelt; und jeder Versuch einer Deutung — moderne Forscher legen sie in großer Zahl vor — gerät daher in den Verdacht, willkürlich zu sein.

Die großen Gottheiten teilen sich in das Weltall; ihre Macht wirkt sich jeweils innerhalb eines verhältnismäßig klar umgrenzten Herrschaftsbereiches aus. Zeus ist offenkundig der Gott des Himmels, des Lichts, des Gewitters und des Regens. Ihm schrieben die Bauern bei Regenfällen den Ursprung dieses wohltätigen Wassers zu, das ihre Felder fruchtbar machte. Poseidon herrscht über das Meer, Hephaistos über das Feuer, und so weiter. Sieht man aber näher hin, so sind seltsame Überschneidungen festzustellen. So haben wir zum Beispiel gesehen, daß in der Gigantomachia Athene wie ihr Vater ebenfalls den Blitz handhabe. Ebenso wie der Kriegsgott Ares kämpft sie mit Lanze und Schild. Auch von den Handwerkern wird sie als Schutzgöttin angerufen, und sie hat in diesem Fall die gleichen Funktionen wie Hephaistos. Dieser wieder steht als Gott des Feuers in Konkurrenz zu den Kyklopen, den »Schmieden des Zeus«; und diese Beispiele ließen sich noch vermehren. Apollon wird, zumindest vom 5. Jahrhundert an, als Sonnengott betrachtet, ist aber nicht mit Helios identisch, der das Gestirn selbst, die Sonne, verkörpert, die auf der Insel Rhodos verehrt wird. Apollons Schwester Artemis ist die Mondgöttin Selene, ist es aber auch wieder nicht. Das alles erklärt, warum sämtliche Deutungen, die alle Mythen über die einzelnen Götter a priori aus einem Naturprinzip ableiten wollten und lange im Schwang waren, unbefriedigend sein mußten. Wieder einmal muß festgestellt werden, daß »Mythos« eben nicht mit »Vernunft« identisch ist, daß die Sagen kein »abgesunkenes Vernunftgut« darstellen, sondern eine für sich bestehende Realität sind, die verborgenen Gesetzen gehorcht und rein zufälligen Einflüssen unterliegt.

Zeus ist der Herr der Götter. Die Dichter rufen ihn auch gern als »Vater der Menschen« an — aber wir haben gesehen, daß dieser Titel durchaus nicht verdient ist; er ist nur auf den Zeus der Philosophen anwendbar, die ihn als obersten Gott, als selbstherrlichen Bildner des Universums betrachten. Diese Vorstellung ist keinesfalls die ursprüngliche. Zeus ist der Herr der Menschen, wie etwa Agamemnon der halb aufgezwungene, halb erwählte König der Achaier ist. Aus diesem Grund ist er der Bürge von Verträgen, Schwüren und Eiden, auch der Beschützer der Gastfreundschaft. Unter seinen Augen wickelt sich das gesellschaftliche Leben als das eines wachsamen Zeugen ab. Gleichzeitig ist Zeus, wie schon gesagt, der Gott des Himmels, der Herr des himmlischen Feuers. In dieser Rolle erscheint er seit den homerischen Dichtungen. Als himmlischer »König« übt er eine Art Vorsehung aus; im übrigen aber ist sein Wille durch die unverrückbaren Gesetze des Schicksals begrenzt, und häufig beschränkt sich seine Rolle darauf, diese Gesetze bekanntzugeben und dann darauf zu achten, daß sie befolgt werden. Ist diese Einschränkung aber einmal anerkannt, kann er regieren und eine bestimmte Politik verfolgen; seine Beschlüsse sind nur selten willkürlich oder von Leidenschaft diktiert. Sie entsprechen seiner Voraussicht, deren Weisheit sich irgendeinmal enthüllt. Souverän verteilt er das Gute und das Schlechte an die Sterblichen. In der Ilias wird erzählt, daß sich an der Pforte seines Palastes zwei Krüge befinden; der eine enthält die guten Dinge, der andere die schlechten, und Zeus schöpft meistens für jeden Sterblichen abwechselnd aus beiden. Mitunter aber schöpft er ausschließlich aus dem einen oder dem anderen, und das macht dann die Glücklichen oder die Unglücklichen dieser Welt aus.

Diese Vorstellung von Zeus als dem Herrn über die individuellen Geschicke hat sich von Homer bis zu den Philosophen entwickelt und dazu beigetragen, daß sich die Vorstellung von einer göttlichen Vorsehung herausbildete, von dem vorausschauenden Denken eines einzigen Gottes. Für die Stoiker sollte

Zeus später zum Gott schlechthin und identisch mit der Weltseele werden; seine Gedanken sind nichts anderes als die ewigen Gesetze, und für den Menschen ist der Zweck des Wissens nichts anderes als die Einsicht in dieses göttliche Denken.

Die Theogonia des Hesiod hat uns mit der am häufigsten übernommenen Tradition der Geburt und Kindheit des Zeus bekannt gemacht. Es gab aber noch andere Versionen; vor allem Arkadien schmeichelt sich, daß es die Wiege des Gottes gewesen sei. Man errät, der panhellenische Zeus hat sich nur dadurch herausgebildet, daß in ihm die wichtigsten lokalen »Großgötter« verschmolzen. Es ist wahrscheinlich, daß auf Kreta Zeus sogar an die Stelle eines Gottes der Vegetation rückte, da die Kreter auf ihrer Insel ein »Grab des Zeus« zeigten, man aber keine anderen Götter als die Vegetationsgottheiten kannte, die dem periodischen Sterben und Auferstehen unterworfen waren.

Wir haben berichtet, mit welchen Göttinnen Zeus die Ehe einging. Unzählig aber waren seine Verbindungen mit Sterblichen, und die Dichter haben sie bis zum Überdruß erzählt. Ihre Zahl schwoll sicherlich infolge der Eitelkeit großer Familien an, denen es schmeichelte, einen vom Götterkönig gezeugten Ahnen zu haben. So steht Zeus am Ursprung der Herakliden, da er sich mit Alkmene vereinigte und so den Helden Herakles zeugte. Auch Achilleus und Aias stammen von Zeus und aus seiner Liebesbeziehung mit der Nymphe Aigina, der Tochter des Flußgottes Asopos. Man erzählte, diese Nymphe von großer Schönheit sei von Zeus geliebt und geraubt worden. Zornig war Asopos durch Griechenland gestürmt, um seine Tochter wiederzufinden, aber er suchte vergebens, bis Zeus durch Sisyphos verraten wurde, der von Asopos eine Quelle für die Akropolis von Korinth haben wollte. Asopos schenkte ihm zwar die Quelle Pirene als Lohn für diese Auskunft, aber beide wurden für den Handel grausam bestraft. Asopos wurde vom Blitz erschlagen und Sisyphos in die Unterwelt gestürzt, wo er für ewige Zeiten einen ungeheuren Felsblock einen steilen Abhang emporrollen muß. Zeus entführte Aigina auf die Insel Oinone, die später den Namen Aigina erhielt, und dort bekam sie einen Sohn

Aiakos von ihm. Aiakos seinerseits heiratete Endeis und hatte zwei Söhne mit ihr, Telamon, den Vater des Aias, und Peleus, den Vater des Achilleus.

Ähnlich führten die Atriden Agamemnon und Menelaos ihr Geschlecht auf den Götterkönig zurück. Zeus hatte Pluto, eine Tochter des Kronos oder des Atlas, geliebt und einen Sohn Tantalos von ihr. Von Tantalos stammte Pelops und von Pelops Atreus ab, der mit Airope, der Enkelin des Königs Minos, den Agamemnon und den Menelaos gezeugt hatte.

IO

Für die fürstlichen Genealogien sehr wichtig war das Liebesverhältnis des Zeus mit Io. Sie war ein junges Mädchen aus Argos und Priesterin der Göttin Hera. Gewissen Versionen zufolge war sie die Tochter Iasos oder aber des Flußgottes Inachos. Eines Nachts hatte Io einen Traum, in dem sie von einer Gottheit den Befehl erhielt, an das Ufer des Sees von Lerna zu gehen und sich hier der Umarmung des Zeus hinzugeben. Io gehorchte, nicht ohne ihren Vater zu Rate gezogen zu haben, der seinerseits das Orakel von Delphi befragte. Der Gott antwortete, das junge Mädchen solle die Liebe des Zeus annehmen, falls sie nicht den himmlischen Zorn auf sich und ihr ganzes Haus heraufbeschwören wolle. So vereinigte sich Zeus mit Io, bald aber entdeckte Hera das Abenteuer und wurde eifersüchtig. Um das Mädchen dem Zorn seiner Gattin zu entziehen, verwandelte Zeus Io in eine wunderschöne weiße Kalbin und konnte so Hera, als sie ihn fragte, seelenruhig schwören, er habe diese Kalbin nie geliebt. Hera, die sich nicht hintergehen ließ, verlangte, daß das Tier ihr geweiht werde, und vertraute es dann der Obhut eines Ungeheuers an, Argos, der hundert Augen besaß und immer nur mit jeweils fünfzig Augen schlief. Für Io begann nun eine Zeit der Prüfungen; sie lief durch die ganze Welt und irrte dahin und dorthin, ohne je Ruhe zu finden. Lange blieb sie in der Nähe von Mykenai, dann in Euboia, und die Erde ließ für sie die saftigsten Pflanzen sprießen. Endlich erbarmte sich Zeus ihrer; er schickte ihr Hermes, der Argos mit seinem Zauberstab in Schlaf versenkte und ihn dann tötete. Aber Io wurde immer noch nicht befreit. Um sie zu quälen, entsandte Hera eine Bremse, die sich an sie heftete. Io wurde wütend, stürzte in irrem Lauf dahin und raste auch die Küsten des Meeres entlang, das daher den Namen Ionisches Meer erhielt. Dann durchschwamm sie die Meerenge, die Europa von Asien trennt (den »Bosphoros« oder »Übergang der Kuh«); in Asien irrte sie lange umher und gelangte schließlich nach Ägypten, wo sie den Sohn zur Welt bringen konnte, den sie von Zeus trug. Dann wurde sie in ein Gestirn verwandelt.

Der Sohn des Zeus und der Io, Epaphos, wurde zuerst von Hera geraubt und den Kureten anvertraut. Aber Zeus tötete sie, und der junge Mann wurde in Ägypten aufgezogen, wo er Memphis, die Tochter des Flußgottes Bil, heiratete, mit der er eine Tochter hatte, Libya. Diese wurde von Poseidon geliebt und bekam zwei Söhne von ihm, Agenor und Belos. Diesen entsprangen zwei königliche Geschlechter, das von Syrien und das Ägyptens. Aus jenem ging später Kadmos, der Gründer von Theben, hervor, während sich an das zweite eines der Königshäuser von Argos, das des Danaos, knüpfte.

EUROPA

Die Verbindung des Zeus mit Io wurde durch andere Liebesverhältnisse mit ihrer Nachkommenschaft erneuert. Dem Sohn der Libya, Agenor, wurde eine Tochter namens Europa geboren, die eines Tages, als sie mit ihren Gefährtinnen am Strand von Sidon (oder Tyros) spielte, von Zeus erblickt wurde. Er entflammte sofort in Liebe zu dem jungen Mädchen, verwandelte sich in einen blendendweißen Stier und legte sich in dieser Gestalt zu Füßen der Europa nieder. Die anderen jungen Mädchen entflohen, Europa aber war keineswegs erschrocken. Sie erkühnte sich sogar so weit, sich auf den Rücken des Tieres zu setzen. Daraufhin erhob sich der Stier, stieg ins Meer und schwamm schnell in die Weite. So gelangten Zeus und Europa auf die Insel Kreta. Und die Platanen an einer Quelle in der

Nähe von Gortin, in deren Schatten sie sich vereinigten, erhielten das Privileg, ihre Blätter nie zu verlieren. Europa und Zeus wurden drei Söhne geboren, Minos, Sarpedon und Rhadamanthys. Danach gab Zeus Europa dem König von Kreta, Asterio, zur Ehe, der die Kinder adoptierte. Nach ihrem Tod wurden Europa göttliche Ehren erwiesen, und sie wurde in ein Gestirn verwandelt.

Die Troier

Zeus war der Ahnherr sowohl der Troier wie auch ihrer Gegner, der beiden Atriden. Man erzählte, Zeus habe eine Tochter des Atlas, Elektra, geliebt und mit ihr einen Sohn, Dardanos, gezeugt; dieser lebte auf der Insel Samothrake. Nach einer Überschwemmung war Dardanos auf einem Floß von der Insel geflüchtet und an der Küste Asiens gelandet, wo er vom König des Landes, Teuker, gütig aufgenommen wurde, der ein Sohn des Flußgottes Skamandros und der Nymphe Idaia (der Göttin des Berges Ida) war. Dardanos heiratete die Tochter Teukers und erbaute die Festung Troia. Von ihm stammt das Geschlecht der troianischen Könige ab, da sein Nachkomme in vierter Generation Laomedon, der Vater des Priamos, war.

Einige Liebesverhältnisse des Zeus wurden wegen der seltsamen Umstände berühmt, unter denen sie sich abspielten. Die beiden in der Antike am häufigsten erzählten Abenteuer sind zweifellos seine Verbindungen mit Danae und mit Leda.

DANAE UND LEDA

Danae war die Nachfahrin der Hypermnestra, einer Tochter des Danaos, der einzigen, die sich geweigert hatte, ihren Gatten zu töten, wie es Danaos allen seinen Töchtern befohlen hatte. Mit Lynkeus verbunden, hatte sie ihm die Zwillinge Proitos und Akrisios geschenkt, die sich nach langen Kämpfen schließlich in das Königreich der Argoliden geteilt hatten: Proitos herrschte in Tiryns, Akrisios in Argos. Akrisios hatte eine Tochter, Danae, wünschte sich aber einen Sohn. Er befragte das Orakel, und es verkündete ihm, Danae könne ihm vielleicht einen Enkel schenken, dieser aber werde nicht umhin können, ihn, seinen Großvater, zu töten. Um die Erfüllung des Orakels zu verhindern, erbaute Akrisios eine unterirdische Kammer mit bronzeverkleideten Wänden und sperrte hier seine Tochter weitab von aller Berührung mit den Menschen ein. Diese Vorsicht erwies sich als nutzlos. Zeus verwandelte sich in einen Goldregen, drang in das Gefängnis ein und verführte Danae, die einen Knaben gebar. Akrisios glaubte nicht an den göttlichen Ursprung des Kindes, wollte jedoch seine Hände nicht mit dem Blut der eigenen Tochter und des Enkels besudeln. Daher steckte er die junge Frau und das Kind in einen Kasten, den er ins offene Meer werfen ließ. Das Kind hieß Perseus. Zeus beschützte aber die Fahrt dieses Nachens, und so gelangte er glücklich an den Strand der Insel Seriphos. Später vollbrachte Perseus viele Heldentaten, die von seinem göttlichen Ursprung zeugten, und überdies sollte seinem Geschlecht dereinst Herakles entstammen.

Leda und die Dioskuren

Weniger dramatisch verlief die Liebesverbindung zwischen Zeus und Leda. Leda war die Tochter des Königs von Aitolien, Thestios, und der Eurythemis; diese stammte durch Doros in gerader Linie von Deukalion ab. Als Tyndareos von seinem Halbbruder Hippokoon und dessen Söhnen aus Lakedaimonia verjagt wurde, flüchtete er an den Hof des Thestios, der ihm die Hand seiner Tochter gab. Leda aber erweckte die Liebe des Zeus, und er näherte sich ihr in Gestalt eines Schwans. Aus dieser Verbindung wurden zwei Geschwisterpaare geboren, von denen jedes in einem Ei verschlossen zur Welt kam. Eines der Eier enthielt Pollux und Klytaimnestra, das zweite Kastor und Helena. Die Sage wollte es, daß Pollux und Helena die Kinder des Gottes, Klytaimnestra und Kastor aber die Kinder des Tyndareos waren, der sich in derselben Nacht mit seiner Frau vereinigt hatte, in der auch Zeus sie schwängerte. Kastor und Pollux waren lakedaimonische Gottheiten, deren Kult vor allem in den dorischen Städten verbreitet war. Man stellte sie sich als zwei junge Athleten vor, die die Welt zu Pferd durchstreiften; Kastor ist zudem noch Krieger, Pollux ein »Faustkämpfer«, der gern mit dem Fausthandschuh kämpfte. Die Sage führte sie auch in die Truppe der Argonauten ein, und man erzählte, Pollux habe sich dadurch ausgezeichnet, daß er gegen Amykos, den König der Bebryken, zum Kampf antrat. Dieser zwang die Fremden, mit ihm zu kämpfen, und ließ sie, wenn er sie besiegte, töten. Aber Pollux wurde Sieger. Die Dioskuren nahmen auch an der Jagd von Kalydon an der Küste von Meleager teil. Dennoch blieben sie immer etwas am Rand der großen Sagenkreise. Im Kampf um Troia kommen sie nicht vor, und man erklärte diese Tatsache damit, daß sie zu jener Zeit an einem anderen Ort in ein schreckliches Abenteuer verwickelt gewesen seien, das Kastor das Leben kostete. Tyndareos, ihr »menschlicher« Vater, hatte zwei Brüder, Aphareus und Leukippos. Aphareus besaß zwei Knaben, Idas und Lynkeus, demnach Vettern der Dioskuren. Leukippos wieder besaß zwei Töchter, die »Leukippiden« Phoibe und Hilaira. Idas und Lynkeus waren mit den Leukippiden verlobt; aber am Hochzeitstag raubten Kastor und Pollux, die eingeladen waren, die jungen Mädchen. Dieser Raub wurde zum Auftakt eines langandauernden Hasses zwischen den Vettern, und Kastor wurde von Idas aus dem Hinterhalt getötet, während Pollux den Lynkeus umbrachte. Gegen Idas aufgebracht, schleuderte Zeus seinen Blitz auf ihn und entführte Pollux in den Himmel, wo er ihm die Unsterblichkeit anbot. Aber Pollux wollte sie nicht annehmen, wenn Kastor in der Unterwelt bleibe. Gerührt erlaubte Zeus den Brüdern, jeden zweiten Tag in der Gesellschaft der Götter zu verbringen. Schließlich wurden beide zu Göttern erhoben: sie bilden das Gestirn der Zwillinge. Sie sind es auch, die den Seeleuten das Elmsfeuer senden, was für diese immer ein gutes Omen bedeutet.

Nicht alle Sagen, in denen Zeus vorkommt, sind amourösen Charakters. Die Ilias kennt das seltsame Abenteuer eines Aufstandes, den Hera, Athene, Apollon und Poseidon gegen ihn anzettelten. Aber die Göttin Thetis, die von dem Plan erfuhr, rief für Zeus den Hekatonchiren Aigaion (oder Briareus) zu Hilfe. Der Anblick des Ungeheuers allein genügte, um die vier

Rebellen von ihrem Vorhaben abzubringen. Ein anderes Mal, als Hephaistos im Lauf eines Streits die Partei der Hera gegen ihren Gatten ergriffen hatte, packte Zeus den Gott bei einem Bein und warf ihn in die Leere. Auf die gleiche Weise stellte er überall Ordnung her, griff als Schiedsrichter der Götter ein oder geißelte die großen Verbrecher wie Ixion oder Sisyphos. Dank seinem Dazwischentreten wird Herakles oft von falschen Schritten abgehalten, und in gewissem Maß ist der Held selbst als ein Instrument das Zeus zu betrachten, denn er hatte ihn gezeugt, um die Welt von Ungeheuern zu säubern, vor denen die Menschen zitterten. Als Gott aller Griechen, der in seinem Orakelheiligtum Dodone verehrt wurde, saß er auch den Spielen in Olympia vor, wo eine berühmte Statue, ein Werk des Phidias, allen Gemütern das Bild des furchterregenden »Wolkenversammlers«, des Hüters der Geheimnisse des Weltalls, einprägte, in dem sich Wille, Macht und überlegene Weisheit harmonisch vereinigten. Er symbolisiert das Mannestum eines Menschen, der völlig in sich selbst ruht — den idealen Augenblick des Gleichgewichts, in dem die Leidenschaften der Jugend zwar noch empfunden werden, doch von der Stärke der Vernunft gebändigt sind.

HERA

Hera ist die »letzte« der göttlichen Gefährtinnen des Zeus. Als Tochter des Kronos und der Rhea war sie Tethys anvertraut worden, die sie während des Kampfes zwischen Zeus und den Titanen in dem Palast des Okeanos am Ende der Welt erzogen hatte. Man behauptet jedoch, Zeus und seine Schwester seien schon lange verlobt gewesen, und zwar seit der Zeit, als noch Kronos über die Welt herrschte. Über die Vereinigung von Zeus und Hera gibt es zahlreiche und verschiedenartige Überlieferungen. Eine von Pausanias berichtete Version erzählte, daß die junge Hera eines Tages mitten im Winter einen vor Kälte erstarrten Kuckuck gefunden und ihn an ihrem Busen erwärmt habe. Dieser Vogel war jedoch niemand anders als Zeus selbst, der diese Gestalt angenommen hatte, um seine

Schwester, die sich ihm verweigerte, endlich zu gewinnen. Aber Hera gab ihm auch jetzt so lange nicht nach, bis er ihr versprochen hatte, sie zu seiner rechtmäßigen Gemahlin zu machen. Man erzählt auch, daß die Göttin alljährlich ein Bad in einer heiligen Quelle in Nauplia nahm und so ihre Jungfernschaft immer wieder erneuerte.

Die Hochzeit von Zeus und Hera gewann große religiöse Bedeutung; man vermutet, daß sie zumindest zu bestimmten Zeiten den Wert eines Kultaktes hatte, von dem die Fruchtbarkeit der Welt abhing. Im 14. Gesang seiner Ilias hat Homer eine sehr vermenschlichte Version dieser Verbindung des Gottes mit der Göttin gegeben. In Griechenland aber hatten sich fast überall Riten erhalten, die dem »Gedenken« (wahrscheinlich der magischen »Beschwörung«) ihrer Hochzeit galten. An solchen Tagen schmückte man die Statue der Göttin mit dem Schmuck einer jungen Braut und führte sie in einer Prozession durch die Stadt bis zu einem Heiligtum, in dem ein Hochzeitsbett vorbereitet war. Dieser Ritus findet sich in Alalkomenes in Boiotien wieder, wo seine Einführung dem lokalen Helden Alkomeneos zugeschrieben wird. Man erzählte sich, daß dieser der Hera, nachdem sich die Göttin über die ständige Untreue ihres Gatten beklagt hatte, geraten habe, eine Holzstatue von sich herstellen und sie feierlich wie zu einer Hochzeit führen zu lassen. Nachdem Hera diesen Rat befolgt hatte, gewann sie die Liebe ihres Gatten zurück. Eine analoge Sage hatte sich in Plataia entwickelt. Hier ist Kithairon, der König des Landes (nach dem auch der Berg Kitheron benannt war), Held der Geschichte. In seiner Regierungszeit, so erzählte man sich, hatten sich Zeus und Hera gestritten; Hera verweigerte sich ihrem Gatten und floh nach Euboia. Zeus hatte sich darüber bei Kithairon beklagt, der dem Gott riet, eine weibliche Statue bilden zu lassen, sie mit einem großen Mantel zu bekleiden und auf einen Ochsenkarren zu stellen. Als Hera diesen Aufzug sah, wurde sie neugierig und fragte nach seinem Grund; man antwortete ihr, wie es König Kithairon als Gerücht hatte verbreiten lassen, Zeus raube soeben die Tochter des Flußgottes Asopos, um sie zu seiner Frau zu machen. Hera lief eilig herbei, riß den Mantel von der Statue und sah, daß man sie zum Narren hielt. Sie lachte und versöhnte sich mit ihrem Gatten. An diese Geschichte erinnerte eine Zeremonie, die alljährlich in Plataia vollzogen wurde. So deutete die dörfliche Folklore einen alten Ritus der sympathetischen Magie.

Am häufigsten verlegen die Dichter diese Heirat des Zeus und der Hera in den Garten der Hesperiden im äußersten Westen. Einstmals seien die goldenen Äpfel, so erzählte man, die in diesem Garten reiften, ein Hochzeitsgeschenk der Gaia an die Göttin gewesen; sie habe sie so schön gefunden, daß sie sie in ihrem Garten am Rand des Ozeans anpflanzte.

Die Ehe zwischen Zeus und Hera war fruchtbar gewesen, denn sie schenkte ihm Ares, Ilithyeus und Hebe. Bei Hephaistos, dem vierten Kind der Hera, wird die Vaterschaft häufig nicht Zeus zugeschrieben. Hera, die Schutzgöttin der Gatten und legitimen Ehen, ist sehr eifersüchtig auf Zeus, und seine unzähligen ehelichen Fehltritte verzeiht sie ihm nur widerwillig, außerdem verfolgt sie die Bastarde ihres Gatten mit ihrem Haß. Vor allem Herakles muß es erleben, daß sie ihm die Knechtschaft bei Eurystheus aufzwingt. Einmal hatte die Göttin gegen das Schiff des Herakles, der nach der Einnahme von Troia nach Griechenland heimkehrt, einen schrecklichen Sturm entfesselt. Zur Strafe hängte Zeus die Göttin am Olymp auf, nachdem er ihr an jeden Fuß einen Amboß gebunden hatte. Als aber Herakles zum Gott erhoben wurde, versöhnte sich Hera feierlich mit ihm und gewährte ihm die Hand ihrer Tochter Hebe.

Hera tritt auch unter den drei Göttinnen auf, die auf dem Berg Ida in Phrygien um die Palme der Schönheit streiten. Da der Hirte Paris, den Zeus zum Richter bestimmt hatte, ihr Aphrodite vorzieht, faßt sie eine lebhafte Abneigung gegen Troia, begünstigt im Lauf des von den Atriden geführten Krieges die Achaier und beschützt Achilles (man erzählte übrigens, daß sie dessen Mutter Thetis erzogen hatte) und veranlaßt, daß dem Menelaos die Unsterblichkeit entzogen wird.

Hera war weiter Große Göttin der Stadt Argos, wo sie einen berühmten Tempel besaß, aus dem die Chronisten eines der ersten Denkmäler der griechischen Geschichte machten. Als Attribut hatte sie den Pfau, von dessen Federn es hieß, sie seien ein Bild der »hundert Augen des Argos, des Wachenden«, den sie mit der Bewachung der Io betraut hatte. Oft wird die Göttin mit einem Granatapfel, dem Symbol der Fruchtbarkeit, in der Hand dargestellt.

DEMETER

Demeter, deren Name die mütterliche Erde bezeichnet, gehört zur Generation der Kinder des Kronos und der Rhea. Ihr Name weist auf ihre Verbindung mit den indoeuropäischen Gottheiten hin, die die Hellenen mitgebracht hatten. Doch wurde ihre göttliche Persönlichkeit allmählich um zahlreiche, zweifellos von hellenischen Gottheiten entliehene Züge bereichert. Nie wurde sie mit der Erde, »Gaia«, verwechselt, die als kosmisches Element begriffen wurde, obwohl Demeter die bebaute Erde regierte und vor allem die Böden, die das Getreide trugen. Daher begegnet man ihren Sagen überall, wo die fruchtbaren Ebenen vorherrschen, so sind die bevorzugten Orte ihrer Mythen die Ebene von Eleusis unweit Athens und die Mitte Siziliens, die lange der Kornspeicher der antiken Welt war.
Es ist sehr wahrscheinlich, daß der erste »Gemahl« der Demeter Poseidon war, zu der Zeit, als er noch der »Pferdegott« war und seine Wohnstätte noch nicht im Meer gewählt hatte. Man erzählte sich auch, daß sich beide vereinigt hätten, als die Göttin, um seiner Leidenschaft zu entgehen, die Gestalt einer Stute angenommen hatte. Daraufhin verwandelte sich Poseidon in einen Hengst und vereitelte so ihre List. Diese Verbindung fand in Thespousa in Arkadien statt. Demeter bekam zwei Kinder, ein Pferd namens Areion (der im Krieg der Sieben gegen Theben von Adrastes geritten und später Eigentum des Herakles wurde) sowie eine Tochter, deren Name nicht ausgesprochen werden durfte, und die man einfach »die Herrin« nannte. In der Odyssee werden andere Liebesverhältnisse der Demeter erwähnt, und zwar mit Iasion (dem Bruder des Dardanos), der ihr als Sohn den Gott Plutos (Reichtum) schenkte. Aber Zeus sah

vom Himmel aus ihre Liebesspiele, wurde eifersüchtig und erschlug Iasion mit seinem Blitz.

Aber in der klassischen Zeit sind diese Sagen nur noch in Überresten vorhanden. In dieser Epoche waren die Sagen der Göttin schon fast vollständig zu einer einzigen Erzählung mit zahlreichen Episoden verschmolzen, die den Grundstock der Religion im Heiligtum von Eleusis bildete, wo die »Mysterien« der Demeter gefeiert wurden.

Der Raub der Persephone

Demeter war, wie es hieß, eine der Gattinnen des Zeus vor seiner Ehe mit Hera gewesen und hatte ihm eine Tochter namens Persephone geschenkt. Diese wuchs in Gesellschaft zweier anderer Töchter des Zeus, Athene und Artemis, glücklich unter den Nymphen heran und kümmerte sich herzlich wenig um das Heiraten. Aber ihr Onkel Hades sah sie, verliebte sich in sie und raubte sie. Der Ort, an dem dieser Raub stattfand, wechselt je nach den Überlieferungen. Bald nennt man die Ebene von Enna in Sizilien, bald handelt es sich um die Ebene von Eleusis, oder die Begebenheit spielt sich in Arkadien oder auf Kreta ab, wobei jede Gegend der anderen die Ehre abspricht, der Schauplatz der Begebenheit gewesen zu sein.

Wie dem auch sei — als Demeter merkte, daß ihre Tochter verschwunden war, rief sie lange nach ihr und begann sie auf der ganzen Erde zu suchen. Natürlich konnte sie sie nicht finden, da Hades das junge Mädchen in die Unterwelt entführt hatte. Neun Tage und neun Nächte lang irrte Demeter ohne Nahrung, ohne Bad, ohne Rast durch die Welt. Um ihren Weg zu erhellen, hielt sie in jeder Hand eine Fackel. Am zehnten Tag traf sie Hekate, die den Schrei gehört hatte, den Persephone ausgestoßen hatte, als sie geraubt wurde; den Räuber aber hatte sie nicht sehen können, da sein Kopf von Finsternis umhüllt gewesen war. Einzig die Sonne, »das Auge der Welt«, konnte der verzweifelten Mutter Auskunft geben. Zornig beschloß Demeter, sich aller Tätigkeit zu enthalten und die Ernten nicht mehr zu segnen, kurz: sie schlug die ganze Erde mit Unfruchtbarkeit, solange man ihr nicht die Tochter zurückgegeben habe.

Sie verwandelte sich in eine alte Frau und begab sich nach Eleusis; dort setzte sie sich auf einen Stein, der seither der »Freudlose Stein« heißen sollte. Dann ging sie zum Haus des Königs, an dessen Schwelle wie gewöhnlich alte Frauen schwatzten. Eine von ihnen namens Baubo (oder Iambe) hatte Mitleid mit dieser Bettlerin und bot ihr eine Suppe an. Aber Demeter lehnte ab. Daraufhin wurde Baubo böse (oder wollte vielleicht die anderen erheitern), hob die Röcke und zeigte ihr Hinterteil. Demeter lächelte und nahm die Suppe an. Dann begab sich die Göttin in den Dienst der Königin des Landes, Metaneira, die ihr die Pflege ihres Sohnes Demophon oder — nach anderen Versionen — Triptolemos anvertraute, des älteren Bruders des Demophon. Eines Nachts aber wurde die Königin Zeugin eines seltsamen Schauspiels; sie sah, wie die Alte das Kind bei einem Bein faßte und ins Feuer hielt. Entsetzt stieß Metaneira einen Schrei aus. Demeter ließ das Kind fallen und enthüllte der Königin, wer sie war. Sie sagte, sie habe dies Kind unsterblich machen wollen, indem sie es durch das Feuer aller sterblichen Elemente seines Körpers habe entledigen wollen, daß aber durch die Dazwischenkunft der Mutter der Vorgang unmöglich geworden sei. Sie ließ Demophon zurück (der aber, wie es heißt, nicht gestorben war) und stieg zum Himmel hinauf. Vorher aber trug sie Triptolemos, dem anderen Sohn der Metaneira, auf, den Getreidebau in der Welt zu verbreiten. Dazu schenkte sie ihm einen von geflügelten Drachen gezogenen Wagen mit dem Befehl, die Felder zu überfliegen und das Getreide zu säen. Später wird Triptolemos zum Richter in der Unterwelt, wo er häufig neben Minos, Aiakos und Rhadamantes genannt wird.

Die freiwillige Verbannung der Demeter hatte jedoch die Ordnung der Welt so sehr verwirrt, daß Zeus (mit dessen heimlichem Einverständnis Persephone geraubt worden war) dem Hades befahl, das junge Mädchen seiner Mutter zurückzugeben. Hades antwortete, dies sei nicht mehr möglich. Denn wer in die Unterwelt eingedrungen sei, könne nicht mehr aus ihr zurückkehren, wenn er nicht bestimmte Regeln einhalte, und besonders wenn er sich während seines unterirdischen Aufenthaltes nicht völlig der Nahrung enthalten habe. Persephone jedoch hatte bei einem Spaziergang im Garten des Hades ein Samenkorn des Granatapfels gegessen; dabei war sie von Askalaphos, dem Sohn einer Nymphe des Styx, gesehen worden; Askalaphos hatte es verraten, und Persephone mußte in der Unterwelt bleiben. Demeter verwandelte zunächst den Askalaphos in eine Eule und ließ nicht nach, ihre Tochter zurückzufordern. Man einigte sich auf einen Kompromiß. Demeter sollte ihre Tätigkeit als Ernährerin wieder aufnehmen, und Persephone sollte dafür nur die Hälfte des Jahres in der Unterwelt leben. Wenn der Frühling zurückkomme, würde sie ihren Gatten verlassen und zu ihrer Mutter zurückkehren. Aus diesem Grund bleibt im Winter, während Persephone von Demeter getrennt ist, der Boden unfruchtbar.

An diese Eleusinische Sage der Göttin hatten sich Tausende lokaler Episoden geknüpft; fast überall zeigte man Tempel, von denen es hieß, sie seien errichtet worden, als Demeter auf der Suche nach ihrer Tochter hier vorbeizog.

Zagreus

Neben dem Paar, das Demeter und ihre Tochter bildeten, spielt in den Mythen von Eleusis noch eine dritte Gottheit namens Iakchos eine Rolle. Dieser Iakchos, Anführer der Prozession der Eingeweihten, ist ursprünglich zweifellos jener — personifizierte — rituelle Schrei, den die Gläubigen ausstoßen; aber seine Persönlichkeit hatte sich entwickelt: Mitunter machte man einen Sohn der Demeter aus ihm, am häufigsten aber wird er für die Reinkarnation des Zagreus gehalten, eines Sohnes der Persephone und des Zeus und Zentralperson des »orphischen« Glaubens. Die Sage von Zagreus ist eine der seltsamsten der griechischen Mythologie. Um ihn zu zeugen, hatte sich Zeus in der Gestalt einer Schlange mit Persephone vereinigt; der Gott wollte ihn zu seinem Nachfolger machen und ihm eines Tages das Königreich der Welt anvertrauen. Aber die Schicksalsgöttinnen entschieden anders. Um ihn der Eifersucht der Hera zu entziehen, hatte Zeus den kleinen Zagreus dem Apollon und den Kureten anvertraut, die ihn in den Wäldern des Parnassos verbargen. Aber Hera entdeckte ihn und befahl den Titanen, ihn zu rauben. Zagreus verwandelte sich in einen Stier; es gelang ihm aber nicht, den Titanen zu entkommen, die ihn in Stücke schlugen und zur Hälfte gekocht, zur Hälfte roh verschlangen. Athene und Apollon stürzten herbei, aber zu spät; sie konnten nur noch die verstreuten Reste des göttlichen Kindes retten. Unter diesen Resten befand sich jedoch das Herz des Zagreus, und es schlug noch. Zeus verschluckte es und regenerierte in sich das Kind, das den Namen Iakchos annahm. Und dieser Iakchos also ist es, der mehr oder weniger mit Dionysos (Bakchos) vermischt in den eleusinischen Mythen eine Rolle spielte. Sein Schicksal machte ihn dazu geeignet, der Schutzherr der ganzen Religion der Auferstehung und Unsterblichkeit zu sein, da er durch das Mahl der Titanen alles dessen entkleidet worden war, was sterblich an ihm gewesen war, und er göttliches Leben gewonnen hatte.

APOLLON

Obwohl Apollon als Sohn des Zeus und der Leto erst der zweiten Generation der Olympier angehört, ist er doch einer der größten Götter des hellenischen Pantheons. Seine Sagen tauchen überall auf, und das politische wie das geistige Leben der griechischen Welt werden von seiner kraftvollen Persönlichkeit beherrscht. Sicher fließen in ihr mehrere göttliche Personen zusammen. Es gab einen »dorischen« Apollon, der von den indoeuropäischen Eroberern mitgebracht worden war. Es gab aber auch einen anderen, von dem man mit gutem Grund glauben darf, daß er nach dem Sturz des hethitischen Reichs in Griechenland eindrang und sich als Orientale einfand, bevor er mit dem dorischen Gott verschmolz. Diese Dualität Apollons übertrug sich auch auf die apollinischen Heiligtümer, nämlich in Delphi und in Delos. Sie erklärt zweifellos auch die große Gunst, deren sich der Gott sowohl bei den Griechen Asiens wie denen des Festlandes erfreute. Zwar können wir noch einzelne Sagen über Apollon auseinanderhalten, sie sind aber doch derart ineinander verschmolzen, daß von einer einzigen apollinischen Mythologie gesprochen werden kann.

Zeus hatte sich also mit Leto vereinigt, und die Göttin stand nahe vor der Geburt der Kinder des Gottes, die sie in sich trug. Die eifersüchtige Hera aber hatte allen Orten der Erde verboten, ihr Asyl zu gewähren. Die Unglückliche irrte ruhelos umher, bis schließlich eine völlig unfruchtbare Felseninsel sie aufzunehmen bereit war. Man nannte sie Ortygia (Insel der Wachteln) oder auch Asteria, und sie war derart kahl, daß sie nichts von Hera zu fürchten hatte. Hier kamen die göttlichen Kinder zur Welt, Artemis als erste, dann Apollon. Dankbar setzte Zeus die Insel in die Mitte der griechischen Welt und verlieh ihr den Namen Delos (Die Strahlende).

Gerade als Apollon zur Welt kam, umkreisten heilige Schwäne die Insel siebenmal im Flug, denn es war der siebente Tag des Monats. Zeus überhäufte seinen Sohn sogleich mit Geschenken; er gab ihm eine goldene Mütze, einen mit Schwänen bespannten Wagen und eine Lyra und befahl ihm, sich nach Delphi zu begeben und dort ein Heiligtum zu gründen. Aber bevor die Schwäne Apollon nach Delphi führten, flogen sie mit ihm in den Norden, in ihre eigene Heimat am Strand des Ozeans. Es ist das Land, in dem das Volk der Hyperboraier lebte, ein überaus glückliches Volk, wo das Leben angenehm ist und die Greise sich, wenn sie ihres Daseins überdrüssig sind, freiwillig den Tod geben, indem sie sich ins Meer stürzen. Apollon ist ihr Großer Gott; zu ihnen begibt er sich zu bestimmten Zeiten, um ihre Huldigungen entgegenzunehmen. Nach seiner Geburt blieb er also ein ganzes Jahr dort, dann kehrte er nach Griechenland zurück und erreichte mitten im Sommer Delphi. Ihm zu Ehren hatte sich die Natur festlich geschmückt. Alljährlich wurde die Ankunft des Gottes in einer feierlichen Zeremonie mit unzähligen von Opfertieren gefeiert. Als aber der Gott in Delphi ankam, war die Stätte von einem Drachenungeheuer besetzt, Python genannt, dem Hüter eines alten Orakels der Themis, der im Lande auf Raubzüge ging. Apollon erlegte ihn mit seinen Pfeilen. Um aber seinen Schatten, der göttlich war, zu versöhnen, gründete er zu seinen Ehren Sühnespiele (die zu den Pythischen Spielen wurden, den großen Spielen von Delphi) und beschloß, das Orakel zu erhalten, indem er es sich aneignete. Dazu weihte er im Heiligtum einen Dreifuß — den Gegenstand, der eines seiner Symbole ist. Im übrigen richtete er ein Priestertum ein und entschied, daß eine Priesterin, Pythia, auf dem heiligen Dreifuß sitzend seine Orakel wiedergeben solle. Dann begab sich Apollon nach Thessalien in das Tal von Tempe, um sich von der Ermordung des Drachen zu reinigen. Alle acht Jahre erinnerte in Delphi ein Fest an den Tod Pythons und die Reinigung des Apollon. Der Gott regierte jedoch in Delphi nicht, ohne dabei auf Widerstand zu stoßen. Man erzählt, er habe sein Vorrecht gegen Herakles verteidigen müssen, der gekommen war, um das Orakel zu befragen, und sich, als die Priesterin es ablehnte, ihm zu antworten, des Dreifußes bemächtigen wollte, um an einem anderen Ort ein Orakel einzurichten, dessen Inhaber er sein wollte. Apollon kam der Pythia zu Hilfe, und es entwickelte sich der Kampf gegen Herakles. Aber Zeus griff ein und führte die Eintracht zwischen seinen beiden Söhnen dadurch wieder herbei, daß er einen Blitz zwischen sie warf. Das Orakel blieb in Delphi.

Apollons Liebesverhältnisse

Apollon, den man jung, sehr schön, mit langen, bläulich schimmernden Locken darzustellen pflegte, wurden zahlreiche Liebesabenteuer zugeschrieben. Im allgemeinen verliefen sie nicht glücklich. So liebte er die Nymphe Daphne, eine Tochter des thessalischen Flußgottes Peneios; aber Daphne erwiderte seine Leidenschaft nicht und floh in die Berge. Apollon verfolgte sie; fast hatte er sie erreicht, als Daphne ihren Vater bat, sie zu retten, und sie wurde in einen Lorbeerbaum verwandelt, den apollinischen Baum.

Apollon liebte auch die Nymphe Kyrene, von der er einen Sohn bekam, den Halbgott Aristeus. Als Musiker und Gott der Lyra leitete er den Chor der Musen; es überrascht nicht, daß man ihm auch Abenteuer mit ihnen zuschrieb. Von Thaleia soll er die Korybanten gehabt haben, aufrührerische Dämonen, die den Kureten ähnlich sind. Von der Muse Urania hatte er die beiden berühmten Musiker Linos und Orpheus.

Asklepios

Die Geburt seines Lieblingssohnes Asklepios, des Gottes der Heilkunst (die Römer nannten ihn Aesculap), war Anlaß eines dramatischen Abenteuers. Apollon hatte Koronis, die Tochter des thessalischen Königs Phlegyas, geliebt und sie mit einem Sohn geschwängert. Aber noch vor der Geburt des Kindes hatte Koronis der Liebe eines Sterblichen, Ischys, des Sohns von Elatos, nachgegeben. Durch eine Krähe wurde Apollon vom Fehltritt seiner Geliebten verständigt (wegen dieser Indiskretion wurde der Vogel, der vordem weiß gewesen war, schwarz). Der zornige Gott tötete Koronis, aber in dem Augenblick, da die Flammen ihren Körper auf dem Scheiterhaufen erreichten, zog er aus dem Leichnam das lebende Kind, das sich in ihm befunden hatte. Dieses Kind, Asklepios, wurde von seinem Vater dem Kentauren Cheiron anvertraut, der es die Heilkunst lehrte. Bald machte Asklepios darin große Fortschritte und entdeckte sogar das Mittel, die Toten wieder zum Leben zu erwecken. Athene hatte ihm nämlich Blut gegeben, das aus den Wunden der Medusa geflossen war; dieses Blut stammte aus den Adern der linken Seite und war ein starkes Gift; das Blut aus der rechten Seite hingegen konnte die Toten ins Leben zurückbringen. Asklepios machte von seinem Wissen derart großzügig Gebrauch, daß sich Hades darüber beklagte. Da Zeus fürchtete, daß die Kunst des Asklepios die Weltordnung stürzen könnte, erschlug er den allzu geschickten Heilkünstler mit seinem Blitz. Da aber wurde Apollon von heftigem Zorn ergriffen, und mit seinen Pfeilen tötete er die Kyklopen, die den Blitz für Zeus geschmiedet hatten. Angesichts dieses Verbrechens dachte dieser einen Augenblick daran, Apollon in den Tartaros zu stürzen, auf die Bitten der Leto jedoch milderte er die Strafe und verdammte seinen Sohn dazu, ein Jahr lang bei einem Sterblichen als Sklave zu dienen. Daraufhin begab sich Apollon nach Pheres in Thessalien, wo er bei König Admetes als Rinderhirt diente.

Ein anderes Abenteuer des Apollon zeigt den Gott in einer ähnlichen Situation; es endet jedoch nicht so tragisch wie seine Liebe zu Koronis. Apollon liebte Marpessa, die Tochter des Königs von Aitolien, Evenos; sie wurde aber von Idas, dem

Sohn des Aphareus, in einem geflügelten Wagen geraubt, den Poseidon dem jungen Mann geschenkt hatte. Apollon begab sich auf ihre Verfolgung und erreichte sie in Messene. Die beiden Anwärter auf die Gunst des jungen Mädchens begannen, um ihren Besitz zu kämpfen, aber Zeus griff auch hier wieder ein und trennte die Kämpfer. Er gewährte Marpessa das Recht, denjenigen von den beiden zu wählen, dem sie den Vorzug gab. Marpessa wählte Idas, den Sterblichen, weil sie, wie sie sagte, fürchtete, wenn sie den Gott wähle, würde er sie verlassen, wenn sie einmal alt und häßlich wäre. Mit Kassandra, einer der Töchter des Priamos, wurde Apollon nicht glücklicher. Er liebte sie, und um sie sicherer verführen zu können, hatte er ihr versprochen, sie die Kunst des Wahrsagens zu lehren. Kassandra nahm den Unterricht an, aber als sie meinte, genügend gelernt zu haben, weigerte sie sich, dem Gott nachzugeben. Dieser wurde zornig, und da er Kassandra das Wissen nicht mehr nehmen konnte, raubte er ihr zumindest die Macht, glaubhaft zu sein. Von da an mochte Kassandra in ihren Orakeln noch so sehr die Wahrheit sagen, niemand glaubte ihr. Eine Überlieferung jedoch versichert, wenn schon Kassandra dem Gott gegenüber widerspenstig war, so errang dieser doch die Gunst der Hekuba, der Gattin des Priamos und Mutter der Kassandra, und diese schenkte ihm einen Sohn, den jungen Troilos.

Hyakinthos und Kyparissos

Apollon liebte aber auch Knaben, was bei den Dorern nicht als unehrenhaft galt. Doch verliefen seine Abenteuer mit Hyakinthos und Kyparissos nicht glücklich. Hyakinthos war ein junger lakedaimonischer Fürst von großer Schönheit, und Apollon verliebte sich in ihn. Eines Tages, als beide im Gymnasion den Diskus warfen, wurde die Wurfscheibe vom Wind abgetrieben oder aber flog mit einer derartigen Heftigkeit an einen Felsen, daß sie zurückschnellte, und Hyakinthos wurde am Kopf getroffen und getötet. Apollon war verzweifelt; um seinen Freund unsterblich zu machen, verwandelte er dessen Körper in eine Blume, die Hyazinthe, deren Blütenblätter ein Zeichen tragen, das angeblich der Anfangsbuchstabe des Namens Hyakinthos ist.

Die Sage von Kyparissos lautet sehr ähnlich. Er war der Sohn des Telephos, dieser selbst ein Sohn des Herakles, und Apollon liebte ihn. Sein Lieblingsgefährte war ein prächtiger Hirsch, der ihm überallhin folgte. Als der Hirsch aber an einem Sommertag im Schatten schlief, tötete ihn Kyparissos versehentlich mit seinem Wurfspeer. Vor Verzweiflung wollte der junge Mann sterben. Und Apollon verwandelte ihn in einen Baum, die Zypresse, das Symbol der Trauer.

Wie man sieht, ist Apollon nicht ohne Beziehung zu den Geistern der Vegetation. Es ist daher weiter nicht verwunderlich, daß er mitunter für einen Hirtengott gehalten wird. Wir haben ihn im Dienst des Admetos gesehen. Hier hütete er die Herden, und es war sein Verdienst, daß die Kühe zweimal im Jahr trächtig waren. Ein anderes Mal wurde er wegen seiner Verschwörung mit Poseidon, Hera und Athene gegen Zeus mit Poseidon zusammen in die Sklaverei zu König Laomedon geschickt. Während Poseidon die Stadtmauer von Troia erbaute, hütete Apollon die Herden ihres gemeinsamen Herrn auf dem Berg Ida. Man erzählt auch, daß Apollon sich gern mit Herden beschäftigte, vor allem mit jenen, die ihm der junge Hermes gestohlen hatte, als dieser noch ein Wiegenkind war.

Seine Hirtentätigkeit ist vielleicht nicht ohne Beziehung zu einer seiner Hauptfunktionen als Gott der Musik. In seinen Orakeln drückte sich Apollon gern in Versen aus, und er wurde gern von den Dichtern angerufen. Aber Apollon ist auch ein schrecklicher Gott, ein unbarmherziger Bogenschütze, der schnellen Tod austeilt. Er ist ferner der Gott der Epidemien — das bezeugt jene Plage, die er am Anfang der Ilias gegen das achaische Heer aussendet, und mit seiner Schwester Artemis zusammen nimmt er an der Ermordung der Niobiden teil.

Gewisse Tiere, wie der Wolf, waren eigens Apollon geweiht, ebenso das Reh und die Hindin, von den Vögeln der Schwan, der Milan, die Krähe und von den Meeresbewohnern der Delphin, dessen Name im Griechischen an das Heiligtum von Delphi erinnert.

Artemis ist die Schwester des Apollon; sie wurde ebenfalls auf Delos geboren. Sobald sie auf der Welt war, übte sie zum Nutzen ihrer Mutter Leto, die noch nicht von Apollon entbunden war, ihr Amt als Hebamme aus. Obwohl Jungfrau, war sie doch auch die Beschützerin der Frauen in den Wehen, und die Gebärenden riefen sie an, damit sie ihnen nicht mit ihren Pfeilen einen plötzlichen Tod schicke — zumindest war sie es, der man die »Unfälle« unglücklich endender Wochenbetten zuschrieb.

Als Jägerin durcheilte Artemis die Wälder und vergnügte sich in der Gesellschaft von Hunden, wilden Tieren und Bergnymphen. Viele Sagen, die ihr Eingreifen schildern, zeigen sie unter diesem Aspekt. So verursachte sie den Tod des Orion, des fluchbeladenen Jägers, weil er sie bei einem Wettkampf im Diskuswerfen frech herausgefordert hatte, sei es, weil er die Jungfrau Opis, eine ihrer Gefährtinnen, verführen wollte, sei es schließlich, weil er ihr selbst Gewalt antun wollte. Artemis schickte einen Skorpion gegen ihn, der ihn in die Ferse stach und tötete. Aber da Orion in ein Gestirn verwandelt worden war, erhielt Artemis die gleiche Ehre für den Skorpion; er wurde ebenfalls zu einem Himmelszeichen.

Auch der Jäger Aktaion wurde ein Opfer der Göttin. Aktaion war der Sohn des Aristeus und durch seinen Vater der Enkel des Apollon. Eines Tages, als er im Gebirge jagte, hatte er die Göttin überrascht, die nackt in einer Quelle badete; unverzüglich ließ sie den jungen Mann, der doch ihrer eigenen Familie angehörte, durch seine eigenen Hunde zerfleischen. Um das zu erreichen, verwandelte sie ihn in einen Hirsch, und die Meute des Jägers, die ihren Herrn nicht mehr erkannte, warf sich auf ihn und riß ihn in Stücke.

Oineus, der König von Kalydon, hatte versäumt, der Artemis die Erstlinge seiner Ernten zu weihen, wie der Brauch es verlangte. Darüber wurde die Göttin böse und schickte ein Eberungeheuer ins Land, das die Felder verwüstete und gegen das eine große Jagd veranstaltet werden mußte, bei der der Held Meleagros zugrunde ging. Das gleiche Thema taucht auch in der

Sage von Agamemnon auf. Als dieser mit dem ganzen Heer der Achaier in Aulis auf günstige Winde wartete, um gegen Troia zu segeln, tötete er eines Tages einen Hirsch so geschickt, daß er ausrief: »Selbst Artemis hätte das nicht besser gemacht!« Artemis wurde eifersüchtig und sandte eine Windstille, so daß sich die Flotte nicht von der Stelle rühren konnte. Der Seher Teireisias enthüllte die Ursache dieser Widrigkeit und ließ wissen, daß die Göttin, um den Fluch aufzuheben, die Forderung stellte, Iphigeneia, die Tochter des Agamemnon, solle geopfert werden. Im letzten Augenblick, als das junge Mädchen schon auf dem Opferaltar lag, ersetzte Artemis es durch eine Hindin und führte Iphigeneia nach Tauris — auf der Krim —, wo sie die Königstochter zur Priesterin des Kults machte, der ihr in jenem Land geweiht war.

Die Niobiden

Berühmt ist auch die Rache, die Artemis an den Kindern der Niobe nahm. Diese war die Tochter des Tantalos und hatte mit dem Thebaner Amphion sieben Söhne und sieben Töchter. Glücklich und stolz hatte sie eines Tages geäußert, sie sei Leto überlegen, die nur einen Sohn und eine Tochter geboren habe. Leto fühlte sich beleidigt und verlangte von ihren Kindern, die Unverschämte zu bestrafen. Apollon tötete mit seinen Pfeilen die sieben Knaben, Artemis auf die gleiche Weise die sieben Töchter. Niobe flüchtete verzweifelt zu ihrem Vater auf den Berg Sipyle in Kleinasien und wurde dort in einen Felsen verwandelt; dem Stein entsprang eine Quelle, sie erneuerte sich aus den unaufhörlich weiterfließenden Tränen der Niobe.

Die Amazonen

In Kleinasien war Artemis Gegenstand eines ganz andersartigen Kults als desjenigen, der ihr in Griechenland gewidmet war. In Ephesos war ihr ein Heiligtum geweiht und ein Tempel errichtet worden, der als eines der sieben Weltwunder galt. Man schrieb seine Gründung den Amazonen zu, einem Volk von Kriegerinnen, die, wie es hieß, an den Ufern des Flusses Thermodon lebten. Die Amazonen duldeten keine Männer in ihrer

Gemeinschaft außer für niedrige Arbeiten; nach einigen Überlieferungen verstümmelten sie ihre männlichen Kinder, oder sie
töteten sie sogar und erhielten ihre Art durch flüchtige Verbindungen mit Fremden. Den Töchtern verbrannten sie die rechte
Brust, damit sie bei der Handhabung von Bogen und Lanze
nicht behindert würden. Ihre Hauptleidenschaft war der Krieg.
Man erzählte, daß die Amazonen gegen mehrere griechische
Helden gekämpft hätten: gegen Bellerophon, Herakles, Theseus
und sogar Achilleus. Unter Führung ihrer Königin hatten sie
eine Truppe nach Troia entsandt, Penthesilea aber wurde von
der Hand des Achilleus getötet. Ihr letzter Blick auf ihren Be-
sieger hatte ihm eine tiefe Liebe zu ihr eingeflößt.
Die jungfräuliche Jägerin Artemis war zwar die Schutzgöttin
der Amazonen; aber aus allem, was wir über die Artemis von
Ephesos wissen, ist doch zu entnehmen, daß sie eher eine Gottheit der Fruchtbarkeit war, eine »Herrin der wilden Tiere«, als
welche sie rund um das ganze östliche Mittelmeerbecken vor der
Ankunft der Griechen bekannt war.

HERMES

Auch Hermes ist von Zeus gezeugt. Seine Mutter Maia, die
jüngste der Pleiaden, brachte ihn in einer Höhle des Berges
Kyllene in Arkadien zur Welt. Schon von seiner Geburt an erwies er sich voller List. Dem Brauch gemäß hatte ihn seine Mutter in Windeln gewickelt und in eine Getreideschwinge gelegt,
die ihm als Wiege diente; dann hatte sie sich entfernt. Aber das
Kind bewegte sich so lange, bis es seine Wickel lockern konnte,
machte sich auf den Weg und wanderte bis nach Thessalien, wo
sein Bruder Apollon die Herden des Admetos hütete. Während
Apollon, in einen Knaben in der Nachbarschaft verliebt, seine
Herden vernachlässigte, entwendete ihm Hermes zwölf Kühe
und hundert Kalbinnen. Dann band er einen vollbelaubten
Zweig an den Schwanz eines jeden Tieres und machte sich auf
den Rückweg nach Kyllene. Als er vor seiner heimischen Höhle
ankam, sah er eine Schildkröte, fing sie, entschalte sie und
spannte über die leere Schale Saiten, die aus den Eingeweiden

von Ochsen gemacht waren, welche er geopfert hatte; es war die erste Lyra. Inzwischen suchte Apollon überall seine Tiere. Dank seiner Gabe der Hellsichtigkeit entdeckte er bald das ganze Abenteuer und beklagte sich auf dem Berg Kyllene bei Maia. Aber diese zeigte ihm den kleinen Hermes, brav in seine Windeln eingewickelt. Apollon bat Zeus um Hilfe, und der befahl Hermes, seinem Bruder dessen Gut wiederzugeben. Immerhin aber hatte Apollon in der Grotte des Kyllene die Lyra gesehen und die Musik gehört, die Hermes ihr entlockte, und er tauschte seine Herde gegen das Instrument ein.

Kurze Zeit darauf erfand Hermes die Syrinx, und Apollon kaufte sie ihm ab; er gab ihm dafür die Goldrute, deren er sich beim Hüten der Herden bediente. Aus ihr wurde der Schlangenstab, den Hermes als Abzeichen trug. Zeus war von den Erfindungen des jungen Gottes derart angetan, daß er ihn zu seinem Boten machte. Hermes werden die Botschaften anvertraut, die die Götter austauschen, außerdem ist es seine Aufgabe, die Seelen der Toten in die Unterwelt zu führen. Hermes ist der Beschützer der Reisenden, besonders der Kaufleute, aber auch der Diebe. Vielleicht war er ursprünglich nur der *daimon* der Steinhaufen, die man an den Wegen als Wegweiser auftürmte. Später entwickelte sich seine Persönlichkeit, andere Göttergestalten gingen in ihm auf, vor allem ein Hirtengott, der in den Bergen Arkadiens heimisch war, aber auch ein Schutzgott der Märkte und der großen Dorfplätze. Deshalb ist er zugleich der Schirmherr der Kaufleute und der Redner und seltsamerweise auch der Gott der Palaistra. Diese letzte Zuschreibung konnt vielleicht daher, daß er derjenige ist, der »das Glück bringt«.

Die Liebesverhältnisse des Hermes

Dem Gott Hermes werden mehrere Liebesabenteuer zugeschrieben. Mit Chione hatte er den Sohn Autolykos, der die Gabe besaß, alles entwenden zu können, was er begehrte, ohne jemals dabei ertappt zu werden, und der auch an dem Feldzug der Argonauten teilnahm. Dieser Autolykos wiederum vereinte durch List seine Tochter Antiklea mit Sisyphos in demselben Augenblick, in dem er sie Laertes zur Frau gab. Und das ist der Grund, warum Odysseus, offiziell der Sohn des Laertes und der Antiklea, manchmal für den Sohn des Sisyphos gehalten wird — auch er ein meisterhafter Betrüger. In Athen hieß es von Hermes, er habe Herse geliebt, eine der Töchter des Kekrops, von der er den Helden Kephalos zum Sohn hatte; außerdem habe ihm Aglauros, eine andere Tochter des Kekrops, den Großpriester von Eleusis mit dem Namen Keryx (»der Herold«) als Sohn geschenkt. Ebenfalls nach Eleusis führt eine weitere Vaterschaft des Hermes; denn er hatte einen Heldensohn, der selbst den Namen Eleusis führte und ihm von Dareia geboren worden war (der Name Dareia dürfte wohl ein ritueller Beiname der Persephone sein). Eine dunkle Überlieferung macht Hermes auch zum Vater des Gottes Pan, den er mit Penelope gehabt haben soll, sei es, daß diese dem Odysseus doch untreu war, sei es, daß diese Verbindung schon vor ihrer beider Heirat bestand.

Am häufigsten ist Hermes in den Sagen der Dolmetscher des Willens der Götter. Er überbringt den Helden ihre Waffen, zum Beispiel dem Perseus den Helm des Hades, übergibt Phrixos und Helle den Widder mit dem goldenen Vlies, das sie in die Lüfte tragen soll. Zeus beauftragt ihn, Argos, den Kerkermeister der Io, zu töten, und die drei Göttinnen zu dem »Schönheitswettbewerb« auf dem Berg Ida zu begleiten. Zeus verdankt ihm seinen Sieg über Typheus, Ares seine Freiheit usw.

Hephaistos

Hephaistos ist der Gott des Feuers — allerdings eines anderen als dessen, das Hestia hütet, die ältere Schwester des Zeus, die das häusliche Herdfeuer versinnbildlicht, auf ewig jungfräulich und unverrückbar im Hause bleibt; sie ist ein Symbol der Beständigkeit der Familie und aus diesem Grund völlig ohne alles Mythische. Hephaistos hingegen ist der Gott des Feuers der Schmiede, des schöpferischen Feuers, das am Ursprung der Metallarbeiten steht; ursprünglich unterschied er sich zweifellos nicht sehr von den unzähligen Geistern der »Metallurgie« und der Bergwerke, die man an verschiedenen Stellen der hellenischen Welt findet, wie zum Beispiel die Daktylen von Ida, die

Kabiren von Samothrake, vielleicht auch die Telchinen von Rhodos und auch die Kyklopen, die Schmiede des Blitzes.

Wie er geboren wurde, haben wir bereits berichtet. Wir haben auch an die Sage erinnert, in der geschildert wird, wie er von Zeus vom Olymp gestoßen wurde und auf die Insel Lemnos stürzte. Nach diesem Vorfall hinkte Hephaistos für immer, und seiner Mutter graute vor ihm. In einer anderen Version hieß es, daß der Gott schon von Geburt an hinkte und ihn seine Mutter selbst aus dem Himmel verjagt habe. Um sich an ihr zu rächen, stellte er heimlich einen goldenen Thron her, der jeden festhielt, der sich auf ihn setzte. Diesen Thron schickte er seiner Mutter, die sich auf ihm reglos gefesselt sah. Als Bedingung für ihre Befreiung forderte er seinen Platz auf dem Olymp zurück, und daher sieht man ihn bei den Göttern sitzen.

Er kommt ferner unter den Kämpfern der Gigantomachia vor und tötet den Riesen Klytios, indem er ihn mit einer Keule aus glühendem Eisen niederschlägt. Er greift auch vor Troia mit Flamme und Feuer ein. An ihn wendet sich Thetis, um eine für Achilleus bestimmte Rüstung herstellen zu lassen. Er hat seine Werkstätte in den Vulkanen, und die Kyklopen sind dort seine Gehilfen.

Es überrascht, daß dieser verunstaltete Gott die Gunst der schönsten Göttinnen genoß: die der Aglaia, der jüngsten der Chariten, und der Charis, der personifizierten »Anmut«. Er ist mit Aphrodite verheiratet — freilich betrügt sie ihn mit Ares. Dieses Abenteuer wird in der Odyssee berichtet. Aphrodite war die Geliebte des Ares geworden, und die Sonne, die alles sieht, berichtete es dem Hephaistos, der beschloß, sich zu rächen. Um das Bett seiner Frau legte er ein unsichtbares Netz, das sich über den beiden Schuldigen schloß und sie unbeweglich festhielt. Zu diesem Anblick rief Hephaistos dann alle Götter herbei. Sowie Aphrodite befreit war, floh sie unter dem dröhnenden Gelächter der Götter.

Mit seiner Liebe zu Athene hatte er kein Glück. Man schrieb ihm mehrere Söhne zu, vor allem die Argonauten Palaimon, einen legendären Bildhauer Ardalos sowie den Räuber Periphetes, der von Theseus getötet wurde.

Auch Athene ist eine Tochter des Zeus und wie Artemis ewiger Keuschheit verschrieben. Wir berichteten schon, wie sie zur Welt kam, nachdem ihre Mutter Metis von Zeus verschlungen worden war. Wie Artemis ist auch sie streitbar im Kampf und geht gern mit Waffen um. Aber statt des Bogens trägt sie eine Lanze, und ihr Brustharnisch ist eine Ziegenhaut (Aigis). Es erstaunt daher nicht, daß sie sich aktiv am Kampf gegen die Giganten beteiligte. Mit eigener Hand tötete sie Pallas und Enkelades. In der Ilias sehen wir sie auch auf der Seite der Achaier kämpfen — vielleicht, weil sie bei dem Wettbewerb der drei Göttinnen erlebt hatte, daß der Hirte Paris ihr Aphrodite vorgezogen hatte. Aber sie hilft auch Herakles, indem sie ihm die Waffen liefert. Sie macht sich zur Beschützerin des Odysseus, und in der Odyssee greift sie ständig ein, um ihn aus tausend Schwierigkeiten, in die er gerät, zu retten. Sie stellt weniger die Gottheit der Gewalttätigkeit als vielmehr des überlegenden, von der Vernunft geleiteten und erhellten Mutes dar. Man schreibt ihr die Erfindung des Kriegswagens und der Schiffe zu, da sie dem Bau des Schiffes Argo vorstand. Nicht weniger geschickt ist sie jedoch in den Künsten des Friedens. Als Schirmherrin Attikas hat sie diese Berufung im Lauf eines berühmten Streits gerechtfertigt, da sie den Gegensatz zu Poseidon nicht scheute.

Beide stritten über die Schirmherrschaft von Attika. Die Götter wurden als Schiedsrichter angerufen und beschlossen, das Land solle derjenigen der beiden Gottheiten gehören, die der Gegend das schönste Geschenk mache. Poseidon ließ mit einem Stoß seines Dreizacks dem Boden der Akropolis einen Salzquell entspringen. Athene aber ließ einen Ölbaum wachsen, und alle Götter meinten, der Ölbaum als Baum des Friedens und der Langmut sei der Salzwasserquelle vorzuziehen, und sprachen die Schirmherrschaft über Attika der Göttin zu.

Erichthonios
Auch eine andere, sehr seltsame Sage verband Athene mit der

Akropolis von Athen. Athene wollte Jungfrau bleiben, konnte aber Hephaistos, als sie ihn eines Tages in seiner Schmiede besuchte, nicht daran hindern, daß er sich in sie verliebte. Sie floh, von Hephaistos verfolgt, und trotz seines Hinkens holte er sie auf der Akropolis von Athen ein und nahm sie in seine Arme. Athene verteidigte sich, aber in seinem Verlangen benetzte der Gott das Bein der Göttin. Voller Ekel trocknete sie den Samen mit Wolle ab und warf das beschmutzte Bündel auf den Boden. So wurde die Erde befruchtet und gebar Erichthonios; die Göttin hob ihn auf und betrachtete ihn fortan mit einer seltsamen Zärtlichkeit als ihren Sohn. Sie schloß ihn in einen Korb ein, um ihn ohne Wissen der anderen Götter aufzuziehen, und vertraute den Korb den drei Töchtern des Königs von Athen, Kekrops, an. Aber Aglauros, eine der drei Schwestern, konnte ihrer Neugier nicht widerstehen und öffnete das Körbchen. Was sie darin sah, entsetzte sie: Dieses kleine Kind, das von zwei Schlangen bewacht wurde, erschien ihr so schrecklich, daß sich ihr Geist verwirrte und sie sich vom Felsen der Akropolis in die Tiefe stürzte. Athene erzog das Kind nun selbst in ihrem Heiligtum von Athen, und später trat ihm König Kekrops die Macht ab. Erichthonios ist der Gründer jener Dynastie der Könige von Attika, der auch Theseus angehört.

Das Palladion

Der Beiname Pallas, der dem Namen der Göttin oft vorangestellt wird, bedeutet sehr wahrscheinlich »junges Mädchen«; aber dieses nicht verstandene Beiwort hat eine Sage entstehen lassen. Man erzählte, die junge Göttin sei von ihrem Vater dem Gott Triton anvertraut worden, der sie zusammen mit seiner Tochter Pallas erzog. Beide Kinder übten sich im Waffenhandwerk, und Athene verwundete ihre Freundin so unglücklich, daß diese starb. Um ehrenhafte Buße zu tun, formte Athene ein Bildnis von ihr, nannte es Palladion und nahm selbst den Namen der jungen Toten an. Das Palladion wurde neben Zeus auf dem Olymp aufgestellt, wo es lange stehen blieb. Aber eines Tages versuchte Zeus, der Göttin Elektra, einer der Pleiaden, Gewalt anzutun, und da Elektra sich neben das Palladion geflüchtet hatte, warf Zeus es um, und es stürzte vom Olymp. Das Standbild fiel in das Land Troas, als dort eben die Stadt Troia gegründet wurde. Die vom Himmel gefallene Statue wurde in den Tempel der Athene auf der Zitadelle gestellt, und dieser »Fetisch« wurde als Bürge des Heils der Stadt angesehen. Später wurde das Palladion von Odysseus mit Hilfe des Diomedes entwendet. Aber die Überlieferungen über das endgültige Schicksal der Wunderstatue stimmten bei weitem nicht überein; man fand ihre Spur in Arkadien, in Samothrake, in Argos, in Athen und sogar in Italien, wohin sie von Diomedes oder sogar von Aineias selbst gebracht worden sein soll. Schließlich fand sie ihren Platz zwischen den Penaten des römischen Volkes im Heiligtum der Vesta. Diese sehr archaischen Statuen (es handelt sich um ein *xoanon*, ein Holzidol, das die Göttin in sehr steifer aufrechter Haltung darstellte) gehen vielleicht auf einen vorhellenischen Kult zurück wie so viele Züge der Göttin Athene selbst.

Arachne

Athene, die Göttin der Handfertigkeiten, insbesondere der von Frauen betriebenen, war die Schutzherrin der Spinnerinnen, Weberinnen, Strickerinnen usw., und man erzählte sich in diesem Zusammenhang die Geschichte ihrer Rivalität mit der Lydierin Arachne, der Tochter des Färbers Idmon von Kolophon. Arachne war im Weben und Sticken so geschickt, daß man ihr nachsagte, sie sei Schülerin der Athene selbst gewesen. Das mißfiel dem jungen Mädchen, denn es behauptete, es verdanke seine Geschicklichkeit ausschließlich seiner eigenen Begabung. Arachne ging sogar so weit, die Göttin zum Wettstreit herauszufordern. Diese nahm an, stellte sich aber zunächst als alte Frau ein, die die Anmaßende zu größerer Bescheidenheit ermahnte. Arachne antwortete ihr nur mit Beschimpfungen der Göttin, die sich nun zu erkennen gab, und der Wettkampf begann. Das Gewebe der Arachne war vollkommen, aber Athene wurde zornig, zerriß die Arbeit ihrer Rivalin, schlug sie mit ihrem Weberschiffchen, und Arachne verwandelte sich in eine Spinne.

Wir haben schon berichtet, wie Aphrodite in der hesiodischen »Theogonia« dem durch das Blut des Uranos befruchteten Meer entstieg. Trotz dieses Ursprungs, der ihre Geburt noch vor der des Zeus ansetzt, gehörte sie nicht dem ältesten hellenischen Pantheon an. Sie ist vielmehr eine Orientalin, die über die Insel Kypros in die hellenische Welt gelangte, wo sie in Paphos ihr Hauptheiligtum besaß. Von hier begab sie sich nach Kythere und ließ sich dann in Korinth nieder.

Aphrodite ist die Göttin der Liebe, und sie wird in den verschiedenen Zeiten nackt oder bekleidet dargestellt, wobei sie in der Hand eine Taube hält, ihren Lieblingsvogel. Sie ist umgeben von Dienerinnen, vor allem Chariten und Horen, die seit der hellenischen Epoche ihrem Gefolge angehörten. Man zeigt sie auch über dem Meer schwebend, von Nereiden und allen niedrigeren Gottheiten umgeben, die das Anmutige in der Welt verkörpern.

Aphrodite wurde zur Heldin zahlreicher Liebessagen; wir haben schon ihre schuldbeladene Leidenschaft für Ares erwähnt. Sie hat mehrere Gottheiten geboren: Eros (die Liebe) und Anteros (die gegenseitige oder miteinander geteilte Liebe), Deimos und Phobos (der Schrecken und die Furcht) und auch Harmonia, die die Frau des Thebaners Kadmos werden sollte.

Adonis

Von ihrem orientalischen Ursprung her behielt Aphrodite noch einen Liebhaber, den syrischen Gott Adonis, der von der griechischen Mythologie übernommen worden war. Seine Sage wird am häufigsten in folgender Form überliefert: Theias, der König von Syrien, hatte eine Tochter, Myrrha oder Smyrna, die ein Fluch der Aphrodite dazu gedrängt hatte, mit ihrem Vater ohne dessen Wissen Blutschande zu begehen. Elf Nächte gelang es ihr, sich mit ihm zu verbinden, aber in der zwölften entdeckte Theias die Schandtat und stürzte sich auf seine Tochter, um sie zu töten. Myrrha floh, und die Götter, die sich ihrer erbarmten, verwandelten sie in einen Baum, den Myrrhenbaum. Zehn Monate später barst die Rinde des Baumes, und es entstieg ihm ein Kind, das den Namen Adonis erhielt. Aphrodite wurde von der Schönheit dieses Kindes bewegt, nahm es auf und vertraute es Persephone an, damit sie es erziehe. Aber Persephone verliebte sich in das schöne Kind und weigerte sich, es Aphrodite zurückzugeben. Der Streit zwischen den beiden Göttinnen wurde von Zeus so entschieden, daß der junge Adonis ein Drittel des Jahres bei Aphrodite, ein Drittel bei Persephone und ein Drittel dort leben sollte, wo er wollte. Aber Adonis zog es vor, zwei Drittel des Jahres bei Aphrodite und nur den Rest in der Unterwelt zu verbringen. Als Adonis nach einigen Jahren auf die Jagd ging, verwundete ihn ein Eber am Schenkel und tötete ihn, wozu dieser von Artemis (man weiß nicht recht, aus welchem Grunde) angestachelt worden war, vielleicht aber auch von Ares, der auf den jungen Mann eifersüchtig war. Man behauptete, die weiße Rose habe ihre Farbe bis zum heutigen Tage vom Blut der Aphrodite, die sich, als sie dem Adonis zu Hilfe eilte, den Fuß an einem Dorn verletzt habe. Aus dem Blut des Adonis entstanden die Anemonen, die im Frühling im östlichen Mittelmeerbecken überreich blühen.

Zu Ehren des Adonis gründete Aphrodite einen Totenkult, den die syrischen Frauen alljährlich im Frühjahr feierten und der sich durch die ganze antike Welt verbreitete. Man pflanzte Körner in Gefäßen an und begoß sie mit warmem Wasser; diese Pflanzen wuchsen zwar sehr schnell, starben aber sehr bald: es waren die »Gärten des Adonis«.

Anchises und Aineias

Eines Tages empfand Aphrodite eine heftige Leidenschaft für Anchises, einen troischen Prinzen, der seine Herden auf dem Berg Ida hütete. Damit er sie wiederliebte, kam sie zu ihm unter dem Vorwand, sie sei die Tochter des Königs von Phrygien und sei von Hermes geraubt und im Gebirge verlassen worden. Verwirrt von ihrer Schönheit liebte Anchises sie. Nun enthüllte sie ihm, wer sie war, und sagte ihm, sie werde ihm einen Sohn schenken, der ein sehr erhabenes Schicksal haben werde. Dieser Sohn sollte Aineias sein. Doch befahl sie dem Anchises, niemandem etwas von ihrem Liebesverhältnis zu sagen. Nachdem Anchises aber an einem Festtag getrunken hatte, konnte er sein Geheimnis nicht mehr bewahren. Zeus bestrafte ihn damit, daß er ihn hinkend machte, nach anderer Version, daß er ihn mit Blindheit schlug.

Paris

Ebenfalls auf dem Berg Ida in Phrygien spielte sich der berühmte »Schönheitswettbewerb« ab, der zum Krieg um Troia führen sollte. Eines Tages hatte Eris, die Zwietracht, im Olymp einen Apfel in die Götterversammlung geworfen, der dazu bestimmt war, »der Schönsten« gegeben zu werden. Drei Göttinnen bewarben sich um diesen Titel. Zeus ließ sie von Hermes auf den Berg in der Troas führen, wo einer der Söhne des Priamos, Alexander (auch Paris genannt), seine Herden hütete. Jede der drei Göttinnen versuchte, ihren Richter zu ihren Gunsten zu beeinflussen. Hera bot ihm die universale Königswürde an, Athene wollte ihn im Krieg unsichtbar machen, Aphrodite aber versprach ihm die Hand Helenas. Und Paris wählte sie. Man behauptet auch, sie habe sich entkleidet, um dem jungen Mann die Vollkommenheit ihres Körpers zu zeigen. Aphrodite also steht am Ursprung des Kriegs um Troia; und sie beschützte Paris während der ganzen Belagerung der Stadt und entriß ihn der Gefahr in seinem Zweikampf mit Menelaos. Ebenso rettete sie Aineias, als Diomedes ihn töten wollte. Nach dem Fall der Stadt sicherte sie das Weiterleben des troianischen Geschlechts, indem sie es Aineias ermöglichte, mit Anchises auf dem Rücken zu fliehen. An diese Episode knüpft sich die troianische Sage um Rom.

Mochte auch der Schutz der Aphrodite wirksam sein — ihre Zornesausbrüche und Verwünschungen waren gefürchtet. Sie flößte Eos (Morgenröte) eine unüberwindliche Liebe zu Orion ein. Sie bestrafte die Frauen von Lemnos, die sie nicht verehrten, indem sie ihnen einen unerträglichen Geruch verlieh. Schließlich zwang sie die Töchter des Königs Kinyra in Paphos, sich Fremden hinzugeben.

Die Philosophen rätselten viel an dem Wesen der Aphrodite

herum und unterschieden mit Platon zwei Göttinnen in ihr: eine uranische (»himmlische«) Göttin der reinen Liebe und eine zweite, pandemische (oder »volkstümliche«), die die Schirmherrin der vulgären Liebe war.

ARES

Ares, Gott des Krieges und Liebhaber der Aphrodite, ist der Sohn des Zeus und der Hera. Seit dem homerischen Epos erscheint er als Dämon des Gemetzels. Vor Troia hilft er den Troiern, versagt aber auch den Achaiern seinen Beistand nicht, da ihm vor allem daran liegt, sich zu schlagen. Auf dem Schlachtfeld wird er von Dämonen zweiten Ranges begleitet, von Phobos und Deimos (Furcht und Schrecken), seinen Söhnen, und von Enyo mit dem blutigen Gesicht.

Es heißt, Ares habe mit Vorliebe in Thrakien gewohnt, einem pferdereichen und von kriegerischen Völkern durchzogenen Land. Nach einigen Überlieferungen ist er der Vater der Amazonen, seiner Töchter, die er mit Harmonia hatte. Man findet seine Sage auch in Theben. Dort soll er eine Quelle auf der Kadmeia besessen haben, der Burg der Stadt, und diese Quelle wurde von einem Drachen gehütet, dessen Vater er war. Als Kadmos auftauchte, um die Stadt zu gründen, untersagte ihm der Drache den Zugang zu der Quelle, aber Kadmos tötete ihn. Um diesen Mord zu sühnen, mußte er Ares acht Jahre lang als Sklave dienen. Aber nach dem Ablauf dieser Zeit verheirateten die Götter Kadmos mit Harmonia, der Tochter des Ares und der Aphrodite.

Die Mißgeschicke des Ares

Obwohl Ares der Kriegsgott ist, so ist er auf dem Schlachtfeld doch nicht unbesiegbar. Vor Troia verwundet ihn Diomedes dank der Hilfe Athenes; der Geschlagene flüchtet auf den Olymp, wo ihn Zeus verbinden läßt. Ein andermal, als Herakles einem der Söhne des Ares, Kykno, einen Kampf lieferte, weigerte sich Ares, den Schicksalsspruch anzuerkennen, nach dem sein Sohn von dem Helden getötet werden sollte; Ares nahm den Kampf auf, wurde aber von Herakles am Schenkel verwundet und mußte das Schlachtfeld verlassen. Als Verkörperung der brutalen Kraft wird Ares häufig ein Opfer seines Mangels an Überlegung. Als seine Tochter, die Amazone Penthesilea, vor Troia von Achilleus getötet wurde, stürzte sich Ares in den Kampf, um sie zu rächen, ohne aber den Willen der Schicksalsgöttinnen zu berücksichtigen. Zeus gebot ihm mit einem Blitz Einhalt. In Athen verdankte der Hügel des Areopag seinen Namen einem Mißgeschick des Gottes. Am Fuß des Hügels befand sich eine Quelle. Hier sah Ares eines Tages, wie Halirrhotios, der Sohn des Poseidon und der Nymphe Eurytos, versuchte, Alkiope, einer Tochter des Ares mit der Aglauros, Gewalt anzutun. Ares stürzte zum Schutz seiner Tochter herbei und tötete Halirrhotios. Poseidon ließ ihn vor ein Tribunal aller Olympier stellen, das auf dem gleichen Hügel tagte, an dessen Fuß der Mord geschehen war. Die Götter jedoch sprachen Ares frei. Zur Erinnerung an dieses Ereignis tagte in Athen auf dem Areopag oder »Hügel des Ares« in uralten Zeiten ein Tribunal, das ursprünglich über alle Morde und später über Verbrechen religiöser Natur zu Gericht saß.

Ares hatte zahlreiche Liebesverhältnisse. Außer seinem berühmten Abenteuer mit Aphrodite liebte er viele sterbliche Frauen, von denen er Kinder hatte, aus denen meist gewalttätige Männer wurden. So hatte er von Pyrene drei Söhne, Koknos, Diomedes von Thrakien und Lykaon. Alle drei sollten später von Herakles getötet werden. Er ist auch der Vater des Oinomaos, des Königs von Pise in der Elis, dessen Sage mit der Gründung der olympischen Spiele verbunden ist. Oinomaos besaß eine Tochter, Hippodameia, deren Hand er den zahlreichen sich einfindenden Anwärtern stets verweigerte. Wer Hippodameia heiraten wollte, mußte in einem Wagenrennen gegen ihn kämpfen. Oinomaos blieb stets Sieger, denn seine Pferde waren ihm von Ares geschenkt worden und waren göttlich. Er tötete jeweils den unglücklichen Konkurrenten und nagelte seinen Kopf an das Tor seines Palastes. Eines Tages kam auch Pelops, der Sohn des Tantalos. Hippodameia verliebte sich in ihn und half ihm, den Kutscher ihres Vaters, Myrtilos, zu bestechen.

Myrtilos ersetzte den Bronzeblock, mit dem das Rad an der Wagenachse befestigt war, durch einen Bolzen aus Wachs. Während des Rennens wurde Oinomaos aus dem Wagen geschleudert und von seinen Pferden zu Tode geschleift.

Die dem Ares geweihten Tiere sind der Hund und der Geier.

POSEIDON

Poseidon, der Sohn des Kronos und der Rhea, herrscht über das ihm vom Schicksal zugewiesene Meer. Man behauptete, er sei in seiner Kindheit von den Telchinen erzogen worden, den zauberkundigen Dämonen und Metallurgen auf Rhodos, die ebenso gut Götterbilder zu machen wußten, die aber auch Regen oder Schnee fallen lassen konnten. Als Poseidon zum Jüngling herangereift war, heiratete er die Schwester der Telchinen, Halia, und sie schenkte ihm sechs Knaben und eine Tochter namens Rhodos, die Namensgeberin der Insel Rhodos.

Poseidon regiert nicht nur das Meer, sondern auch dessen Küsten. Er erschüttert die Felsen und Inseln und läßt Quellen entspringen. Er ist mit einem Dreizack bewaffnet, dem typischen Gerät der Thunfischfänger, und fährt in einem Wagen, den tierische Ungeheuer, halb Pferd, halb Schlange, ziehen. Er ist von einem ganzen Hofstaat von Meeresgeschöpfen umgeben, von Delphinen, Nereiden und verschiedenen Meeresdämonen, wie etwa Proteus, dem Hirten, der die Herden von Phokos (»Seehund«) hütete, die Poseidon gehörten, oder Glaukos, der als Sterblicher geboren war und sich seinen Lebensunterhalt als Fischer in Anthedon verdiente, bis er durch Zufall ein Zauberkraut aß und zu einem Meeresgott wurde.

Poseidon hatte an der Verschwörung der Hera gegen Zeus teilgenommen. Er war deshalb bestraft worden und hatte sich in den Dienst des Königs von Troia, Laomedon, begeben und zusammen mit Aiakos die Stadtmauern bauen müssen. Aber als die Arbeit beendet war, weigerte sich Laomedon, den vereinbarten Lohn zu zahlen. Poseidon rächte sich, indem er ein Ungeheuer schickte, das das Land verwüstete und schließlich von Herakles getötet wurde, nachdem der König gezwungen worden war, seine eigene Tochter Hesione auszuliefern. Aber der Gott blieb den Troiern immer feindlich gesinnt. Während des Kriegs kämpfte er auf seiten der Achaier.

Begierig nach den Ehrungen der Sterblichen, wollte Poseidon der Schutzherr mehrerer Städte werden. Deshalb geriet er mit anderen Gottheiten in Streit und erhielt nicht immer Recht. Von seinem Streit mit Athene Attikas wegen haben wir berichtet. Dem Helios machte er Korinth streitig; der Riese Briareus, der den Richter spielen mußte, wies die Stadt dem Helios zu. In Aigina wurde er durch Zeus ersetzt, in Naxos durch Dionysos, in Delphi durch Apollon, in Troizen durch Athene. In Argos wurde Phroneus beauftragt, den Konflikt zwischen dem Gott und Hera zu schlichten, und er entschied zugunsten der Göttin. Poseidon verhängte eine Dürre über Argolis, indem er alle Quellen des Landes versiegen ließ. Zu dieser Zeit aber kamen Danaos und seine Töchter an, Poseidon verliebte sich in Amymone, eine der Danaiden, und hob seinen Fluch auf. Aus der Liebe der Amymone und des Gottes wurde der Held Nauplios geboren.

Die Söhne Poseidons

Die Liebesverbindungen des Poseidon waren überaus fruchtbar; aber die Geschöpfe, die er zeugte, wurden wie die Kinder des Ares gewalttätig und boshaft. So zeugte er mit Thoosa den Polyphemos — einen der Kyklopen, von denen die Odyssee spricht, und die sich von den »uranischen« Kyklopen unterscheiden —, mit Medusa den Riesen Chrysaor und das geflügelte Pferd Pegasos. Von Iphimedeia hatte er die Aloiiden, Kerkyon und den Räuber Skiron, die beide von Theseus getötet wurden. Lamos, der König der Lestrygonen, der in der Odyssee als Kannibale erscheint, und der fluchbeladene Orion waren ebenfalls seine Söhne.

Wie Zeus ist auch Poseidon der mythische Ahnherr einer großen Zahl von Familien; seiner Vereinigung mit Libya, der Enkelin der Io, entsprangen Agenor, der König von Sidon, und Belos, der Vater von Danaos und Aigyptos. Er ist auch der Großvater des Helden Marathon, des Vaters von Sikyon und

Korinthos, nach denen die Städte Sikyon und Korinth heißen. Er kommt unter den Ahnen Nestors, des Königs von Pylos, vor und ebenso denen des Pelias wie auch der thebanischen Helden Amphion und Zethos.

Poseidon hatte eine legitime Gattin, die Nereide Amphitrite, aber sie schenkte ihm keine Kinder.

HADES UND PERSEPHONE

Die Unterwelt

Das Königreich des Hades wird zwar oft von den Dichtern beschrieben, aber die Vorstellungen, die man sich davon machte, wechselten mit den Zeiten. Am häufigsten stellte man sich den Hades als ein von Wasserläufen umgebenes Gebiet vor, als einen riesigen Sumpf, durchzogen von Flüssen mit unheilvollen Namen: Da sind der Acheron (dessen Name mit dem Wort »Schmerz« verknüpft ist), der Kokytos (»Fluß der Seufzer«), der Styx, der Phlegethon (»Fluß des Feuers«) und der Lethe (»Wasser des Vergessens«). Acheron und Kokytos sind zwei wirkliche Flüsse im Epirus, die durch öde Landschaften fließen, in denen sich die »Mäuler der Unterwelt« öffnen. Die drei übrigen Flüsse sind rein mythischen Charakters. Man erzählte, daß Acheron, Sohn der Gaia, wegen eines uralten Vergehens dazu verdammt wurde, auf einem Teil seines Laufes unter der Erde zu bleiben: Während der Gigantomachia hatte er den Riesen erlaubt, aus ihm zu trinken.

Der Styx

Der Styx ist ein Sohn der Nacht; er hatte sofort die Partei der Olympier ergriffen, und aus diesem Grund hatte Zeus ihm das Vorrecht verliehen, der Bürge der Götterschwüre zu sein. Wenn sich ein Gott durch einen Eid binden wollte, schöpfte Iris eine Kanne Wasser aus dem Styx und trug es als Zeugnis des Eides in den Olymp. Wenn der Gott einen Meineid schwor, blieb er ein ganzes Jahr lang ohne Atem, außerdem mußte er neun Jahre fern von der Versammlung der Götter leben. Den Namen Styx trägt auch eine Quelle in Arkadien, deren Wasser angeblich schädliche Eigenschaften hatte; es war ein starkes Gift und löste die Metalle, die man hineintauchte. Diese Quelle galt als der wiedererstandene Fluß der Unterwelt.

Charon

Wenn die Toten in der Unterwelt eintrafen, kamen sie zuerst an den Sumpf des Acheron, den sie in einem Boot mit Charon als Fährmann überqueren mußten. Als Preis für ihre Überfahrt mußten sie dem düsteren Greis einen Obolos zuwerfen. So erklärte sich die Sitte, daß man den Verstorbenen ein Geldstück in den Mund legte. Wenn die Toten entdeckten, daß sie den Preis für ihre Überfahrt nicht zahlen konnten, waren sie dazu verdammt, am Rand des Acherons ruhelos herumzuirren. Das widerfuhr vor allem den Toten, die nicht bestattet worden waren.

Das Seelengericht

Nach ihrer Einkehr in das Königreich des Hades wurden die Toten nach dem Glauben der klassischen Zeit von einem aus drei Richtern bestehenden Tribunal gerichtet: Minos, Aiakos und Rhadamanthys, denen ihr Ruf der Frömmigkeit dieses Amt nach dem Tod eingetragen hatte. Vor allem von Rhadamanthys, dem Bruder des Minos und des Sarpedon und Sohn des Zeus und der Europa, hieß es, er habe den kretischen Gesetzeskodex verfaßt, der vielen griechischen Stadtstaaten als Vorbild gedient hatte. Schuldige wurden im Tartaros bestraft, die »auserwählten« Seelen aber in die Elysischen Gefilde geschickt. An diesem wunderbaren Aufenthaltsort führten sie ein zwar langsameres, aber freudvolles Leben auf einer von Asphodelosblüten übersäten Wiese. Das zumindest war der Glaube, der sich schließlich allgemein durchsetzte. In sehr alter Zeit war jedoch die Vorstellung, daß nach dem Tode ein Urteilsspruch nach moralischen Gesichtspunkten gefällt würde, fast unbekannt. Die »Verdammten« waren jene Geschöpfe, die sich den Zorn der Götter zugezogen hatten und von diesen mit ewiger Rache verfolgt wurden.

Die Verdammten

Unter den Verdammten beschäftigt sich die Sage vor allem mit Sisyphos, Tantalos, Ixion und den Danaiden. Der Gründer Korinths, Sisyphos, gehörte dem Geschlecht des Deukalion an. Er war Zeuge des Raubes der jungen Aigina, der Tochter des Asopos, durch Zeus und hatte dem Vater den Namen des Entführers verraten. Daraufhin hatte Zeus ihm den Todesgeist Thanatos gesandt, der ihn ergreifen sollte. Aber Sisyphos bemächtigte sich des Thanatos und schlug ihn in Ketten, so daß eine Zeitlang niemand mehr starb. Endlich willigte Sisyphos ein, ihn freizugeben. Aber als Thanatos ihn fortführen wollte, befahl Sisyphos seiner Frau, ihn nicht zu bestatten. In der Unterwelt bat er um die Erlaubnis, auf die Erde zurückzukehren, um diese pietätlose Gattin zu bestrafen. Hades ließ ihn gehen, und Sisyphos kam natürlich nicht mehr zurück. Als er endlich in hohem Alter starb, beeilten sich die Götter, ihm eine Aufgabe zu stellen, die ihn in der Unterwelt zurückhielt. Sisyphos mußte einen ungeheuren Felsblock einen Abhang emporrollen; kurz vor dem Gipfel rollte der Stein jedoch wieder zurück, und er mußte die Arbeit von neuem beginnen.

Tantalos ist ein Sohn des Zeus und regiert in Lydien. Seine Kinder waren Pelops, Ahnherr der Atriden, und Niobe. Man erzählt, er sei eidbrüchig geworden, um Hermes nicht den Hund zurückgeben zu müssen, den dieser ihm anvertraut hatte. Das Vergehen erscheint gering im Vergleich zu der Bestrafung, die es nach sich zog: In der Unterwelt wurde Tantalos in einen See geworfen; schmachtend vor Durst versucht er, seine Lippen zu benetzen, aber jedesmal, wenn er sie dem Wasser nähert, weicht es zurück. Hungrig versucht er einen mit Obst beladenen Zweig, der über seinem Haupt hängt, zu ergreifen, aber der Zweig schnellt aus seiner Reichweite.

Ixion machte sich schuldig, weil er Hera Gewalt antun wollte; er wurde an ein brennendes Rad gebunden, das sich in der Luft drehte.

Die Danaiden, die fünfzig Töchter des Danaos, der vor seinem Bruder Aigyptos und dessen fünfzig Söhnen floh und Zuflucht in Argolis gefunden hatte, waren eines Verbrechens schuldig, das ihnen ihr Vater aufgezwungen hatte. Die fünfzig Söhne des Aigyptos wollten, als sie die Spur des Danaos gefunden hatten, ihre Basen heiraten. Danaos willigte zum Schein ein, aber in der Hochzeitsnacht gab er seinen Töchtern Schwerter und befahl ihnen, ihre Gatten zu töten. Einzig Hypermnestra hatte den Mut zum Ungehorsam. Nachdem ihre Schwestern ein ruhmloses Leben geführt hatten, wurden sie in der Unterwelt bestraft. Sie mußten ein Gefäß ohne Boden füllen, aus dem das Wasser, das sie hineingossen, in der gleichen Menge wieder ausfloß.

Kerberos

Der Eingang zur Unterwelt wurde von dem Hund Kerberos bewacht, der drei Köpfe und drei schlangenförmige Schwänze besaß und dessen Körper anstelle eines Fells mit sich sträubenden Giftschlangen bedeckt war. Er war der Sohn der Echidna und des Typheus, war angekettet und bellte hinter den Seelen her, ließ sie zwar eintreten, nicht aber die Unterwelt wieder verlassen. Trotzdem wurde er von Herakles gebändigt, der ihn auf die Erde zurückbrachte. Da er jedoch nicht wußte, was er mit ihm anfangen sollte, schickte er ihn dem Hades zurück. Später wurde Kerberos von dem Gesang des Orpheus verzaubert und schlief ein, so daß der Sänger auf der Suche nach Eurydike in den Palast des Pluton vordringen konnte.

DIONYSOS

Dionysos ist der letzte der Olympier. Er ist der Sohn des Zeus und der Semele, der Tochter des Kadmos und der Harmonia. Semele wurde von Zeus geliebt. Hinterlistig hatte Hera ihr eingegeben, bei ihrem Liebhaber zu erreichen, daß er sich ihr in seinem ganzen Glanz zeige. Widerwillig stimmte Zeus zu, und Semele wurde vom Blitz erschlagen. Aber Zeus entriß ihrem Schoß das noch lebende Kind und vernähte es in seinen eigenen Schenkel; als nun die Zeit der Geburt kam, trat das Kind vollkommen ausgebildet hervor. Der junge Dionysos, »der zweimal Geborene«, wurde Ammen anvertraut, zuerst der Ino, der zweiten Frau des Königs von Orchomenos, Athamas. Um die Eifersucht der Hera abzulenken, befahl Zeus, das Kind in Frauen-kleider zu stecken; aber Hera ließ sich nicht überlisten und schlug Athamas und Ino mit Wahnsinn. Athamas tötete seinen jüngeren Sohn Learchos, indem er ihn in einen Kessel mit kochendem Wasser warf, und Ino tötete sich und ihren älteren Sohn Melikertes. Sie stürzte sich mit ihm ins Meer — wurde aber in eine Meeresgottheit verwandelt, Leukothea (die Weiße Göttin), und das Kind wurde zu dem kleinen Gott Palaimon. Nach dieser Tragödie vertraute Zeus den kleinen Dionysos den Nymphen des Landes Nysa an (einer Gegend, die man oft nach Oberarmenien verlegt), und um ihn zu verstecken, verwandelte er ihn in ein Zicklein — was das Beiwort »Zicklein« erklärt, das der Gott im Ritual trägt.

Als Dionysos erwachsen war, entdeckte er im Land Nysa die Weinrebe und ihre Verwendung. Aber Hera schlug auch ihn mit Wahnsinn, und er durchirrte den ganzen Orient. In Phry-gien wurde er endlich durch die Göttin Kybele entsühnt (die Große Göttin des Landes, die häufig von den Griechen der Rhea gleichgesetzt und Mutter der Götter genannt wurde; ihr war ein orgiastischer Kult mit heftigen und ekstatischen Formen gewidmet, der einige Verwandtschaft mit dem Kult des Diony-sos zeigte). Von seinem Wahnsinn befreit, erreichte Dionysos Thrakien, aber König Lykurgos, der über das Land herrschte, nahm ihn sehr übel auf. Er wollte ihn gefangensetzen, Diony-sos jedoch floh zu der Nereide Thetis. Die Mainaden jedoch, die dem Gott folgten — Frauen, die die Riten seiner Religion feier-ten — wurden gefangen. Nun wurde Lykurgos mit Geistesver-wirrung geschlagen: Er meinte einen Rebstock abzuschlagen und zerschmetterte mit der Axt statt dessen sein eigenes Bein. Außerdem wurde das Land seines Königreichs unfruchtbar. Als das Orakel nach dem Grund des Unheils befragt wurde, verkün-dete es, der König müsse geopfert werden. Seine Untertanen vierteilten ihn.

Der Triumph des Dionysos
Von Thrakien kam Dionysos nach Indien und eroberte es mit den Waffen der unterwegs von ihm gesammelten Truppen, aber

auch durch seine magische Kunst. Mit einem triumphalen Gefolge kehrte er nach Griechenland zurück, in einem von Panthern gezogenen und mit Weinranken geschmückten Wagen, begleitet von Selenen, Mainaden, Satyrn und anderen Geistern der Fruchtbarkeit, wie etwa dem Gott Priapos.

In Griechenland errang Dionysos Boiotien, das Land seiner Mutter. In Theben, wo König Pentheus herrschte, wollte er die Bacchanalien einführen. Im Lauf dieser Feste wurde das Volk, vor allem die Frauen, von einem mystischen Wahnsinn ergriffen, sie liefen in das Gebirge, stießen Schreie aus und ließen alle Sittsamkeit fahren. Pentheus untersagte diese Riten. Aber er wurde dafür bestraft, denn seine eigene Mutter Agave zerriß ihn in heiligem Wahn eigenhändig, weil sie ihn für ein Rehkalb hielt.

In Argos tat Dionysos seine Macht in ähnlicher Weise kund, indem er die beiden Töchter des Königs Proitos mit Wahnsinn schlug, so daß sie im Land umherirrten, weil sie meinten, sie seien Kalbinnen. Sie wurden von dem Seher Melampos geheilt, der für sich und seinen Bruder Bias zwei Drittel des Königreichs Argos erhielt. Eine andere Überlieferung schrieb den Wahn der Proitiden allerdings dem Zorn der Hera zu.

Schließlich wollte Dionysos nach Naxos übersetzen und verdingte sich bei Piraten, die aber versuchten, ihn als Sklaven zu verkaufen. Da verwandelte Dionysos ihre Ruder in Schlangen und füllte ihr Schiff mit Efeu; entsetzt warfen sich die Seeräuber in die Wogen, wo sie in Delphine verwandelt wurden.

Als letzte Episode seiner Reisen stieg Dionysos in die Unterwelt, um dort seine Mutter Semele zu suchen. Hades willigte ein, sie ihm zurückzugeben, und Semele wurde in den Himmel aufgenommen, wo sie den Namen Thyone trägt. Bevor der Gott selbst in den Himmel aufstieg, holte er die junge Ariadne, die Theseus auf der Insel Naxos verlassen hatte, und machte sie zu seiner Gefährtin.

Die Gefährten des Dionysos

Zum Gefolge des Dionysos gehören die Satyrn, Geister der Felder, die je nach den Regionen verschieden dargestellt werden.

Bald hatten sie den Oberkörper eines Menschen und den Hinterleib eines Pferdes, bald waren einem Menschenleib Pelzpfoten und der Hinterteil eines Ziegenbocks angefügt.

Man stellte sich von ihnen vor, daß sie die Nymphen verfolgten, viel aßen und in der Sonne oder in kühlen Grotten schliefen. Ihr stets erigiertes männliches Glied zeigt ihre Lüsternheit.

Es gab eine Literaturgattung, das satyrische Drama, das sie als Gefährten des Dionysos, des Schutzherrn der dramatischen Dichtung, auf die Bühne brachte. Der fluchbeladene Flötenspieler Marsyas, der es gewagt hatte, Apollon herauszufordern, und zur Strafe geschunden worden war, gehört zum Geschlecht der Satyrn; allerdings gehört es zu den Ausnahmen, daß die Sage den einen oder anderen dieser halb göttlichen, halb tierischen Wesen mit Namen nennt.

Silenos

Neben Dionysos genoß ein alter Satyr, Silenos, besonderes Ansehen. Es hieß von ihm, er habe den Gott erzogen. Er selbst war ein Sohn des Pan oder sogar des Hermes, man erzählte aber auch, er sei dem Blut des von Kronos verstümmelten Uranos entsprungen. Unter einer grotesken Gestalt verbarg sich in Silenos ein weiser und tiefer Geist; aber seine Orakelsprüche wollte er nur preisgeben, wenn man ihn dazu zwang. Eines Tages wurde er von Bauern gefesselt vor Midas, den König von Phrygien, gebracht. Dieser erkannte ihn, löste seine Fesseln und behandelte ihn höflich. Zur Belohnung gewährte ihm Silenos auf seine Bitte die Gabe, alles, was er berührte, in Gold zu verwandeln. Aber diese Fähigkeit erwies sich als so unheilvoll, daß der König den Dionysos eiligst bat, ihn von einer Gabe zu erlösen, die in Wirklichkeit ein Fluch war.

Die Kentauren

Zum dionysischen Gefolge sind auch die Kentauren zu zählen, Ungeheuer: halb Pferd, halb Mensch. Man glaubte, daß ihr Geschlecht der Liebesbeziehung des Ixion mit einer Wolke entsprossen sei, die Zeus der Hera nachgeformt hatte, um einen thessalischen König wegen eines verbrecherischen Verlangens irrezuführen (der später in der Unterwelt bestraft wurde). Die Kentauren lebten in den Bergen und Wäldern und ernährten sich von rohem Fleisch. Sie hatten sehr brutale Sitten und raubten häufig Mädchen. So lieferten sie dem Theseus und seinem Freund, dem lapithischen Fürsten Peirithoos, die berühmte »Kentaurenschlacht«. Und zwar hatte dieser die Kentauren zu seiner Hochzeit eingeladen (sie waren entfernt verwandt mit ihm, weil er der Sohn des Ixion war). Bald waren die Kentauren betrunken, und einer von ihnen versuchte, Hippodamia, die Braut des Peirithoos, zu vergewaltigen. Es entstand ein großes Getümmel, schließlich zwangen Theseus und der Prinz die Kentauren, Thessalien zu verlassen.

Zwei Kentauren aber gab es, die anderer Abstammung waren und sanftere Sitten hatten. Cheiron, der dem Liebesverhältnis des Kronos mit Philyra entstammte, und Pholos, der Sohn des Silenos und einer Eschennymphe, einer Meliade. Cheiron war ein Freund der Menschen und wohltätig; im besonderen machte er sich zum Beschützer des Peleas, des Vaters von Achilleus, als dieser bei König Akastos verleumdet und von ihm im Gebirge waffenlos verlassen und der Bosheit der Kentauren ausgeliefert worden war. Sie hätten Peleas getötet, wenn Cheiron ihn nicht rechtzeitig geweckt und ihm sein Schwert gegeben hätte. Cheiron erzog Achilleus, Iason, Askelios und lehrte sie Ethik, Musik und Medizin. Cheiron war unsterblich, aber als er versehentlich durch einen Pfeil des Herakles verwundet wurde, litt er derart, daß er seine Unsterblichkeit gegen die Sterblichkeit des Prometheus eintauschte und so Ruhe finden konnte.

DIE HELDENZYKLEN

Der Inbegriff des »Helden« ist Herakles — allein sein Name, welcher »der durch Hera Berühmte« bedeutet, ist schon bedeutungsvoll. Herakles ist keinesfalls der Name eines Gottes, sondern möglicherweise ein ritueller Name, der von einem Gläubigen freiwillig zu Ehren der Göttin angenommen wurde oder durch die priesterliche Überlieferung einem Diener der Großen Göttin von Argos verliehen wurde. Die modernen Gelehrten können weder den Ursprung noch den wirklichen Charakter des Herakles mit Sicherheit erklären. Doch ist wahrscheinlich, daß er im wesentlichen weder ein »gefallener Gott« noch eine historische Figur ist, die epische Ausmaße erhalten hätte. Er scheint vielmehr die Verdichtung einer ungeheuren mythischen Synthese zu sein, in welcher Lokalsagen, priesterliche Überlieferungen des Heiligtums der argischen Hera und vorhellenische Elemente aller Art zusammengeflossen sind, von denen einige vielleicht aus Syrien gekommen sind, wenn es zutrifft, daß Herakles Analogien (jedoch in geringerem Maß als angenommen wurde) mit Melkhart aufweise.

Die Herkunft des Herakles

Die antiken Mythographen versichern, der wirkliche Name des Helden sei nicht Herakles, sondern Alkides gewesen. Der Name Herakles war ihm von Apollon verliehen worden, als er der Diener der Hera geworden war. Durch seine Mutter und seinen »sterblichen« Vater Amphitryon gehört Herakles dem Geschlecht des Perseus an, da seine beiden Großväter Alkeus und Elektryon Söhne des Perseus und der Andromeda waren. Er ist daher rein argischer Herkunft und nur durch Zufall in Theben geboren. Der Großteil seiner Abenteuer spielt sich auf dem Peloponnes ab, und hier ließen sich später auch seine Nachkommen nieder. Amphitryon mußte wegen eines versehentlichen Totschlages die Argolis verlassen und sich in Theben ansiedeln. Zeus nutzte seine Abwesenheit (er hatte sich auf einen Feldzug gegen die Teleboer begeben), verführte Alkmene, konnte dies aber nicht anders bewerkstelligen, als daß er die Gestalt Amphitryons annahm, und so verbrachte er an dessen Stelle mit Alkmene eine Nacht, die vierundzwanzig Stunden dauerte. Am Morgen kehrte Amphitryon zurück und zeugte mit Alkmene einen zweiten Sohn, Iphikles.

Schon vor der Geburt des Herakles fand Hera ein Mittel, ihre Eifersucht zu zeigen. Zeus hatte unklugerweise gelobt, daß »das

Kind, das aus dem Geschlecht der Perseiden geboren würde, über Argos herrschen« solle. Hera beeilte sich, die Geburt des Herakles zu verzögern und einen anderen Abkömmling des Perseus, Eurystheus, zur Welt kommen zu lassen. Er wurde schon nach sieben Monaten geboren und somit aufgrund des geheiligten Wortes des Zeus König von Argos und der Herr des Herakles.

Die Kindheit des Herakles

Als Herakles acht Monate alt war, sandte Hera zwei Schlangen in sein Gemach, um ihn ebenso wie Iphikles in seiner Wiege zu ersticken. Herakles packte die Tiere und erwürgte sie.

Herakles wurde wie alle griechischen Kinder erzogen. Der Musiker Linos brachte ihm die Grundbegriffe des Schreibens und der Musik bei; aber der Zögling war ungebärdig, und als eines Tages sein Lehrer versuchte, ihn zu korrigieren, tötete ihn Herakles mit einem Schlag seines Hockers. Der Knabe wurde aufs Land geschickt, wo er Hirte wurde. Hier erlernte er von einem Skythen namens Teutatos die Kunst des Bogenschießens. Als er erwachsen war, maß er vier Ellen und einen Fuß und vollbrachte mit achtzehn Jahren seine erste Tat; er tötete einen Löwen, der die Region Kithairon verwüstete. Der König des Landes, Thespios, gab ihm seine fünfzig Töchter, denn er wollte Enkel von dem Helden haben. Herakles hatte fünfzig Söhne mit ihnen, die Thespiden, die später Sardinien kolonisierten.

Als Herakles von seiner Löwenjagd zurückkehrte, begegnete er den Abgesandten des Königs von Orchomenos, Erginos, die den Tribut einfordern wollten, den die Thebaner damals ihrem Herrn entrichteten. Herakles schnitt ihnen Nasen und Ohren ab und schickte sie in ihre Heimat zurück. Als Aiginos mit einem Heer gegen Theben marschierte, brachte er ihm eine Niederlage bei und erlegte ihm einen Tribut auf, doppelt so hoch, wie er ihn selbst bis dahin von Theben erhalten hatte.

Der Wahnsinn des Herakles

Kreon, der König von Theben, gab nun dem Helden seine Tochter Megara zur Frau, und sie hatte fünf Kinder von ihm; Herakles aber, von Hera mit Wahnsinn geschlagen, tötete sie alle. So verstand es Hera, Herakles daran zu erinnern, daß er sich in den Dienst des Eurystheus zu begeben habe. Herakles gehorchte, und nun beginnen die zwölf »Arbeiten« des Herakles, zwölf Heldentaten, die er auf Befehl des Eurystheus vollbringt und die man als eine Sühne für die Ermordung der Kinder der Megara auffaßt. Herakles bewaffnet sich also. In Nemea schnitzt er die Keule aus dem Stamm eines wilden Olivenbaums; Hermes schenkt ihm ein Schwert, Apollon Bogen und Pfeile. Nach anderen Überlieferungen soll er alles von seiner Beschützerin Athene erhalten haben.

Der nemeische Löwe

Die erste »Arbeit« war die Jagd auf den Löwen von Nemea, ein Wundertier, Sohn des Orthros und Bruder der Sphinx von Theben. Dieser Löwe hauste in einer Höhle, die zwei Ausgänge hatte. Herakles verstopfte den einen, zwang das Ungeheuer nieder und erstickte es, indem er es mit seinen Armen umklammerte. Den toten Löwen enthäutete er mit Hilfe der Klauen des Tieres und trug dann die Löwenhaut als Harnisch und den Löwenkopf als Helm. Im Laufe dieser Jagd auf den nemeischen Löwen gründete er die nemeischen Spiele.

Die Hydra von Lerna

Nach dem Löwen von Nemea kämpfte Herakles mit der Hydra von Lerna, der Tochter der Echidne und des Typhon, die von Hera selbst erzogen worden war. Das Tier besaß hundert Köpfe, sein Atem war ein Pesthauch und wirkte tödlich. Herakles schnitt die abscheulichen Köpfe ab, aber da sie in gleicher Menge nachwuchsen, befahl er seinem Neffen Ioalos, der ihn begleitete, die Wunden jedesmal mit einem glühenden Ast auszubrennen. Seine Pfeile tauchte er in das Blut der Hydra und machte sie auf diese Weise giftig.

Der Eber von Erymanthos

Auf dem Berg Erymanthos lebte ein Ungeheuer in der Gestalt eines Ebers. Herakles zwang das Tier, aus dem Dickicht herauszukommen, und jagte es durch den hohen Schnee, der das Land bedeckte. Als das Tier ermüdet war, fing er es, schwang es sich auf den Rücken und brachte es lebendig dem Eurystheus, der durch den Anblick des Tieres derart in Furcht versetzt wurde, daß er sich in einem vergrabenen Krug versteckte.

Die keryneiische Hindin

In Oinoi neben dem Berg Kerynei verwüstete eine Hirschkuh von riesiger Gestalt die Ernten; sie war der Artemis geweiht, und es war Frevel, sie zu berühren. Herakles verfolgte sie ein ganzes Jahr lang. Als sie endlich erschöpft war, verwundete er sie leicht mit einem Pfeil und konnte sie auf die Schultern heben. Als er durch Arkadien ging, begegnete er Artemis und Apollon, die die Hirschkuh für sich beanspruchten und ihm vorwarfen, er habe ein geheiligtes Tier getötet. Herakles rechtfertigte sich damit, daß er nur die Befehle des Eurystheus ausführe.

Die stymphalischen Vögel

In der Region des Sees Stymphalos in Arkadien lebten in einem dichten Wald große Vogelscharen, die einst vor einfallenden Wölfen geflohen waren. Sie fraßen alles Obst und griffen sogar die Vorübergehenden an. Eurystheus befahl Herakles, sie zu vernichten. Um sie zu zwingen, ihren Wald zu verlassen, bediente er sich der bronzenen Kastagnetten, die Athene ihm gegeben und die Hephaistos angefertigt hatte. Der Lärm scheuchte die Vögel auf, und Herakles erlegte sie mit Pfeilen.

Nach einer anderen Version waren diese Vögel Geier, die sogar Menschen verschlangen, und ihre Federn waren aus Erz; sie ließen sie auf ihre Opfer fallen und durchbohrten sie auf diese Weise.

Die Ställe des Augeias

In Elis auf dem Peloponnes lebte ein König namens Augeias, der der Sohn des Helios war. Er hatte von seinem Vater zahlreiche Herden, versäumte es jedoch jahrelang, den Mist aus seinen Ställen zu entfernen, und lieferte so den Boden des Landes der Unfruchtbarkeit aus. Herakles wurde beauftragt, diese

Ställe zu säubern. Vorher ließ er sich aber vom König einen Lohn versprechen, wenn ihm diese Arbeit innerhalb einer bestimmten Frist gelänge — nämlich in einem einzigen Tag. Herakles bewältigte die Arbeit, indem er das Wasser zweier Flüsse, des Alpheus und des Peneis, durch den Hof des Palastes leitete. Aber Augeias weigerte sich, den vereinbarten Preis zu zahlen, und verbannte Herakles.

Der kretische Stier

Die siebente Arbeit spielte sich auf Kreta ab. Hier war ein Stierungeheuer wild geworden. Vielleicht war es jener Stier, dessen Gestalt sich Zeus geliehen hatte, um Europa zu entführen, vielleicht jener, in den sich Pasiphaë verliebt hatte, vielleicht auch das Geschenk für den Poseidon, das Minos in seinen Herden am Leben erhalten hatte, anstatt es dem Gott zu opfern, wie das vereinbart worden war. Dieser Stier mußte dem Eurystheus lebend überbracht werden. Herakles ging nach Kreta, erhielt die Erlaubnis von Minos und fing den Stier ein. Dann brachte er ihn nach Griechenland (einige sagten, schwimmend) und gab ihn seinem Herrn, der ihn Hera anbot. Aber die Göttin lehnte das Geschenk ab und ließ den Stier frei. Es ist jener Stier, den Theseus später auf der Ebene von Marathon erschlagen sollte.

Die Stuten des Diomedes

Diomedes, König von Thrakien und Sohn des Ares, besaß vier Stuten, die sich von Menschenfleisch nährten. Herakles begab sich nach Thrakien und gab dem Diomedes dessen eigene Stuten zu essen.

Der Gürtel der Hippolyte

Eurystheus hatte eine Tochter, Admete, die den Gürtel der Amazonenkönigin Hippolyte haben wollte. Diesen Gürtel hatte Ares selbst der Königin geschenkt. Herakles machte sich mit einigen Gefährten auf den Weg und gelangte zu den Amazonen. Hippolyte willigte ein, ihm ihren Gürtel zu geben, aber Hera provozierte einen Streit zwischen den Amazonen und dem

Gefolge des Herakles. Es entwickelte sich eine Schlacht. Herakles glaubte sich betrogen und tötete Hippolyte.

Die Ochsen des Geryon

Die letzten drei Arbeiten führten Herakles über die Grenzen der bekannten Welt. Der Held verschwand aus dem rein griechischen Umkreis und überschritt die Grenzen der Menschenwelt. Eurystheus schickte ihn zuerst auf die Suche nach den Ochsen des Geryon, des Sohns von Chrysaor, die der Rinderhirte Eurytion auf der Insel Erythreia hütete, wobei ihm der Hund Orthros half. Diese Insel lag im fernsten Westen jenseits des Ozeans. Um diesen zu überqueren, entlieh Herakles die »Sonnenbarke«, jenen Nachen, dessen sich das Gestirn allabendlich bedient, um in seinen Palast am anderen Ende der Welt zurückzukehren. Um diese Leihgabe zu erhalten, mußte Herakles den Sonnengott mit seinen Pfeilen bedrohen. Ebenso mußte er den Ozean einschüchtern, um zu verhindern, daß er während der Überquerung von den Wogen allzusehr geschüttelt würde. Endlich kam er auf der heiligen Insel an, tötete mit einem Keulenschlag den Hund Orthros, den Hirten und schließlich den Besitzer der Ochsen, den Riesen Geryon selbst, der seinen Leuten zu Hilfe geeilt war. Dann machte sich der Held wieder auf den Weg und landete in Tartessos. Hier errichtete er zwei Säulen, die den Eingang zum Ozean bezeichnen (die »Säulen des Herkules«, wie wir heute die Felsen von Gibraltar und Ceuta nennen), und begab sich auf eine lange Reise durch Spanien und Gallien, um nach Griechenland heimzukehren. Unterwegs wurde er von Räuberscharen angegriffen, vor allem in Ligurien in der Ebene von Crau, wo er auf seine Feinde Felsbrocken schleuderte, die ihm Zeus gab und die heute noch die Gegend übersäen. In Rom mußte er gegen Kakus, den Räuber vom Aventin, kämpfen. Als er schließlich in Argos eintraf, opferte er den Rest der Herde der Hera.

Der Hund Kerberos

Die elfte Arbeit führte Herakles in die Unterwelt, wo er den Hund Kerberos holen sollte. Vor seinem Aufbruch ließ er sich in die eleusischen Mysterien einweihen, die den Gläubigen das Mittel sicherten, in das Königreich des Hades zu gelangen, vor allem aber die, um von dort auch wiederkehren zu können.

Herakles ging durch den »Mund der Unterwelt«, der am Kap Tainaron lag. Einige Schatten versuchten, ihm den Weg zu versperren, vor allem derjenige der Gorgo Medusa, aber der Held überwand die Hindernisse und fand sich vor Hades ein. Dieser willigte ein, ihm den Kerberos zu geben, wenn er ihn mit den bloßen Händen zu bändigen vermöchte. Das tat Herakles. Danach kehrte er mit seinem Gefangenen zu Eurystheus zurück, der sich aus Angst wieder in seinen unterirdischen Krug einschloß. Da Herakles nicht wußte, was er mit dem Hund anfangen sollte, brachte er ihn dem Hades zurück.

Die Äpfel der Hesperiden

Schließlich verlangte Eurystheus die goldenen Äpfel aus dem Garten der Hesperiden. Diese »Nymphen des Abends« hatten ihren Garten der Obhut eines hundertköpfigen Drachens anvertraut, eines Sohns der Echidne und des Typhon. Herakles brach in ihr Land auf. Zunächst mußte er sich nach dem Weg erkundigen. Als er durch Makedonien zog, begegnete ihm Kyknos, der Sohn des Ares, den er tötete, dann durchquerte er Illyrien und gelangte an die Mündung des Eridan (Po), wo ihm Nymphen sagten, das einzige Wesen, das den Weg wisse, den er zu erfahren wünschte, sei der Meeresgott Nereus. Als Herakles vor Nereus gebracht wurde, legte der Held ihn in Ketten und zwang ihn zu sprechen. Von hier an ist der Weg des Herakles nur undeutlich zu verfolgen. Er begibt sich nach Libyen, wo er gegen den Riesen Antheos, den Sohn der Erde, kämpfen muß, der jedesmal an Kraft gewinnt, wenn er seine Mutter berührt. Herakles erstickt ihn, indem er ihn in seinen Armen hochhebt. Dann zieht er durch Ägypten, wo er den König Busiris tötet, der Fremde opfert. Man begegnet ihm wieder in Arabien, wo er Emathion, den Sohn des Tithonos, tötet. An der Küste des Roten Meeres angekommen, schifft er sich wieder in den Sonnennachen ein und gelangt in die Region des Kaukasos, wo er

Prometheus befreit, indem er den Adler tötet, der an der Leber des Unglücklichen nagt. Zum Dank teilt ihm Prometheus mit, daß er die Wunderäpfel nicht selbst pflücken, sondern dies Atlas tun lassen solle. Herakles sucht darauf Atlas, der dazu verurteilt ist, den Himmel auf seiner Schulter zu tragen, und bietet ihm an, ihn zu vertreten, während der andere die erwünschten Äpfel pflücken gehe. Atlas stimmt zu, bringt die Äpfel und erklärt nun, er wolle sie selbst dem Eurystheus bringen. Herakles tut so, als stimme er zu, und bittet nur, Atlas möge ihm ein Kissen auf die Schulter unterschieben. Arglos tut es Atlas, und während er den Himmel stützt, stiehlt sich Herakles fort, nimmt die Äpfel und läßt Atlas mit seiner Last zurück.

Eurystheus weihte die Wunderfrüchte der Athene, die sie von Herakles schnell wieder dorthin zurückbringen ließ, wo er sie geholt hatte, da das Schicksal es verboten hatte, sie an einem anderen Ort zu lassen.

Die Feldzüge des Herakles

Herakles unternahm weiter mit Hilfe zahlreicher Gefährten mehrere Feldzüge. Einer von ihnen führte ihn auch gegen Troia. Der Held war von König Laomedon, dem Herrscher der Stadt, betrogen worden, als er Hesione, die Tochter des Königs, rettete, die von einem Ungeheuer verschlungen werden sollte. Laomedon hatte damals versprochen, dem Helden seine göttlichen Stuten zu geben, hatte sich aber, als er Hesione gesund wiedergewonnen hatte, geweigert, den vereinbarten Preis zu zahlen. Diese Episode hatte sich auf dem Heimweg des Herakles nach seinem Kampf mit den Amazonen abgespielt. Später kehrte Herakles mit einer Flotte von achtzehn Schiffen nach Troia zurück und griff die Stadt an. Telamon, einer der treuesten Gefährten des Helden, sprang über die Mauer und drang als erster in die Stadt ein. Laomedon und seine Kinder wurden getötet, nur der jüngste, Podarkes (der später König Priamos wurde), und die Hesione entkamen; das junge Mädchen wurde mit Telamon verheiratet.

Als Herakles und seine Gefährten aus Troia zurückkehrten, nahmen sie im Handstreich die Insel Kos, auf die sie ein Sturm verschlagen hatte. Der Held vereinigte sich mit der Königstochter Chalkiope, und sie schenkte ihm einen Sohn namens Thessalos, den Ahnherrn der Thessalier.

Dann fand er sich vor Elis ein, um den Lohn zu fordern, den ihm König Augeias vorenthalten hatte. Augeias stellt ihm ein Heer entgegen, das von seinen Neffen, den Molionen (oder Molioniden), geführt wurde, Riesen von übermenschlicher Kraft. Sie machten sich eine Abwesenheit des Herakles zunutze, schlugen seine Truppen und verwundeten Iphikles tödlich. Aber der Held übte Rache, tötete die beiden Riesen aus dem Hinterhalt, nahm die Stadt Elis ein, machte Augeias nieder und setzte an seiner Stelle dessen Sohn Phyleus als König ein, da sich dieser seinerzeit bei seinem Vater für Herakles eingesetzt hatte. Das ist der Zeitpunkt, auf den man allgemein die Gründung der Olympischen Spiele ansetzt, wobei der heilige Hain (Altis) und ein Heiligtum in Pelops eingeweiht wurden.

Über Pylos in Messenien herrschte der König Neleus, der elf Kinder hatte, deren ältestes Periklymenos (in Wirklichkeit ein Sohn des Poseidon) und das jüngste Nestor war. Herakles hatte einen alten Groll — dessen Gründe recht unklar sind — gegen Neleus und wandte sich daher nach der Niederlage des Augeias gegen ihn. Zwischen Herakles und Periklymenos fand ein eigenartiger Kampf statt: Letzterer hatte nämlich die Gabe, sich verwandeln zu können. Er nahm die Gestalt einer Biene an; aber Athene war wachsam und verriet dem Herakles die List, und er zerdrückte das Insekt zwischen den Fingern. Pylos wurde bald eingenommen, und Herakles tötete Neleus. An seiner Stelle setzte er den jungen Nestor ein (der in sehr hohem Alter am Troianischen Krieg teilnehmen sollte) und verlangte von ihm, er solle das Königreich so lange regieren, bis seine eigenen Nachkommen, die Herakliden, aus dem Peloponnes zurückkehren würden.

Auf dem Peloponnes griff er schließlich die Hippokooniden an, die in Sparta herrschten, nachdem sie die legitimen Herrscher Ikarios und Tyndareos, die Väter der Penelope und der Helena, verjagt hatten. Herakles schlug sie und gab das Königreich dem Tyndareos zurück.

Ein weiterer Feldzug schließlich wurde in Thessalien durchgeführt, wo sich Herakles mit Aigimios, dem Sohn des Doros und König der Dorer, verbündet hatte. Er befreite zunächst Aigimios von der Bedrohung durch die Lapithen, dann regelte er einen alten Streit, der ihn in Gegensatz zu den Dryopen brachte, einem Volk, das im Parnassosgebirge lebte. Als Herakles seinerzeit mit Deianeira und ihrem gemeinsamen Sohn Hyllos durch ihr Land gezogen war, hatten sie Theiodamas, den König der Dryopen, der gerade sein Feld pflügte, um Essen gebeten. Der König hatte ihnen die Bitte abgeschlagen. Daraufhin hatte ihm Herakles einen Ochsen aus dem Pflug gespannt, diesen erschlagen, zerstückelt und verzehrt. Theiodamas war geflohen, kam aber mit einer Truppe zurück, die Herakles in eine schlimme Lage brachte. Deianeira wurde verwundet. Schließlich konnte sich Herakles zurückziehen, nicht ohne Theiodamas getötet zu haben. Als er nun mit einem Heer zurückkam, hatte er keinerlei Schwierigkeiten, sich des Königreichs zu bemächtigen, und die Dryopen zerstreuten sich; einige gingen nach Euboia, andere nach Kypros, wieder andere schließlich in die Argolis.

Verschiedene Abenteuer

Der Herakleszyklus enthielt außerdem noch eine große Zahl verschiedener Abenteuer; wir erinnern hier nur an die wichtigsten. So war Herakles während der Jagd auf den Eber von Erymantheia eines Tages Gast des Kentauren Pholos, dem Dionysos eine versiegelte Amphora geschenkt und empfohlen hatte, sie nur in Gegenwart des Herakles zu öffnen. Nach dem Mahl öffneten Herakles und Pholos die Amphora und begannen zu trinken. Der Duft des Weins lockte bald eine Schar von Kentauren an, die mit Brandfackeln und ganzen Bäumen bewaffnet waren. Es entspann sich ein schrecklicher Kampf. Zehn Kentauren wurden getötet, und Pholos verletzte sich zufällig an einem Pfeil des Herakles und starb daran.

Ein anderes Mal fand Herakles, als er bei dem König Admetos in Thessalien vorbeikam, den Palast in Trauer vor. Alkestis, die Gattin des Königs, hatte eingewilligt, an Stelle ihres Gatten zu sterben, und man hielt die Trauerfeierlichkeiten ab. Herakles stürzte sich in die Verfolgung des Todesgeistes Thanatos, entriß ihm Alkestis und gab sie ihrem Gatten zurück.

Man schrieb Herakles auch den Tod oder die Gefangennahme einer großen Anzahl von Briganten zu, zum Beispiel des Riesen Alkyoneus, der in der Meerenge von Korinth die Vorüberfahrenden mit Steinen bewarf, oder der Kerkopen, zweier äußerst geschickter Diebe. Ihre Mutter, die Okeanide Theia, hatte sie vor einem gewissen Helden namens Melampygos (»Schwarzes Hinterteil«) gewarnt. Sie griffen den schlafenden Herakles an, er bändigte sie jedoch und lud sie auf seine Schultern, an beiden Enden einer Stange wie Ziegen angebunden. Während er sie trug, sah einer der beiden, daß Herakles sich das Gesäß schwarz gemacht hatte. Ihre Scherze darüber erheiterten Herakles so sehr, daß er einwilligte, sie freizulassen. Später verwandelte Zeus sie in Affen und brachte sie auf die Inseln Ischia und Prokida. Herakles tötete noch Syleios und Lityerses, den berüchtigten Weinbauer und den Ackerbauer, die beide die Vorüberziehenden zwangen, in ihren Feldern zu arbeiten, und sie dann erschlugen.

Deianeira

Die Abenteuer des Helden werden in der Schilderung seiner letzten Lebensjahre einigermaßen zusammenhängend. Als Herakles in die Unterwelt hinabgestiegen war, begegnete er seinem Freund Meleagros, und dieser bat ihn, seine Schwester Deianeira zu heiraten, die noch lebte. Herakles willigte ein, eroberte das junge Mädchen, indem er gegen den Flußgott Acheloos kämpfte, der es heiraten wollte, und blieb einige Zeit in Kalydon bei seinem Schwiegervater, dem König Oineus. Durch einen unglücklichen Zufall tötete er jedoch einen jungen Verwandten des Königs und wollte freiwillig in die Verbannung gehen. Also brach er mit Deianeira und ihrer beider Sohn, Hyllos, auf. An dem Ufer des Flusses Evenos setzte der Kentaur Nessos die Reisenden über. Herakles überquerte den Fluß als erster. Als Nessos Deianeira in seinem Nachen hatte, wollte er ihr Gewalt antun. Sie rief um Hilfe, und Herakles tötete den Kentauren mit einem Pfeil. In seinen letzten Minuten empfahl dieser der Deianeira, ein Stück Stoff in sein Blut zu tauchen, daraus eine Tunika zu machen und sie ihrem Gatten anzulegen, wenn er sie einmal nicht mehr lieben sollte.

Omphale

Die Schriftsteller stellten Herakles gern als Diener der Omphale dar und vor allem, wie er seine Kleidung mit der ihren vertauschte und zu ihren Füßen sitzend spann — vielleicht Nachklänge einer lydischen Sage, in der eine Göttin eine Rolle spielt, der ein weiblicher Diener unterstand. Der Dienst des Herakles dauerte drei Jahre. Als er heimkehrte, machte er Iole, die jüngste Tochter des Eurystheus, deren Hand er nicht erlangt hatte, zu seiner Geliebten. Da erinnerte sich Deianeira jenes Liebesmittels, das Nessos ihr gegeben hatte, und sie beschloß, sich seiner zu bedienen.

Der Tod des Herakles

Als Herakles über Eurystheus siegte, wollte er dem Zeus einen Altar weihen und schickte einen Boten zu Deianeira mit der Bitte um ein neues Gewand für die Feier. Sie sandte ihm die mit dem Blut des Nessos getränkte Tunika. Herakles legte sie an, und sobald das Gift mit seinem Körper in Berührung kam, begann es ihn unerträglich zu brennen. Er versuchte den Stoff loszureißen, verwundete sich aber nur dabei, so fest klebte er an seiner Haut. Also ließ er sich nach Trachis tragen, wo Deianeira weilte. Als sie sah, was sie angerichtet hatte, tötete sie sich. Herakles traf seine letzten Anordnungen: Er vertraute Iole seinem Sohn Hyllos an und verlangte von ihm, sie später zu heiraten. Dann erklomm er den Berg Oita, errichtete einen großen Scheiterhaufen und bestieg ihn. Seinen Dienern befahl er, ihn anzuzünden, aber alle weigerten sich, außer Philoktetos, der sich dreinfügte und zum Lohn Bogen und Pfeile des Herakles erhielt. Der Scheiterhaufen brannte noch, als ein Donnerschlag erdröhnte, und der Held, der sterblichen Elemente seines Körpers ledig, in den Himmel erhoben wurde. Im Olymp versöhnte er sich mit Hera. Man feierte eine Zeremonie, in der man seine Geburt nachspielte, wie er dem Schoß der Göttin entstiegen war, und er heiratete Hebe, die Verkörperung der Jugend.

Historische wie legendäre Folgen seines Lebens hörten mit seinem Tod nicht auf. Sofort nach seinem Tod wurden alle Kinder, die er gehabt hatte, von Eurystheus verfolgt. Sie flüchteten nach Athen, wo Theseus (oder dessen Söhne) sie aufnahmen. Eurystheus erklärte den Athenern den Krieg, wurde aber im Kampf von Hyllos getötet. Daraufhin wollten die Herakliden auf den Peloponnes, die Heimat ihrer Ahnen, zurückkehren. Unter der Führung des Hyllos bemächtigten sie sich mühelos des Landes, aber nach einem Jahr wurde es von einer Seuche heimgesucht, und ein Orakel erklärte, die Herakliden seien zu früh zurückgekehrt. Also zogen sie sich zurück und siedelten sich in der Ebene von Marathon an. Von Zeit zu Zeit befragten sie das Orakel, erhielten aber nur zweideutige Antworten. Nun machten die Herakliden einen zweiten Versuch, der aber ebenfalls fehlschlug. Erst in der dritten Generation gelang es ihnen unter der Führung des Temenos und im Angriff vom Meer aus, den Peloponnes zu erobern.

THESEUS

Theseus ist eine Art attischer Herakles. Er soll eine Generation vor dem Troianischen Krieg gelebt haben, kommt aber eine Generation nach Herakles. Hinter der Gestalt des Theseus verbirgt sich zweifellos eine historische Persönlichkeit. Eigentlich religiöse Elemente sind in seinem Sagenkreis selten.

Durch seinen Vater Aigeus stammt Theseus von Erichthonios und den Königen von Attika ab. Aigeus konnte von seinen verschiedenen Frauen keine Kinder bekommen und hatte deshalb das Orakel von Delphi befragt. Der Gott hatte ihm geantwortet, er solle »seinen Weinschlauch nicht öffnen, bevor er nicht in der Stadt Athen angekommen« sei. Aigeus war verzweifelt, weil er den Spruch nicht verstand, und ging zu Pittheus, dem König von Troizen, einem der Söhne des Pelops, um von ihm eine Erklärung dieser dunklen Antwort zu erfragen. Pittheus verstand sofort. Er machte Aigeus betrunken und legte in der Nacht seine Tochter Aithra zu ihm. Aigeus vereinigte sich mit ihr, und sie schenkte ihm einen Sohn, Theseus. Man erzählte auch, Aithra sei in derselben Nacht, durch einen Traum veranlaßt, auf eine Insel gegangen, um dort ein Opfer darzubringen, und sei dort von Poseidon vergewaltigt worden. Theseus sei demnach der Sohn dieses Gottes.

Das Kind verbrachte seine ersten Jahre in Troizen. Aigeus, der die Unruhen fürchtete, die seine Neffen, die Pallantiden, zu stiften suchten, wollte seinen Sohn nicht nach Attika mitbringen. Als er sich von ihm trennte, verbarg er ein Schwert und ein Paar Sandalen unter einem Fels und empfahl Aithra, ihrem Sohn das Geheimnis seiner Geburt erst dann zu enthüllen, wenn er groß genug wäre, den Felsen von der Stelle zu rücken und sich diese Erkennungszeichen selbst zu holen. Dies trat ein, als Theseus sechzehn Jahre alt war. Er nahm Schwert und Sandalen und beschloß, sich nach Athen zu begeben. Als er sich auf den Weg machte, war die Meerenge von Korinth von Räubern besetzt. Es war jene Zeit, als Herakles in Sklaverei bei Omphale weilte, und die Räuber hatten wieder Mut gefaßt. Theseus sollte in Epidauros den Peripethes töten, der Reisende mit einer bronzenen Keule erschlug, dann in Kenchrea den Riesen Sinis, der seine Gefangenen zerstückelte, indem er sie an die Spitze einer Tanne band, die er zur Erde bog und dann hochschnellen ließ. Er erlegte auch die Bache von Krommyon, ein wildes Tier, das Menschen angriff. Danach brachte er den Riesen Skiron um, der die Reisenden zwang, ihm die Füße zu waschen, und sie dann ins Meer stürzte, wo sie von einer riesigen Schildkröte verschlungen wurden. Schließlich richtete er den Damasen mit dem Beinamen Prokrustes, der zwei Betten besaß, ein großes und ein kleines. Gefangene von großer Gestalt hieß er sich auf das kleine Bett legen und schnitt ihnen die Füße ab; die kleinen brachte er auf das große Bett und zog sie mit Gewalt in die Länge.

Endlich gelangte Theseus nach Athen. Aigeus war im Bann der Zauberin Medeia, die versprochen hatte, ihn von seiner Unfruchtbarkeit zu heilen. Sie erriet bald, wer der junge Mann war, der zu ihr kam und dem ein so großer Ruf vorauseilte. Aigeus fürchtete den Ankömmling, bevor er ihn noch gesehen hatte, ließ sich von ihr überreden, ihn zu vergiften, und lud ihn zu einem Gastmahl ein. Theseus nahm die Einladung an, und als er sich mit Schwert und Sandalen einfand, begriff Aigeus, daß es sein Sohn war. Er verbannte Medeia und erkannte in Gegenwart aller Bürger offiziell Theseus als seinen Sohn an.

Man erzählte, daß Medeia vor ihrem Versuch, Theseus durch seinen Vater vergiften zu lassen, ihm eine Prüfung auferlegt hatte. Er sollte den Stier von Marathon bekämpfen, ein wildes Tier, das das Land verwüstete. Möglicherweise war es kein anderer als der kretische Stier, den Herakles mitgebracht hatte. Theseus überwältigte ihn und opferte ihn Apollon.

Die erste Handlung des Theseus nach seiner Anerkennung war der Kampf gegen die Pallantiden. Diese Neffen des Aigeus wurden zornig, als sie merkten, daß sein Erbe nicht ihnen zufallen würde, und beschlossen, Gewalt anzuwenden. Sie teilten sich in zwei Gruppen und errichteten einen Hinterhalt für Theseus; aber er wurde von einem Herold namens Leos vor dem Unternehmen gewarnt, vereitelte es und erschlug seine Feinde.

Der Minotauros

Es lastete jedoch ein Fluch auf Attika. Einst war Androgeus, der Sohn des Minos, verräterischerweise von den Bewohnern des Landes getötet worden. Minos hatte zur Sühne einen Tribut gefordert, der alle neun Jahre entrichtet werden mußte und aus sieben jungen Männern und sieben jungen Mädchen bestand. Als dieser Tribut zum drittenmal entrichtet werden sollte, forderte Theseus, daß man ihn zu einem der Opfer bestimme. Sie sollten dem Minotauros zum Fraß dienen, dem Stierungeheuer, das der Liebe eines Stiers und der Pasiphae entsprungen war. Bei der Abreise erhielt Theseus zwei Garnituren Segel: schwarz für die Hinfahrt, denn es war eine trauervolle Reise; weiß für die Heimkehr, falls es Theseus gelungen sein sollte, den Minotauros zu töten.

In Kreta wurde Theseus zusammen mit den anderen Opfern in das Labyrinth eingeschlossen, in dem das Ungeheuer lebte. Aber vorher hatte ihn Ariadne, die Tochter des Minos, erblickt und sich in ihn verliebt. Sie hatte ihm ein Knäuel gegeben, damit er an Hand des Fadens seinen Weg durch die verwirrenden

Gänge des Labyrinths wiederfände. Dafür hatte Theseus ihr versprochen, sie zu heiraten. Im Labyrinth erschlug Theseus den Minotauros mit der Faust und begab sich mit den geretteten jungen Leuten auf die Heimreise. Er führte auch Ariadne mit. Aber das Schiff strandete auf Naxos. Ariadne schlief am Strand ein, und als sie am nächsten Tag erwachte, war sie allein. Das Schiff des Theseus war ohne sie in See gestochen. Man sagt, Theseus habe eine andere Frau geliebt, oder auch, er habe von Dionysos den Befehl erhalten, Ariadne zu verlassen, da der Gott sie heiraten wollte. Tatsächlich kam Dionysos auch sofort und führte das junge Mädchen in seinem Triumphwagen in den Olymp.

Inzwischen aber vergaß Theseus vor Kummer darüber, daß er Ariadne verlassen hatte, die Segel des Schiffes zu wechseln. Als Aigeus aus der Ferne vom Strand aus seine Rückkehr beobachtete, meinte er, Theseus sei zugrunde gegangen, und warf sich aus Verzweiflung ins Meer, das seitdem Ägäisches Meer heißt. Theseus erhielt die Königswürde. Er begann die Bewohner des Landes, die bisher verstreut in Dörfern gelebt hatten, in der Stadt Athen zusammenzuziehen. Er errichtete die wichtigsten Denkmäler, gab der Stadt eine Verfassung, ließ Münzen prägen: alles das gehört zu der »historischen« Erscheinung, die sich hinter dem Sagenheld Theseus verbirgt.

In seine Regierungszeit werden mehrere Ereignisse verlegt: Der Krieg der Sieben gegen Theben und der Amazonenkrieg. Man erzählte, Theseus habe sich zu den Amazonen begeben und verräterischerweise eine von ihnen, Antiope, geraubt. Daraufhin seien die Kriegerinnen gegen Athen gezogen, um ihre Schwester zu befreien. Die Entscheidungsschlacht fand am Hügel Phyx statt. Die Amazonen wurden geschlagen und schlossen Frieden. Man sagte auch, der Kriegsgrund sei ein anderer gewesen: Theseus habe Antiope mit ihrem Einverständnis geheiratet, habe sie aber verstoßen, nachdem sie ihm einen Sohn, den Hippolytos, geboren hatte, um Phaidra, eine Schwester Ariadnes, zu heiraten. Die Amazonen seien daraufhin gekommen, um Gerechtigkeit für Antiope zu fordern — die übrigens in der Schlacht zugrunde ging.

Peirithoos

Es gibt eine Gruppe von Sagen, die sich auf die Freundschaft des Theseus und des lapithischen Fürsten Peirithoos beziehen. Dieser war eifersüchtig auf den Ruhm des Theseus, hatte ihm Herden gestohlen und sich bereit gemacht, ihn zu bekämpfen, als er ihm, in plötzlich aufkommender Bewunderung, seine Freundschaft schenkte. Mit Peirithoos nahm Theseus an der Schlacht gegen die Kentauren teil. Eines Tages beschlossen die beiden Freunde, daß jeder eine Tochter des Zeus heiraten wolle. Zunächst raubten sie Helena für Theseus. Helena war aber noch nicht heiratsfähig. Man führte sie heimlich nach Aphidna, wo man sie in die Obhut der Aithra gab. Aber die Dioskuren, ihre Brüder, befreiten sie sofort wieder. Dann zogen die beiden Gefährten in die Unterwelt, um Persephone zu erobern. Hades nahm sie scheinbar auf und lud sie ein, sich an seine Tafel zu setzen. Aber ihre Sitze waren verzaubert, und die beiden Männer blieben gefangen, bis Herakles in die Unterwelt gezogen kam und die Erlaubnis erhielt, Theseus zu befreien. Peirithoos jedoch blieb auf ewig auf dem »Stuhl des Vergessens« sitzen.

Phaidra und Hippolytos

Als Theseus wieder in die Welt zurückkehrte, fand er in seinem Palast und in der Stadt eine äußerst verwirrte Lage vor. Seine Gattin Phaidra hatte sich in seiner Abwesenheit in Hippolytos, den Sohn der Amazone, verliebt und es ihm auch gestanden. Doch Hippolytos, der Liebesleidenschaft äußerst abhold, hatte sie empört zurückgewiesen. Als Theseus heimkehrte, zerriß Phaidra ihr Gewand, hüllte sich in Trauer und tat verzweifelt, weil Hippolytos, wie sie sagte, sie habe vergewaltigen wollen. Theseus wurde äußerst zornig. Poseidon hatte ihm seinerzeit versprochen, ihm drei Wünsche zu erfüllen. Doch wagte Theseus nicht, seinen Sohn selbst zu töten, und bat daher den Gott, ein Ungeheuer gegen ihn auszusenden, das ihn töten sollte. Als der junge Mann seinen Wagen nach Troizen lenkte, stieg tatsächlich ein Ungeheuer aus dem Meer, erschreckte die Pferde, und Hippolytos wurde getötet. Phaidra aber erhängte sich.

Der Tod des Theseus

In der Stadt war die Lage nicht günstiger; die Parteien teilten sich in die Macht, und Theseus war nur noch dem Namen nach König. Da er daran verzweifelte, seine Macht zurückgewinnen zu können, ging er freiwillig in die Verbannung und verfluchte Athen. Er zog sich auf die Insel Skyros zurück, wo der König Lykomedes so tat, als nähme er ihn freundlich auf; doch führte er ihn auf einen Berg und stieß ihn ins Meer. Zunächst blieb diese Tat unbemerkt, aber nach den medischen Kriegen befahl das Orakel von Delphi den Athenern, die Asche des Theseus in ihre Stadt zu überführen. Mit dieser Aufgabe wurde Kimon betraut – was den Athenern die Eroberung von Skyros eintrug.

IASON UND DIE ARGONAUTEN

Die Sagen über die Taten des Theseus und des Herakles stellen jeweils einen einzelnen Helden in den Mittelpunkt. Das Unternehmen des Iason und der Argonauten jedoch war ein Kollektivabenteuer, das die heroische Welt tief bewegte.

Iason ist ein thessalischer Held. Sein Vater Aison war der Sohn des Kretheus und der Tyro (die von Poseidon geliebt wurde). Er wurde seines Königreichs, des Landes Iolkos, durch seinen Halbbruder Pelias beraubt, den Sohn der Tyro und des Poseidon. Inzwischen war jedoch sein Sohn Iason von dem Kentauren Cheiron erzogen worden. Als Iason ins Mannesalter kam, verließ er den Pelion und erschien mit einem Pantherfell bekleidet, in jeder Hand einen Speer, den linken Fuß ohne Sandale, in Iolkos. Pelias brachte soeben ein Opfer dar; als er Iason erblickte, befiel ihn Furcht, denn ein Orakel hatte ihm geraten, sich vor einem Mann in acht zu nehmen, der nur einen Schuh trage. Iason ging auf den König zu und verlangte von ihm das Königreich, das, wie er sagte, von Rechts wegen ihm gehöre. Pelias schlug es ihm nicht offen ab, sondern verlangte von ihm, er solle zuerst das goldene Vlies bringen, das einst Phrixos und Helle von Griechenland nach Kolchis entführt hatten. Wie man wußte, befand sich dieses Vlies in einem dem Ares geweihten Hain auf Kolchis, und der König des Landes, Aietes, Sohn der

Sonne und der Okeanide Perseis, hatte es der Obhut eines sehr bösen Drachen anvertraut. Pelias war überzeugt, wenn er Iason so weit fortschickte, werde dieser nie wiederkehren.

Iason übernahm den Auftrag und beriet sich zunächst mit Argos, dem Sohn des Phrixos. Auf den Rat der Athene baute Argos das erste große Schiff, die Argo, das imstande war, Iason und die von ihm ausgewählten Gefährten nach Kolchis zu bringen, das heißt mitten in den Pontos Euxeinos. Bald darauf war dieses Schiff im Hafen von Pagasai in Thessalien aus Holz erbaut, das auf dem Pelion geschnitten worden war; das Bugstück bildete eine Eichenbohle aus Dodone (dem Wald, in dem Zeus Orakel gab); Athene hatte es besorgt, und dieses Stück Eiche hatte die Gabe, sprechen und wahrsagen zu können.

Die Hinreise

Die Gefährten kamen bald herbei. Iason nahm etwa fünfzig auf. Die Liste der Namen lautet bei den Schriftstellern verschieden, einige aber finden sich immer wieder: Orpheus, der Musiker, der den Ruderern den Rhythmus angeben sollte; Tiphys der Lotse, den Athene unterrichtet hatte, der Seher Idmon, die beiden Söhne des Nordwindes Boreas, Kalais und Zetes, dann Kastor und Pollux und ihre beiden Vettern Idas und Lynkeus. Manchmal wird Herakles genannt, aber sein Schicksal verbot es ihm, nach Kolchis zu gehen, und eine Episode unterwegs erklärt, wie er sich verspätete, weil er den jungen Hylas suchte, den er liebte. Nymphen einer Quelle hatten ihn nämlich entführt, als er Wasser aus ihr schöpfte.

Die Reise ließ sich gut an. Die Voraussagen waren günstig. Die erste Zwischenlandung erfolgte auf Lemnos, wo nur Frauen lebten, denn sie hatten einem Fluch der Aphrodite zufolge alle Männer getötet, weil sie ihnen untreu gewesen waren. Die Lemnierinnen verweigerten sich den Seeleuten nicht und bekamen Söhne von ihnen, die ein neues Geschlecht begründeten. Als die Argonauten durch Samothrake kamen, ließen sie sich in die Mysterien der Kabiren einweihen, die man auf dieser Insel feierte. Dann drangen sie in den Hellespont vor und wurden von den Dolionern und deren König Kyzikos im Land Kyzikhe freundlich aufgenommen. Sie setzten die Segel, aber in der Nacht schlug der Wind um, und noch vor Morgengrauen waren sie wieder bei den Dolionern, die sie aber nicht erkannten, für pelasgische Seeräuber hielten und angriffen. Im Lauf des Kampfes wurde König Kyzikos getötet. Bei Tagesanbruch erkannte man sich, war verzweifelt, und Iason gründete Trauerspiele zu Ehren des Kyzikos.

Die nächste Etappe führte die Schiffer an die Küste von Mysien. Hier war es, wo der junge Hylas verlorenging, Herakles sich auf die Suche nach ihm begab und nicht rechtzeitig zur Abfahrt des Schiffes zurückkam. Nun kam die Argo bei den Bebryken an, wo der Held Amykos herrschte, der die Reisenden zwang, gegen ihn im Faustkampf anzutreten. Pollux nahm die Herausforderung an und tötete den König. Nach anderen Quellen ließ er ihn versprechen, sich in Zukunft besser zu betragen. Am nächsten Tag warf der Sturm die Argo an die Küste von Thrakien, und zwar im Lande des Phineus. Dieser war ein blinder Seher und ein Sohn des Poseidon, und die Götter hatten ihn mit einer seltsamen Verwünschung geschlagen: Jedesmal, wenn er essen wollte, stürzten sich die Harpyien, geflügelte Dämoninnen, auf ihn, raubten die Gerichte und beschmutzten den Rest. Kalais und Zetes, die als Söhne eines Windgottes geflügelt waren, stürzten sich in die Verfolgung der Harpyien, holten sie ein und ließen sie beim Styx versprechen, den Phineus nicht mehr zu belästigen. Dankbar enthüllte dieser den Argonauten die Zukunft; er riet ihnen, sich vor den Kyaneaiischen Felsen (den Blauen Felsen) zu hüten, die auch Symplegaden genannt wurden (die »Felsen, die sich reiben«). Es waren Klippen, die den Eingang zum Pontos Euxeinos bewachten; und sowie ein Schiff durchfahren wollte, stürzten sie gegeneinander, um die Durchfahrt zu versperren. Phineus riet den Argonauten, sie sollten einen Versuch anstellen, bevor sie durchfuhren. Wenn es einer vorausgeschickten Taube gelänge, durch die Enge zu kommen, könnte ihr das Schiff folgen, falls nicht, wäre es nutzlos, auf dem Vorhaben zu beharren. Die Argonauten befolgten diesen Rat. Der Taube gelang es, zwischen den beiden Felsen hindurchzufliegen, nur eine Schwanzfeder wurde zerdrückt. Als sich die beiden Felsklippen wieder voneinander entfernt hatten, stürmte die Argo in voller Geschwindigkeit los, brach durch die Enge und verlor bei diesem Manöver nur ein Brett des Hecks. Von diesem Augenblick an blieben die Blauen Felsen unbeweglich stehen und der Weg zum Pontos Euxeinos war endgültig offen.

Nach einer Zwischenlandung im Land der Mariandynen, in dem der Seher Idmon, der seinen Tod von Anfang an vorausgesehen hatte, auf einer Eberjagd getötet wurde, segelte die Argo an der Mündung des Thermodon vorbei und gelangte nach Kolchis. Kurz vorher war der Lotse Tiphys gestorben; seinen Platz am Steuer übernahm der Held Ankaios.

Medeia

Als Iason in Kolchis eingetroffen war, legte er dem König Aietes den Grund seines Kommens dar. Dieser lehnte es nicht ab, ihm das goldene Vlies auszuhändigen, knüpfte aber bestimmte Bedingungen daran. Iason mußte zuerst zwei Stieren, die Feuer aus den Nüstern bliesen und Bronzehufe hatten — es waren Geschenke des Hephaistos — das Joch auflegen. Dann mußte er mit Hilfe dieses Gespanns ein Feld pflügen und die Zähne eines Drachens aussäen — des Drachens von Theben. Iason hätte diese Bedingungen nie erfüllen können, wenn ihm nicht Medeia, die Tochter des Aietes, die eine heftige Leidenschaft zu ihm gefaßt hatte, zu Hilfe gekommen wäre. Sie ließ ihn zuerst versprechen, daß er sie zur Frau nehmen und mit sich nach Griechenland führen würde. Dann gab sie Iason, da sie (wie ihre Tante Kirke) eine Zauberin war, eine Salbe, mit der er sich bestreichen sollte, bevor er sich den Stieren stellte, und unterwies ihn darin, was er dann tun sollte. Entsprechend gesichert, gelang es Iason, die Stiere zu bändigen und das Feld zu pflügen; und als er die Drachenzähne ausgesät hatte, versteckte er sich schnell, denn der umgepflügten Erde entsprang als Ernte eine Schar bewaffneter feindseliger Männer. Da warf Iason aus seinem Versteck einen Stein mitten unter sie. Die Krieger beschuldigten sich gegenseitig, ihn geworfen zu haben, und töteten einander.

Inzwischen hielt jedoch Aietes sein Versprechen nicht; er versuchte sogar, die Argo in Brand zu stecken. Aber dank ihrer Zauberkünste schläferte Medeia den Drachen ein, der das Vlies bewachte, floh mit Iason auf das Schiff und nahm auch ihren jungen Bruder Apsyrtos mit. Aietes machte sich zu ihrer Verfolgung auf. Um ihn aufzuhalten, tötete Medeia ihren Bruder und warf seine Glieder einzeln auf das Meer. Aietes verlor kostbare Zeit damit, sie einzusammeln, und kam zu spät, um die Verfolgung fortzusetzen. Inzwischen war die Argo in die Mündung der Donau eingedrungen (Istros) und fuhr den Strom aufwärts. Auf diesem Weg gelangten sie in die Adria (die Geographie der Sage ist ziemlich ungenau). In diesem Augenblick entfesselte Zeus einen heftigen Sturm. Da begann der Bug des Schiffes zu sprechen und verriet den Argonauten, daß sie die Strafe für den Mord an Apsyrtos erleiden und sich durch Kirke reinigen lassen müßten. So fuhr die Argo den Eridan (Po) hinauf in die Rhône und bis zu Kirke hinab auf die Insel Aiaia. Kirke entsühnte Medeia, weigerte sich jedoch, Iason zu empfangen. Und das Schiff fuhr wieder ab. Auf Befehl Heras von Thetis persönlich geleitet, überquerte es ohne Behinderung das Meer der Sirenen. Orpheus sang, um von den Schiffen die Versuchung abzuwenden, dem Gesang dieser unheilvollen Vögel zu verfallen. Aber Butes, einer seiner Gefährten, gab den Sirenen nach und sprang ins Meer. Aphrodite rettete ihn und siedelte ihn in der Gegend von Lilybaion (Marsala) an.

Die Argo setzte ihren Weg fort, durchquerte die charybdische Meerenge ohne Schaden und landete in Korkyra auf der Insel der Phaiaken. Hier begegnete den Argonauten eine Gruppe von Kolchern, die von Aietes zu ihrer Verfolgung ausgesandt worden war. Alkinoos, der König des Landes, lehnte es ab, Iason und Medeia auszuliefern, weil bewiesen wurde, daß die beiden Mann und Frau waren und nicht mehr von Aietes abhingen. Kaum hatte die Argo Korkyra verlassen, als ein heftiger Sturm sie auf die Syrten warf. Die Argonauten trugen ihr Fahrzeug auf dem Rücken und gelangten über die Sanddünen zum See

Tritonis, dessen Gott Triton ihnen ein Mittel angab, wie sie das Meer wiederfinden könnten.

Als sie auf ihrem Weg auf Kreta landen wollten, stießen sie mit einem Riesen namens Talos zusammen, einem bronzenen Wächter und Kunstwerk des Hephaistos, der die Insel für Minos hütete. Von weitem warf er riesige Felsbrocken auf die Schiffe, die sich näherten, und umkreiste dreimal am Tag die Insel. Dieser Talos war unverwundbar, aber an seinem Fußknöchel klopfte, von sehr dicker Haut bedeckt, eine Ader, von der sein Leben abhing. Medeia machte ihn durch trügerische Visionen zornig, und es gelang ihr so gut, daß er sich die Ader an den Felsen aufriß, woran er starb. Die Argonauten konnten ihr Schiff verlassen, eine Nacht am Strand verbringen und am nächsten Tag weitersegeln. Aber auf dem kretischen Meer sahen sie sich plötzlich von einer dichten Wolke umgeben. Auf Bitten des Iason sandte ihnen Apollon einen Feuerstrahl, der ihnen ganz in der Nähe eine kleine Insel zeigte, wo sie vor Anker gehen konnten. Dieser kleinen Insel gaben sie den Namen Anaphe (»Enthüllung«). Dann fuhr das Schiff längs Euboia, gelangte nach nur viermonatiger Reise nach Iolkos und brachte das goldene Vlies mit. Hierauf weihte Iason das Schiff in Korinth dem Poseidon.

Die Heldentaten des Iason waren aber noch nicht zu Ende. Da sich Pelias weigerte, dem jungen Mann sein Königreich zu geben, überredete Medeia seine Töchter, die Peliaden, ihren Vater durch Zauberkünste zu verjüngen, deren Geheimnis sie ihnen anvertrauen wolle. Das Rezept aber, das sie ihnen gab, war nicht echt, und die Peliaden töteten damit nur ihren eigenen Vater. Als Folge dieses Mordes mußten Iason und Medeia Zuflucht in Korinth suchen, wo sie zehn Jahre lebten. Am Ende dieser Zeit war Iason Medeias müde geworden und verlobte sich mit Kreusa, der Tochter des Königs Kreon. Nun schickte Medeia dem jungen Mädchen ein Brautkleid, das ihm heftiges Feuer in die Adern goß. Der ganze königliche Palast verbrannte samt Kreusa und Kreon. Medeia aber tötete die beiden Kinder, die sie mit Iason hatte, und entfloh auf einem geflügelten Wagen. Nach all diesen Abenteuern kehrte Iason nach Iolkos zurück und entriß sein Königreich dem Akastos, dem Sohn des Pelias, der seinem Vater auf den Thron gefolgt war.

Eine Zeitlang irrte Medeia unstet umher. Sie blieb einige Zeit in Athen bei Aigeus, mußte aber dann das Land verlassen und fand Zuflucht in Asien im Land der Meder, die ihr ihren Namen verdanken; dann aber kehrte sie zu ihrem Vater zurück, dem sie das Königreich zurückverschaffte, das ihm Perses, der eigene Bruder des Aietes, inzwischen geraubt hatte. In einer Überlieferung hieß es, daß Medeia nicht gestorben, sondern lebendig in die Unterwelt gebracht worden sei, um dort die Gemahlin des Achilleus zu werden.

Die Jagd von Kalydon

Aitolien besaß einen Helden Meleagros, um den sich ein ganzer Sagenzyklus gebildet hatte. Er war der Sohn des Oineus, der als König Kalydon regierte, und der Althaia, einer Tochter der Leda. Der Name seines Vaters Oineus klingt dem griechischen Wort für »Wein« ähnlich, und man erzählte, daß Dionysos an seinem Hof erschienen war und sich in Althaia verliebt hatte. Oineus bemerkte es und begünstigte die Liebe des Gottes. Dieser schenkte ihm zur Belohnung den ersten Rebstock, der in Griechenland gepflanzt wurde. Der Verbindung von Dionysos und Althaia entstammte Deianeira. Meleagros selbst galt, obwohl er zum »sterblichen« Vater den Oineus hatte, als die Frucht der Liebe zwischen Ares und Althaia.

Sieben Tage nach der Geburt des Meleagros fanden sich bei Althaia die Moiren ein (die Schicksalsgöttinnen) und sagten ihr voraus, daß das Geschick des kleinen Kindes an das Holzscheit gebunden sei, das im Herdfeuer brannte. Wenn das Scheit ganz verbrenne, werde Meleagros sterben. Althaia beeilte sich, das Scheit herauszuziehen und auszulöschen, dann bewahrte sie es, allerdings sorgfältig verborgen, auf.

Als Meleagros erwachsen war, geschah es, daß Oineus vergessen hatte, Artemis in ein Opfer einzubeziehen, das er nach der Ernte allen Göttern darbrachte. Artemis schickte einen riesigen Eber gegen das Land Kalydon, der die Felder verwüstete. Meleagros beschloß, das Königreich von dieser Geißel zu befreien, und rief eine große Zahl Jäger zusammen, deren Namen von den Mythographen angegeben wird. Sie enthält viele Namen, die auch auf der Argonautenliste stehen: Idas und Lynkeus, Kastor und Pollux, Theseus, Admetos, Pheires (der Gatte der Alkestis), Iason selbst, Peirithoos, Telamon, der Sohn des Aiakos und König von Salamine, Peleus, der Vater des Achilleus, Amphiaraos der Argier, die Söhne des Thestios, die die Brüder der Althaia und daher die Oheime des Meleagros waren, und schließlich eine Jägerin, Atalanta, die Tochter des Schoineus, die aus Arkadien herbeigekommen war.

Von Atalanta erzählte man, ihr Vater habe nur Söhne haben wollen und habe sie daher auf dem Berg Parthenion ausgesetzt. Dort war sie von einer Bärin ernährt worden bis zu dem Tag, als sie von Jägern gefunden wurde. Als Atalanta herangewachsen war, weigerte sie sich zu heiraten; sie war Artemis ergeben und tötete mit ihren Pfeilen zwei Kentauren, die versucht hatten, sie zu vergewaltigen. Man erzählte ferner, daß ihre Weigerung auf einem Orakel beruhe, das ihr gesagt habe, falls sie sich verheirate, werde sie eines Tages in ein Tier verwandelt. Da sie eine vorzügliche Läuferin war, hatte sie erklärt, sie werde nur einen Mann heiraten, der schneller laufen könne als sie. Sie gab ihrem Freier jeweils eine kleine Vorgabe und verfolgte ihn dann mit dem Speer in der Hand; holte sie ihn ein, dann tötete sie ihn. Ein gewisser Milanion bat um ihre Hand, und die übliche Probe begann. Milanion aber hatte goldene Äpfel mitgebracht, die er von Aphrodite erhalten hatte. Und jedesmal, wenn er schon fast eingeholt war, warf er einen auf den Boden. Atalanta blieb stehen, um ihn aufzuheben, und Milanion wurde Sieger. Später betraten die beiden Gatten während einer Jagd einen Tempel (des Zeus oder der Kybele) und vereinigten sich dort. Empört verwandelte Zeus sie beide in Löwen — weil man glaubte, daß sich Löwen nicht mit Löwinnen, sondern mit Leopardenweibchen paarten. Das also war jene Atalanta, die bei der Jagd von Kalydon eine so große Rolle spielen sollte.

Neun Tage lang feierten die Jäger bei Oineus. Am zehnten trafen sie sich im Freien, trotz des Widerwillens einiger, eine Frau unter sich zu sehen. Aber Meleagros hatte sich in Atalanta verliebt und überredete die Jäger, ihre Anwesenheit hinzunehmen. Der Eber war bald gestellt; bei der Hetzjagd tötete er zwei Jäger. Als erste verletzte Atalanta das Tier mit einem Pfeilschuß. Amphiaraos brachte ihm eine zweite Wunde bei, und Meleagros erlegte es. Er machte die Haut der Atalanta zum Geschenk, was die Söhne des Thestios empörte. Aus Zorn brachte Meleagros sie um. Als Althaia von diesem Mord erfuhr, warf sie das Scheit ins Feuer, an dem das Leben ihres Sohnes hing, und Meleagros starb. Aber als ihr Zorn sich gelegt hatte und sie sah, was sie getan hatte, erhängte sie sich. Die Schwestern des Meleagros, Gorge, Eurymede, Deianeira und Melanippe, beweinten den Tod ihres Bruders so sehr, daß Artemis, von Mitleid erfaßt, sie in Vögel verwandelte: Sie wurden Perlhühner. Aber Dionysos gab Deianeira ihre menschliche Gestalt zurück, und Meleagros empfahl sie in der Unterwelt dem Herakles zur Frau.

Meleagros hatte einen Halbbruder, Tydeus, den Sohn des Oineus und der Periboia, der in dem Krieg der Sieben gegen Theben vorkommt und der Vater des Diomedes war.

Jede Stadt und jedes Volk Griechenlands verehrte insbesondere einen oder mehrere Helden, aber wegen der Verflochtenheit der fürstlichen Familien im Heldenzeitalter ist der Sagenzyklus einer jeden nur schwer einer bestimmten Landschaft zuzuordnen. Nirgendwo besser als in der Mythologie ist zu ersehen, wie in der historischen Wirklichkeit diese außerordentliche Mischung der Bräuche, Glaubensmeinungen und Stämme beschaffen war, aus der das Griechenland der klassischen Zeit hervorgehen sollte. Dieses Hinüber- und Herüberwechseln geht auch über den Rahmen der hellenischen Welt noch hinaus. Es greift in den Orient über, aber auch in den mediterranen Westen, und allmählich zeigt sich, wie sich hinter den legendären Erzählungen die großen Völkerwanderungen abzeichnen, die die sogenannte Protogeschichte ausmachen.

So ist zum Beispiel Bellerophon ein korinthischer Held, der Großteil seiner Taten aber spielt sich in Lykien ab, wo er der Vorläufer jener griechischen Abenteurer wird, die in der historischen Zeit eine so große Rolle in den Angelegenheiten Asiens spielen sollten. Bellerophon war der Sohn des Poseidon; zum »menschlichen« Vater hatte er Glaukos, den Sohn des Sisyphos. Glaukos war seinem Vater auf dem Thron von Ephyra (dem späteren Korinth) gefolgt, der von Sisyphos begründet worden war, und ist nur durch seinen Tod berühmt. Bei den Begräbnisspielen zu Ehren des Peleus besiegt, wurde er von den Pferden seiner Quadriga zu Tode getrampelt und verschlungen. Es waren Stuten, die er an der Paarung gehindert hatte, um sie schnellfüßiger zu machen. Derart ließ Aphrodite ihn den Preis für diese Beleidigung ihrer Göttlichkeit bezahlen. Sein Sohn Bellerophon hatte unabsichtlich einen Bürger von Korinth getötet (der wohl Belleros hieß, wie der Name des Helden in der Volksetymologie vielleicht gedeutet wurde). Er mußte das Land verlassen und flüchtete nach Tiryns zum König Proitos, der ihn entsühnte. Aber Stheneboia, die Gattin des Proitos, verliebte sich in ihn und bat ihn um ein Stelldichein. Bellerophon lehnte ab. Da beklagte sie sich bei ihrem Gatten und beschuldigte den jungen Mann, er habe sie verführen wollen. Da Proitos einen Gast nicht töten wollte, sandte er Bellerophon zu Iobates, dem Vater der Stheneboia, mit einem Brief, in dem er von Iobates verlangte, den Überbringer des Briefes zu töten. Iobates war der König von Lykien. Er trug zunächst Bellerophon eine sehr gefährliche »Arbeit« auf: die Chimaira zu bekämpfen. Diese war ein Ungeheuer, vorne Löwe, hinten Drache, und hatte einen Ziegenkopf, spie Flammen und hatte sich im Land unerträglich gemacht. Iobates meinte, der junge Mann werde allein seine Aufgabe niemals bewältigen können. Aber Bellerophon hatte einen kostbaren Gehilfen, das geflügelte Roß Pegasos, wahrscheinlich aus dem Blut der Medusa geboren, das ihm Poseidon (oder Athena) geschenkt hatte. Bellerophon bestieg den Pegasos, stieß vom Himmel auf die Chimaira herab und tötete sie. Nun schickte ihn Iobates gegen die Solymen, eine benachbarte kriegerische Bevölkerung. Mit Hilfe des Pegasos schlug Bellerophon sie in die Flucht. Dann entsandte Iobates ihn zur Bekämpfung der Amazonen, und wieder siegte Bellerophon. Nun stellte der König im Hinterhalt eine Truppe gegen ihn auf, aber Bellerophon erschlug die Männer, die ihn ermorden sollten.

Iobates war nun überzeugt, daß der Held göttlichen Ursprungs sei, und gab die Absicht auf, ihn zu töten. Er zeigte ihm vielmehr den Brief des Proitos und gab ihm seine Tochter zur Frau; als er starb, hinterließ er ihm sein Königreich.

Später kam Bellerophon nach Tiryns zurück. Als Stheneboia erfuhr, daß er heimkehrte, brachte sie sich um; nach einer anderen Version versuchte sie, auf dem Pegasos zu entfliehen; der warf sie aber in den Lüften ab, und sie zerschmetterte am Boden. Bellerophon fand ein unglückliches Ende. Voll Stolz auf seine Taten wollte er auf dem Pegasos in den Olymp gelangen. Aber Zeus stürzte ihn auf die Erde; nach der einen Überlieferung starb Bellerophon dabei, nach einer anderen verletzte er sich so schrecklich, daß er bis zu seinem Tod dahinsiechte.

Mit der Tochter des Iobates hatte Bellerophon eine Tochter, Laodamia, die Zeus zur Mutter des Helden Sarpedon machte, der ehrenvoll in der Ilias erscheint. Er muß von dem Bruder des Minos und des Rhadamantys unterschieden werden, der gleichfalls Sarpedon hieß und ebenfalls ein Sohn des Zeus war, aber Europa zur Mutter hatte. Die Nähe, in der die beiden Gestalten stehen, ist seltsam, um so mehr als der Sohn der Europa als König von Lykien und Gründer von Miletos dargestellt wird, und der Sohn des Bellerophon vor Troia eine Abteilung der Lykier befehligt.

DANAOS

In den Sagen aus dem Land Argos finden sich Erinnerungen an weit zurückliegende Wanderungen. Wir haben schon davon berichtet, wie Danaos, der von der Io abstammte, mit seinen fünfzig Töchtern in das Land gekommen war. Sofort verdrängte er den König des Landes Gelanor und gründete die Burg von Argos. Er brachte auch den Kult des lykischen Apollon mit (Apollon der Wolf), der anscheinend orientalischen Ursprungs war. Wir wissen bereits, wie er, als seine Neffen, die Söhne des Aigyptos, ins Land kamen, diese durch seine Töchter ermorden ließ. Aber eine von ihnen, Hypermnestra, verschonte ihren Gatten Lynkeus; Danaos zwang sie, in die Verbannung zu gehen.

Später versöhnte sich Danaos mit seinem Schwiegersohn; dieser folgte ihm auf dem Thron, und an ihn knüpft sich das Geschlecht der Könige von Argos.

Die beiden Enkelsöhne des Lynkeus und der Hypermnestra, Proitos und Akrisios, waren Zwillinge, aber sie haßten einander. Wie es hieß, bekämpften sie sich schon im Mutterleib. Als sie Männer geworden waren, erklärten sie einander den Krieg, um zu entscheiden, wem der Thron von Argos gehöre. Akrisios trug den Sieg davon, und Proitos ging nach Lykien in die Verbannung zu König Iobates. Dieser gab ihm ein Heer, nachdem er ihm seine Tochter Stheneboia zur Frau gegeben hatte, und setzte ihn in seinem Vaterland als König ein. Aber Proitos überließ Argos dem Akrisios und richtete sich in einer neuen Stadt, in Tiryns, ein. So wurde das Königreich Argolis in zwei gleiche Teile geteilt.

Perseus

Akrisios hatte jedoch keine Nachkommen. Wir haben bereits berichtet, wie ihn das Orakel davon abhielt, seine Tochter Danae zu verheiraten, und wie sich Zeus über die Vorsichtsmaßnahmen des Akrisios hinwegsetzte. Wir haben auch schon Perseus, den Sohn des Zeus und der Danae, am Strand von Seriphos mit seiner Mutter landen sehen. Sie wurden von einem Fischer namens Diktys aufgenommen, der der Bruder des Tyrannen der Insel namens Polydektes war. Dieser verliebte sich in Danae, aber Perseus, der groß geworden war, behütete seine Mutter gut. Eines Tages lud der Tyrann seine Freunde und Perseus zu einem großen Gastmahl ein und fragte sie im Lauf des Mahles, welche Hochzeitsgeschenke sie ihm wohl geben würden. Perseus antwortete, das einzige einem König zukommende Geschenk sei das Haupt einer Gorgo. Polydektes nahm ihn beim Wort und schickte ihn auf die Suche nach ihr.

Athene und Hermes beschafften dem Helden die Mittel, sein unvorsichtiges Versprechen halten zu können. Zunächst suchte er die drei Töchter des Phorkys auf, damit sie ihm den Weg wiesen, der ihn zu den »Nymphen« führen würde, den Hüterinnen der geflügelten Sandalen, eines Zaubersackes und des

Helms des Hades, der seinen Träger unsichtbar machte. Die Nymphen übergaben diese Gegenstände dem Perseus, und Hermes fügte noch eine *harpé* hinzu, ein sehr großes und sehr scharfes Schwert. Nun begab sich Perseus zu den drei Gorgonen, Stheno, Euryale und Medusa, und traf sie schlafend an. Nur Medusa war von den dreien sterblich. Mit Hilfe seiner Sandalen erhob sich Perseus in die Lüfte, und während Athene einen polierten Bronzeschild über sein Haupt hielt, der einen Spiegel bildete, enthauptete er das Ungeheuer. Diese Vorsichtsmaßnahme war nötig, denn wer einer Gorgo in die Augen blickte, wurde zu Stein. Perseus schloß das Haupt der Medusa in den Zaubersack und machte sich auf den Heimweg. Die beiden Schwestern der Medusa verfolgten ihn, aber vergebens, denn der Helm des Hades hatte ihn unsichtbar gemacht.

Andromeda

Sein Weg führte Perseus durch Äthiopien an den Rand des Ozeans. Hier sah er ein junges Mädchen an einen Felsen geschmiedet und ein Ungeheuer, das aus dem Meer auftauchte, um es zu verschlingen. Dieses junge Mädchen hieß Andromeda, und seine Mutter Kassiopeia war die Ursache dieses ganzen Dramas. Denn stolz auf ihre eigene Schönheit, hatte sie behauptet, schöner als die Nereiden zu sein. Diese hatten von Poseidon verlangt, ein Ungeheuer gegen Äthiopien loszulassen, das das Land verwüstete. Und das Orakel ließ den König Kepheus wissen, daß die Plage so lange nicht aufhöre, bis er seine Tochter Andromeda dem Ungeheuer ausliefere. Von Mitleid bewegt, verlangte Perseus von Kepheus die Hand seiner Tochter dafür, daß er sie befreite. Kepheus willigte ein, und Perseus trug dank seinen magischen Waffen mit Leichtigkeit den Sieg davon. Als er Andromeda heiraten wollte, zettelte ein Onkel von ihr eine Verschwörung gegen ihn an. Perseus, der rechtzeitig davon verständigt wurde, hielt den Verschwörern den Kopf der Medusa entgegen, worauf sie sich in Steinstatuen verwandelten. Hierauf begab sich Perseus mit Andromeda nach Seriphos.

In Seriphos herrschte eine verworrene Lage. Polydektes hatte Danae Gewalt antun wollen, und diese war flehend vor die

Altäre der Götter geflüchtet. Perseus befreite sie, indem er den Tyrannen und dessen Freunde in Statuen verwandelte. Er gab Hermes die Zauberwaffen zurück und überließ das Haupt der Medusa der Athene, die es auf ihren Schild setzte. Perseus brauchte nur noch nach Argos zurückzukehren, wo er seinen Großvater besuchen wollte. Aber als Akrisios von dem Nahen seines Enkels erfuhr, floh er, weil er die Erfüllung des Orakels fürchtete. Er flüchtete zu den Pelasgen nach Larissa. Aber Perseus befand sich gerade dort und nahm an den dortigen Spielen teil. Als er den Diskus warf, traf er Akrisios am Fuß und tötete ihn. Als er erfuhr, wen er unabsichtlich getötet hatte, erwies er ihm voll Verzweiflung die Totenehrungen, wagte jedoch nicht, nach Argos zurückzukehren, um den Thron zu beanspruchen. Er ging nach Tiryns und tauschte das Königreich Argos gegen das Königreich von Tiryns ein, in dem sein Vetter Megapenthes, Sohn des Proitos, zu jener Zeit herrschte. Später sollte in Argolis der Dynastie der Perseiden die der Pelopiden folgen.

KADMOS

Die Sage über die ersten Anfänge von Theben weist die gleichen Persönlichkeiten auf wie die vorhergehenden. Wie Danaos ist der Gründer der Stadt orientalischen Ursprungs; wie er knüpft sich dieser an das Geschlecht der Io, und zwar durch Epaphos, Libya und Agenor. Seine Brüder sind Phoinix, Kilix, Thasos — alles namengebende Helden. Der erste stammt aus Phönikien, der zweite aus Kilikien und der dritte von der Insel Thasos; ihre Schwester ist Europa. Als Europa geraubt war, entsandte Agenor seine Söhne auf die Suche nach ihr und gebot ihnen, nicht ohne sie zurückzukehren. Kadmos begab sich in Begleitung seiner Mutter Telephassa nach Thrakien. Nach ihrem Tod befragte er das Orakel in Delphi, und dieses riet ihm, Europa nicht weiter zu suchen, sondern eine Stadt zu gründen. Um den Platz für sie zu finden, sollte er einer Kuh folgen und stehen bleiben, wenn sich das Tier vor Müdigkeit erschöpft hinlegte. Nachdem er Delphi verlassen hatte und Phokis durchzog, bemerkte er eine herrliche Kuh, die an jeder Flanke das Zeichen des Mondes trug (das heißt, eine weiße Scheibe). Er folgte ihr, und die Kuh führte ihn durch Boiotien; endlich ließ sie sich an der Stätte des zukünftigen Theben nieder. Kadmos wußte, daß sich das Orakel erfüllt hatte; er wollte Athene die Kuh opfern und schickte einen seiner Gefährten aus, um zu diesem Zweck Wasser aus einer nahen Quelle, Quelle des Ares genannt, zu schöpfen. Aber sie wurde von einem Drachen bewacht, und dieser tötete die meisten Gefährten des Kadmos, bis dieser schließlich selbst herbeieilte und das Ungeheuer durchbohrte. Daraufhin erschien ihm Athene und riet ihm, die Drachenzähne auszusäen. Kadmos tat es; alsbald entsproß der Erde eine Saat bewaffneter Krieger. Diese Männer waren bedrohlich. Aber Kadmos hatte den Einfall, von weitem einen Stein in die Schar zu werfen; daraufhin beschuldigten sie sich gegenseitig und erschlugen einander. Nur fünf blieben am Leben und wurden die Ahnherrn edler thebanischer Familien.

Kadmos sühnte den Mord an dem Drachen, indem er dem Ares acht Jahre lang als Sklave diente. Danach erhielt er durch Athene das Königreich Theben, und Zeus gab ihm Harmonia, die Tochter des Ares und der Aphrodite, zur Frau. Die Hochzeit wurde mit großem Prunk gefeiert; die Götter nahmen an ihr teil, und die Musen sangen. Die Chariten schenkten der Braut ein Gewand, das sie gewebt hatten, und Hephaistos eine Goldkette, die sein Werk war. Dieses Halsband und dieses Gewand sollten später im Krieg der Sieben gegen Theben eine große Rolle spielen. Mit Harmonia hatte Kadmos mehrere Töchter, Autonoe, Ino, Agave (die Mutter des Pentheus) und Semele (die Mutter des Dionysos), sowie einen Sohn, Polydoros.

Gegen Ende ihres Lebens begaben sich Kadmos und Harmonia nach Illyrien; hier wurden sie in Schlangen verwandelt und kamen in die elysischen Gefilde. An ihren Sohn Polydoros knüpft sich die Dynastie der Labdakiden, der Oidipus angehört (sein Großvater Labdakos war der Sohn des Polydoros). Aber vor der Regierung des Labdakos trat ein Wechsel der Dynastie ein.

Da Labdakos beim Tode des Polydoros erst ein Jahr alt war, wurde die Regentschaft dem Thebaner Nykteus anvertraut, einem Abkömmling des Zeus und der Pleione. Beim Tod des Nykteus wurde sie von dessen Bruder Lykos gesichert. Nykteus hatte eine Tochter namens Antiope, die so schön war, daß sich Zeus in sie verliebte und sich in der Gestalt eines Satyrs mit ihr vereinigte; sie bekam Zwillinge von ihm, Amphion und Zethos. Da Antiope aber den Zorn ihres Vaters fürchtete, war sie vor der Geburt der Kinder geflohen und hatte Zuflucht in Sikyone beim König Epopeus gefunden. Verzweifelt beging Nykteus Selbstmord und beauftragte Lykos, ihn zu rächen. Lykos griff Sikyon an, tötete Epopeus und führte Antiope als Gefangene heim. Die beiden Kinder kamen zur Welt, als man die junge Frau von Sikyon nach Theben schleppte. Lykos setzte die Kinder im Gebirge aus, wo sie von Hirten aufgezogen wurden. In Theben quälten Lykos und seine Frau Dirke die arme Antiope — bis eines Nachts die Ketten von ihr abfielen und sie in die Strohhütte flüchtete, in der ihre Kinder erzogen wurden. Sie gab sich zu erkennen, und die Kinder rächten sie an Dirke; sie banden sie an den Schwanz eines wilden Stiers und töteten Lykos.

Von nun an regierten Amphion und Zethos in Theben. Amphion, der Musiker war, erbaute die Stadtmauern, indem er mit den Tönen seiner Lyra die Steine herbeilockte. Zethos, ein Mann der Tat, trug sie auf seinem Rücken herbei. Später zeigte man in Theben Steine, auf die Amphion seine Lyra gestützt hatte und die, wenn man sie anstieß, einen wohllautenden Ton von sich gaben. Erst nach dem Tod der beiden Brüder erhielt Labdakos den Thron des Kadmos zurück.

DIE GROSSEN LITERARISCHEN SAGAS

Wir haben gesehen, wie sich mit den Heldenzyklen die Sagen allmählich vom Mythos lösten und Sammlungen entstanden, aus denen man die ersten Umrisse einer »Geschichte« der hellenischen Völker entnehmen kann. In ihrer weiteren Entwicklung bildeten diese Sagen gewissermaßen einen unerschöpflichen Steinbruch, aus dem sich seit Homer die griechischen und später die römischen Dichter ihr Baumaterial holten. So haben diese Mythen jahrhundertelang dazu beigetragen, daß das Wesentliche der sittlichen und geistigen Erkenntnisse der antiken Zivilisation und Kultur seinen Ausdruck fand. Im ganzen gesehen, wurden die theogonischen Sagen literarisch nur selten ausgewertet. Zwar griffen die Lyriker (das Wort im weitesten Sinne genommen einschließlich der Autoren der sogenannten homerischen Hymnen) bisweilen auf sie zurück; aber anders als bei ähnlichen Vorgängen im alten Indien und Persien ist in Griechenland die theogonische Mythe in der Regel nicht Gegenstand der Dichtung. In literarischen Werken kommt sie daher nur als Episode und nur zum Zwecke der Ausschmückung oder Anspielung vor. Im allgemeinen neigt die griechische Literatur eher dazu, sich auf der Ebene des Menschen und Menschlichen zu bewegen, als sich in göttlichen Regionen zu ergehen. So ist sie von Hause aus eher »historisch« als »mythisch«. Und hierin liegt wohl einer der Hauptgründe, mit dem die Erscheinung zu erklären ist, daß sich die Fruchtbarkeit der griechischen Mythologie von Anfang an in der vollendeten Darstellung menschlicher Wesen in Bildhauerei und Malerei bestätigte und auch die Dichter in ihren Tragödien, Dithyramben und Dramen die Götter- und Heldengestalten ganz von menschlichem Geist durchtränkt darstellten.

DIE ILIAS UND DER TROIANISCHE ZYKLUS

In den Augen der Alten war die Ilias eine im wesentlichen »historische« Dichtung. Heute wissen wir, daß der historische Kern darin von einem ungeheuren Sagenmaterial umhüllt verborgen liegt, das zwar den alten »Heldenzyklen« entlehnt, aber ganz anders angeordnet ist. Zweifellos ist die Ilias zu einem großen Teil aus einem kollektiven Bemühen hervorgegangen, ein Werk von panhellenischer Bedeutung aufzubauen. Erzählt wird die Geschichte eines Bündnisses aller im Griechenland der achaischen Welt lebenden Völker, so wie diese Welt vor der

Dorischen Wanderung bestand. Diese Wanderung selbst lebt in den Sagen von der Heimkehr der Herakliden. Das Bündnis hat den Zweck, von einem »Barbaren«volk Wiedergutmachung für die Entführung einer Frau zu fordern, wobei übrigens von einem Rassenhaß gegen dieses Volk oder von einem Gefühl grundsätzlicher Andersartigkeit keine Rede sein kann. Erst nach den Mederkriegen taucht eine Art von griechischem »Patriotismus« gegenüber Asien auf — und auch nur sporadisch. Wenn die Götter für die eine oder andere Gruppe Partei ergreifen, tun sie es nur aus persönlichem Groll, und nicht selten gehen sie dabei unbekümmert von einem Lager ins andere über. Worum es geht, ist nicht das Geschick eines Volkes oder einer Rasse, sondern eines Geschlechts oder eines Einzelmenschen. Dann aber wird die Sage eingeschaltet, gemäß ihrer Aufgabe, die Welt zu erklären.

Die Atriden

Das Drama, aus dem die Ilias einen Augenblick herausgreift und schildert, beginnt schon einige Generationen vor dem Trojanischen Krieg. Wir haben gehört, wie Pelops Hippodamia erobert hatte. Aus dieser Ehe gingen zwei Söhne hervor, der ältere Atreus und Thyestes, die einander zutiefst haßten. Dieser Haß war die Auswirkung eines Fluchs, den Pelops gegen seine beiden Söhne geschleudert hatte. Atreus und Thyestes hatten nämlich ihren Halbbruder Chrysippos ermordet, den Pelops von einer Nymphe namens Axioche gehabt hatte. Ihr Vater verfluchte und verbannte die Kinder. Sie flüchteten nach Mykenai zu Eurystheus, der ihr leiblicher Vetter war, oder aber, nach anderen Versionen, zu ihrem Onkel Sthenelos. Nun erhielten sie die Herrschaft über Stadt und Gebiet von Midea. Als Eurystheus von den Herakliden getötet worden war, riet ein Orakel den Einwohnern von Mykenai, einen Sohn des Pelops zum König zu machen. Atreus und Thyestes begannen nun, jeder seine eigene Sache vor dem Volk zu vertreten. Atreus hatte seinerzeit in seiner Herde ein Lamm gefunden, dessen Vlies aus Gold war. Obwohl er das Gelübde abgelegt hatte, der Artemis jedes Jahr das schönste Produkt seiner Herde zu opfern, hatte er das Vlies für sich behalten und es in eine Truhe eingeschlossen. Seine Frau Airopa (eine Tochter des Minos) aber hatte das Wundervlies heimlich ihrem Liebhaber geschenkt, der kein anderer als Thyestes war. Nun schlug Thyestes den Mykenaiern vor, man möge als König denjenigen wählen, der ein goldenes Vlies vorzeigen könne. Atreus willigte ein, seiner sicher, daß er gewinnen würde. Nun aber wies Thyestes das Vlies vor und wurde also gewählt.

Auf Befehl des Zeus kam es jedoch zu einer zweiten Probe. Man bestimmte, daß Atreus über Mykenai herrschen solle, wenn die Sonne ihren Lauf in der umgekehrten Richtung nähme; falls nicht, würde Thyestes König sein. Thyestes nahm die Probe an, und alsbald ging die Sonne im Osten unter. Atreus wurde also doch König des Landes. Unverzüglich verbannte er seinen Bruder, da er aber etwas später von dessen Intrige mit Airopa erfuhr, tat er so, als wolle er sich mit ihm versöhnen, und rief ihn zurück. Als Thyestes in Mykenai einzog, tötete Atreus heimlich die drei Söhne, die sein Bruder von einer Naiade gehabt hatte, ließ sie kochen und setzte sie dem Vater vor, der ahnungslos von ihrem Fleisch aß. Nach dieser grausigen Mahlzeit enthüllte Atreus dem Thyestes, wessen Fleisch er verzehrt hatte, und zeigte ihm die Köpfe seiner drei Söhne.

Thyestes floh nach Sikyon und sann nur noch auf Rache. Auf den Rat eines Orakels zeugte er mit seiner eigenen Tochter Pelopia (ohne sich ihr zu erkennen zu geben) einen Sohn, den er Aigisthos nannte, und richtete es so ein, daß Pelopia ihren Onkel Atreus heiratete. Dieser erzog den Sohn seiner Gattin, ohne zu wissen, wer dessen Vater wirklich war. Als das Kind das Mannesalter erreichte, trug er ihm auf, Thyestes zu ermorden, aber Aigisthos entdeckte rechtzeitig, daß dieser sein Vater war, kehrte nach Mykenai zurück, tötete Atreus und setzte Thyestes als König ein. Die Rolle des Aigisthos war jedoch hier noch nicht zu Ende, und die Kette der Morde aus Blutrache sollte sich von einer Generation zur anderen fortsetzen.

Mit Atropeia hatte Atreus zwei Söhne gehabt, Agamemnon und Menelaos. Agamemnon hatte Klytaimnestra, die Tochter des Tyndareos und der Leda, geheiratet. Aber selbst diese Ehe war von Gewalttaten befleckt, denn Klytaimnestra war in erster Ehe mit Tantalos, einem Sohn des Thyestes, verheiratet gewesen. Agamemnon aber hatte diesen ersten Gemahl getötet, um die junge Frau zu bekommen. Diese hatte nur widerwillig zugestimmt, den Mörder ihres ersten Gatten zu heiraten, und ihre Brüder, die Dioskuren, waren dem Agamemnon derart feindlich gesinnt, daß er einmal an den Hof von Sparta zu Tyndareos flüchten mußte. Kastor und Pollux versöhnten sich zwar mit ihrem neuen Schwager, aber auf der Verbindung des Agamemnon und der Klytaimnestra lastete der Fluch, wie sich in der Fortsetzung der Sage zeigt.

Dennoch entsprangen dieser Verbindung mehrere Kinder; drei Töchter, Chrysothemis, Laodike und Iphianassa, sowie ein Sohn, der letztgeborene Orestes. Eine jüngere Überlieferung (der Tragiker) nennt zwar Iphigeneia und Elektra, kennt aber die übrigen Töchter nicht.

Helena

Als Aigisthos den Atreus getötet hatte, mußten Agamemnon und Menelaos Mykenai verlassen; sie suchten Asyl in Sparta bei Tyndareos. Es war zu jener Zeit, da alle Fürsten Griechenlands in Sparta versammelt waren, um sich um die Hand der Helena zu bewerben. Tyndareos war in großer Verlegenheit, da er fürchtete, wenn er einen wählte, würden alle anderen verärgert sein und er Gefahr laufen, in einen Krieg verwickelt zu werden. Daher hörte er gern auf den Rat, den ihm Odysseus, der Fürst von Ithaka, gab, der einer der ärmsten unter den Anwärtern war. Odysseus riet ihm, alle durch einen Eid zu verpflichten, daß sie mit der Wahl, die Helena selbst treffen würde, einverstanden sein und dem Erwählten beistehen würden, falls man ihm seine Frau streitig machen wollte. Tyndareos fand den Gedanken vortrefflich; der Eid wurde geleistet, und Helena wählte Menelaos.

Mehrere Jahre hindurch lebten die beiden Gatten glücklich in Sparta. Tyndareos hatte ihnen auf dem Sterbebett sein Königreich vermacht, während Agamemnon in Mykenai regierte (oder in Argos, darin gehen die Überlieferungen auseinander).

Aber nun kam Paris, der Troier, dem die Göttin Aphrodite die Hand der Helena, der schönsten aller Sterblichen, versprochen hatte. Der junge Fürst erreichte Sparta in dem Augenblick, da sich Menelaos aus der Stadt entfernen und zum Begräbnis seines Großvaters Katreus nach Kreta begeben mußte. Um so leichter hatte es Paris, Helena zu gewinnen und nach Troia zu entführen. Um seinetwillen verließ Helena ihr Töchterchen Hermione, das sie mit Menelaos hatte.

Menelaos wurde von der Götterbotin Iris von seinem Unglück verständigt und eilte nach Sparta zurück, wo er alle Fürsten zusammenrief, die seinerzeit dem Tyndareos den Schwur geleistet hatten. Man ging Achilles suchen, den seine Mutter, die Nereide Thetis, im Harem des Königs Lykomedes in Skyros versteckt hatte, da sie wußte, daß es der Wille des Schicksals war, daß der junge Mann zugrunde gehe, wenn er nach Troia ginge. Daher lebte Achilleus unter den Mädchen; seine Jugend und seine langen blonden Haare verbargen ihn gut. Aber man wußte, daß seine Anwesenheit vor Troia notwendig war. Daher verkleidete sich Odysseus als Kaufmann, ließ sich in den Palast des Lykomedes einführen und bot seine Waren an. Während die Frauen Stoffe oder Juwelen aussuchten, stürzte sich Achilleus auf die Waffen. Daran erkannte ihn Odysseus und hatte keinerlei Mühe, ihn zu überreden, sich dem Feldzug anzuschließen.

Es war aber auch nicht leichter gewesen, sich der Teilnahme des Odysseus selbst zu versichern. Palamedes, der Sohn des Nauplios, war nach Ithaka geschickt worden, um Odysseus herbeizurufen, aber dieser hatte gerade einen Sohn von seiner zärtlich geliebten Gattin Penelope bekommen und es lag ihm nichts an Abenteuern. Palamedes traf ihn, als er sein Feld mit einem Gespann pflügte, das aus einem Ochsen und einem Esel bestand; sobald er eine Furche gezogen hatte, säte er Salz hinein. Anscheinend also war Odysseus geistesgestört. Aber Palamedes nahm den kleinen Telemachos, den Sohn des Odysseus, und setzte ihn dicht vor der Pflugschar auf die Erde. Odysseus konnte nicht anders und hielt sein Gespann an. Er verzichtete darauf, weiterhin den Geistesgestörten zu spielen, und willigte ein, den Schwur, den er Tyndareos geleistet hatte, zu halten.

Endlich war das Heer versammelt; alle Fürsten hatten einen Truppenteil gestellt. Und Agamemnon wurde zum obersten Führer gewählt. Die Truppen versammelten sich in Aulis. Der Seher Kalchas brachte ein Opfer dar, und Zeus schickte ein günstiges Omen: Eine Schlange stürzte vom Altar auf einen nahen Baum, verschlang acht kleine Vögel, die sich im Nest befanden, ebenso deren Mutter, dann verwandelte sie sich in einen Stein. Kalchas schloß daraus, daß der Krieg zehn Jahre dauern und die Stadt eingenommen werden würde.

Der Feldzug in Mysien

Nach einer anderen Überlieferung als der in der Ilias verwendeten schiffte sich das Heer zum erstenmal ein, verirrte sich aber und landete in Mysien, dem Königreich des Telephos, eines Sohns des Herakles. Die Mysier warfen die Eroberer zurück, diese erkannten ihren Irrtum und kehrten nach Griechenland zurück — nicht ohne daß Telephos von der Lanze des Achilleus schwer verwundet worden wäre. Um zu genesen, mußte Telephos später selbst nach Aulis kommen und das Heilmittel von Achilleus erfragen. Geheilt werden konnte die Wunde nur von einem Stück Rost von derselben Lanze, durch die sie geschlagen worden war. Das Abenteuer des Telephos wurde zum Thema einer Tragödie des Euripides; sie ist uns aber nicht erhalten geblieben.

Iphigeneia

Acht Jahre nach diesem ersten fehlgeschlagenen Feldzug versammelten sich die Griechen erneut in Aulis; aber günstige Winde ließen auf sich warten. Auf dem Meer herrschte völlige Windstille. Als man Kalchas befragte, antwortete er, dies sei auf den Zorn der Artemis zurückzuführen. Wir wissen schon, daß Iphigeneia zum Opfer angeboten und von der Göttin Artemis nach Tauris gebracht worden war. Endlich konnte sich die Flotte doch in Bewegung setzen. Als sie an Lemnos vorbeikam, mußte man Philoktetes, den alten Gefährten des Herakles, der die Waffen des Helden verwahrte, zurücklassen. Er hatte sich nämlich an einem der Pfeile verletzt, und seine unheilbare Wunde verbreitete einen ekelerregenden Gestank.

Die ersten neun Jahre der Belagerung von Troia verliefen ohne bemerkenswerte Ereignisse. Achilleus und Agamemnon nahmen an mehreren seeräuberischen Einfällen in die Städte der Troas teil. In Chryse und in Lyrnessos nahmen sie zwei junge Mädchen gefangen, Chryseis und Briseis, die Basen waren, und brachten sie ins Lager. Achilleus bekam als seinen Beuteanteil die junge Briseis, Agamemnon erhielt Chryseis. Diese aber war die Tochter eines Priesters des Apollon, namens Chryses, der bei seinem Gott Klage führte. Obwohl Apollon den Achaiern wohlgesinnt war, sandte er doch eine Seuche über sie. Und als Kalchas das Orakel prüfte, wußte er, warum der Gott gereizt war. Chryseis mußte ihrem Vater zurückgegeben werden.

Der Zorn des Achilleus

Hier nun beginnt die Ilias. Alle früheren Ereignisse werden beim Zuhörer als bekannt vorausgesetzt. Sie bilden jene ungeschriebene »Saga«, aus der sich das Epos entwickelt und die auch in anderen, heute verlorenen Dichtungen verwendet worden war. Das Thema der Ilias ist nur eine Episode in diesem langen Roman: der Streit zwischen Agamemnon und Achilleus, der fast den Untergang des achaischen Heeres bewirkt hätte.

Am Anfang der Dichtung zwingt die Versammlung der Krieger, als sie über die Ursache der Pest aufgeklärt wird, den Agamemnon, die Chryseis zurückzugeben. Dieser aber fordert Briseis als Ersatz. Achilleus, der das junge Mädchen liebt oder vielleicht auch einfach nur eigensinnig ist, weigert sich jedoch, es herzugeben. Agamemnon läßt es sich unter Berufung auf seine Macht als oberster Führer ausliefern. Achilleus muß gehorchen, weigert sich aber — und das ist sein gutes Recht —, noch länger am Krieg teilzunehmen.

Bald flammen die Kämpfe um Troia wieder auf. Agamemnon wird von einem Traum getäuscht und glaubt, daß er den Sieg ohne Achilleus erringen könne. Aber die von den Troiern errungenen Erfolge belehren ihn schnell eines Besseren. Das Lager wird von Hektor, dem Haupthelden der Troier, angegriffen. Agamemnon begreift, daß er sich mit Achilleus aussöhnen muß.

Er schickt ihm Briseis zusammen mit kostbaren Geschenken zurück und verspricht ihm die Hand einer seiner Töchter. Von da an geht die Initiative auf Achilleus über. Schon im schlimmsten Augenblick der Niederlage der Achaier hatte Achilleus seinem treuen Freund (und Vetter) Patroklos erlaubt, einzugreifen. Aber Patroklos wurde von Hektor getötet, und seine Rüstung (diejenige des Achilleus) war von den Troiern als Trophäe mitgenommen worden. In aller Eile ließ Thetis von Hephaistos eine neue herstellen, und Achilleus kehrt in das Schlachtgetümmel zurück. Von nun an erzählt die Dichtung fast ausschließlich von den Siegen des Achilleus; aber der Schatten des Todes schwebt bereits über ihm. Sein eigenes Pferd Xanthos (Goldfuchs), einen Augenblick lang mit Rede begabt, sagt ihm seinen nahenden Untergang voraus. Aber Achilleus läßt sich nicht beunruhigen; schon in seiner Vergangenheit waren ihm alle möglichen Omina über sein Schicksal bekannt geworden, aber jedesmal hatte er die Ankündigungen übergangen. Als er sich ein langes und friedliches Leben in Phtia hätte schenken lassen können, wo sein Vater Peleus herrschte, hatte er ein kurzes und ruhmreiches Leben vorgezogen. Niemand kann der Tapferkeit des Achilleus widerstehen; seine Gegner fallen einer um den anderen. Als schließlich alle Troier in die Stadt zurückgekehrt sind, stehen sich Achilleus und Hektor von Angesicht zu Angesicht allein am Fuß der Stadtmauer gegenüber. Zum erstenmal in seinem Leben hat Hektor Angst. Er fürchtet sich vor Achilleus, der ihn verfolgt. Im Olymp legt Zeus, der von allen Göttern umgeben dem Kampf zusieht, die Schicksale Achills und Hektors auf eine große Waage.

Hektors Tod

Sowie nun Zeus die Geschicke kennt, kann nichts mehr den Ablauf des Dramas verhindern. Athene nimmt die Gestalt von Hektors Bruder Deiphobos an und stellt sich neben Hektor. Schon glaubt er, daß er gerettet sei, bleibt stehen und stellt sich Achilleus. Aber Athene entschwindet. Nun weiß Hektor, daß sein Schicksal besiegelt ist, und Achilleus tötet ihn. Sterbend sagt auch Hektor seinem Feind dessen nahes Ende voraus.

Der Bericht der Ilias endet mit der Ankunft des Priamos, der von Achilleus die Leiche seines Sohns Hektor erbittet. Das Epos wird nicht bis zu seinem ›natürlichen‹ Ende fortgesetzt, nämlich dem Tod des Achilleus. Aber die »Sage« um den Krieg gegen Troia ging weiter und ist aus Anspielungen in anderen literarischen Werken zu rekonstruieren, vor allem solchen in der Odyssee, ferner aus Überlieferungen, deren sich die Tragiker bedienten, aus Äußerungen antiker Kommentatoren und aus erhaltenen Bruchstücken verlorener Epen.

Die »Saga« von Achilleus besteht aus zahlreichen Episoden. Da ist zunächst sein Kampf gegen Penthesilea, die Königin der Amazonen, die verspätet, und zwar gerade während der Bestattung Hektors, der Stadt zu Hilfe kommt. Zunächst trägt sie Erfolge davon und wirft die Achaier bis zu deren Lager zurück, wird aber von Achilleus getötet. Sterbend sieht sie ihn an, und da wird der Held von einer verzweifelten Liebe zu ihr erfaßt. Dann muß Achilleus mit Memnon, dem Sohn der Aurora, kämpfen und er tötet auch ihn. Die Geschichte vom Tod des Achilleus wird je nach den Überlieferungen auf verschiedene Weise erzählt. So heißt es etwa, Achilleus habe sich in Polyxena, eine der Töchter des Priamos, verliebt, die er während der Auslösung der Leiche Hektors erblickt hatte. Heimlich soll Achilleus dem Priamos angeboten haben, die Griechen zu verraten, wenn er ihm seine Tochter gäbe. Priamos nahm an, und der Pakt wurde im Tempel des thymbraiischen Apollon unweit der Tore Troias unterzeichnet. Achilleus kommt allein und unbewaffnet, Paris aber, hinter der Statue des Gottes verborgen, trifft ihn mit einem Pfeil. In einer häufiger erzählten Version heißt es, Achilleus sei im Kampf gestorben, von einem Pfeil Apollons in die Ferse getroffen, die einzige verwundbare Stelle seines Körpers. Seine Mutter hatte ihn nämlich als Kind in das Wasser des Styx getaucht, um ihn unverwundbar zu machen, aber ein Baumblatt war an seiner Ferse haftengeblieben, so daß das Zauberwasser die Haut des Kindes an dieser Stelle nicht benetzen konnte.

Achilleus wurde von den Nymphen und den Musen beweint, die sich um Thetis scharten, und die Griechen errichteten ihm am Strand ein Grabmal, das in der Antike den Reisenden gezeigt wurde. So besuchten es auch Alexander und Caesar. Aber Thetis entführte ihren Sohn auf die Weiße Insel an der Mündung der Donau, wo er ein Leben nach seinen Wünschen weiterführte. Wenn die Seeleute an der Insel vorbeifuhren, hörten sie am Tag ständiges Waffengeklirr und nachts aufeinanderprallende Schläge und die Gesänge, die ein immerwährendes Festmahl begleiteten. Der Seele des Achilleus wurden auch Gefährtinnen zugeschrieben, so Polyxena, Medeia, Iphigeneia, ja sogar Helena.

Die Eroberung von Troia

Auch nach dem Tod von Hektor und Achilleus blieb die ewige Frage ohne Lösung: Würde es den Achaiern gelingen, die Stadt einzunehmen? Man erfuhr bald, daß die Götter mehrere Bedingungen an ihren Sieg knüpften. So mußte der junge Helenos, ein Sohn des Priamos, der von Apollon die Gabe des Weissagens erhalten hatte, gefangen werden; denn er allein kannte das Geheimnis, wie die Götter zu dieser Frage standen. Nach dem Tod des Paris hatte Priamos dem Helenos die Hand der Helena verweigert und sie einem anderen seiner Söhne gewährt, Deiphobos, dem Liebling Hektors. Verärgert hatte sich Helenos in die Berge zurückgezogen, wo Odysseus ihn entdeckte und ihm halb mit Gewalt, halb mit Überredung die wichtige Prophezeiung entriß. Troia, sagte Helenos, könne nur unter drei Bedingungen besiegt werden: Wenn Neoptolemos, der Sohn des Achilleus, wieder mit den Achaiern zusammen kämpfe, wenn man die Gebeine des Pelops nach Asien zurückbringe, und wenn man das Palladion den Troern entführe. Auch soll Helenos noch hinzugefügt haben, daß Philoktetes den Achaiern die hilfreichen Waffen des Herakles bringen müsse. Nun überlegte Odysseus, wie alle diese Bedingungen der Reihe nach zu erfüllen wären.

Die Gebeine des Pelops zu holen, war nicht schwer; sie waren in Pise im Elis begraben, wo er seinerzeit mit Hippodamia gelebt hatte. Neoptolemos, der Sohn, den Achilleus in Skyros mit einer der Töchter des Königs Lykomedes gehabt hatte und den man wegen seiner Haarfarbe oft Pyrrhos, den »Roten«, nennt, lebte bei seinem Großvater. Odysseus, Phoinix und Diomedes wurden ausgesandt, ihn zu holen. Lykomedes versuchte zwar, sich einer Abreise zu widersetzen, aber der junge Mann, treu der kriegerischen Tradition seines Vaters, folgte den Abgesandten des Agamemnon gern. Schwieriger war es, das Palladion zu entwenden; denn es befand sich im Tempel der Athene auf der Zitadelle von Troia in guter Hut. Unterstützt von Diomedes unternahm es Odysseus, sich seiner zu bemächtigen. Beide drangen in die Stadt ein (wie es hieß, durch einen Abflußkanal), und Odysseus stieg bis zum Burgberg empor. Unterwegs wurde er von Helena erkannt, die ihn jedoch nicht verriet, sondern ihm im Gegenteil half und sich so einen Anspruch auf seine Dankbarkeit sicherte. Mit seiner Beute kehrte Odysseus ins Lager zurück, nicht ohne mehrere Wächter erschlagen zu haben. Nun mußte nur noch Philoktetes überredet werden, nach Troia zurückzukehren. Von seinen Gefährten in Lemnos ohne Pflege zurückgelassen, hatte er sich durch ein elendes Dasein geschleppt und haßte die achaischen Führer zutiefst. Wieder übernahm es Odysseus, als Bote zu ihm zu gehen. Als der zungenfertige Redner, der er war, entschuldigte er das Verhalten der Achaier geschickt und versprach Philoktetes schließlich, wenn er von den Söhnen des Asklepios, Podaleirios und Machaon, die sich bei Troia befanden, gepflegt würde, dann werde er unter allen Umständen geheilt. Philoktetes ließ sich überreden und folgte Odysseus nach Troia. Er wurde übrigens, wie Odysseus es ihm verheißen hatte, wirklich geheilt.

Als auf diese Weise alle Bedingungen erfüllt waren, mußte die Einnahme Troias möglich sein. Freilich mußte man zu einer letzten List greifen — halb kriegerischer Schachzug, halb magischer Ritus —, die ebenfalls dem Helenos eingefallen war. Man baute ein riesiges hölzernes Pferd, in dem sich die Elite der Krieger versteckte; dann lösten die Achaier ihr Lager auf, bestiegen die Schiffe und verließen zum Schein das Land. In Wirklichkeit aber gingen sie unweit von Troia hinter der Insel Tenedos vor Anker. Ein einziger Achaier blieb in der Troas zurück, Sinon, der leibliche Vetter des Odysseus, wie dieser ein Enkel des listenreichen Autolykos. Als er so tat, als wolle er sich verstecken, wurde er von troianischen Hirten festgenommen und Priamos vorgeführt. Hier spielte er die Komödie weiter, gab vor, von den Achaiern verfolgt worden zu sein, weil sie ihn den Göttern opfern wollten, und ließ sich angebliche »Geständnisse« darüber entreißen, welche Absichten die griechischen Führer mit dem Bau des Riesenpferdes verfolgten.

Das Pferd sei, so sagte er, eine Opfergabe für die Pallas Athene als Sühne für das von Odysseus durch den Diebstahl des Palladions begangene Sakrileg. Verschiedene Wunderzeichen hätten die Griechen erschreckt, und Kalchas habe die Forderung der Göttin enthüllt, ihr einen Kult einzurichten, wobei das Pferd eine Rolle spiele. Die Griechen aber hätten das Pferd deshalb so groß gebaut, damit die Troier es nicht in ihre Stadt bringen könnten, weil sie wüßten, daß das Schicksal die Vorherrschaft über Griechenland den Troiern bestimmt habe, falls diese einen Pferdekult in ihrer Stadt einführten. Kaum hatte Sinon seine lügenhaften »Enthüllungen« beendet, als Apollon eine — ebenfalls erlogene — Prophezeiung schickte. Ihr erstes Opfer wurde Laokoon, der Priester Apollons. Bei der Rede Sinons war er anwesend, hatte ihn der Lüge geziehen und sich feierlich dagegen ausgesprochen, daß nach dem Vorschlag der meisten troianischen Führer eine Bresche in die Mauer geschlagen würde, damit das Pferd in die Stadt gebracht werden konnte. Als Laokoon sich anschickte, am Strand ein Opfer darzubringen, kamen zwei Schlangenungeheuer aus dem Wasser und erstickten ihn und seine ebenfalls anwesenden Söhne. In Wirklichkeit ließ ihn Apollon freilich ein Sakrileg büßen, das er seinerzeit im Tempel des Gottes begangen hatte. Die Troier aber glaubten, die Götter bestraften seinen Widerstand gegen die Ratschläge des Sinon, und so wurde beschlossen, das Pferd doch in die Stadt zu bringen.

In der folgenden Nacht befreite Sinon die in dem Pferd eingeschlossenen Krieger, gab den griechischen Schiffen mit einer Fackel das verabredete Zeichen, und sie kehrten zurück. Die Krieger schlugen die Troianer nieder und öffneten dem übrigen Heer die Stadttore. Troia war erobert.

Menelaos stürzte zum Haus des Deiphobos, wo, wie er wußte, Helena lebte. Er verstümmelte Deiphobos grausam und bemächtigte sich seiner ungetreuen Gattin. In dem Bericht über ihre Begegnung gehen die Überlieferungen auseinander. Einmal heißt es, Helena habe Deiphobos verraten, die Waffen versteckt und das Haus dem Menelaos ausgeliefert, um sich seine Vergebung zu sichern. Ein andermal wieder wird berichtet, Odysseus habe sich zu ihrem Fürsprecher bei Menelaos gemacht. Nach einer dritten Version hatte sich Helena ganz einfach an den Hausaltar geflüchtet und habe dem Menelaos in der Unordnung ihres Aufzuges einen derart rührenden Anblick geboten, daß er nicht den Mut hatte, sie zu töten.

Inzwischen teilten sich die Griechen am Strand die Beute von Troia, nicht ohne viel Streit, dessen berühmtester von den Dramatikern häufig ausgebeutet wurde und sich zwischen Odysseus und dem »großen Aias«, dem Sohn des Telamon, abspielte. Thetis hatte versprochen, die Waffen des Achilleus dem tapfersten der Griechen zu geben, und zwar demjenigen, der den Troiern den größten Schrecken eingeflößt hatte. Aias und Odysseus traten vor. Um zwischen ihnen zu entscheiden, befragte man die troianischen Gefangenen, und sie bezeichneten, wie es heißt, aus Trotz Odysseus als den Gefürchtetsten. Dieser erhielt die Waffen, aber in der Nacht verfiel Aias dem Wahnsinn und erschlug die Herden, die zur Nahrung der Griechen bestimmt waren; als er am Morgen sah, was er angerichtet hatte, beging er Selbstmord.

Das Schicksal der troianischen Gefangenen wurde unterschiedlich geregelt. Die Prophetin Kassandra wurde Agamemnon zugewiesen. Polyxena wurde auf dem Grab des Achilleus erwürgt. Die Gattin Hektors, Andromache, fiel an Neoptolemos, den Sohn des Achilleus. Der Sohn Hektors, Astyanax, sollte auf Verlangen des Odysseus getötet werden. Man stürzte ihn von der Stadtmauer in die Tiefe. Die alte Königin Hekuba, die bei der Ermordung ihres Gatten mitgeholfen hatte — er war von Neoptolemos vor dem Hausaltar getötet worden —, hatte seinerzeit wilde Rache an einem ihrer Schwiegersöhne, dem König

Polymnestor, geübt. Er hatte sich schuldig gemacht, den jüngsten Sohn des Priamos erschlagen zu haben, den man ihm anvertraut hatte, damit im Fall des Unheils wenigstens ein Vertreter der königlichen Dynastie erhalten bleibe. Unter einem trügerischen Vorwand hatte sie Polymnestor vorführen lassen und ihm die Augen ausgerissen. Für dieses Verbrechen wurde sie nun von den achaischen Führern zur Steinigung verurteilt. Statt unter dem Steinhaufen aber ihre Leiche zu finden, kam eine Hündin mit feurigen Augen hervor und konnte entwischen.

DIE HEIMKEHR DER HELDEN

Der lange Roman von Troia endet auch mit der Einnahme der Stadt noch nicht. Die Geschicke, die an dem Tag begonnen hatten, als Dardanos die erste Festung der Stadt auf dem Hügel gründete — er führte den bezeichnenden Namen »Hügel des Irrtums« (Hügel der Ate) —, rollten fast ins Unendliche weiter ab, und ihre letzten Folgen strahlten in die ganze Welt aus.
Für den Großteil der achaischen Führer wurde die Heimkehr zum Drama. (Ein verlorengegangenes Epos trug den Titel »Die Heimkehr«.) Einige Helden, wie etwa Menelaos, die einen berechtigten Grund zum Kampf gegen Troia gehabt hatten, entrannen zwar dem Unglück; die Mehrzahl jedoch wurde zum Opfer eines Fluchs und fand lange Jahre keine Ruhe.
Die Hauptmasse der Flotte kam mit dem Großteil der Truppen nach Griechenland zurück. Als sie auf Sichtweite an Euboia herankamen, ließen sie sich in der Nacht von einem Feuer täuschen, das auf den Klippen entzündet worden war, und fast alle Schiffe zerschellten. Dieses Feuer war von Nauplios angezündet worden, dem Enkel jenes Nauplios, der aus der Liebe des Poseidon zu Amymone hervorgegangen war. Nauplios war ein berühmter Lotse; man behauptet sogar mitunter, er habe Tiphys am Steuer der Argo ersetzt. Er hatte einen Sohn Palamedes, der die List des Odysseus überspielt hatte. Dieser trug es Palamedes derart nach, daß er Vorbereitungen traf, ihn vor den Achaiern in Troia zu Unrecht eines gotteslästerlichen Diebstahls an-

273

klagen zu lassen und seine Steinigung zu erreichen. Nauplios wiederum beschloß, sich dafür an den Achaiern zu rächen, und führte aus diesem Grund ihren Schiffbruch in Euboia herbei.

Agamemnon

Agamemnon wurde etwas länger als die anderen vor Troia zurückgehalten und entging daher dem Untergang der übrigen Flotte, wurde aber das Opfer einer anderen Rache, die ihn in seinem Palast erwartete. In seiner Abwesenheit hatte er seine Gattin Klytaimnestra der Obhut eines alten Sängers namens Demodokos anvertraut. Aber Klytaimnestra, die ihren Groll gegen ihren Gatten nicht vergessen hatte, traf Vorkehrungen, um diesen unbequemen Wächter zu entfernen, und lebte in aller Öffentlichkeit mit Aigisthos, dem Sohn des Thyestes, zusammen. Der seinerzeit über Pelops verhängte Fluch hatte seine schreckliche Wirkung noch nicht verloren. Aigisthos wußte, daß die Heimkehr Agamemnons nahe bevorstand, und hatte Wachen aufgestellt; daher konnte er den König mit großen Freudenkundgebungen am Strand empfangen. Dann veranstaltete er ein Mahl, in dessen Verlauf er ihn tötete. Das ist die einfachste Version. Sie ist jedoch nicht die der Tragödiendichter, und vor allem nicht die des Aischylos, der zufolge Klytaimnestra zur Mörderin ihres Gatten wurde. Dazu wurde sie von Aigisthos, aber auch durch ihren eigenen Groll getrieben. Hinzu kam noch, daß sie von dem zwischen Agamemnon und Kassandra bestehenden Liebesverhältnis erfahren hatte. Als Agamemnon nun zurückkehrte, empfing sie ihn zwar freundlich, gab ihm aber eine Tunika, deren Ärmel sie vernäht hatte. Agamemnon nahm ein Bad und wollte arglos das Gewand überstreifen, verwickelte sich aber darein. Als sie ihn derart behindert sah, nahm sie ein Schwert und tötete ihn.

So blieben Aigisthos und Klytaimnestra alleinige Herren von Mykenai. Einer der Töchter des Agamemnon, Elektra, gelang es jedoch, ihren jungen Bruder, den kleinen Orestes, heimlich zu entführen und so vor dem sicheren Tod zu retten. Orestes wurde in Phokis bei Strophios zusammen mit Pylades, dem Sohn dieses Königs, erzogen. Als er das Mannesalter erreicht hatte, erhielt er von Apollon den Befehl, seinen Vater zu rächen und Aigisthos und Klytaimnestra zu töten. Orestes gehorchte. Er sprach als Reisender im Palast vor und schlug Aigisthos nieder. Dieser stieß einen Schrei aus, Klytaimnestra lief herbei, erkannte ihren Sohn und flehte ihn an, sich ihrer zu erbarmen. Aber Orestes blieb unbeugsam und erwürgte sie.

Im selben Augenblick aber überkommt ihn der Wahnsinn. Als Muttermörder wird er von den Erinnyien verfolgt, die ihm keinen Augenblick mehr Ruhe gönnen. Begleitet von Pylades sucht er Zuflucht in Delphi, wo Apollon ihn von dem Mord reinigt. Trotzdem hetzen ihn die Erinnyien weiter. Endlich kommt er vor das Tribunal des Areopags in Athen; die Richter stimmen zu gleichen Teilen für Verurteilung und Freispruch. Athene jedoch, die dem Tribunal vorsitzt, stimmt für Gnade; Orest wird befreit, und damit ist der Fluch des Pelops erloschen.

Die Heimkehr des Odysseus

Die berühmteste Geschichte der »Heimkehr« ist die des Odysseus, Thema der »Odyssee«. Die Gestalt des Helden hat immer wieder Sagen angezogen, so daß sie schließlich einen ganzen Zyklus bildeten, der sich anscheinend in Italien und der etruskischen Welt besonderer Beliebtheit erfreute. Nach der Einnahme von Troia zerstritt sich Odysseus mit den anderen Führern und folgte Agamemnon. Er wurde aber bald von ihm getrennt und landete in Thrakien, wo er die Stadt Ismaros einnahm und plünderte. Er schonte nur den Priester Apollons, Maro, der ihm ein Dutzend Krüge eines kostbaren, süßen und starken Weins schenkte. Der Held zog in den Süden weiter und landete nach einigen Tagen im Land der Lotophagen, eines Volkes, das sich von einer wunderbaren Frucht ernährte, dem Lotos, die so erlesen war, daß jeder, der von ihr kostete, nie wieder fortgehen wollte. Odysseus mußte Gewalt anwenden, um seine Männer von dieser Köstlichkeit loszureißen.

Als Odysseus in den Norden zurückging, gelangte er über Sizilien ins Land der Kyklopen. Mit zwölf Männern stieg er an Land und nahm einen Krug vom Wein des Maro mit. Sie drangen in eine Höhle ein, deren Bewohner der Kyklop Polyphemos war, ein furchterregender Riese mit nur einem Auge mitten auf der Stirn. Polyphemos sperrte die Männer ein und wollte jeweils zwei von ihnen verschlingen. Odysseus gelang es, ihn von dem Wein trunken zu machen und das Ungeheuer in einen tiefen Schlaf zu versenken. Odysseus nutzte die Hilflosigkeit des Riesen, blendete Polyphemos und konnte so mit seinen Männern, unter dem Bauch der Schafe des Riesen versteckt, entkommen. Daraufhin faßte Poseidon, der Vater des Polyphemos, einen tiefen Haß gegen Odysseus.

Als dieser den Kyklopen entronnen war, gelangte er auf die Insel des Aiolos, des Herren der Winde, der ihm einen Weinschlauch gab, in dem alle Winde eingesperrt waren, außer einer günstigen Brise, die die Schiffe bis Ithaka führen sollte. Als Odysseus aber einmal schlief, nutzten das seine Gefährten und öffneten den Weinschlauch. Sofort kam ein Sturm auf und führte sie wieder zur Insel des Aiolos zurück, der sie diesmal nicht aufnehmen wollte. Odysseus fuhr auf gut Glück wieder ab. Bei den Lestrygonen, einem menschenfressenden Volk, verlor er mit Ausnahme eines Schiffes alle übrigen und gelangte mit diesem Fahrzeug zur Insel Aiaia, auf der die Zauberin Kirke wohnte. Sie war die Tochter des Sonnengottes und der Okeanide Perseis und die Schwester des Kolchiden Aietes. Sie lebte mit ihren Dienern allein und verwandelte alle Reisenden, die zu ihrem Palast kamen, in Tiere. Da Odysseus nicht wußte, was ihn erwartete, sandte er eine Gruppe von Seeleuten auf Erkundung aus. Die Zauberin empfing sie liebenswürdig, gab ihnen einen Zaubertrank und verwandelte sie in Wölfe, Hunde und andere Tiere. Als seine Gefährten nicht zurückkamen, machte sich Odysseus allein auf die Suche nach ihnen. Im Wald sprach ihn Hermes an und verriet ihm das Geheimnis, wie er den Zauberkünsten der Kirke entrinnen könnte. In den Trank sollte er ein Kraut namens *moly* werfen, dann würde die Zauberin seiner Gnade ausgeliefert sein. Mit diesem Zauberkraut versehen, widerstand Odysseus den Zauberkünsten der Kirke. Er zog sein Schwert und zwang sie, seinen Freunden die Menschengestalt wiederzugeben. Er verbrachte einen Monat — oder ein Jahr — voller Wonnen bei ihr, und sie schenkte ihm einen Sohn, Telegonos. Als er fortzog, riet ihm Kirke, die Seele des Sehers Teireisias im Land der Kimmerer zu befragen.

Odysseus beschwor Teireisias geziemend, und dieser enthüllte ihm die Zukunft, und der unermüdliche Held begab sich auf die Weiterreise. Er fuhr die Insel der Sirenen entlang; das waren Ungeheuer halb Frau, halb Vogel und Töchter der Muse Melpomene mit dem Flußgott Acheloos. Mit ihrem Gesang pflegten sie die Schiffe anzulocken, die dann an den Klippen der Insel zerschellten, worauf sie die Schiffbrüchigen verschlangen. Aber Kirke hatte Odysseus geraten, was er tun sollte: Er verstopfte die Ohren seiner Leute mit Wachs, ließ sich selbst an den Mast des Schiffes binden und konnte so ohne Furcht die gefährliche Strecke zurücklegen und dabei doch den göttlichen Gesang hören. Als nächstes mußte er den beiden Ungeheuern Charybdis und Skylla die Stirn bieten, die Seeleute verschlangen und fürchterliche Meereswirbel entfesselten. Dann landete er auf der Insel Thrinakie, auf der weiße, der Sonne geweihte Ochsen weideten. Eine lange Windstille hielt die Gefährten des Odysseus länger auf der Insel zurück, als sie vorgehabt hatten, und sie konnten, während ihr Führer schlief, vor Hunger nicht widerstehen, einen Ochsen zu schlachten. Darüber beklagte sich die Sonne bei Zeus. Als das Schiff wieder abfuhr, schickte der Gott einen gewaltigen Sturm, das Schiff kenterte und alle ertranken, außer Odysseus, der am Mast angeklammert neun Tage und neun Nächte auf dem Meer herumgetrieben wurde. Am zehnten Tag landete er auf der Insel der Nymphe Kalypso, die ihn mehrere Jahre bei sich behielt. Athene aber setzte bei Zeus durch, daß er Hermes mit dem Befehl zu Kalypso schickte, Odysseus freizulassen. Und so kam es, daß er mit einem selbstgebauten Floß nach einem von Poseidon entfesselten Sturm erschöpft, aber lebend endlich auf der Insel der Phaiaken anlangte.

Hier hatten die Reisen des Odysseus fast ihr Ende gefunden. Die Phaiaken empfingen ihn freundlich, beluden ihn mit zahlreichen Geschenken und ließen ihn bis Ithaka bringen. Aber erst mußte er noch sein Königreich zurückerobern, das in den Händen einer Gruppe junger Fürsten war, die sich als Freier um Penelope geschart, seinen Palast verwüstet und in Ithaka die

Gesetze erlassen hatten. Durch eine List gelang es Odysseus, als Bettler verkleidet heimlich in den Palast einzudringen, ohne daß ihn andere als einige zuverlässige Männer erkannt hatten. Anläßlich eines Wettkampfes im Bogenschießen, den Penelope auf Anraten ihres Gatten veranstaltet hatte, erschlug er die Freier und konnte endlich wieder seinen ihm zustehenden Platz einnehmen.

So endet die Odyssee — aber die »Saga« von Odysseus ist noch nicht zu Ende. Man erzählte, daß der Held wieder in See stach und im Epiros Krieg führte, oder aber, daß er auszog, um bei den Tyrrheniern (im Lande der Etrusker) Städte zu gründen, und daß er schließlich versehentlich von Telegonos getötet wurde, dem Sohn, den er mit Kirke gehabt hatte.

DIE GEBURT DER TRAGÖDIE

Der »Roman Troias« und seine natürliche Fortsetzung, die Geschichte der »Heimkehr der Helden«, bildeten den Lieblingsstoff der Dichter, vor allem der Tragödiendichter. Jahrhunderte arbeiteten an diesem Stoff, bereicherten ihn von einem Zeitalter zum anderen, und er zog auch einen Großteil lokaler Überlieferungen an, die in ihm aufgingen und mit ihm verschmolzen. Aber auch andere Sagenkreise trugen Themen bei, vor allem der Zyklus um Theben, den Stadtstaat von Boiotien.

Der thebanische Sagenkreis

Oidipus, das Sinnbild des tragischen Helden, gehörte dem Geschlecht des Kadmos an. Sein Vater ist Laios, Sohn des Labdakos; dieser wiederum stammt von Polydoros ab, dem Sohn des Kadmos, und der Nykteis, die ihrerseits zum Geschlecht der »Sparti« gehört, jener aus den Drachenzähnen des Ares entsprossenen Männer. Die Mutter des Oidipus wird in der Odyssee Epikaste genannt, bei den Tragikern heißt sie Iokaste, und allgemein wird sie mit Pentheus und durch ihn mit Echion verknüpft, der ebenfalls einer der »Sparti« ist. Der Name Iokaste ist ihr seit dem Drama »König Oidipus« des Sophokles geblieben.

Die Geburt des Oidipus

Schon bei seiner Geburt war Oidipus mit einem Fluch belastet, über dessen Inhalt die Überlieferungen auseinandergehen. So heißt es etwa, es habe sich um ein Orakel gehandelt, nach dem das Kind der Iokaste und des Laios seinen Vater töten würde. Nach anderen Quellen wird behauptet, ein Orakel habe Laios verboten, ein Kind zu zeugen; sollte er sich darüber hinwegsetzen, würde dieses Kind nicht nur seinen Vater töten, sondern auch für sein ganzes Haus zur Ursache einer entsetzlichen Kette von Katastrophen werden. Wieder eine andere Version, in der es anscheinend darum geht, dieses göttliche Verbot sorgfältig zu rechtfertigen, erinnert daran, daß Laios zur Zeit, als Lykos über Theben herrschte, Asyl am Hof des Königs Pelops in Pise suchen mußte. Hier hatte er den jungen Chrysippos, einen Sohn des Königs, geliebt und Unzucht mit ihm getrieben. Er soll der erste gewesen sein, der die homoerotische Liebe empfunden und ausgeübt hat. Aus diesem Grund habe Pelops ihn verflucht, und die Götter, die diesen Fluch gebilligt hatten, wollten ihn in seiner männlichen Nachkommenschaft treffen.

Wie dem auch sei — Laios mißachtete die Ankündigung der Götter und zeugte doch einen Sohn. Aber aus Vorsicht wollte er das Kind nicht am Leben lassen und setzte es im Gebirge aus. Er hatte ihm die Fußknöchel durchbohrt, um ihn so mit Hilfe eines Riemens anzubinden, und die durch diese Verletzung verursachte Schwellung war es, die dem kleinen Jungen den Oidipus eintrug (im Griechischen »Schwellfuß«). Korinthische Hirten fanden das Kind im Gebirge und brachten es ihrem König Polybos. Dessen Gattin Periboia fand das Kind sehr schön und zog es mit größter Sorgfalt auf. Sie war über das Geschenk der Hirten um so entzückter, als sie sich leidenschaftlich ein Kind wünschte, das ihr die Natur versagt hatte.

Oidipus verbrachte seine ganze Kindheit und frühe Jugend am Hof des Polybos, der ihn als seinen eigenen Sohn betrachtete. Als der Knabe das Mannesalter erreicht hatte, verließ er Polybos und suchte sein Glück in der Welt. Die angeführten Gründe für den Aufbruch variieren. Die einfachste und vielleicht älteste Version besagt, Oidipus habe sich auf die Suche nach Pferden begeben, die dem Polybos entwendet worden waren. Andere Überlieferungen wollen, daß der junge Mann im Lauf eines Streits mit einem Korinther als Findling bezeichnet worden war. Beunruhigt habe er daraufhin Polybos befragt, der ihm enthüllte, daß er tatsächlich nicht sein Sohn war. Darauf habe sich Oidipus entschlossen, fortzuziehen, um zu entdecken, wer sein Vater sei.

Was immer der Grund für diese Reise gewesen sein mochte, sie sollte für Oidipus entscheidend werden, denn er traf tatsächlich auf Laios. Der Ort ihrer Begegnung wechselt je nach den Schriftstellern; am häufigsten verlegt man ihn nach Phokis an den Kreuzweg nach Megas. Hier wird der Weg sehr schmal; und als der Herold des Laios dem Oidipus befiehlt, den König vorbeiziehen zu lassen, und eines seiner Pferde tötet, weil er sich nicht zu gehorchen beeilt, tötet Oidipus in seinem Zorn den Herold und Laios.

Und dennoch hatten die Götter ihn gewarnt. Als er Laios begegnete, kam er gerade aus Delphi, wo ihm das Orakel des Apollon verkündet hatte, daß er seinen Vater töten und seine Mutter heiraten würde. Trotzdem konnte er seinem Geschick nicht entrinnen.

Nach dem Tod des Laios setzte er seinen Weg fort, ohne zu wissen, was er wirklich getan hatte, und gelangte an die Tore Thebens. Hier begegnete er der Sphinx (einem Ungeheuer halb Frau, halb Löwe). Dieses Ungeheuer gab den Vorüberziehenden Rätsel auf und fraß diejenigen, die die Antwort nicht wußten.

Die Sphinx

Die Rätsel der Sphinx glichen einander. »Wer ist das Wesen, das bald auf zwei Pfoten, bald auf drei, bald auf vier geht und um so schwächer ist, je mehr Pfoten es benutzt?« — »Wer sind die zwei Schwestern, deren eine von der anderen gezeugt wird und umgekehrt?« — Die Antworten lauten natürlich: auf die erste Frage »Der Mensch«, auf die zweite »Tag und Nacht« (im Griechischen sind beide Wörter weiblichen Geschlechts und daher »Schwestern«). Die Thebaner kamen nicht auf die Antworten. Oidipus hingegen beantwortet die Rätsel sofort, und die Sphinx wirft sich aus Wut in einen Abgrund und zerschellt auf den Felsen in der Tiefe. Die dankbaren Thebaner wollten Oidipus zu ihrem König machen. Nach dem Tod des Laios hatte der Bruder der Iokaste, Kreon, die Macht ergriffen, trat jedoch zugunsten des Fremdlings zurück.

Das Drama

Das Geheimnis um die Geburt des Oidipus sollte jedoch bald entdeckt werden. In einer uralten Version sind es die Narben an seinen Knöcheln, die Iokaste verraten, wer er ist. Sophokles aber hat eine Version erdacht — oder ist einer solchen gefolgt —, die viel dramatischer ist. Als Oidipus König von Theben wurde, begann eine Pest die Stadt zu verheeren. Da wurde Kreon nach Delphi entsandt, um die Ursache dieser Plage zu erkunden. Er kam mit einer sehr klaren Antwort zurück: Die Pest werde nicht aufhören, solange der Tod des Laios nicht gerächt sei. Nun beginnt eine lange hochnotpeinliche Untersuchung, die Oidipus persönlich leitet, nachdem er zuvor einen schrecklichen Schwur gegen den Mörder ausgestoßen hatte, wer immer dieser auch sein möchte. Nach und nach lüftet sich der Schleier; es tauchen bedeutungsvolle Einzelheiten auf. Oidipus ist tatsächlich der Sohn der Iokaste und ein Vatermörder. Iokaste, die an der Seite des Oidipus die schrecklichen Enthüllungen mit angehört hat, flüchtet in den Palast und erhängt sich. Oidipus durchbohrt seine Augen mit der Brosche der Iokaste und verläßt Theben, indem er sich selbst zur Verbannung verurteilt. Er verläßt die Stadt in Begleitung seiner Tochter Antigone. Seine beiden Söhne Eteokles und Polyneikes wenden sich voll Grauen von ihm ab, und er verflucht sie.

In der epischen Fassung der Sage setzt der Tod der Iokaste der Herrschaft des Oidipus kein Ende. Er lenkt weiterhin die Geschicke Thebens und stirbt während eines Feldzugs gegen die Minyer von Aiginos. Aber Sophokles hat mit seiner Kunst das Bild von einem blinden, herumirrenden Oidipus übermächtig werden lassen; er sucht Asyl in Attika bei Theseus, der ihn gütig aufnimmt. In der Ortschaft Kolone in Attika stirbt Oidipus, und ein Orakel erklärt, daß der Boden, in dem er ruht, von den Göttern gesegnet sein werde. Als dies Eteokles und Polyneikes erfahren, fordern sie von Theseus die Herausgabe der Asche, der jedoch ablehnt.

Der Krieg der Sieben gegen Theben

Der Fluch des Oidipus und ebenso der »ursprüngliche Herkunfts-Makel«, der auf seiner Geburt liegt, wirken sich auch auf die folgende Generation aus. Eteokles und Polyneikes behalten den Thron von Theben als ihr Erbe und beschließen, um Uneinigkeit zu vermeiden, die Macht abwechselnd auszuüben, jeder ein Jahr lang. Als erster König regiert Eteokles, Polyneikes geht fort. Nach Ablauf des ersten Jahres aber weigert sich sein Bruder, ihm bei seiner Heimkehr den Thron abzutreten. Polyneikes beschließt hierauf, einen Feldzug zu führen, um sich sein Recht mit Gewalt zu holen.

Nun lebte zu jener Zeit in Argos ein Fürst namens Adrastos, der sich mit Amphiaraos und Iphis in das Land teilte. Diese Regelung ging auf die Zeiten zurück, als Proitos sein Königreich mit dem Seher Melampos und dessen Bruder Bias geteilt hatte, um die Heilung seiner Töchter, der Proitiden, zu erreichen. Der von Eteokles aus Theben verjagte Polyneikes kommt in einer Gewitternacht zum Palast des Adrastos; zufällig stellt sich gleichzeitig auch Tydeus ein, der Sohn des Oineus, König von Kalydon, der von seinem Vater nach einem Mord verbannt worden war. Im Vorhof geraten beide miteinander in Streit. Von dem Lärm aufgeweckt, läßt Adrastos sie eintreten und reinigt Tydeus von der Befleckung durch seinen Mord. Als er die Schilde bemerkt, die beide tragen — der eine mit dem Bild eines Löwen, der andere mit dem eines Ebers —, entsinnt er sich eines Orakels, das besagte, daß er seine Töchter einem Löwen und einem Eber vermählen solle. Er gibt die Ältere, Argia, dem Polyneikes, die Jüngere, Deipyla, dem Tydeus und verspricht beiden, sie in ihre Heimat zurückzubringen und wieder in ihre Rechte einzusetzen. So also beginnt der Feldzug der Sieben gegen Theben, an dem die Nachkommen des Bias, des Melampos und des Proitos sowie arkadische und messenische Truppen teilnehmen. Die

Atriden, die zu dieser Zeit in Sparta und Mykenai herrschen, enthalten sich der Teilnahme. Unter Führung des Adrastos standen folgende sieben Fürsten: Amphiaraos, Kapaneus (Nachkömme des Proitos), Hippomedon, ein Neffe des Adrastos, Parthenopaios (der häufig als Bruder des Adrastos bezeichnet wird), Tydeus und Polyneikes.

Das Heer machte sich auf den Weg, gründete, als es durch Nemea zog, die nemeischen Spiele und trug auf dem Ismenos einen ersten Sieg gegen die Thebaner davon, die sich in ihre Stadt einschließen mußten. In einem Sturmangriff wurden sie vernichtet. Eteokles und Polyneikes schlugen sich in einem Zweikampf und töteten einander gleichzeitig. Von den Sieben blieb nur einer am Leben, Adrastos, den sein Pferd Areion weit vom Schlachtfeld getragen hatte.

Die Epigonen

Durch diesen Mißerfolg durchaus nicht entmutigt, sollte Adrastos zehn Jahre später einen neuen Feldzug mit den Söhnen der Toten durchführen — den sogenannten Krieg der Epigonen. Dieser Feldzug war erfolgreich. Auf den Thron von Theben wurde Thersandros gesetzt, der Sohn des Polyneikes, Adrastos aber verlor seinen Sohn Aigialeus; er wurde von Laodamas, dem Sohn des Eteokles, getötet. Voll Schmerz stürzte sich Adrastos auf einen brennenden Scheiterhaufen und erfüllte so ein Orakel des Apollon.

Eine Episode des Kriegs der Sieben ist seit Sophokles und seiner Tragödie »Antigone« besonders berühmt geworden. Nach dem Tod ihres Vaters Oidipus in Kolone war Antigone nach Theben zurückgekehrt, wo Kreon regierte (das ist die Version des Sophokles). Während des Angriffs der Sieben wohnte Antigone der Schlacht bei und sah mit an, wie sich ihre beiden Brüder gegenseitig töteten; aber während Kreon dem Eteokles, der auf seiten der Thebaner kämpfte, die Totenehrung zugestand, untersagte er es, dem Polyneikes eine Bestattung zu gewähren, da dieser Fremde gegen sein Vaterland aufgerufen hatte. Antigone war der Ansicht, es sei eine über allen menschlichen Gesetzen stehende heilige Pflicht, seinem Nächsten eine Bestattung zu gewähren. Sie übertrat das Verbot des Kreon und streute auf die verstümmelte Leiche ihres Bruders eine Handvoll Erde, wie es der Ritus verlangte. Daraufhin verurteilte Kreon sie zum Tode, und sie wurde lebendig in die Gruft der Labdakiden eingesperrt. In ihrem Gefängnis erhängte sie sich, und Haimon, der Sohn Kreons, der sie liebte, folgte ihr in den Tod.

Der von einem unverdienten Schicksal vernichtete Oidipus ist zur tragischen Gestalt schlechthin geworden, in der sich die schreckliche Vorstellung von einem Universum, in dem die Freiheit nur eine Farce ist, verdichtet hat. Neben ihm wird Antigone, Symbol der Frömmigkeit und Liebe, erbarmungslos durch ein willkürliches und höchst unbilliges Gesetz zerbrochen. Auf beiden Seiten gerät das menschliche Gewissen mit Mächten in Konflikt, die zwar den Menschen zermalmen können, aber nicht zu bewirken vermögen, daß sich sein Gewissen selbst verleugnet.

Bis zu der Zeit, als Phidias den Olympischen Zeus meißelte, in dem sich die ganze Majestät des Göttervaters ausdrückte, bleibt so der Mythos in den Händen der Tragödiendichter seiner vornehmsten Rolle treu. Sie besteht darin, eine Sprache und Denkmethode zu formen, die imstande ist, Wirklichkeiten zu erfassen, die ohne ihn unerreichbar bleiben würden, wenn es nur die reine Vernunft gäbe, um an sie heranzukommen.

VERSCHIEDENE SAGEN

Die großen Sagenkreise boten den Dichtern und Künstlern eine unerschöpfliche Quelle der Inspiration und erleichterten es damit, daß sich ein hellenischer Nationalgeist herausbilden konnte. Aber der ununterdrückbare Partikularismus der Stadtstaaten und der einzelnen Geschlechter wurde darum nicht geringer und behielt als seinen Ausdruck »Provinzmythologien« bei, die in dem gemeinsamen Schatz nie völlig aufgingen.

ATTISCHE SAGEN

Kekrops
Vor allem die attischen Sagen bilden eine Gruppe, die ihre

eigenständigen Gestalten enthielt und sich anscheinend unabhängig von den großen Zyklen entwickelte, wie sie die Überlieferungen in Argos beherrschten. Diese Sagen lassen erkennen, daß Attika, wo vom 5. Jahrhundert v. Chr. an eine besonders glänzende Kultur blühte, lange Zeit hindurch ziemlich am Rande der achaischen Welt geblieben war. Wie man weiß, gelang es den Athenern erst recht spät, daß auch ein Kontingent ihrer Nation in die Aufzählung der Völker aufgenommen wurde, die am Troianischen Krieg teilnahmen — in den sogenannten Schiffskatalog der Ilias.

Der erste der Überlieferung bekannte König von Attika ist Kekrops. Er stammte direkt vom Sonnengott seines Landes ab, das nun den Namen Kekropeia annahm, während es bis dahin einfach Akte (Vorgebirge) geheißen hatte. Kekrops heiratete Aglauros, die Tochter eines gewissen Aktaios, was ein mythischer Beiname des Akte ist, einer einfachen Gestalt, die ausgedacht wurde, damit die erste »Königin« des Landes einen Vater hatte. Kekrops und diese Aglauros hatten vier Kinder: einen Sohn, Erysichthon, und drei Töchter namens Aglauros II., Herse und Pandrosos. Aber Erysichthon (dessen Name an die dem Poseidon gehörige Domäne erinnert, nämlich an das Erdbeben) starb früh und ohne Nachkommen, und hier nun wird die Geburt des kleinen Erichthonios angesetzt, des Sohnes von Hephaistos und — zumindest geistig — der Athene. Wir haben bereits berichtet, wie die drei Töchter des Kekrops durch Indiskretion ihren eigenen Untergang verursachten, während Erichthonios von Athene selbst erzogen wurde.

Erechtheus. Philomela und Prokne. Oreithyia
Erichthonios heiratete eine Naiade, Praxithea, und hatte den Pandion als Sohn, der seine Nachfolge als König von Attika antrat. Auch Pandion heiratete wieder eine Naiade namens Zeuxippe und hatte zwei Knaben von ihr, Erechtheus und Butes, und zwei Mädchen, Philomela und Prokne. Zur Zeit der Herrschaft Pandions herrschte Labdakos als König über Theben, und wie das auch sehr häufig in historischen Zeiten der Fall war, brach zwischen den Völkern von Attika und den Boioten der

Krieg aus. Pandion stand im Bündnis mit Tereus, dem König von Thrakien, der ein Sohn des Ares war; um das Bündnis zu besiegeln, gab Pandion ihm seine ältere Tochter Prokne zur Frau. Bald hatte diese von ihrem Gatten einen Sohn namens Itys. Aber Prokne langweilte sich fern von Athen in Thrakien und wollte daher ihre Schwester Philomela zu sich kommen lassen. Tereus stimmte zu und holte das junge Mädchen. Aber auf der Reise verliebte er sich in Philomela und tat ihr Gewalt an. Um zu verhindern, daß sie sich bei ihrer Schwester beklage, schnitt er ihr die Zunge ab. Philomela dachte sich jedoch ein Mittel aus, sich dennoch vernehmlich zu machen. Sie stickte die Geschichte ihrer Schande auf einen Teppich. Prokne beschloß, sie zu rächen. Sie tötete Itys, ihren eigenen Sohn, ließ ihn kochen und setzte das Fleisch dem Tereus vor. Danach entfloh sie mit ihrer Schwester.

Als Tereus erfuhr, was seine Frau getan hatte, ergriff er eine Axt und stürmte zur Verfolgung der beiden Schwestern. Bei Daulis in Phokis holte er sie ein. Als Philomela und Prokne ihn kommen sahen, flehten sie die Götter um Hilfe an, und diese verwandelten sie aus Mitleid in Vögel. Prokne wurde zur Nachtigall und Philomela zur Schwalbe. Tereus wurde ebenfalls verwandelt und wurde zu einem Wiedehopf.

Erechtheus hatte mit seiner Frau, die wie die Gemahlin des Erichthonios Praxithea hieß, eine große Kinderschar, Mädchen und Knaben. Die Geschichte einer der Töchter namens Oreithyia bildete eine der eigenständigsten Lokalsagen der Athener. Als das junge Mädchen eines Tages mit seinen Gefährtinnen an den Ufern des Ilissos, des Flusses der Athener, lustwandelte, hob Boreas, der Gott des Nordwindes, sie auf und entführte sie in sein fernes Land. Boreas war ein Thrakier wie Tereus, gehörte aber dem Titanengeschlecht an, weil er als Sohn der Eos (der Morgenröte) und des Astraios galt. Einer anderen Überlieferung zufolge fand die Entführung während eines Festes der Panathenaien statt, als die Prozession zur Akropolis und dem Tempel der Athene emporstieg. Wie dem auch gewesen sein mochte, jedenfalls lebte Oreithyia mit Boreas und schenkte ihm zwei Söhne, Kalais und Zetes.

Die übrigen Töchter des Erechtheus hatten kein besseres Los. Im Lauf eines Krieges zwischen den Athenern und den Einwohnern von Eleusis fragte der König das Orakel von Delphi, wie er den Sieg davontragen könne. Der Gott antwortete, er müsse eine seiner Töchter opfern. Erechtheus brachte den Mut dazu auf, aber die Schwestern der von ihm ausersehenen Tochter hatten geschworen, ihre Schwester nicht zu überleben, und sie begingen Selbstmord.

Daidalos und Minos

Eine andere attische Sage, die ebenfalls zu den *gestae* der legendären Könige gehört, führt uns wieder auf kretisches Gebiet. Es ist die Sage von Daidalos, die das Problem der Geburt (oder eher Wiedergeburt) der Plastik auf die Ebene der Mythen stellt.

Daidalos ist Athener aus der Familie des Kekrops. Am häufigsten gilt er als Sohn der Alkippe, die der Liebe der Aglauros II. (der Tochter des Kekrops) und des Gottes Ares entstammt. Demnach gehört er also der ersten Königsdynastie Athens an. Er ist der Prototyp des allseitigen Erfinders, Bildhauers, Architekten, Technikers. Man schreibt ihm sogar die Konstruktion von Robotern zu, belebten Statuen, die fast die Tätigkeiten lebender Wesen auszuführen vermochten. Daidalos arbeitete in Athen, und er hatte seinen Neffen Talos zum Schüler. Dieser erwies sich als so geschickt, daß Daidalos auf ihn eifersüchtig wurde. Und als eines Tages Talos, angeregt von den Kiefern einer Schlange, die Säge erfand, warf Daidalos ihn von der Akropolis hinab. Aber der Mord wurde entdeckt und Daidalos vor den Areopag gestellt, der ihn verurteilte. Daidalos wurde verbannt und floh nach Kreta zu König Minos, dessen Bildhauer und Baumeister er wurde. Da sich Pasiphae, die Gattin des Minos (die Schwester des Perses und des Aietes, der Söhne des Helios und ebenso wie sie eine geschickte Zauberin), in einen Stier verliebt hatte, stellte Daidalos eine Kalbin aus Holz her, in die sich die Königin einschloß und ihrer Leidenschaft frönen konnte. So empfing sie auch den Minotauros. Für König Minos erbaute Daidalos das Labyrinth, einen Palast mit komplizierten Gängen, in den der König den Minotauros einschloß, um die

Schande seiner Frau vor der Welt zu verbergen. Als dann Theseus das Ungeheuer bekämpfte und Ariadne ihn retten wollte, war es wieder Daidalos, der dem jungen Mädchen aus der Verlegenheit half, indem er das Mittel vorschlug, das Theseus wirksam helfen konnte: Sie brauchte Theseus nur ein Fadenknäuel zu geben, das er beim Vordringen in das Labyrinth nach und nach abrollen mußte; so würde es ihm leichtfallen, zurückzukommen, ohne sich zu verirren.

Aber das Abenteuer sollte für den allzu einfallsreichen Baumeister schlecht enden. Als Minos erfuhr, wie Theseus seinen Weg hatte wiederfinden können, erboste er sich heftig, sperrte nun Daidalos seinerseits in den verhängnisvollen Palast und gab ihm den jungen Ikaros zum Gefährten, den Sohn, den Daidalos mit einer Palastsklavin hatte. Minos meinte, er habe sich der Person seines Baumeisters genügend versichert. Dieser aber stellte aus den Flügeln der Vögel, die der Minotauros früher gefressen hatte, und aus Wachs, das er fand, zwei Paar Flügel her. Er und Ikaros verließen das Labyrinth auf dem Luftweg.

Aber Ikaros war jung; er war über den Flug so glücklich, daß er zu hoch stieg und unvorsichtigerweise der Sonne zu nahe kam. Das Wachs, das seine Flügel zusammenhielt, schmolz, und er stürzte ins Meer, in jenes Meer, das seitdem Ikarisches Meer genannt wird. Daidalos hingegen setzte seinen Weg ohne Behinderung fort und landete in Kyme.

Als Minos von der Flucht seines Gefangenen erfuhr, beschloß er, ihn zu verfolgen. Er erriet die Richtung, die Daidalos eingeschlagen hatte, begab sich nach Sizilien und erkundigte sich hier von Stadt zu Stadt, ob Daidalos nicht in der Umgebung sei. Nun hatte sich Daidalos tatsächlich nach Sizilien geflüchtet, und zwar in die Stadt Kamikos, an den Hof des Königs Kokalos. Minos, der die Schwäche des Daidalos für knifflige Erfindungen kannte, hatte sich folgendes Mittel ausgedacht, um seine Anwesenheit zu entdecken. In allen Städten, durch die er kam, zeigte er jedem seiner Gastgeber ein Schneckenhaus und einen Faden und forderte sie heraus, doch den Faden durch das Schneckenhaus zu fädeln, ohne es zu zerbrechen. Als Kokalos den Minos empfing, konnte er dem Vergnügen nicht widerstehen, dieses Problem zu lösen. Er ging heimlich zu Daidalos, der sich bei ihm versteckt hatte, und fragte ihn, wie er es anstellen solle, um das von Minos gestellte Problem zu lösen. Daidalos befestigte den Faden an einer Ameise, die in das Schneckenhaus schlüpfte, alle Windungen durchlief, den Faden hinter sich herzog und wieder herauskam. Als Kokalos dem Minos das aufgefädelte Schneckenhaus triumphierend brachte, hatte dieser keinen Zweifel mehr: Daidalos war in der Nähe. Kokalos mußte es zugeben und versprechen, ihm seinen Gast auszuliefern. Aber Daidalos hatte die Anwesenheit des Minos vermutet und im Badesaal des Palastes ein Röhrensystem eingerichtet, durch das sich siedendes Pech über Minos ergoß und ihn tötete.

ORPHEUS

In den überlieferten Sagen gibt es eine eigenartige Gestalt, die des Orpheus, die schließlich alle jene Strömungen des religiösen, mitunter sogar mystischen Denkens auf sich vereinigte, die wir noch bei weitem nicht völlig zu durchschauen vermögen.
Orpheus ist der Sohn des Oiagros; dieser wird allgemein als Flußgott angesehen, den man für den Sohn des Ares ausgibt. Er ist ein Thraker, der von einer Muse geliebt wurde, entweder Polyhymnia oder Klio oder Kalliope, und mit ihr hatte er den Sohn Orpheus. An anderer Stelle verknüpfen die Genealogen Orpheus mit der Familie des mythischen Musikers Thamyris; in diesem Fall schreibt man ihm als Mutter dessen Tochter Menippe zu. Der thrakische Ursprung des Orpheus wird jedoch immer betont. Selbst auf den Darstellungen in römischer Zeit ist er in der thrakischen Nationaltracht dargestellt, und seine ganze Sage spielt sich in diesem Land der riesigen, windigen Ebenen ab, wohin auch ein großer Teil des Dionysosmythos verlegt wird, und woher der Gott vielleicht wirklich stammt. Orpheus soll über ein Volk Thrakiens geherrscht haben, die Bistonier, die Odrysen oder deren unmittelbare Nachbarn, die Makedonier. Er ist der Inbegriff des Sängers — Musiker und Dichter zugleich. Er spielt die Lyra, und man versichert, daß er sie erfunden, dann wieder, daß er sie vervollkommnet habe, in-

dem er die Zahl der Saiten vermehrte, daß sie von sieben zu neun wurden »wegen der Zahl der Musen«. Die Gesänge des Orpheus hatten magische Gewalt; sie waren so schön, daß die ganze Natur für sie empfänglich war. Die wilden Tiere folgten Orpheus, Bäume und Pflanzen neigten sich ihm zu, und vor allem besänftigten sich bei seiner Musik die Seelen der wildesten Menschen.

Orpheus nahm am Argonautenzug teil, ruderte aber nicht, denn er besitzt nicht die Körperkraft gewöhnlicher Helden. Er gibt den Ruderern den Takt an, und wenn sich ein Sturm erhebt, besänftigt er die Elemente und gibt den Herzen der Seeleute die Zuversicht zurück. Es geschieht auch auf sein Drängen hin, daß sich die Argonauten bei ihrem Durchzug in Samothrake in die Mysterien der Kabiren einweihen lassen, dieser seltsamen Götter oder einfachen Dämonen, deren Macht ungeheuer ist, die man jedoch ohne größte Vorsichtsmaßnahmen nicht einmal nennen darf. Orpheus war in diese Geheimreligion eingeweiht worden und wollte dem Feldzug den Schutz dieser barbarischen Götter sichern. Wir wissen auch, daß die Gesänge des Orpheus an Schönheit die der Sirenen übertrafen und die Argonauten daran hinderten, der Versuchung zu erliegen, als das Schiff an den Klippen vorbeifuhr, von denen herab sie sangen.

Der Gang in die Unterwelt

Die berühmteste Episode der Orpheussage ist die von seinem Besuch in der Unterwelt. Zweifellos steckt hierin eine mythische Version der Erlösungskraft, die den Riten zugeschrieben wurde, deren Hüter er ist. Es war Vergil, der uns am Ende der ›Georgica‹ die schönste Version der Mythe erhalten hat; zweifellos aber stammt sie nicht aus ältester Zeit, und die Spuren alexandrinischen Geistes darin sind leicht zu erkennen. Orpheus, so erzählt man, hatte Eurydike geheiratet, die Tochter einer Dryade und Apollons, die aber vielleicht auch selbst eine Dryade gewesen ist. Als die junge Frau eines Tages an einem Fluß in Thrakien lustwandelte, wurde sie von Aristeus verfolgt, dem Sohn der Nymphe Kyrene und des Flußgottes Peneios. Sie lief davon, um ihm zu entkommen, wurde aber von einer im

Gras verborgenen Schlange in den Fuß gebissen und starb. Der untröstliche Orpheus stieg in die Unterwelt hinab, um sie auf die Erde zurückzubringen. Mit den Klängen seiner Lyra bezauberte er nicht nur die Ungeheuer, die den Zugang zur Unterwelt bewachten, sondern auch die Totengötter selbst. Für einen Augenblick wurden die Verdammten von ihrer Pein erlöst; das Rad des Ixion blieb stehen, Tantalos fühlte sich gesättigt. Hades und Persephone willigten ein, Eurydike zurückzugeben, aber unter einer Bedingung: Wenn Orpheus gefolgt von seiner Frau ans Tageslicht emporsteige, dürfe er sich kein einziges Mal nach ihr umsehen, bevor sie nicht das Totenreich verlassen haben würden. Orpheus willigte ein und machte sich auf den Weg; Eurydike folgte ihm. Aber als sie gerade wieder ans Licht treten sollten, überkam ihn ein quälender Zweifel: Hatte ihm Persephone keinen Streich gespielt, folgte Eurydike ihm wirklich? Er konnte nicht widerstehen, drehte sich um — und schon entfernte sich Eurydike; sie wurde ohnmächtig und starb zum zweiten Mal. Und die Unterwelt blieb unwiderruflich verschlossen. Untröstlich kehrte Orpheus allein zu den Menschen zurück.

Der Tod des Orpheus

Der Tod des Orpheus selbst wird von den einzelnen Autoren auf verschiedene Weise erzählt. Am häufigsten heißt es, er sei dadurch getötet worden, daß ihn die thrakischen Frauen zerrissen hätten. Dafür aber werden verschiedene Gründe angegeben. Bald erzählte man, die Frauen seines Landes seien eifersüchtig auf die Treue gewesen, mit der er das Gedenken an Eurydike bewahrte, und hätten sich dadurch beleidigt gefühlt, weshalb sie ihn dafür mit dem Tod bestraften. Dann wieder hieß es, Orpheus habe sich, um nichts mehr mit den Frauen zu tun zu haben, mit jungen Männern umgeben, und die Frauen hätten ihn für diese widernatürlichen Neigungen bestrafen wollen. Und schließlich gibt es die Version, Orpheus habe nach seiner Rückkehr aus der Unterwelt Mysterien gegründet, in deren Verlauf er den Männern die Geheimnisse enthüllte, die er im Jenseits entdeckt hatte; den Frauen aber verwehrte er den Zutritt. Als die Männer eines Abends bei ihm versammelt waren und ihre Waffen vor dem Tor abgelegt hatten, schlichen ihnen die Frauen nach, ergriffen die Waffen und erschlugen Orpheus und seine Anhänger.

Als die thrakischen Frauen den Leib des Orpheus zerfleischt hatten, warfen sie die Stücke in den Fluß, der sie bis ins Meer trug. So gelangten Kopf und Lyra des Dichters bis nach Lesbos, wo die Einwohner ein Grabmal errichteten, um diese Überreste des Orpheus zu behüten.

Um die Gestalt des Orpheus bildete sich die sogenannte orphische Theologie, die im wesentlichen eine Enthüllung von Todesmysterien gewesen zu sein scheint und daneben aus einer Reihe von Gebräuchen und Ratschlägen für die Gläubigen bestand, wie sie sicher in das Land der Glückseligen gelangen könnten.

AMOR UND PSYCHE

Einige Jahrhunderte nach Platon finden wir im Werk des Apuleius, eines Platonikers, eine Sage, die ein großes Schicksal hatte, deren Sinn und Wesen aber trotzdem immer dunkel bleiben. Die Geschichte der Psyche (deren Name im Griechischen »Seele« bedeutet) und ihrer Liebe zu Eros, der »Liebe«, wird ausführlich in den »Metamorphosen« erzählt, jenem Roman, den Apuleius um die Mitte des 2. Jahrhunderts n. Chr. geschrieben hat und der, obwohl er sehr vergnüglich zu lesen ist, sehr wahrscheinlich mit philosophischer Symbolik geladen ist. Psyche war eine Königstochter und hatte zwei Schwestern. Alle drei waren sehr schön, aber Psyche überstrahlte ihre Schwestern. Der Glanz ihres Zaubers war so unvergleichlich, daß die Menschen von weither kamen, um sie zu bewundern. Mit der Zeit wurde ihr als einer neuen Venus ein Kult erwiesen. Die Schwestern der Psyche fanden leicht einen Gatten, Psyche aber blieb traurig ohne Freier im Heim ihres Vaters. Als der König schon daran zweifelte, sie je verheiraten zu können, befragte er das Orakel, und dieses gab ihm eine düstere Antwort. Es befahl, das junge Mädchen wie für eine Hochzeit zu schmücken und in einer Prozession ins Gebirge zu führen, wo es auf dem Gipfel eines Felsens allein zurückgelassen werden solle. Dort werde ein Ungeheuer es holen und mit sich fortführen. Die Eltern Psyches waren verzweifelt. Aber sie konnten nicht umhin, dem offenkundigen Willen der Götter zu gehorchen.

Nun aber begab sich folgendes: Venus, eifersüchtig auf die göttlichen Ehren, die die Menschen Psyche erwiesen, hatte beschlossen, sich dafür zu rächen. Sie suchte ihren Sohn Amor auf und gebot ihm, Psyche eine übermächtige Liebe zu einem nichtswürdigen Geschöpf einzuflößen, zu dem niedrigsten, ärmsten und häßlichsten der Sterblichen. Als Amor die Jungfrau jedoch gesehen hatte, verliebte er sich selbst in sie und traf seine Vorkehrungen, damit sie ihm angehöre. Sowie Psyche von ihren Eltern und der sie begleitenden Menge auf dem Berggipfel allein zurückgelassen worden war, sah sie daher kein schreckliches Ungeheuer auf sich zukommen, wie man ihr angedroht hatte. Statt dessen hob sie der Hauch Zephyrs sanft auf und trug sie auf den blumenübersäten Wiesengrund eines Tales, wo er sie mit höchster Vorsicht auf den Rasen setzte. Erschöpft von allen Aufregungen schlief Psyche ein. Als sie erwachte, sah sie sich in einem wunderbaren Garten, und vor ihr stand ein Palast, dessen Mauern mit purem Gold verkleidet waren. Die Pforten des Palastes standen offen, es war niemand zu sehen, aber von Neugier getrieben, trat sie ein. Sie wurde nicht von Wesen aus Fleisch und Blut, sondern von Stimmen empfangen, die ihr Willkomm boten, sie einluden, ein Bad zu nehmen und sich dann an einen Tisch zu setzen, auf dem die köstlichsten Gerichte standen. Andere Stimmen wieder sangen, und Instrumente ertönten in schöner Harmonie. Als das Festmahl beendet war, wurde sie, immer noch von den körperlosen Stimmen, in ein Gemach geführt, in dem schon ein Lager bereitstand. Psyche legte sich nieder, und als es völlig dunkel geworden war, spürte sie eine Gestalt neben sich; es war der Gatte, von dem das Orakel gesprochen hatte, aber er erschien Psyche weder so ungeheuerlich noch so erschreckend, daß sie sich vor ihm gefürchtet hätte, obwohl sie ihn nicht sehen konnte.

Am nächsten Morgen flog der Gatte noch vor Tagesanbruch davon, und als der Tag heraufgekommen war, begann das Wunder von neuem. Dienerinnen, die unsichtbar blieben, pflegten

Psyche, boten ihr tausend Zerstreuungen, und am Abend kam wieder der Gatte. So vergingen einige Tage, und Psyche gewöhnte sich an all das Neue und hatte Wohlgefallen daran, wenn es sie zunächst auch erstaunt hatte. Sie war glücklich. Aber allmählich begann sie ihre Familie zu vermissen, vor allem ihre Schwestern, die sie sehr liebte. Sie sagte es ihrem Gatten, und er warnte sie vor den Gefahren, die diese Sehnsucht für sie heraufbeschwören könnte. Er prophezeite ihr, daß ihr die Anwesenheit ihrer Schwestern verhängnisvoll werden würde. Aber Psyche war so eigensinnig, ihr Gatte so zärtlich, und er wünschte so sehr, ihr gefällig zu sein, daß er schließlich doch zustimmte. Zephyr brachte die beiden Schwestern Psyches in den wunderbaren Palast. Sie wurden aber bald äußerst eifersüchtig auf das Glück Psyches. Der Gatte wiederholte seine Warnungen. Psyche solle nicht versuchen, ihn zu sehen, sie solle ihr Glück hinnehmen, ohne neugierig zu werden, dann werde es auch andauern; andernfalls müsse sie sich auf das schlimmste Unglück gefaßt machen.

Die Schwestern kamen wieder. Sie stellten Psyche tausend Fragen und taten schließlich, als hätten sie Angst um sie, die sie nicht länger verbergen könnten. Dieser geheimnisvolle Gatte sei nichts anderes als ein fürchterlicher Drache, der sie nur mästen wolle, um sie zu fressen. Sie solle handeln, solange noch Zeit sei, und dafür gaben sie ihr einen schrecklichen Rat. Sie solle in der folgenden Nacht vor der Ankunft ihres Gatten eine angezündete Lampe unter einem Scheffel verstecken, sich mit einem Rasiermesser versorgen, und wenn der geheimnisvolle Gatte eingeschlafen wäre, die Lampe unter dem Scheffel hervorholen und bei ihrem Licht das Ungeheuer töten.

Psyche gehorchte, aber als sie die Lampe hochhielt, sah sie statt eines Ungeheuers einen Jüngling von vollkommener Schönheit mit zwei gefalteten Flügeln, deren Flaum leise zitterte. Sie erkannte Amor, und ihre Hand zitterte derart, daß ein Tropfen heißen Öls auf den Körper des Schläfers fiel. Amor erwachte, sah, daß er verraten worden war, und brachte sich mit einem einzigen Flügelschlag aus der Reichweite Psyches. »Psyche«, sagte er, »du hast mich sehen wollen. Du weißt nun, wer ich

bin. Jetzt verlasse ich dich, und du wirst mich nie wiedersehen.«
Die arme Psyche weinte, fiel in Ohnmacht, aber ihr geflügelter
Gatte war schon weit fort.

Nun beschloß sie, ihn zu suchen. Zunächst aber strafte sie ihre
beiden Schwestern, die Amor, wie Psyche ihnen sagte, zu sehen
wünsche. In ihrer Hast taumelten sie von der Höhe des Felsens,
auf dem Zephyr sie gewöhnlich suchte, in den Abgrund und
zerschmetterten. Dann zog Psyche durch die ganze Welt und
fragte überall nach Amor. Aber keine Gottheit hätte sich gern
den Zorn der Venus zugezogen, daher wollte ihr niemand helfen, so daß die Verlassene keinen anderen Ausweg sah, als
sich ihrer Feindin auszuliefern. Venus begann sie zu quälen,
zwang ihr verschiedene Aufgaben auf, darunter die, in die Unterwelt hinabzusteigen und von Persephone ein Kästchen zu
verlangen, das eine Schönheitssalbe enthielt. Venus betonte,
Psyche dürfe es unter keinen Umständen öffnen. Aber die Neugier Psyches war stärker, sie öffnete das Kästchen, aus dem ein
Hauch des Schlafes aufstieg, der sie zu Boden warf.

Auch Amor war verzweifelt; auch er liebte Psyche, und als er
sie in einen Zauberschlaf versunken sah, flog er zu ihr, weckte
sie, stieg zum Olymp empor und erbat von Zeus die Erlaubnis,
diese Sterbliche heiraten zu dürfen. Zeus willigte gern ein, und
Psyche versöhnte sich mit Venus. Der Liebe des Eros und der
Psyche entsproß eine Tochter, die man Wollust nannte.

Diese Sage ist eine Allegorie. Man könnte versucht sein, ihre
Erfindung dem Apuleius zuzuschreiben, wenn die alexandrini-
sche Malerei und Bildhauerei die Gestalt der Psyche nicht schon
früher, unabhängig von der Erzählung des Apuleius, gekannt
hätte. Sie wird als junges Mädchen mit Schmetterlingsflügeln
dargestellt, das mit Amor spielt. Selbst wenn Apuleius die Gestalten seiner Erzählung auch nicht selbst erfunden hat, so hat
er zweifellos ihre Abenteuer selbst erdacht und hat sich dazu
eines alten Themas der Volksmärchen bedient, nämlich der Erzählung von der schönen Prinzessin und dem verzauberten
Tier, und ihr noch einige Episoden zugefügt, die er den Sagen
der klassischen Mythologie entliehen hatte. Er wollte damit
das Abenteuer der Seele ausdrücken, diesem Abbild der reinen

Schönheit, das durch seine häßlichen Leidenschaften und vor allem seine Neugierde doch irdischer Natur ist. Den Anblick dieser reinen göttlichen Schönheit kann die Seele nicht ohne Vorbereitung, nicht ohne die nötigen Prüfungen ertragen. Bei ihrem Aufstieg zum Himmel muß ihr die Liebe helfen, die ihr schließlich den Zutritt zur göttlichen Welt der Ideen schenkt.

So künstlich diese »Sage« der Psyche auch sein mag, so eng ist sie doch durch viele Bande mit der alten hellenischen Sagenwelt verknüpft, als daß man sie von ihr trennen könnte. Sie zeigt auch, daß die Mythologie in der Welt der Philosophen und Schriftsteller des 2. Jahrhunderts n. Chr. immer lebendig, immer schöpferisch blieb. Sicher glaubte Apuleius nicht an die körperliche Wirklichkeit der Wesen, die er, oft mit leiser Ironie, vor uns hinstellt. Ebenso sicher aber ist, daß in seinen Augen die Sage imstande geblieben war, an die geheimnisvollsten, verborgensten Wahrheiten heranzukommen und ihnen den einzigen Ausdruck zu verleihen, den der menschliche Geist in seiner geringen Spannweite zu finden vermag, wenn er von Angesicht zu Angesicht vor dem Göttlichen steht.

Die Mythologie der Römer

Neben der griechischen Mythologie, die so reich an bunten oder ergreifenden Sagen ist, schneidet die römische Mythologie schlecht ab. Der Gegensatz ist um so auffallender, als sich Dichtung und Religion Roms ja in einer vom Hellenismus durchdrungenen Welt entwickelten, und es könnte zunächst scheinen, daß die Römer das, was ihnen die griechische Welt bot, nur ungeschickt nachgeahmt hätten. Die Götter Roms, zumindest in der klassischen Zeit, sind nichts anderes als die hellenischen Götter unter veränderten Namen: Zeus ist zu Iuppiter geworden, Hera heißt Iuno, und so weiter durch den ganzen Olymp. Die Dichter benutzten die überlieferten Mythen völlig frei. Griechische und orientalische Bildhauer und Maler reproduzierten nach Herzenslust die traditionellen Göttertypen, die schon seit dem 4. und 3. Jahrhundert v. Chr. festgelegt waren, ebenso wie die legendären Szenen, die sie dem Epos und der Tragödie entlehnten. Man kommt daher in einige Verlegenheit, will man eine Mythologie entdecken und umgrenzen, die wirklich römisch sein soll. Noch vor kurzem gab man sich einfach mit der Versicherung zufrieden, in Rom habe es keinerlei eigenständige Mythologie gegeben und die Eroberer hätten nur das Gedankengut der besiegten Völker übernommen.

Heute neigt man allerdings dazu, dieses Urteil zu revidieren. Denn es gibt durchaus eine römische Mythologie; sie findet sich nur nicht dort, wo man sie erwarten würde, und sie hat weder die gleichen Wurzeln noch die gleichen Funktionen wie die griechische Mythologie. Während sich diese rund um göttliche und heroische Persönlichkeiten aufbaute und geschichtliche Vorgänge nur allmählich einführte, knüpfen sich die römischen Sagen enger an die Geschichte des Stadtstaates und bieten sich gern in einer historischen Verkleidung dar. Zudem kommt es selten vor, daß die römischen Gottheiten einen Zyklus nur ihnen zugehörender Sagen besitzen. Während die griechischen Mythen, zum Beispiel die über Apollon oder Hermes, eine Art Porträt des Gottes zeichnen und die Reihenfolge des allmählich eingebrachten Gutes erraten lassen, das zur Ausformung seiner Persönlichkeit beigetragen hat, sind die römischen Sagen weit weniger verästelt und zeigen sich als eine offenkundige Einheit, als hätten sie nie eine Phase gekannt, in der sie erst allmählich aufgebaut wurden. Sie gelten nicht einem Gott, sondern einer sozialen Funktion oder einem Ritus, den sie deuten. Und schließlich scheint Rom — und das ist der dritte Wesenszug, der an dem römischen mythologischen Denken ganz allgemein zu erkennen ist — mit einer bemerkenswerten Beständigkeit uralte Sagen erhalten zu haben, religiösen und sozialen Strukturen entsprechende mythische Formen, die schon lange vor der Ankunft indoeuropäischer Einwanderer in Italien vorhanden waren und die Hauptkomponente im Leben des »latinischen« Volkes gebildet hatten. Dieser sehr wichtige Aspekt wurde ganz besonders durch die Arbeiten George Dumezils zutage gefördert. Er hat es sich zur Aufgabe gemacht, die Entsprechungen zwischen dem mythischen Denken der Römer, wie es in den Texten der klassischen Schriftsteller erkennbar wird, und dem mythischen Denken anderer indoeuropäischer Völker nachzuweisen, die sich zu verschiedenen Zeiten von dem von der vergleichenden Sprachforschung vermuteten gemeinsamen kulturellen Stamm abgespalten haben.

Die Sagen in der Geschichte

Als es Titus Livius unternimmt, einen Bericht über die ersten Zeiten Roms zu geben, gesteht er, daß die Ereignisse, die er zurückzuverfolgen gedenkt, eher nach Sagen als nach historischen Tatsachen aussähen. Diese »Geschichten« sind tatsächlich vom Wunderbaren geprägt, und viele Episoden stehen unleugbar im Schatten der Folklore.

So beginnt etwa die Sage über den Gründer Romulus wie ein Volksmärchen: Es war einmal eine sehr schöne Prinzessin, die wurde von ihrem Onkel, der die Macht an sich gerissen hat und nun fürchtet, daß sie dem älteren Zweig als legitime Inhaberin der Königswürde Nachkommen schenken könnte, ins Gefängnis geworfen, und dort wurde sie unter geheimnisvollen Umständen Mutter. Man behauptet, ihr Verführer sei niemand anderer als der Gott Mars. Bald erfährt der »Bösewicht«, ihr Onkel, daß die Prinzessin Zwillinge geboren hat. Er läßt sie schleunigst von Hirten auf dem Land aussetzen und baut darauf, daß wilde Tiere, Kälte und Hunger ihn von diesen Kindern befreien werden, die für ihn sichere Gefahr bedeuten. Aber die Kinder, die in einem Körbchen auf dem Hochwasser führenden Tiber ausgesetzt wurden, werden durch ein Wunder gerettet. Als das Hochwasser zurückgeht, strandet ihr Körbchen am Fuß des Palatin, eine Wölfin kommt aus dem Dickicht, legt sich neben die beiden Kinder, wärmt sie und nährt sie mit ihrer Milch. Als zufällig ein Hirt des Königs herbeikommt, entfernt sich das Tier — sein Auftrag ist erfüllt. Der Hirte ist überrascht, als er die schönen, kräftigen Kinder sieht, nimmt sie heim und vertraut sie seiner Frau an, die sie als ihre eigenen annimmt. Und damit werden die schwarzen Pläne des Thronräubers zunichte. Denn die Zwillinge Romulus und Remus werden in der Hütte des Hirten heranwachsen, zu Männern geworden ihren Onkel entthronen, ihre Mutter rächen und in Begleitung einer Handvoll Freiwilliger an der Stelle, an der sie ihre Kindheit verbracht hatten, Rom gründen.

Wenn schon die Geburt und Kindheit des Romulus von einem Wunder umgeben war, so ist es sein Tod nicht minder. Eines Tages, als er die Senatoren auf dem Marsfeld versammelt hatte, um Heerschau über das ganze Volk zu halten, brach plötzlich ein heftiges Gewitter los. Einige Augenblicke war es vollkommen finster, und als es sich wieder lichtete, war Romulus verschwunden. Die Senatoren kamen in Verdacht, ihn ermordet zu haben, aber am nächsten Tag tauchte ein gewisser Iulius auf und erzählte, als das Gewitter ausgebrochen war, sei ihm auf seinem Weg Romulus erschienen. Er habe ihm enthüllt, daß ihn der Gott des Donners, Iuppiter selbst, hatte entführen und in den Himmel tragen lassen. Romulus hatte hinzugefügt, daß er ein Gott geworden sei, und verlangt, daß man ihm einen Kult unter der Bezeichnung Quirinus erweise. Das wurde getan, und niemand im Volk zweifelte mehr daran, daß der erste König von Rom ein Gott geworden war.

Über die Nachfolger des Romulus erzählte man ebensolche Wundergeschichten. So hieß es zum Beispiel, Numa, der dritte König von Rom, habe in unmittelbarer Verbindung mit den Göttern gestanden. Er pflegte eine bestimmte Nymphe namens Egeria, mit der er sich in einer Grotte traf, zu befragen, bevor er Entscheidungen traf. Servius Tullius, der vorletzte König, war der Sohn einer Sklavin und eines Gottes des häuslichen Herdfeuers, der sich in der Form eines Phallus gezeigt hatte und aus der Asche aufgetaucht war. Kurz, die ganze Überlieferung über die Könige ist mit Episoden volkstümlichen Charakters durchsetzt, und deren Glaubwürdigkeit erscheint doch recht fragwürdig.

Es ist durchaus möglich, daß einige dieser Episoden dichterische und literarische Erfindung sind, von Themen inspiriert, die die griechischen Dichter, vor allem die Tragödiendichter, behandelt hatten. So erinnert zum Beispiel die wunderbare Geburt der göttlichen Zwillinge einigermaßen an analoge Situationen im griechischen Sagenschatz; es ist bekannt, daß die Geschichte von Romulus römischen Dichtern als Thema diente, die Ende des 3. Jahrhunderts v. Chr. Ausschmückungen nach Rom mitbrachten, welche sie bei ihren griechischen Vorbildern gefunden hatten. Sehr wahrscheinlich ist aber auch, daß der wesentliche Stoff dieser Sagen echt römisch ist und Romulus, Numa und Servius nicht völlig von Dichtern erfunden sind.

Tatsächlich stellen diese sagenhaften Elemente nur ein Gewand dar, und man kann und muß sich sogar fragen, ob die Erzählungen über die ersten Zeiten Roms nicht eine historische Wirklichkeit verhüllen oder ob der Stoff, aus dem sie bestehen, nicht selbst Sagenstoff ist. Ob zum Beispiel die Aufeinanderfolge der ersten Könige oder die Erzählung von der Entstehung Roms durch die Vereinigung der »latinischen« Ansiedler, die Romulus auf dem Palatin zusammen mit den Sabinern verschmolz, welche aus dem Tibertal und der unmittelbar nördlich der Stadt gelegenen Gegend kamen — ob also dies alles nichts anderes ist als die historische Projektion alter mythischer Themen, die sich in einer anderen Form bei anderen indoeuropäischen Völkern wiederfinden. Das also ist das Problem, dessen Lösung sich George Dumezil zur Aufgabe gestellt hat.

Der Überlieferung zufolge waren die Gefährten des Romulus nach der Gründung ihrer Stadt in großen Nöten, denn sie hatten keine Frauen, und die Dorfbewohner in der Umgebung weigerten sich hartnäckig, ihnen ihre Töchter zur Ehe zu geben. Nun faßte Romulus den Plan, alle Einwohner der Nachbarstädte zu einem großen Fest einzuladen, bei dem auch Pferderennen stattfinden sollten. Während alle Blicke auf die Wettkämpfer gerichtet sein würden, sollten sich die jungen Römer den Augenblick zunutze machen, in dem niemand auf seiner Hut war, und die Töchter ihrer Gäste entführen und in ihre Häuser verschleppen. Als Folge dieser Beleidigung gingen die Väter — es waren zum Großteil Sabiner —, denen man die Rückgabe ihrer Töchter verweigerte, zu König Tatius, dem Herrscher über Sabinien, und drangen in ihn, den Missetätern den Krieg zu erklären. Tatius stellte sich vor Rom ein — das noch keine Mauern hatte —, und auf dem Forum entwickelte sich eine große Schlacht. Der Kampf verlief mit wechselndem Glück. Mitten im wildesten Gemetzel aber warfen sich die sabinischen Töchter zwischen die Kämpfenden — sie waren bei näherem Nachdenken mit ihren Gatten durchaus nicht unzufrieden — und flehten sie an, keine Witwen und Waisen aus ihnen zu machen. Römer und Sabiner erklärten sich einverstanden, Frieden zu schließen, ja sogar von nun an nur noch ein einziges Volk zu bilden.

Das ist die Begebenheit, die von der römischen Überlieferung als historisch dargestellt wird. Aber G. Dumezil hat festgestellt, daß die Römer und die Sabiner charakteristische Merkmale zweier »Gruppen oder Völker von Göttern« darstellen, die zum Beispiel in der germanischen Mythologie unter der Bezeichnung Asen und Wanen erscheinen. Als Asen sind die Römer im wesentlichen Krieger; die Sabiner sind den Wanen ähnlich, da sie vor allem Ackerbauern und Viehzüchter sind. Und die Sage vom Krieg gegen die Sabiner und Latiner hat sich in dieser sehr alten Gußform folgendermaßen abgespielt: Ursprünglich war anscheinend der »Kampf der Asen und der Wanen« (oder zumindest das Vorbild dieser germanischen Version der Sage) im wesentlichen ein Mythos, der eine strukturelle, der indoeuropäischen Gesellschaft eigene Besonderheit erklären sollte. Diese Gesellschaft kannte drei Funktionsgruppen: Eine Klasse der Priester-Juristen, eine Klasse der Krieger, eine Klasse viehzüchtender Ackerbauern. Nach Dumezil stellen in Skandinavien die Asen, in Rom Romulus und seine Gefährten die Vereinigung der beiden ersten Klassen dar, die im Gegensatz zur dritten steht. Zweifellos sind die Sabiner kein mythisches Volk, ihre Existenz ist historisch gut belegt. Aber die ihnen von der römischen Überlieferung zugeschriebene Rolle dürfte keinesfalls den geschichtlichen Tatsachen entsprechen. »Als das republikanische Rom sich eine ›Urgeschichte‹ zulegte«, schreibt Dumezil (›Naissance de Rome‹, Paris 1944, p. 161), »ließen die ersten für die ›Annalen‹ Verantwortlichen [das heißt, die ersten »Historiker«] die Ahnenmythologie nicht außer acht, die sich von Generation zu Generation erhalten hatte... Unter anderem stand ihnen die Sage zur Verfügung, welche die funktionelle Hierarchie der indoeuropäischen Gesellschaften in einer Primitiv-Form rechtfertigte...« Und diese Sage wurde nun völlig willkürlich dazu benutzt, die vergessenen »wirklich« historischen Begebenheiten rund um die Anfänge der Stadt zu rekonstruieren.

Die Deutung der ältesten Geschichte Roms im Licht der großen indoeuropäischen Mythenschemata ist im einzelnen häufig recht kompliziert und steckt voller Probleme. Doch ist sehr wahrscheinlich, daß die archaischen Überlieferungen, die sogar noch in die Zeit vor der Gründung Roms zurückgehen, zu dem Aufbau des Bildes beitrugen, das uns die römischen Historiker hinterlassen haben. In einigen Fällen läßt sich dieser Vorgang ziemlich klar erkennen, wie etwa in der Sage von Horatius und den Curiatiern. Die Sage selbst ist bekannt. Unter der Regierung des Königs Tullus Hostilius stand Rom im Krieg gegen die Stadt Alba. Beide Städte kamen überein, die Entscheidung zwei Gruppen von je drei Vertretern anzuvertrauen. Im albaischen Heer gab es drei junge Leute, die Drillinge waren, die drei Curiatier, und bei den Römern die Horatier, ebenfalls Drillinge. Diese zwei Gruppen nun ließ man vor beiden Heeren miteinander kämpfen. Beim ersten Anprall wurden zwei Horatier getötet und die drei Curiatier verwundet. Beinahe wären die Römer schon verzweifelt. Würde der einzige Überlebende ihrer Vertreter nicht der Überzahl unterliegen? Schon floh er, von seinen Gegnern verfolgt. Das aber war nur eine List. Da die drei Albaer verschieden schwer verwundet waren, konnten sie nicht gemeinsam vorgehen. Als Horatius den Augenblick für richtig hielt, wendete er sich plötzlich um, stellte sich zum Kampf und tötete mühelos die drei getrennten Krieger nacheinander. An der Spitze des siegreichen Heeres kehrte er nach Rom zurück. Am Stadttor kam ihm seine Schwester entgegen. Sie war mit einem der Curiatier verlobt gewesen und erkannte nun die Tunika, die sie für ihren Verlobten eigenhändig gewebt hatte, auf den Schultern ihres Bruders. Sie brach in Klagen aus und begann den Tod für sich herabzuflehen. Das brachte Horatius in Zorn, denn seiner Meinung nach setzte die Trauer seiner Schwester seinen eigenen Sieg herab. Er zog sein Schwert und stach sie nieder. Man stellte ihn vor das Tribunal, und er sollte wegen dieses Mordes verurteilt werden; aber das Flehen seines Vaters bewegte das Volk zum Freispruch. In dieser Sage, die Corneille zu einer seiner Tragödien inspirierte, scheint sich — wie Dumezil nachweist — durchaus das Schema eines Mythos zu spiegeln, der einem kriegerischen Einweihungsritus galt. Sehr aufschlußreich ist hierfür der Vergleich mit einer irländischen Sage über den Helden Kuchulainn. In der einen wie der anderen Erzählung handelt es sich immer um ein Drama, dessen Held ein Krieger ist. In einem dreifachen Kampf erweist er seine Tapferkeit, verliert aber sofort bei seiner Rückkehr ins Alltagsleben sein Ansehen als Krieger, weil es von Natur aus anarchisch und für den Staat in Friedenszeiten gefährlich ist. Diese Dramatisierung eines Übergangsritus (die Zulassung des Jünglings in die Gruppe der Krieger) ist in Rom zu einer Heldenerzählung, in Irland hingegen zu einem vom Wunderbaren beherrschten Epos geworden.

Diese Analyse der Sage von Horatius, wie sie Dumezil vornimmt, erlaubt es uns zweifellos, sehr tief in die Kenntnis fundamentaler Vorstellungen des römischen Bewußtseins einzudringen. Sie weiht uns in eine ganze »Kriegstheologie« ein sowie in die Vorstellung von Berührungspunkten zwischen der Welt des Krieges und der des Friedens. Vermutlich ist die Sage von Horatius nicht zufällig das erste Beispiel dafür, daß der eines Kapitalverbrechens Angeklagte das Recht hat, sich unmittelbar an das Volk zu wenden. Das von ihr angeschnittene Problem besteht tatsächlich in der Frage um das Recht zu töten, um die Legitimität oder die Legitimation der Gewalttätigkeit und um die Grenzen, die der Kriegslust auferlegt werden müssen oder zugebilligt werden können. Und schließlich erscheint der Prozeß des Horatius vor dem Volk als der erste Vorläufer einer ganzen Gesetzgebung.

Dem römischen Geist ging es sehr um die Organisierung des gesellschaftlichen Lebens, um die Rechtfertigung und in einem bestimmten Maß auch um die Erklärung juristischer Einrichtungen, die dieser Gesellschaft Ordnung und Stabilität verbürgten. Und so hat er sich gern auf Mythen bezogen und ihnen zu diesem Zweck jene Autorität übertragen, die eigentlich der Geschichte zukommt. So erklärte die Sage vom Raub der Sabinerinnen die wichtigsten Einzelheiten des Ehelebens im juristischen Sinn: die Stellung der Frau im römischen Haushalt, die Ehren, die man ihr erwies, die Garantie, daß man ihr mit Rücksicht auf ihren Stand keine niederen Dienste auferlegte, sondern es bei ihrer einzigen Aufgabe beließ, »die Wolle zu spinnen« und die Dienerschaft zu lenken — alles das, so hieß es, sei den Sabinern durch den Friedensvertrag feierlich verbürgt worden. Ebenso galt der Ritus, die Braut beim Betreten des Hauses ihres Gatten aufzuheben und über die Schwelle zu tragen, als das Symbol für den legendären Raub und als Erinnerung daran.

Selbst wenn viele Punkte der ältesten »Geschichte« eigens zu dem Zweck erdacht worden waren, mythischen Schemata zu entsprechen, die schon vor der Gründung Roms entstanden waren, so darf doch nicht übersehen werden, daß die mythische Phantasie der Römer mitunter regressiv wirkte. Das heißt, daß Sagen erfunden wurden, um Riten und Gebräuche zu erklären und ihre Entstehung in die Vergangenheit zurückzuverlegen. Die Fähigkeit, Sagen zu konstruieren, ist nicht das Vorrecht einer längst vergangenen Zeit gewesen. Die geschichtswissenschaftliche Schule, die von der Mitte des 19. Jahrhunderts an die römische Geschichte kritisch zu untersuchen begann, hat immer wieder unterstrichen, daß die eine oder andere Erzählung, wie sich herausstellte, Einrichtungen der klassischen Zeit derart genau vorgebildet enthält, daß die Übereinstimmung einfach nicht zufällig sein kann.

So kennt die Sage zum Beispiel mehrere Könige, die paarweise auftreten, wie etwa Romulus und der sabinische König Titus Tatius und in noch fernerer Vergangenheit Saturnius und der — sehr unklare — König Cames, oder Saturnius und Ianus. Das führt zu dem zwingenden Schluß, daß dieses Schema — dieses Kollegialsystem des Doppelkönigtums — durchaus das Kollegium der beiden Konsuln vorzubilden scheint, wie es, wenn man noch tiefer geht, einer anscheinend beharrlichen, weil ständig vorhandenen Forderung im politischen Denken der Römer entspricht, nämlich der, von vornherein jede Möglichkeit zu verneinen, daß die Macht jemals von einer einzigen Person übernommen werden könnte — eine instinktive, geradezu krankhaft zu nennende Angst vor der »Tyrannei«. Bis in die imperiale Epoche hinein taucht dieser Zug immer wieder auf, und selbst dann noch wird die oberste Gewalt oft geteilt.

Völlig eigenständig sind jene römischen Sagen, die sich auf den Zugang der Plebs zur Macht beziehen. Die von den alten Historikern beschriebenen Revolutionen, der Auszug der Plebs auf den Aventin oder den Heiligen Berg, die egoistische Weigerung der Patrizier, ihr auch nur die geringsten Zugständnisse zu machen — diese Plebs, die immerhin die größte Menschenzahl und insgesamt auch die größte Kraft im Stadtstaat darstellte —, diese Revolutionen also werden eher als rituell geregelte Schauspiele denn als Aufstände dargestellt. Die Historiker beharren darauf, daß es keine Gewalttätigkeiten gegeben habe, daß die

Forderungen begrenzter Art und vernünftig gewesen seien, als hätten in jenen Ereignissen menschliche Leidenschaften keinerlei Rolle gespielt. Dabei kann man sich nicht des Eindrucks erwehren, daß es sich auch hier wieder um Sagen handelt, die durch Beispiele Wertungen setzen, also um echte Sagen.

Natürlich haben auch die religiösen Riten ihrerseits Sagen entstehen lassen, die dazu bestimmt waren, bestehende Wirklichkeit zu erklären. So gab es zum Beispiel eine Göttin, die Bona Dea genannt wurde, die »Gute Göttin«, und der die Matronen einen Kult erwiesen. Sie feierten diese »Mysterien« der Göttin alljährlich, und Männer durften nicht teilnehmen, ja die Anwesenheit eines Mannes bei diesen Zeremonien wurde als eine sehr ernste Tempelschändung geahndet. Weiter war es verboten, in den Tempel der Bona Dea einen Myrtenzweig mitzubringen und während der Zeremonien das Wort »Wein« auszusprechen. Obwohl die dargebrachten Trankopfer aus Wein bestanden, wurden sie »Milchopfer« genannt. Diese Wunderlichkeiten wurden durch die Sage der Bona Dea erklärt. Die Göttin war, wie es hieß, mit dem Gott Faunus verheiratet und hatte sich einmal betrunken. Zur Strafe schlug ihr Gatte sie so grausam mit Myrtenzweigen, daß sie daran starb — daher das verblüffende Tabu von Myrte und Wein. Es gab übrigens Varianten dieser Erzählung; so hieß es zum Beispiel, daß die Bona Dea nicht die Gattin, sondern die Tochter des Faunus gewesen sei und der Gott eine sündige Leidenschaft zu ihr gefaßt habe. Um diese zu befriedigen, habe er Bona Dea betrunken gemacht, und als sie sich wehrte, sie mit Myrte geschlagen. Die Verschiedenheit der Versionen zeigt gut, wie alt der Ritus war und wie das Volk seiner Phantasie freien Lauf ließ.

Es gab eine ganze Sagensammlung, die sich an die unzähligen Heiligtümer knüpfte, die fast überall in Rom standen. Uralte Statuen, von denen man nicht mehr genau wußte, wen sie darstellten, Kapellen mit seltsamen Namen — alles das lieferte einen unerschöpflichen Stoff. Am Fuß des Palatins wurde ein Gott namens Aiutius Locutius verehrt, »der Gott, der spricht«, aber seine genaue Funktion war nicht mehr bekannt. Doch erzählte man sich, einmal, kurz vor der gallischen Invasion, habe er seine Macht in einem Orakel gezeigt; hätten die Römer es beachtet, wären sie gewarnt und auf der Hut gewesen.

In diesen unzähligen Sagen lag eine ganz natürliche Tendenz, sich sowohl an die großen nationalen Ereignisse, von denen die Phantasie beeindruckt wurde, wie auch an die großen Mythen der Stadt zu knüpfen. Von mehreren in der Nähe des Forums und der kapitolinischen Festung gelegenen Stätten hieß es, sie seien der Schauplatz besonderer Ereignisse im Krieg gegen die Sabiner gewesen, der ja selbst einen ganzen Zyklus »ätiologischer« Erzählungen auf sich gezogen hatte.

Die berühmteste derartige Erzählung ist zweifellos die Geschichte von Tarpeia, jenem jungen Mädchen, das zu der Zeit, als König Tatius Rom bedrohte und seine Truppen am Rand des Forums aufgestellt hatte, auf der Burg lebte. Hier hatte sie von der Höhe des Hügels aus den jungen König erblickt und sich in ihn verliebt. Um sich bei ihm verdient zu machen, bot sie ihm ohne Zögern die Schlüssel der Festung an. Tatius nahm sie zwar, war aber weit davon entfernt, ihre Liebe zu erwidern. Er ließ das Mädchen, nachdem er die Festung eingenommen hatte, unter den Schilden seiner Soldaten ersticken. Eine andere Version wollte es, daß Tarpeia nicht aus Liebe, sondern aus Geldgier gehandelt hatte. Als Preis für ihren Verrat verlangte sie »das, was die Sabiner am linken Arm tragen«. Sie meinte damit die Goldarmbänder, den Schmuck der Krieger. Tatius nahm sie beim Wort, und so ging sie zugrunde, erdrückt von den Schilden — die ebenfalls von den Soldaten am linken Arm getragen wurden.

Durch die Sage von Tarpeia soll das Vorhandensein einer sehr alten Statue auf der Festung erklärt werden, an der eine weibliche Gestalt unter einem Haufen Schilde zu erkennen war. Natürlich kennen wir den Ursprung dieser seltsamen Darstellung nicht. Es kann sein, daß es sich um die Kriegsgöttin eines Kults handelt, der aus der vorhellenischen Welt nach Rom gelangt war, doch ist diese Erklärung umstritten.

Ebenso gab es am Forum eine ehemals sumpfige Niederung, die »lacus Curtius« hieß. Man behauptete, ein sabinischer Reiter dieses Namens sei in dem See versunken, oder aber man führte die Bezeichnung auf einen jungen Römer zurück, der sich freiwillig in eine Schlucht gestürzt hatte, die es in dem Sumpf gab und die geheimnisvollerweise offenstand; es erwies sich als unmöglich, sie aufzufüllen. Curtius verstand, daß die Götter von ihm verlangten, er solle sich zum Heile seines Vaterlandes opfern und sich freiwillig den höllischen Mächten ausliefern. Als er sich in die Schlucht gestürzt hatte, schloß sie sich für immer.

Die an Riten und Volksfesten so reiche römische Religion eignete sich vorzüglich zu einer ganzen »Sagenexegese«, von der uns in den »Fastes« des Ovid und auch bei Plutarch ein großer Teil erhalten geblieben ist. Hier sei nur ein Beispiel angeführt. Alljährlich am 5. Juli — dem Todestag des Romulus — fand ein sehr seltsames Fest statt, die »Nones caprotines«, die »Nonen des wilden Feigenbaumes«. An diesem Tag ging das ganze Volk in das freie Land hinaus, und die Frauen setzten sich in Gruppen in Hütten, die aus Zweigen des Feigenbaums improvisiert waren. Die Dienerinnen liefen umher, bewarfen sich mit Steinen und schlugen einander im Scherz. Schließlich trank man und unterhielt sich. Alles das tat man, wie es hieß, zur Erinnerung an ein Ereignis, das sich zu der Zeit abgespielt hatte, als die Gallier Rom besetzt und nach ihrem Abzug den römischen Staat sehr geschwächt zurückgelassen hatten. Diese Lage nutzten die latinischen Städte unter dem Befehl des Diktators Livius Postumius zu einem Angriff auf die Stadt aus und entsandten eine Abordnung mit der Forderung, die Jungfrauen und Witwen Roms auszuliefern — kurz, es war die Revanche für den Raub der Sabinerinnen. Die Römer wußten sehr gut, daß sich die Latiner damit nur auf leichte Art Sklavinnen verschaffen wollten, aber geschwächt wie sie waren, durften sie nicht daran denken, sich auf offene Feindseligkeiten einzulassen. Eine Dienerin namens Philotis (oder Tutola) rettete sie aus dieser Schwierigkeit. Sie schlug eine List vor: Die Römer sollten so tun, als seien sie einverstanden. Am Abend sollten Philotis und andere Dienerinnen, als freie Frauen verkleidet, zum Lager der Latiner geführt werden. Mitten in der Nacht, als die Räuber schliefen, gab Philotis von einem Feigenbaum aus das verabredete Zeichen, und die römischen Soldaten griffen den Feind aus dem Hinterhalt an, der ihnen keinerlei Widerstand leisten konnte.

Fremde Sagen

Rom war schon von seinen Anfängen an sehr aufnahmefreudig für alle geistigen Einflüsse, und sein Denken ist schon früh von eingebrachtem Gut aus der Fremde geprägt. Im römischen Sagenschatz sind daher nicht nur hellenische, sondern auch etruskische und allgemein italische Elemente zu finden.

Einiges von dem, wie man sich in Rom das Leben und die Handlungsweise größerer Gottheiten vorstellte, ist sicher etruskischen Ursprungs. So ist zum Beispiel der kapitolinische Iuppiter weder mit dem griechischen Zeus noch auch mit dem »indoeuropäischen« Iuppiter identisch, von dem er freilich viele Züge bewahrt hat. Dieser Iuppiter, den man sich als den Vorsitzenden einer Versammlung von Himmelsgöttern vorstellte, den Dii consentes, die seinen Rat bilden und die er befragt, bevor er sich durch einen Blitzschlag kundgibt, verdankt sehr viel dem etruskischen Tin. Ebenfalls aus der etruskischen Welt stammen gewisse Sagenüberlieferungen, die sich auf die Kunst des Wahrsagens beziehen, zum Beispiel die Sage von dem kleinen Dämon Tages, der einmal aus einer Furche auftauchte, die ein Ackerbauer eben gezogen hatte. Kaum ans Licht gekommen, habe er die Zukunft vorausgesagt. In dem Dorf, in dem er eine Zeitlang lebte, unterwies er die Menschen in der Kunst, die von den Göttern gesandten Zeichen zu deuten, und seine sorgfältig gesammelten Vorschriften bildeten, wie es hieß, den Kern der Weissagebücher, die im etruskischen Land von Hand zu Hand gingen.

Dem etruskischen Volk waren die griechischen Sagen wohlbekannt. Die an den Wänden seiner Gräber entdeckten Malereien, die Gravierungen auf den etruskischen Spiegeln, die Reliefs der Grabstelen und Urnen, die Zeichnungen auf Gefäßen etruskischer Herkunft stellen sehr oft Szenen dar, die dem hellenischen Sagenkreis entlehnt sind. Allerdings ist es nicht immer leicht zu erkennen, ob die Versionen, denen die Darstellungen folgen, dieselben sind, wie wir sie aus den griechischen Quellen selbst kennen. Manchmal glaubt man die Anzeichen einer lokalen Bearbeitung zu entdecken, und es gab in den etruskischen Glaubensvorstellungen sicher eine große Zahl von Dämonen, die griechischen Sagen fast fremd sind. Da wir aber die etruskische Sprache noch immer nicht kennen (die bisherigen Entzifferungen sind sehr unsicher und bruchstückhaft), bleiben uns die Mythen selbst verschlossen, deren Existenz wir nur erraten können. Wir sind vor allem noch nicht imstande, ihren Einfluß auf Rom zu ermessen. Die Hartnäckigkeit jedoch, mit der das Thema des Lebens in der Unterwelt und im Jenseits von einer bestimmten Zeit an immer wiederkehrt, gestattet die Behauptung, daß die römischen Volksmeinungen über das Jenseits mindestens ebenso stark von etruskischen wie von griechischen Vorstellungen beeinflußt waren. Die Gestalt des Charon, der für die Griechen ein einfacher Fährmann mit dem Auftrag war, die Seelen über den Fluß der Unterwelt zu bringen, war in Etrurien (und vielleicht auch in Rom) zu einem Dämon geworden, dessen Rolle viel düsterer war und darin bestand, die Sterbenden mit einem schweren Hammer zu schlagen, bis ihnen die Seele entfloh.

Dennoch ist es vor allem die griechische Mythologie, bei der die Römer schon sehr früh Anleihen machten, was ihr mythisches Denken entscheidend mitprägte. Schon von den römischen Anfängen an sind griechische Mythen vorhanden, und es konnte auch gar nicht anders sein, da sich ja Rom an der Grenze der etruskischen Welt entwickelte und diese völlig vom Hellenentum durchtränkt war. Diese erste »Hellenisierung« der römischen Sagen findet weit vor jenen literarischen Anleihen statt, die erst in der zweiten Hälfte des 3. Jahrhunderts v. Chr. begonnen haben. Hingegen sind die Bilder und Sagen der griechischen Götter in Rom schon seit dem Ende des 4. Jahrhunderts v. Chr. vorhanden. Gerade durch diese Anknüpfung hat sich Rom, wenigstens in Teilen, neue Überlieferungen aufgebaut oder alte abgewandelt. Zunächst entdeckte es in seiner eigenen Religion Helden und Gottheiten, in denen es Verkörperungen griechischer Götter und Helden zu erkennen glaubte. So findet sich zum Beispiel Herakles, den die Römer Hercules nannten — zweifellos deshalb, weil ihnen der Name durch etruskische Mittlerschaft als Hercle bekannt wurde —, schon sehr früh in Riten eingeführt, die am »Ochsenmarkt« zwischen dem Aventin und dem Tiber gefeiert wurden. Man stellte sich vor, daß der Held auf seiner Heimreise nach dem Erwerb der Ochsen des Geryon im äußersten Westen mit seiner Herde durch Rom gezogen sei. Hier wurde er von dem Riesen Cacus angegriffen (ein Lokal-»Dämon« des Aventin) und um einige Tiere beraubt. Hercules holte sich sein Gut wieder und lieferte dem schrecklichen Cacus einen Kampf, in dem dieser trotz seiner Kräfte und Listen besiegt und getötet wurde. Zur Erinnerung daran stiftete Hercules einen großen Altar an der Stelle seines Sieges und einen Kult des Siegreichen Iuppiters. In dem Kult sind viele Beziehungen zu dem nationalen Triumphritus zu erkennen.

In derselben völlig hellenischen Atmosphäre entstand auch der römische Kult der Dioscuren Castor und Pollux, die schon früh ihren Tempel am Forum besaßen. Zwar kannte schon die älteste arische Tradition, wie mit Sicherheit feststeht, ein göttliches Zwillingspaar, aber dessen Religion war nur eine Möglichkeit geblieben — Gestalt und Leben nahm sie erst dank des Einflusses des griechischen Paares an.

Und schließlich spielte noch eine andere griechische Sage in einem lebenswichtigen Augenblick der römischen Geschichte eine äußerst wichtige Rolle: die Sage von Aineias. Sie war in der etruskischen Welt ebenso bekannt wie der übrige troianische Zyklus. Aber aus verschiedenen Gründen übernahm Rom gerade sie und war der Meinung, die in grauer Zeit liegende Herkunft ihres Gründers Romulus sei troianisch. Diese Sage befriedigte das Gefühl der Römer für einen ihrer tiefstverwurzelten moralischen Werte, die Pietät. Denn es wird in ihr erzählt, Aineias habe nicht nur sich selbst, sondern auch seinen Vater und seine häuslichen Penaten gerettet; er wollte nicht sein eigenes Heil gewinnen, wenn das, was ihm auf der Welt das Teuerste war, nicht auch in Sicherheit war. Jahrhundertelang inspirierte diese Sage die Dichter und diente den griechischen Stadtstaaten gegenüber als politische Propaganda. Ihre echte Wirkung aber enthüllte sich erst, als der Dichter Vergil sie zum Thema seiner »Aeneis« machte und aus ihr das Nationalepos schuf. Von da an entstand eine neue Mystik, und in ihr fand das von Augustus gegründete Imperium romanum seine Lebensberechtigung und seine Rechtfertigung.

Bibliographie

DIE MYTHOLOGIE DER ÄGYPTER

BONNET, H. Reallexikon der ägyptischen Religionsgeschichte. Berlin 1952
CERNY, J. Ancient Egyptien Religion. London 1952
CLARK, R. T. RUNDLE. Myth and Symbol in ancien Egypt. London 1959
ERMAN, A. La Religion des Egyptiens. Paris 1937
–, Die Religion der Ägypter. Berlin 1934
FRANKFORT, H. Egyptian Religion. New York 1948
JUNKER, HERMANN. Die Geisteshaltung der Ägypter in der Frühzeit. Wien 1961
–, Pyramidenzeit. Das Wesen der ägyptischen Religion. Zürich und Köln 1949
KEES, H. Der Götterglaube im alten Ägypten. Berlin 1956
MORENZ, S. Ägyptische Religion. Stuttgart 1960
MÜLLER, W. MAX. Egyptian. Mythology of all Races. Vol 12. Nachdruck: New York. Cooper Square Publishers 1964
ROEDER, GÜNTHER. Die ägyptische Götterwelt. Zürich und Stuttgart. Artemis 1959
–, Urkunden zur Religion des alten Ägypten. Jena 1923
–, Mythen und Legenden um ägyptische Gottheiten und Pharaonen. Zürich und Stuttgart 1960
–, Volksglaube im Pharaonenreich. Stuttgart 1952
SCHOTT, S. Mythe und Mythenbildung im alten Ägypten. Leipzig 1945
SCHWENCK, KONRAD. Die Mythologie der Ägypter für Gebildete und die studierende Jugend. Frankfurt 1846
SPENCE, LEWIS. Myths and Legends of Ancient Egypt. London. Harrap 1915
VAUCHÈR, J. La Religion égyptienne. Paris 1944

DIE MYTHOLOGIE DER SUMERER, BABYLONIER UND HETHITER

BRANDENSTEIN, C. G. VON. Götterbilder in hethitischen Texten. Leipzig 1943
DHORME, ED. Les Religions de Babylonie et d'Assyrie. Paris 1945
EDZARD, DIETZ OTTO. Mesopotamien. Die Mythologie der Sumerer und Akkader. In: H. W. Haussig, Wörterbuch der Mythologie I, 1. Stuttgart 1965
FALKENSTEIN, A. und SODEN, W. v. Sumerische und akkadische Hymnen. Zürich und Stuttgart 1953
FRANKFORT, H. u. H. A., WILSON, J. A. und JACOBSEN, TH. Frühlicht des Geistes. Stuttgart 1954
HALDER, ALFRED. The Notion of the desert in Sumero-Accadian and West-semitic religions. Leipzig 1950

HEIDEL, A. The Babylonian Genesis. Chikago 1942

HOOKE, S. H. Babylonian and Assyrian Religion. Oxford 1961

JACOBSEN, TH. Sumerian Mythology. In: Journal of Near Eastern Studies. 1946

JACOBSEN-KRAMER. Sumerian Mythology. Rev. ed. 1961

JEREMIAS, A. Hölle und Paradies bei den Babyloniern. Leipzig 1903

KRAMER, S. N. Sumerian Mythology. Philadelphia 1944

—, Sumerian Myths and Epic Tales. In: J. B. Britchard, Ancient Near Eastern Texts Relating to the Old Testament. Princeton 1955

MOORTGAT, A. Tammuz. Der Unsterblichkeitsglaube in der altorientalischen Bildkunst. Berlin 1949

PARROT, A. Sumer. München 1961

Die Religion der Babylonier und Assyrer. Übertragen und eingeleitet von A. Ungnad

SCHNEIDER, N. Die Religion der Sumerer und Akkader. In: Franz König, Christus und die Religionen der Erde. Bd. 2. Freiburg 1951

Die Schöpfungsmythen. Zürich – Köln 1964

ZIMMERN, H. Die Religion der Hethiter. Leipzig 1925

DIE MYTHOLOGIE DER WESTSEMITEN

ALBRIGHT, WILLIAM FOXWELL. Die Religion Israels im Lichte der archäologischen Ausgrabungen. Autorisierte Übersetzung mit Nachträgen des Verfassers von Friedrich Cornelius. München. Reinhardt 1956

BARTON, G. The Religion of Israel. 1928

DHORME, E. und DUSSAUD, R. Les Anciennes Religions orientales. Paris 1949

DUSSAUD, R. Les religions des Phéniciens et des Syriens. In: Mana 2, 1949. S. 355 ff.

GOLDZIHER. Der Mythos bei den Hebräern und seine geschichtliche Entwicklung. Leipzig 1876

LAGRANGE, M. J. Etudes sur les Religions sémitiques. Paris 1905

LANGDON, STEPHEN H. Semitic. Mythology of all Races, Vol. 5. Nachdruck: New York. Cooper Square Publishers 1964

OBERMANN, J. Ugaritic Mythology. New Haven und London 1948

ROBINSON, T. H. Hebrew Myths. In: Myth and Ritual, ed. by S. H. Hooke, Oxford 1933

SMITH, W. ROBERTSON. Die Religion der Semiten. Übers. a. d. Engl. nach der 2. Aufl. d. ›Lectures on the religion of the Semites‹ v. R. Stübe. Freiburg i. Br., Leipzig u. Tübingen. Mohr 1899

VIROLLEAUD, CH. Légendes de Babylone et de Chanaan. Paris 1949

WIDENGREN, GEO. Early Hebrew Myths and their interpretation. In: Myths, Ritual and Kingship, ed. by S. H. Hooke, S. 149–203, Oxford 1958

DIE MYTHOLOGIE DER GRIECHEN

COMMELIN, P. Mythologie der Griechen und Römer. Luzern 1948

GRIMAL, PIERRE. Dictionnaire de la Mythologie Greque et Romaine. Paris 1951

GRUPE, O. Griechische Mythologie und Religionsgeschichte. In: Handbuch der klass. Altertumswissenschaft, hrsg. von Iwan Müller, Band V, 2. Abteilung. München 1906

–, Bericht über die Literatur zur antiken Mythologie und Religionsgeschichte aus den Jahren 1898–1905 und 1906–1907. In: Jahresberichte von den Fortschritten der klass. Altertumswissenschaft, Bd. 137 und Bd. 186

GUTHRIE, W. K. C. The Greeks and their Gods, London 1950

HUNGER, HERBERT. Lexikon der griechischen und römischen Mythologie, Wien 1953

JÜNGER, FRIEDRICH GEORG. Griechische Mythen. 3. Aufl., Frankfurt 1957

KASCHNITZ, MARIE LUISE. Griechische Mythen. Hamburg 1943

KERÉNYI, KARL. Die Mythologie der Griechen. Die Götter- und Menschheitsgeschichte. Zürich 1951

–, Die Heroen der Griechen. Zürich 1958

KIRCHNER, O. Grundrisse der Mythologie und Sagengeschichte der Griechen und Römer. Gera 1872

LAVEDAU, PIERRE. Dictionnaire illustrée de la mythologie et des antiquités Grecques et Romaines. 3. Aufl. Paris 1952

MEAUTIS, GEORGE. Mythologie grecque. Paris 1960

NILSSON, M. P. Geschichte der griechischen Religion. 2 Bde. München 1950–1955

OTTO, WALTER F. Die Wirklichkeit der Götter. Reinbek 1963

–, Die Götter Griechenlands. Frankfurt 1961

PETERICH, ECKART. Götter und Helden der Griechen. Fischer Bücherei Band 259

POTT, AUGUST F. Studien zur griechischen Mythologie. 1859

PRELLER, L. Griechische Mythologie. 4. Aufl., bearb. von Carl Robert. Berlin 1894–1926

RADERMACHER, LUDWIG. Mythos und Sage bei den Griechen. Baden bei Wien 1938

RAHNER, HUGO. Griechische Mythen in christlicher Deutung. Gesammelte Aufsätze. Zürich 1945

RANKE-GRAVES, ROBERT v. Griechische Mythologie. Quellen und Deutung. 2 Bde. Reinbek 1960

ROBERT, CARL. Die griechischen Heldensagen. 3 Bde. Berlin 1920–1926

ROHDE, ERWIN. Psyche, Seelenkult und Unsterblichkeitsglaube der Griechen. Tübingen 1910

ROSCHER, WILHELM HEINRICH. Ausführliches Lexikon der Griechischen und Römischen Mythologie. Leipzig 1884–1937

ROSE, HERBERT JENNINGS. Griechische Mythologie. München 1955

SCHADEWALDT, WOLFGANG. Griechische Sternsagen. Fischer Bücherei Bd. 129

SCHWENCK, KONRAD. Die Mythologie der Griechen für Gebildete und die studierende Jugend. Frankfurt 1843

SEEMANN, OTTO. Mythologie der Griechen und Römer. Leipzig 1910

STEUDING, HERMANN. Griechische und romanische Mythologie. Leipzig 1905

WILAMOWITZ-MOELLENDORFF, ULRICH VON. Der Glaube der Hellenen. Berlin 1931–1932

Carnoy, Albert J. Dictionnaire étymologique de la mythologie greco-romain. Paris 1957

Commelin, P. Mythologie der Griechen und Römer. Übers. v. Henri Reinacher. Luzern 1948

Grant, Michael. Mythen der Griechen und Römer. München 1964

Grenier, A. Les Religions étrusque et romaine. Paris 1948

Grimal, Pierre. Dictionnaire de la mythologie grecque et romaine. Paris 1959

Hunger, Herbert. Lexikon der griechischen und römischen Mythologie. Wien 1953

Kerényi, Karl. Die Religion der Griechen und Römer. München 1963

Kirchner, Otto. Grundrisse der Mythologie und Sagengeschichte der Griechen und Römer. Gera 1872

Latte, K. Römische Religionsgeschichte. München 1960

Lavedon, Pierre. Dictionnaire illustrée de la Mythologie et des antiquités Grecques et Romaines. Paris 1952

McGrady, S. H. Legends and myths of Greece and Rome. Toronto 1944

Moritz, Karl Philipp. Götterlehre der Griechen und Römer. Leipzig 1878

Preller, Ludwig. Römische Mythologie. 2 Bde. Berlin 1881–1883

Renthe. Les Mythes romain. Paris

Roscher, Heinrich Wilhelm. Ausführliches Lexikon der griechischen und römischen Mythologie. Leipzig 1881/1937

Schwenck, Konrad. Die Mythologie der Römer für Gebildete und die studierende Jugend. Frankfurt 1845

Seemann, Otto. Mythologie der Griechen und Römer. Leipzig 1910

Steuding, Hermann. Griechische und römische Mythologie. Leipzig 1905

Bitte umblättern:

auf den nächsten Seiten informieren
wir Sie über weitere interessante
Fischer Taschenbücher.

Die Welt der
Märchen

Afrikanische Märchen
Hg.: Friedrich Becker
Mit Illustrationen von
Günther Stiller · Bd. 969

Chinesische Märchen
Hg.: Josef Guter · Bd. 1408

Englische Märchen
Hg.: Frederik Hetmann
Mit Illustrationen · Bd. 1726

Erotische Märchen aus Rußland
Gesammelt von
A. N. Afanasjew
Hg.: Adrian Baar.
Mit Illustrationen · Bd. 1823

Französische Märchen
Bd. 1153

Indianermärchen aus Nordamerika
Hg.: Frederik Hetmann
Mit Illustrationen von
Günther Stiller · Bd. 1110

Italienische Märchen
Hg.: Fritz Gordian
Mit Illustrationen
Bd. 1803

Indische Märchen
Bd. 1137

Irische Märchen
Hg.: Frederik
Hetmann Bd. 1225

Japanische Märchen
Hg.: Toschio Ozawa
Mit Illustrationen · Bd. 1469

Jüdische Märchen
Hg.: I. Z. Kanner.
Mit Illustrationen· Bd. 1759

Jugoslawische Märchen
Hg.: Joseph Schütz
Bd. 1289

Keltische Märchen
erzählt von Frederik
Hetmann
Mit Illustrationen · Bd. 1593

Koreanische Märchen
Hg.:Traute Scharf Bd. 1365

Märchen aus Mallorca
Nacherzählt von
Alexander Mehdevi
Bd. 1526

Märchen aus Portugal
Hg.: Felix Karlinger
Mit Illustrationen · Bd. 1683

Märchen der Eskimos
Hg.: Heinz Barüske
Mit Illustrationen · Bd. 1553

Die Welt der Märchen

Märchen der Südsee
Hg.: Ernst Adler
Mit Illustrationen
Bd. 1684

Märchen des Schwarzen Amerika
Hg.: Frederik Hetmann
Bd. 1497

Märchen, Sagen und Fabeln der Hottentotten und Kaffern
Hg.: Ulrich Benzel · Bd. 1614

Nordamerikanische Märchen
Hg.: Frederik Hetmann
Bd. 1390

Skandinavische Volksmärchen
Hg.: Heinz Barüske
Bd. 1321

Spanische Märchen
Bd. 1203

Südamerikanische Märchen
Hg.: Felix Karlinger Bd. 1337

Tolstoi, Alexej
Märchen aus Rußland
Mit Illustrationen · Bd. 1631

Vietnamesische Märchen
Hg.: Pham Duy Khiêm
Mit Illustrationen · Bd. 925

Zigeunermärchen aus Ungarn
Hg.: Tibor Bartos
Mit Illustrationen · Bd. 1743

Die Welt der Märchen
11 Bände in Kassette KS 140
Folgende Bände sind in der Kassette enthalten:
1365 1289 1153 969
1337 1225 1137 925
1321 1203 1110

Deutsche Volksmärchen seit Grimm Bd. 1175

Fetscher, Iring
Wer hat Dornröschen wachgeküßt?
Das Märchen-Verwirrbuch
Bd. 1446

Seemanns-Sagen und Schiffer-Märchen
Hg.: Rolf L. Temming
Mit Illustrationen · Bd. 1377

FISCHER
TASCHENBÜCHER